Schriftenreihe

BOETHIANA

Forschungsergebnisse zur Philosophie

Band 188

ISSN 1435-6597 (Print)

Verlag Dr. Kovač

Rudolf Heinz

Ausgewählte kulturgenealogische Mythentropologien in progress

Mit Paraphrasen mythenreferenter Veröffentlichungen

Verlag Dr. Kovač
Hamburg 2023

Leverkusenstr. 13 · 22761 Hamburg · Tel. 040 - 39 88 80-0 · Fax 040 - 39 88 80-55

E-Mail info@verlagdrkovac.de · Internet www.verlagdrkovac.de

Bibliografische Information der Deutschen Nationalbibliothek
Die Deutsche Nationalbibliothek verzeichnet diese Publikation
in der Deutschen Nationalbibliografie;
detaillierte bibliografische Daten sind im Internet
über http://dnb.d-nb.de abrufbar.

ISSN: 1435-6597 (Print)

ISBN: 978-3-339-13602-2
eISBN: 978-3-339-13603-9

Gedruckt auf holz-, chlor- und säurefreiem, alterungsbeständigem Papier. Archivbeständig nach ANSI 3948 und ISO 9706.

Inhalt

Ausgewählte
kulturgenealogische Mythentropologien
in progress

Einstimmung

Zwei Bände zur Mythologie, zusammengefasst in einem Buch, sind auf dem Markt. Der erste enthält, wie schon aus dem Inhaltsverzeichnis unsortiert hervorgeht, die Erörterung spezieller Probleme (Mythologie und Schrift, Traum in Mythologie, Synchronie des Mythos). Ferner Vertiefungen der zentralen göttlichen Kore-Mythen (Athene, Artemis, Persephone). Sowie eine Art Nachholarbeit, betreffend diejenigen Mythenbestände, die bisher noch keine gebührende Berücksichtigung fanden (Hephaistos, Dionysos, Orestie, Das goldene Vlies).

Die Anfangskapitel behandeln Quellenprobleme und – der besonderen Aufmerksamkeit anempfohlen – eigene mythenapplikative Satisfaktionen, mit auch umfassend unsere mythologische Fortschreibungsfiction: unsere, Heide Heinz' (im Folgenden HH) und Rudolf Heinz' (im Folgenden RH), weltliche Travestierung als Hebe (die des Schlachtrufs) und Hermes (des Psychopompos) – die reinste „Hermesiade" en miniature, nicht angstfreie Reklamation des Vermittlungs-, des Gedächtnisgottes, und damit unseres genealogischen Gebarens. Memo den Titel des ersten Bandes: „Ausgewählte kulturgenealogische Mythentropologien" – tropologisch unser Prozedieren, ausschließlich ausgewiesen, und insofern auch nur rein immanent falsifizierbar, durch des Mythos', nach unserer bewährten Wahrnehmung, unüberbietbaren kulturgenealogischen Valenzen.

Eine Sonderstellung nimmt meine Auslegung von Teilen – die Persephone-Mythe, mythologischer Inbegriff der griechischen Antike – von Schellings „Philosophie der Mythologie" ein; Rekurs meinerseits auf frühe, dem Deutschen Idealismus anhängliche, Philosophiezeiten; vom Kenner dessen, dem Philosophiekollegen C.-A. Scheier abgesegnet.

Die ausführliche Schlußpassage „apud inferos" ist lokalisiert so etwa zwischen Vertiefungen und Nachholobligationen, konzentriert auf

Hades, mit allem Drum und Dran, eine Art philosophischer „Sterbensforschung“ avant la lettre, kompendienhaft im Anriß ihrer genealogischen Prämissen.

Solches schelte man, philosophisch gar rationalisierte, Unbekümmertheit: meine ausgiebige Art des Zugriffs auf Mythen? Aber nein! Denn ich bin sehr dankbar aller Mythenhistorie und -philologie gegenüber, ohne deren – immer noch anmaßend gesprochen – exzessive Vorarbeiten mir ja jegliches Sujet abginge. Und es lohnte sich demnach, einen Laienblick auf diese wissenschaftlich prägnante Heterogeneität, gemessen an meiner ganz anderen sonderexegetischen Vorgehensweise, zu werfen.

Quellenprobleme

Also: Woher stammen die, wie zu hoffen, szientifisch soliden Vorgaben meiner gänzlich anderswohin verweisenden Aufschlußmodi? Wohl an erster Stelle von den *antiken Mythographen*, die, wenn ich mich mit diesen abgeben müßte, zu mustern wären auf ihre tradierende Zuträglichkeit hin, allzeit heikel gründend jeweils in den, dafür a fortiori instruktiven, *Kulten*, den Aisthetikformen des „mythischen Verhältnisses", der kulturaufschließenden Götter- und Sterblichendramen.

Diese Überlieferungen nun erfahren ihre viel später nächste historistische Rezeption im geisteswissenschaftlich ausgezweigten, bis in die Jetztzeit verlängerten „positiven Zeitalter", vordringlich in deren *lexikographischen Komprimierungen*, auf die unsereiner dann, wenn er sich keiner metabasis eis allo genos in dieser Wissenschaftssphäre unterzieht, sich angewiesen erweist. Selbstverständlich: den Mythenwissenschaften inhärent, verharren alle dafür einschlägigen Komplikationen, überhaupt alle Ordnungsmaßnahmen inmitten der mythenempirisch grassierenden Konfusion, wie in den Wissenschaften, zu ihrer Ehre, üblich. Ein Vabanquespiel demnach, betreffend die Auswahl der Mythenstoffe für meine Habits des philosophischen Umgangs damit? So mag es den Anschein haben, doch dieser Akzeß offenbart sich – was noch auszuführen sein wird als dermaßen autark, daß er allen Willkürsuspekt zu absorbieren verstände. Es kann also bei der recht schmalen Materialbasis für meine exegetischen Belange, Kerényi verständlicherweise privilegierend[1], problementlastend bleiben; die wohl unvermeidlich zahlreichen traditionalen Bedeutungsbrechungen beeinträchtigen mein definites Selektionsgebaren jedenfalls nicht, restieren bloß als ein wissenschaftsinternes Grundproblem.

Weitere überkommene Materialbezüge sind die *Vasenmalerei* und die *antiken Plastiken*. Nicht viel mehr als Zufall, daß ich keinen Gebrauch davon machte – als quasi-Schriftgelehrter mußte ich Schriftzeugnisse bevorzugen. Als Rezeptionssperre kommt die spätere Überfülle *mythenreferenter Bildender Kunst* hinzu. Da ich dazu neige, mich je in einzelne Opera isoliert sehr lange zu vertiefen, verpasse ich – mein pars-pro-toto-Wesen – regelmäßig, doch irrelevanterweise, die betreffende kontextualisierende Umsicht, meine Leidenschaft nicht. Was eingeschränkt gleicherweise für *literarische Mythenadaptationen* und selbst für *musikalische* – Opern – gilt.[2] Nicht daß ich mich dafür nicht interessierte, ich nutze sie aber bloß subsidiär. Allerdings mit einigen wenigen, gleichwohl gewichtigen Ausnahmen: die *antiken*

---

1 K. Kerényi: Die Mythologie der Griechen. Bd. I: Die Götter- und Menschheitsgeschichten. München. Deutscher Taschenbuchverlag. 1966. dtv 1345; Bd. II: Die Heroen-Geschichten. Ebd. dtv 1348. Man beachte die besondere Schizoeignung für den gründlichen Mythenaufschluß!

2 Siehe: H. Hunger: Lexikon der griechischen und römischen Mythologie. Reinbek bei Hamburg. Rowohlt. 1974. Handbuch 6178.

Tragödiendichter, so die sophokleische Ödipusversion polit-künstlerischer Observanz, Eloge der Polis.[3)]

Und, wesentlich ausgedehnter und fundierter, *Wagners „Der Ring des Nibelungen"*, immer auch mit – wenig nachhaltigem – Blick auf das *„Nibelungenlied"*. Sondergepflogenheit, mir die *germanische Mythologie*, deren nationalsozialistische Desavouierung unterdessen wohl im Rückgang begriffen ist, fast ausschließlich durch diese Tetralogie zuzulegen. Und dies in den Interpretationsfährten von Patrique Chereau, vindiziert, mythentravestisch, als ideologisches Kompendium der Bourgeoisie des vorvormaligen Jahrhunderts, aisthetische Geschichtsphilosophie, einmaliger säkularisierter Kult, den eigenen spekulativen Aspirationen fortgesetzt hautnächst.[4)]

Zur eigenen Mythen-adaptierung auf Hermes und Hebe bezogen

Weshalb ich mir diese konfessionsaffinen Selbstbekundungen herausnehme? Primär der Selbstvergewisserung meines Prozedierens, dessen nicht unterlassender Methodologie, wegen. Oblique wohl auch aus selbstapologetischen Gründen: um dem naheliegenden Vorwurf entgegenzuwirken, ich betriebe wie autistisch rücksichtslos meinen unwissenschaftlichen Esoterikstreifen – so der mehr-als-Verdacht, der mich nicht selten verfolgt. Er möge sein Ende haben. Und der Absetzungen von den Mythenwissenschaften sowie den künstlerischen Mythenadaptationen, für un-

---

3 Siehe: Ödipus' Tod. Über eine psychoanalytische Auslassung (in der Form eines inneren Zwiegesprächs). In: Retro III (1995–2005). Aufsätze und Rezensionen. Essen. Die Blaue Eule. 2006. Genealogica Bd. 37. Hg. R. Heinz. 123–135.

4 Siehe: Versuch einer Entmythologisierung von Wagners „Der Ring des Nibelungen". In: Praematura. Düsseldorf. Peras. 2003. 49–58. (Chereau avant la lettre!)

sereinen philosophische Zwischenwerte belassend, sei es genug.

Mythenadaptierung sui generis, in der Sequenz der angeführten künstlerischen, zwischenwertig philosophischer inter-wissenschaftlicher und hermeneutischer; eher wohl eine Erfindung unsererseits, von HH und mir im Verein, als Imitation von Vorgaben dieser Art. Wir, dienstbare Sterbliche, referieren, bis an die Grenze der Identifikation mit der Idealität unsererselbst, nämlich auf entsprechende Götter: vordringlich Hermes, reduziert auf Hermes Psychopompos, und Hebe, nicht ohne Respekt vor dem Schlachtruf „Hebe". Meinerseits blieb Hermes, auch ja der Gott der Händler und Diebe, zugunsten des unterweltlichen Seelenführers und des späteren Hermes Trismegistos, einzig meiner intellektuellen Heimaten, außeracht. (Ch. Weismüller meinte dieses Omissum nachtragen zu müssen, mich darob des Betrugs, seiner Lieblingsinvektive gegen mich, beschuldigend.) Eine kurze Kontamination des Hermes mit dem olympischen Herakles, immerhin ja der Hebe, seiner Stiefschwester, Gatte – ob meines mythisierten gelegentlichen Ungestüms –, verlor sich darüberhinaus.

Welchen höheren Sinn aber macht diese fiktive Referenz, gesteigert zur Identifikation mit den referierten Göttern, allzu leicht als bloße Spielerei abgetan und verharmlost, folgend einer Art Vorspiel dergestalt, daß ich – nicht immer mit Fortüne – einigen meiner Analysanden anriet, ihre Affinitäten mit mythischen Gestalten zu recherchieren, zum Zweck der Präzisierung ihrer eigenen Charaktere, ineins mit deren Aufhebung im amplifizierten Menschheitssinn derselben? So gewiß auch unser selbstapplikatives Ansinnen, pointierter noch, um dem vertieften „Primärprozeß" in diesen relationalen bis Einswerdungs-Angelegenheiten, denen des „mythischen Verhältnisses", genügezutun – allzeit „nosce te ipsum", auf diese Weise, ein durchaus ernsthaftes aisthetisch komplettiertes Unterfangen, allzu konjektural indessen?[5]

Freilich, tunlichst sich weit erstreckende Extramethodologie solcher – eher bloßer Intuition überantworteten – Sachverhalte tut, zumal wenn zu kommunizieren, insonderheit not, einen Bodensatz aber wird man wohl konzedieren müssen an nicht nur bedauernswerter ätiologischer Desertion, nicht nur top secret hermetischer Individualität, vielmehr Vorabmonitum letzthinnig kognitiver Unverfügbarkeit.

Nicht immer ausfallen unsere Selbstremythisierungen „normal", also ohne Rückbezug, expressis verbis relationell, auf unsere, der Sterblichen, Autorschaft der Götterfabulatorik, es läuft gar auf eine bis hierhin ausgreifende Favorisierung der gegenteiligen Kathexe hinaus: auf das Wechselspiel des Menschenpaars, wir, mit dem göttlichen, der Komplizenschaft, dem besonderen Einvernehmen zwischen Hebe und ihrem Stiefbruder Hermes – eine Erfindung unsererseits freilich. Wie das eben so ist mit fortdauernd verläßlichen Sympathien, begünstigt zudem durch kontingente äußere Umstände, nicht zuletzt wohl durch die um Hebe, die Servierin, zentrierte olympische Stationarität für den allzeit umherschweifenden Wandergott? Eng verknüpft auch beider Freundschaftsband durch der Göttin Drogierungs-

5 Exemplarisches Zeugnis u. v. a. dieses entschieden selbstinvolutiv kulturaufschließenden Interaktionsgeflechts – mythologische Fortschreibung –: Heide Heinz: Vorposten – factionlike. In: H. Heinz, Ch. Weismüller (Hg.): Rudolf Heinz and friends. Textpräsente für einen letzthinnigen Philosophen. Düsseldorf. Peras. 2014. 19–38.

adiutum in des unsteten Gottes Sterbensgeleit, seiner übergängigen Hauptfunktion. Untergründig gewahrt sogar bleibt die konsanguinale Liaison mit dem Echtbruder Ares, im unerwartet befremdlichen Schlachtruf „Hebe"! Ebenso beidseitig schwerlich unattraktiv die Differenz ihrer Herkunft: Hebe, ehelich, reproduktiv leibzuständig, versus Hermes, außerehelich, medial kulturkreativ. Aber was hat es dann mit Bruder Ares auf sich? Er dürfte doch, seiner legitimen Provenienz wegen, niemals kulturschaffend imponieren? Nun aber ist er, erstens, ein Mann, und, zweitens, als oberster Kriegsherr zwar der Kulturzerstörer schlechthin, damit allerdings eo ipso göttlich purgiert, umwillen der Reorganisation des rechtens Destruierten. Basal konfundierend für den Olymp indessen – nach unserer fortgeschritten neuzeitlichen Abendlandbrille – das höchste Götterehepaar: inzestuöse Geschwister. Wie das? Dahin also die – nach unserem Verständnis – gattungssichernde Exogamie, das universelle Inzesttabu? Offensichtlich nicht, Weshalb aber nicht? Bloß ob der bewahrten Vorzeitreminiszenz darin, der repulsiv konträren Kulturfolie, statthaft in der schwächsten Inzestform, dem Geschwisterinzest, sodann? Vielleicht aber nur Indiz der beinahe witzigen Ostentation, daß die Reendogamisierung, die Tilgung aller hybriden Alterität, nicht ausbleiben könnte? Wie lautete die ordentliche wissenschaftliche Erklärung? Oftmals muß man sich um die rechte transszientifische Erklärung gebührend plagen.

Wie genau wäre unser, der Irdischen, Verhältnis zu unseren göttlichen Favoriten zu charakterisieren? Es ist die Ref/verenz der Idealisierung, will sagen: die Ekstase entäußerter Selbstüberbietung, verleugnungsanfällig hochstilisierte narzißtische Notgeburt – so überhaupt ja die Gottesgenese, das „mythische Verhältnis", in der Spanne eschatologischer

Selbstvernichtung bis, am anderen Ende, peremptorisch koinzidenter Beseeligung, beider kulminativ todestriebliche Fusion, ~~im Tode erfüllt~~. Vor diesem sicheren ~~Finale~~ so etwas wie ein sublimes Fanwesen, sublim: eben nicht, pathologisch oder kriminell, über die dafür vorherrschende Epoche der Pubertät hinaus, keineswegs auf Stalkerniveau und dergleichen, immer öfter heiter dagegen travestisch intellektuell gebrochen? Zu den rückgefesselten Projektionsdimensionen zählt zuvörderst der „Jugendblüte" Schönheit, juveniles Abbild der Obergöttin Hera. Mit einem, dem Klischee gemäßen, Sprung ins kallistische Kontrarium: des „Schönen als des Schrecklichen Anfang" – Hebe, wie deplatziert, in Athenes entliehener voller Rüstung, martialische Gefährtin des Bruders Ares, sowie des Stiefbruders Hermes Psychopompos, und auch, reminiszent, des wilden Kulturkriegers, des olympisch entlohnten Gemahls, des Herakles. Mit dem tosenden Schlachtruf „Hebe!" stürzen die todgeweihten Sterblichen – Ares' Inszenierung – in den Tod, während des Sterbens toxikomanisch hebegetröstet und schließlich hermesgeleitet „ad inferos" – optimale Arbeitsteilung in diesen nicht ausgegliederten Humanextremen.

Und zwischendurch, welch Erostrug der Wirtin, Kellnerin (und Getränkefabrikantin?)!, anästhesiert sie gar ihre Götterverwandten – überflüssigerweise, da diese doch unsterblich? Nein, denn daß sie die Olympierrunde drogiert, das ist, einzig ist, deren phantasmatische Immortalität, wie in diesem indolenten Sonderzustand empfunden. Nicht unfolgerichtig sodann auch ihre Ablösung als Mundschenkin durch Ganymed – zumal die Götter mögen, selbst im Rausche nicht, an die weibliche Veranlassung desselben, an die noumenalisierende Regression dahinter, gemahnt sein; besser, daß die Mannen, homosexualisiert, unter sich bleiben.

Das möchte ich zwar nicht ausposaunen, doch liegt es nicht allzu fern, daß in Hebes späterer Ehe mit dem vergöttlichten Herakles desavouierliche Splitter an Hebephrenie aufkommen könnten, wenn immer man bedächte, wie die beiden, der höchstdekorierte Pensionist, entschädigt so auch für seinen überaus grausamen Tod auf Erden, und sein warenästhetisch wunderbares Appendix Hebe, subsistierten.

Sollten wir nicht auch Toleranz aufbringen für den harschen Einspruch wider unsere oft extrem tropologische, die Mythenvorgaben nahezu despektierende Vorgehensart? Gewiß, das mag zwar angehen, gibt verständig jedoch keine Gründe her, unser Prozedieren zu unterlassen. Denn der Tropos hat den bewährten Vorzug der Selbstein- und -unterbringung, der Integrale subjektivierender Näherung, der desalienisierend synchroner Aktualität der mythischen Sinne; so weitgehend möglich, daß sein versuchtes Auf-Du-und-Du in der weitesten Entfernung von der fraglichen Mythe selbst dessen plausibel profundesten Aufschluß erbrächte. Eher eine künstlerische Lizenz? Weshalb sollte sie, dem Pathophilosophen, nicht vergönnt sein?[6)]

Sicherlich, der antike Abklatsch der „Menschlichkeit der Götter", daß sie in der Tat ihre ängstigende Sanktionsmacht damit, mit dieser ihrer Entdistanzierung, einbüßen, schafft eine Art von nicht zuletzt witzemanzipierter Wohligkeit des „mythischen Verhältnisses". Ja, worauf aber datiert solche Invitationsgeste zurück? Möglicherweise, am heterogenen

---

[6] Tropos, beinahe ausgereizt, zu finden in: H. Heinz: Die schuldverscheuchte Unterwelt. Zu Annette von Droste-Hülshoffs „Geistlichem Jahr". Essen. Die Blaue Eule. Bd. I: 1986. Bd. II: 1989.

Kult vorbei, resultiert bereits das Säkularisat eines aufgeklärten Augenzwinkerns der kunstfertigen Mythographen? Nichts zwar dagegen, und intellektuell zumal willkommen, nur daß wesentliche Anteile des mythisch vollbrachten „fascinosum et tremendum" damit zu entfallen, und das „Sein und das Nichts" im ontischen Götter- und Menschengelage zu verschwinden drohten. Was wiederum Sympathien, wenigstens in der Orthodoxie, mit dem christlichen Mythenkahlschlag wecken könnte, im Gefolge der inkorporativen Hiesigkeit des Gottes(sohns) selbst, in seinem weltlichen Opfertod erfüllt; dieser aberwitzigen, alles Lachen aus dieser Welt verbannenden Pseudoredemption? Halten wir es doch mit Nietzsches bekannter Parodie des Untergangs der sich totlachenden antiken Götter. Auch mit Odo Marquards Plädoyer für einen unchristlichen Polytheismus? Hilflos angesichts der Gottesepiphanik im Kapital, kapitalisierter Technologie, des aktualen Noumenon schlechthin?

Hermes, zur Zeit im digitalen Internetrausch. Noch nie zuvor, in der Götter-Menschen-Historie, ward ihm, der Universalvermittlung, soviel Ehre angetan. Aber die apokalyptische Häme – Häme – auf seinem Göttergesicht schwappt gar, über ihre Traumbornierung hinaus, in mein geängstigtes Wachen. Und das bereitet mir Pein, verunklärt meine konstitutive Idealisierung, scheint die gottesgenerische Projektion auf das bloße Loswerden meiner, sich davon erfüllend veräußernden, Widrigkeiten zu reduzieren? Was nämlich stoße ich, innerhalb der Viskosität mit meinem Lieblingsgott, gleichwohl ab, was hält mich, höchst ambivalent, auf unsicherem Abstand? Es geht mir hierbei ähnlich wie in meiner verdrückten Reaktion auf die irdischen Sterbebegleiter, das gesamte Palliativwesen von Hermes Gnaden:

suspiziere ihren großen Altruismus als Deckbild ihrer imaginär mittätlichen „mise à mort", Kookkision. Nicht von ungefähr ist die Häme ja ein exkrementaler Affekt, vorausbeschwört masochistisch im Sterben dessen (Un)ende, die fötide Leiche, dies Ganzexkrement, den bis zum Letzten genossen üblen Todestriumph über alles Leben; göttlich davon zwar ausgenommen, dauerobserviert jedoch an den Sterblichen; mehr aber noch: vorbehaltlich souverän übergehend in diese zynisch grausame Wahrnehmung, gotteskompatibel in der quasi-Ideierung darin, dem zugleich entrückten Selbstaufgang in dieser Misere. Schattenseite der Divinität – wie soll man, Sterblicher, da noch mitkommen? Je schon ist man in dieser seiner Sage mitgekommen, dem ultimativen Todestriebwerk, also gänzlich vergeblich, Hermes inklusive.

Darf man solches überhaupt noch sagen? Von wem denn verboten? Jaundnein, vergeblich dann. Immerhin geht meine unablässige Irritation darüber so weit, daß ich, höchst selektiv, mich auf dubiose Eskorteevents, überhaupt nur noch auf zweifelhafte solche des Gottes beziehe. So geht es mir, zum Beispiel, nicht mehr aus dem Sinn: seine Führung von Orpheus und Eurydike in die Oberwelt. Als hätte er es nicht schon apriori gewußt, daß dieses so hoffnungsvoll anmutende Unternehmen scheitern müsse – welch Hypokrisie! Allein, deren göttliches Recht gründet auf dem final musikgenealogisch kruden Umstand, daß, ohne der Nymphe zweiten Tod, der Musik die Aufzeichnung, die Notation empfindlich mangelte. Wie also sollte er, hoher Kulturmitgarant, jedenfalls den Instrumentenbau betreffend, dieses – bis auf Orpheus' Tod selbst – vorläufige Opferendstück der aisthetisch mythischen Musikgenealogie, in der Konsequenz seines Wissens darum, de facto verhindern wollen?[7] Anstößig aber bleibt dabei seine wissentlich mittuende (unterstellte) Lammfrommheit, dieser Zynismus? – Ferner: welch menschliche Auslieferung an den nicht eben nur zuverlässigen Gott, nämlich als Einschläferer, Wecker und Traumexpeditor! Angenehm undramatische Träume sind ja eher rar, und Schlafbeginn und -ende allzeit krisenhaft. Und er kann notorisch in diese somnial paradigmatischen Übergängigkeiten mancherlei Widriges eingeben – ich traue ihm nicht. (Daß ich mich mit ihm so intensiv befasse, das hat wohl mit auch den obsekrativen Sinn, ihn mir gewogen zu machen.) Weiter nun noch mit meinen Mißtraulichkeiten: Hermes, der hilfreich nachtdominierende Späher. Ja. Doch pflegt er die nachtbegehenden Sterblichen willkürlich auch, zu seinem Amüsement, irrezuführen – Freiheitsreserve des im hauptsächlichen Sterbensgeleit selbst ja unfreien Psychopompos. Oder? Allemal ein mich terrorisierender Gott, sofern ich das Opfer seiner Tücken werden könnte.

Widerständig meine Frömmigkeit, man muß sich daran gewöhnen, mit dem Gott, diesem Gott, zu händeln? Geht das nicht zuweit? Insonderheit verfänglich die drohende Verführbarkeit, der fiese, der tätige Konsenz mit seinen Perfidien. Ein wahres Dilemma: Halte ich diese moralistisch

---

7 Siehe u. v. a.: Klang-Kallistik. Notizen zu Orpheus und der Schönheit von Musik. In: Pathognostische Studien II. Psychopathologie – Logik – Sinne/Affekte – Musik – Bildende Kunst. Genealogica Bd. 17. Hg. R. Heinz. Essen. Die Blaue Eule. 1987. 172–187; zweitpubliziert in: Der Schein des Schönen. Hg. D. Kamper, Ch. Wulf. Göttingen. Steidl. 1989. 411–424; drittpupliziert in: Logik und Leidenschaft. Erträge Historischer Anthropologie. Hg. Ch. Wulf, D. Kamper †. Reihe Historische Anthropologie: Sonderband. Zum Andenken an Dietmar Kamper. Berlin. Dietrich Reimer Verlag. 2002. 684–692.

außenvor, so wird er, der Gott, mich verlachen; ahme ich diese dagegen nach, so bin ich nicht weniger angeschmiert – beidemale also auf ihn hereingefallen. Dissidente Divinität, die sich in seiner Uneinnehmbarkeit, meiner schäbigen Ohnmacht davor, dartut. Einmal, daß ich, überwertigerweise, den Rückschlag meiner defizitären Projektionen in ihn auf mich retour, defensiv frustran, sperre, das andere Mal dawider, terminal entautonomisiert, in ihm entsperrt nur noch aufgehe. Was heißt dann noch mit ihm händeln? Gegebener Anlaß auch, diese Art widersprüchlicher Gottesuntiefen dem „mythischen Verhältnis“ integriert zu halten, dessen immanentes (Nicht)scheitern an solcher demiurgischen Bösartigkeit? Nichtsnutzig ebenso die ultimative Resistenz wider alldiese todestriebliche Feinkost – gibt es dafür einen Gott? nein –, den letzthinnigen Diszeß der epikalyptischen Sinngemächte obenauf, rein ja nur desolat in mente; immer nur scheinsouveräne Flucht ins Geflohene hinein zurück. Unabsehbar aufrührerisch die menschliche Hermes-Referenz, grenzwertige Mimesis seiner chtonisch satyrischen Sitte.

Prima vista die reinste Diffusion, Heterogeneität des Gottes Wohl- und Untaten. Stimmt aber nicht, der zähe Zweitblick nämlich enthüllt deren mythisch strikteste Systematik, wie schon angesprochen: die „universale Vermittlung“, die harte Wahrung der „Übergänge“, mitsamt deren innerer Dramatik, einen transitorischen Mittenhalt – Station, Herme – ausbildend, Diesseits und Jenseits (wieder)zueinanderbringend, versöhnend. Was aber alles in diesem Überbrückungswesen – das kennt man intim ja von der Gephyrophobie her – schiefgehen kann! Evidentester Konkretismus alldessen: Hermes’ viele Söhne (keine Töchter?), zweie derer diesbetreffend besonders hybriditätsinstruktiv: Pan und Hermaphroditos. Jener, die hypostasierte Konversion – todesanfällig und spaßig gar – vom Tier in Mensch; dieser, witzerfüllte „Rücksicht auf Darstellbarkeit“, leibhaftiger Zwitter, Zerrissenheitskohärenz, wie wenn, zum Beispiel, Brücken verdrehte Menschenleiber wären, mit einigen Folgen für den unbewußten Genderstatus der Passanten. – Traum ja auch – da waren wir schon einmal angekommen: lebenserhaltend korporelle Medialität schlechthin – kurzum: „paradoxer Schlaf“, der immer krisenhaft erwachensgefährdete Austrag dieser Widersprüchlichkeit. – Und so ginge es weiter mit der Fraktalität nahezu dieses hermesischen Transitivismus, nicht immer sogleich auf der Hand liegend, doch alsbald eruierbar. So das Botenwesen, die Nachrichtenüberbringung: mentalisierter Transfer, Übersetzungskunst.[8] Herold – ritualisierte Siegesfeier-Vorhut, erinnerter Übergang vom Krieg in Frieden.

Und weiter so, wie ad infinitum, die „pia fraus“ der „totalisierten Vermittlung“ – wenn Hermes würde sterben können, er würde sich in seinem Grabe vor lauter postmodernem Internetvergnügen herumwälzen, in währender Zuversicht des unabsehbaren Aufschubs des eschatologischen Kollaps dieses munteren Truggebildes, eh ja zuvor schon durchbrochen von manchem Krieg. Immerhin reicht sein Einfluß über die antike Klassik – Hermes Trismegistos – hinaus, streut – ein Kuriosum – in die germanische Mytho-

---

[8] Siehe: Hermes-Tücken. Zur Metaphorik und Mythologie des Übersetzens. In: Pathognostische Studien VII. Texte zu einem Philosophie-Psychoanalyse-Finale. Essen. Die Blaue Eule. 2002. Genealogica Bd. 31. Hg. R. Heinz. 83–95; zweitpubliziert in: Übersetzung als Paradigma der Geistes- und Sozialwissenschaften. Hg. V. Borsò, Ch. Schwarzer. Beiträge zur Kulturwissenschaft. Bd. 6. Oberhausen. Athena. 2006. 67–80.

logie – Loki – hinein. Akute Medienausgeburt – wann wird er, sardonisch lächelnd, in blendendem Gottesglanz, unklar ob lobend oder verspottend, seinen Adepten am nächtlichen Himmel – zu welchem Zweck? – erscheinen? Vielleicht aber hat er sich, unerkannt, unter sie gemischt, und sie, wie vordem Apollon, obszön erschreckt: er „ließ in der Hand des Bruders ein Zeichen fahren, einen bösen Boten des Bauchs, und nieste dazu" (welch vornehme Ausdrucksweise).[9] Den prominenten Kuhhandel mit Apollon lese man am besten bei Kerényi nach, der sich, jedenfalls im zitierten Opus, weitgehend auf den Homer zugeschriebenen Hermes-Hymnos, zum Rapport seiner Taten, beschränkt.

Üppiges Zeugnis unserer vormaligen Hermes-Ehrung: Rudolf Heinz (Hg.): Hermesiade, Philosophische Tagungsbeiträge zum Tauschproblem. Essen. Die Blaue Eule. 1986. Genealogica Bd. 9. Hg. R. Heinz. Der Hinweis darauf, auf bewegte, jedoch nicht hinlänglich fortsetzbare Zeiten, sollte nicht fehlen. Leider überschattete das häufig tagungsübliche deplatzierte Benehmen einiger der nicht unprominentesten Tagungsteilnehmer die Würdigung exzeptionell qualifizierter Vorträge (Hermestücke?).

Kore-Paradigma I: Athene

Kore – Erfindung schlechthin der Initiation des Patrifiliarchats, zumal mit dessen technologischen Implikationen. Wer der Inventor? Anonymos der Gesellschaftsstatus jeweils insgesamt, wahrscheinlich aber post festum allererst augenscheinlich gemacht durch die Mythographie – ein Eulenflug der Minerva? Die innere Spätlogik dieser Genese, die

---

[9] K. Kerényi: Die Mythologie der Griechen. Bd. I. Die Götter- und Menschheitsgeschichten. … 134.

Genealogie der bis derzeit virulenten „Abendländischen Metaphysik", liegt zwar, eben gemäß mythischer Bezeugung, auf der Hand, ist keineswegs aber zur Genüge notorisch. Weshalb? Als au fond tätig dafür fungiert Zeus, vorausgesetzt seine bewegte Entstehungsgeschichte, und mit dieser konzentriert, geht er, Universalgeschichte schaffend, zu Werke, wohl zu unterscheiden von mythisch verfehlter Historiegenese.

Wie also geht er, zunächst allgemein gefaßt, vor? Das Skandalon konkurrent titanisch weiblich dominierter Vorzeit transfiguriert er in deren ergebene Töchterlichkeit in beider ♀-filialen Nachkommenschaft, den großen Tochtergottheiten: Artemis, Athene, Persephone. Wunderwerk des sich darin approbierenden höchsten Gottes, Kore, postmodern Daddytochter – Inbegriff weiblicher Ambivalenz mit exklusivem Ausschlag in die Dedition unter das Vatergesetz, die Vaterrechtfertigung kat'exochen.

Und der Preis der notwendigen Auspizie, die Individualitätsklippe Mutter: die Jungfräulichkeit, just der Verzicht auf Mutterschaft, wie frei gewählt; postmodern ausgedrückt: die exklusive Segnung der „Erwerbsarbeit", kulturale Beisteuer mittels der botmäßigen Töchter. Was aber mit den assimilierten prähistorischen Müttern, töchtergeburtsverpflichtet, geschieht? „Mythische Gerechtigkeit" durchaus – ihnen nämlich verbleibt, patrifiliarchalisch anverwandelt, residuale Brauchbarkeit, die kompromissuelle List, die Vorzeit nicht gänzlich zu tilgen, vielmehr, selbst an den domestizierten Müttern, „ad maiorem gloriam" des göttlichen Olymp, zu funktionalisieren. Und wenn nun aber solche Mütter, prekär, wenn ausgemacht, für Väter, Söhne gebären? Ein ander Ding, wie bekannt, auch zum Scheine einfacher, so heroisch abgefangen im akuten Eschaton universaler Homousie, so als sei alle Mühsal der Koregeburt, illusionärerweise, überflüssig. Von wegen! Denn alles Leichterhand der Sohnemache verliert sich in der substantiellen Paranoia dieses Verhältnisses, verschärft nur den rachestigmatisierten Geschlechterkonflikt, macht die verlassenen Söhne, ob der Mutterreste an ihnen, mörderisch über sich herfallen. Mehr irenische Zuträglichkeiten mittels der Koreschaffung? Kaum. Paranoia, das Sohnefatum, martialisch obsiegt. Und, nicht selten zudem, leistet die töchterliche Gegenbewegung demselben Kriegsübel Vorschub – siehe Athene.

Athene, Tochter der Metis. Allzeit fraglich, wie aus der illegitimen, nach aller Erfahrung aber besonders kulturförderlichen Affaire Zeus' mit Metis die erstrangige Tochtergöttin hervorgehen konnte; welche supponierten Charakterkomponenten der Titanin erwiesen sich, ineins mit den väterlichen Zutaten des höchsten Gottes, zur Transfiguration in deren filiale Göttlichkeit kriterial geeignet? Vorerst sieht es danach nicht so recht aus, denn Metis, unbeschadet einiger Kooperationsbereitschaft mit Zeus, entzog langfristig sich ihm schlau – pränymphischer „Schlag ins Wasser", submarin komplizierter Coitus, passager wechselnd sich konturierende Rezedenz, meergebürtige Sondergunst. Kurzum: weibliche Vorzeitwahrung. Nicht aber bis zum Letzten, und er schwängerte sie doch- immerhin (aber wie?). Dem ersten Anschein nach die eucharistisch innigste Art der Vermählung: oral-kannibalistischer Exzeß der Vorwelt buchstäblicher Inkorporation – er hat es, ob deren Übermacht und seines Machthungers nötig. Dann aber moderiert sich das – doch prekär dialektische – Fusionsextrem differenzwahrend zu einer bloß inneren Asservation, auf daß die Geburt der Tochter gewährleistet sei, sowie konkurrent drohende

Sohneserzeugungen menschheitsrettend hinfällig werden können. Der höchste Gott in schweren Fleischesnöten. Post festum aber wächst konkret der vorzeitliche Nutzen in der beginnenden Geschichtszeit: Metis, Zeus' bauchiges Privatorakel. Welch außereheliches Familienglück: Gebärneid ade, trotz aller deplatzierten Geburtsumstände, und die maternale Verwässerung, die nicht eben einfach manipulierbare, töchterlich konträr martialisch gestählt. Also ist es doch kein anderer als Vater Zeus, der diese entscheidend kulturale Metamorphose – eine massiv mirakulöse „Reaktionsbildung", „Verkehrung ins Gegenteil" – erzwingt; und Schwestergattin Hera bleibt mal wieder, wie rachbegierig fürs erste auch immer, letztlich dann doch – wahrscheinlich geschwisterlich bedingt? – versöhnlich auf der Strecke.

Exzeptionelle Menschennähe gar des supremen Gottes? Selbstverständlich ist es mir bewußt, daß womöglich ich an allen mythenwissenschaftlichen Einsichten freihand philosophisch genealogisch vorbeischreibe, mich legitimatorisch berufend rein nur auf die innere Stringenz meiner außerszientifischen Antivoten. Vielleicht aber besteht der Tribut dieser MenschenGötterKumpanei in einer Art zugkräftigem „primärprozessuellem" Binnenentzug, einer Distanzrestitution in aller Approximität – siehe des Gottes Inkorporation der Vorzeit, die Kopfgeburt der Tochter – das „mythische Verhältnis" bleibt eben bestehen.

Nicht von ungefähr auch grassieren die Varianten der Athene-Geburt, wiederum nach meinem extern unverbindlichen Verständnis: der Assekuranz derselben wegen – doppelt, ja mehrfach genäht, hält besser (regionale Machtkämpfe?). Als prominenteste aber bleibt die besagte, der göttlichen Tochter Kopfgeburt, zwingendes Exempel diviner Wunderentrückung in aller menschlichen Berufbarkeit.

Da längst schon vormals ausgiebig erkundet, darf ich, um der Vermeidung von Redundanzen willen, betreffend Athenes Schutzpatronate, den Beistand der Kulturheroen, auf repristinativ einschlägige Publikationen von HH hinweisen: die kommentierte Klassifikation der kulturalen Athene-Domänen alle, sowie, insbesondere, einen genealogisch exponierten Exkurs zu Metis,[10)] Ansonsten erwähle ich einige Stolperstellen aus den thematischen Mythenbeständen, zentriert um deren Vorzeitbegriff, zur weiteren Explikation.

Also: Was sahen die beiden Töchter des Kekrops, als sie, verbotenerweise, den Korb, in dem sie Athenes Stiefsohn, Erichthonios, verwahren sollten, öffneten? Jedenfalls machte sie dieser Anblick sanktional psychotisch, so daß sie sich von der Akropolis in den Tod stürzten. Der Überlieferung nach erblickten sie eine Schlange, oder einen kleinen Knaben mit Schlange, oder denselben schlangenbebeint. Weshalb der tödliche Horror? Ob der kryptisch zu haltenden Vorzeitvision, wenn offensichtlich gemacht, Wahn und Tod verschuldend. Weshalb? – („… was die Götter verdecken mit Nacht und Grauen …"), eine gut elaborierbare Pathologiekonzeption der Symptombildung, des Unbewußten, des letalen Versagens wiederum alldieser negativen Existenzsubsidien, wäre dem anzuschließen – der, kurzum, Gewahrung der chtonisch praetergöttlichen Indifferenz: schlangengemäßes sexuelles Doppelgesicht, bis zum Uroboros

---

[10] H. Heinz: Die Erscheinungen der Göttin Athene als Legitimation patriarchaler Rationalität. In: Die Eule. Diskussionsforum für feministische Theorie. Hg. H. Heinz. Nr. 2. Münster. Frauenpolitik. 1979. 27–95. – Teilrepr. in: Dies.: Wunsches Mädchen – Mädchens Wunsch. Rückblick auf die Unmöglichkeit des Feminismus. Wien. Passagen. 1994. Passagen Philosophie. 101–111. Nachtrag zu Metis. In: Ebd. 113–115.

reichende Abwehrsekuritäten im ungeschützten Subitoanblick des sinnenfällig gemachten Allsubstrats kollabieren – gegenführbar wider unseren bloß aufschiebend rettenden szientifischen Stumpfsinn im Umgang mit den Abseitsschatten unserer selbst.

Wie es nun aber zur recht geheimgehaltenen Geburt Athenes Stiefsohns Erichthonios mitsamt dessen Verwahrung kam? Seltsam – nein! – die Korrelation der virginalen Kulturspitze, des Weiblichkeitsopfers an den technologischen Progreß, Athenes Mandat, mit dem Vorzeiteinbruch – nichts darf verloren gehen – kompensatorisch des königlichen Schlangenmenschen, „ejaculatio praecox“, frei in reproduktionsbereite Mutter Erde tröpfeln gelassen: Erichthonios. Sorgen mußte ich mir machen um sein Bewegungsvermögen, Könige jedoch pflegen nicht zu schreiten, sie werden vielmehr in Sänften getragen, und also liiert sich ihre archaisch halbe Menschwerdung mit fortgeschrittener Kulturprothetik, quasi Ursache und Wirkung innig im Ausgleich beisammen. Überhaupt begegnen in diesem Kontext – ich komme alsbald darauf zurück – menschkörperliche Mobilitätsdefizite, motivational zu deren maschinischen Substitutionen. Athene jedenfalls durchaus reflektiert so etwas wie die Genealogie-komplettierende „inklusive Disjunktion“ der manichäisch künstlichen Rationalitätsklimax, Fleischessperre Virginismus, mit der Realreminiszenz an vorgeschichtlichen – mit auch noch unser UBW entfernt besetzenden – Wundertaten. Ja, wiederum aber kein Wunder, die exponierte Ambiguität dieses kulminierenden Gebildes, Mixtur zugleich aus Wahrung und Vernichtung allen Undergrounds – so ja unser verbleibender Umgang damit eh –, eschatologisch (wann?), gerechterweise, explodierend in seiner ganzen Vergeblichkeit, eben als Todestriebpointe in firmster Haltlosigkeit der Waffen durch die Gattungsgeschichte taumelnd.

Mehr Adler als Freud – Hephaistos' leibhaftige Passion für Athene, die scheiternd gelingende Jungfrauengeburt eines olympisch adaptierten Vorzeitwesens, sie setzt sich die „Maske der Sexualität", der heteronomen, auf, um dem genuinen „Willen zur Macht" gebührenden Nachdruck zu verleihen. So würde sich der göttliche Technikus, der vaterlose, der überwertigen Mutter Hera parthenogenetisch schier ausgelieferte, Subsidien seiner gattungsrelevanten Sondergaben verschaffen, festgemacht an der Stiefschwester, dem einzigen Kompromiß geopfert vaterdeterminierter Weiblichkeit, diesem Umweg seiner also mutterparierenden Selbstung.

Weshalb aber diese Stabilisationehilfesuche mißrät? Nein, der göttlichen Tochter Jungfräulichkeit – Probe aufs Exempel – darf eo ipso nicht zuschandenkommen. Die Botschaft mag lauten: Der Megaingenieur bedarf garkeiner Festigungssupplemente. Außerdem stand noch eine Urkönigsgeburt an, der „Produktionsverhältnisse"-Berge der hephaistischen „Produktivkräfte", die das Stigma ihrer Herkunft, das Schlangengebeine, ansichtragen. Also bleibt die Angelegenheit, trotz der erheblichen Frustration des vulkanischen Supermachers, hinlänglich produktiv.

Hephaistos-mechané

Zutiefst adlerianisch ebenso – von Adler selbst (und seinen Anhängern?) ungenutzt – die, der Sache nach, überkompensatorische Dinge-/Waren-/Waffengenese aus „Organminderwertigkeiten": Hephaistos, der (mit mancher Erbfolge) Lahmende, inklusive der pathogenen Usurpation, subjektiv korporell, der reifizierten Kompensate. Fast möchte man meinen, diese seien umwillen dieser ihrer kulturalen Motivationspotenz absichtlich geschaffen? Mensch, der sich in seiner ganzen anmaßungsbedingten Fragilität prothetisierend zu helfen weiß – in einer Art „circulus faustus“, gemäß dem dubiosen Verdikt, daß der Speer, der die Wunde schlug – sprich hier: todestriebrepräsentative Dinglichkeit –, sie einzig wieder schließen könnte – will sagen: nichts anderes als die nämliche Dinglichkeit wiederum selbst. Welche Desideranz der Körper nach ihren – redemptorischen wie pestiferenten – Dingen!

Vormals – zur Zeiten der pathognostischen Ersinnungen – war Hephaistos, sehr zu recht, schon einmal genealogisches Problem.[11)] Es ist wohl zweckmäßig, aus der Fülle der angerissenen Fragestellungen – namens „Urverdrängung“ und Dinggenese, essentielle Dingangewiesenheit des Körpers, abstrahlende Ur-Ungleichheit im Körper-Dingverhältnis –, einen Einlaß auszuwählen: das hephaistische Zusammenspiel von „Wahrnehmung und Bewegung“, auf eine Art programmatische Skizze hin, für spätere dringliche Explikationen.

Also: Motilitätsblockade, die die Perzeption sodann überlastet, in sich hineintreibt, bodensätzig memorialisiert, bis hin zur Grenze eines produktiven Er-Sehens vorgestellt dinglicher Zielsubstitutionen: Bewegungsapparaturen. Und auf der Gegenseite, der Bewegungssistierung, versteigt sich dieses Defizit, ebenso memorial (über)kompensatorisch, zur

---

[11] Siehe: Arbeit – Technik – Tod. Einige mythosophische Überlegungen zu Hephaistos, Daidalos und Helios. In: Pathognostische Studien III. Psychoanalyse – Krisis der Psychoanalyse – Pathognostik. Essen. Die Blaue Eule. 1990. Genealogica Bd. 20. Hg. R. Heinz. 193–228.

Sublimität der Allbewegung, einschließlich deren organminderwertigen Motivik: der natalen Steiß- und Fußlage, fallsuchtgeeignet, sowie die nachhintengedrehten Sohlen und Zehen. Göttliche Motilität, weltlich verunstaltet, Hephaistos, der Leidensmann, olympisch aufgehoben, rotationserfüllt: das langwierige Feuerrad am Himmel, Looping.

Wie aber nun beide zur Technikschaffung zusammenfinden? Phantasmatische Bewegungsdinger-sichtung hier, rundende Motilitätstotalisierung, mundan zugleich motivisch abgestürzt; dort – jene eine Art Vorfolie für diese, zumal ihre säkulare Mißgestalt; und, umgekehrt, diese – als memoriales Monitum jener: „Trauma“ und „Phantasma“ ineinsgebildet, krüppelige Mißgeburt und Bewegung an-und-für-sich, absolut im Stillstand zugleich, teleologisch vorerfüllt in der Imaginarität der Dinge, speziell der Bewegungsmaschinen gegenüber, „Wahrnehmung und Bewegung“ dergestalt, gebeutelt, und wie!, vorabkünftig kulturproduktiv, genealogische Elemente von Technik. So der entkommen olympische Gott, der zivilisatorische – nein, der integral kulturale – ausgezeichnete Gott Hephaistos, zentral die feuer- und eisendisponierende Schmiedekunst. Auf denn – später, irgendwann danach vielleicht? – zur „venatio opinium“ all dieser luziden Mißhelligkeiten, bar indessen der Zuversicht, daß sich dadurch die Entbergung der zutiefst kryptisch gemachten „toto coelo“ entrückten „Synchronie des Mythos“ ereignete.

Soll man Hephaistos, dem überaus häßlichen, die Schönste aller Schönen, Aphrodite, gönnen, den notorischen Fall der „La belle et la bête“? Aber ja, doch immer nur in Anbetracht der Utilität beider Ehe für den kulturellen, inbegrifflich den technischen, Progreß. Das liegt indessen auf der Hand: daß er sich durch kunstvolle Geschenke bei der –

nicht ja vollends olympisch disziplinierten – Liebesgöttin – immer erfolgreich? – Liebkind machte, daß er, in höchst komplettierend idealisierender Selbstekstatik, sie wie eine blutige Trophäe vorzeigte – noch eine kompensatorisch reverente Anstrengung mehr, und die künstlichen Technowelten wären noch perfekter geworden? Sicherlich. Nicht aber sollten wir es scheuen, die sexuellen Untiefen beider Liaison – von ehelicher Treue kann entsprechend keine Rede sein – zu inspizieren, um bei der Buchstäblichkeit der Leittopologie „La belle et la bête“ anzukommen – dieser Sex ist isoliert tierisch, sprich: hält etwas noch der Vorzeit die Treue – später ja wieder aufgelegt in der schamlos dienstbaren Behilflichkeit des Daidalos für Pasiphaës abgründiges (?) Begehren (Daidalos weiß, was Frauen wünschen). Bitte dazu keine Psychismushypostase anbringen, dagegen sind beide doch, gemäß unserer Exegeseprämisse, eingeschworen, bewußtlos, auf den besagten kulturellen Fortschritt, und holen daher, nahezu konkretistisch ungezügelt – ist das nicht pervers? – die motivationalen Potentiale dieser seiner, des Fortschritts, regressiv prähistorische Absetzungsfolie hervor. Abermals der Vorzug Adlers – Sexualität demnach bloß die Probation der Natur- und Mitmenschenbeherrschung, Eros, Anreiz-, Unterhaltungs- und Prämienartefizium dafür.

Man sollte Hera nicht unterschätzen, sie hält es nämlich, gar überbietend, wie es derzeit quodamodo Models halten, und dies als Hausfrau: zuerst der Beruf, und dann die Familie, sprich: nach jedem Geschlechtsakt rückgewinnt sie badend ihre Jungfräulichkeit. Auch als notorisch eifersüchtige Schwesterngattin vermag sie kurzen Prozeß zu machen: durch die letzte Notbremse Parthenogenese, solitär den Blattläusen vorbehalten. Einzige Racherage der allzeit betrogenen Ehefrau, nicht ebenso, wie permanent der Gemahl, fremdzugehen, vielmehr, in mirakulöser Selbstschwängerung, sich selbst, freilich als Sohn, zu duplizieren.

Aber der Mythos hält damit Rand, nein: buchstäblich delirant, sorgt er, umgekehrt, für die kulturadaptive Fortschrittlichkeit dieses Wunders – wie bekannt, will Mutter Hera von der parthenogenetischen Sanktion ihrer Mißgeburt nichts wissen, gefolgt von einer Serie des geschundenen Sohnes Gegenmaßnahmen, bis zu beider – haltbaren? – Versöhnung. Ein gefundenes Fressen für das Ingenium der Mythographen (wie für uns mit): die narrative Auflängung der technikgenealogisch höchst relevanten Geschehnisse. Man bedenke dies Höchstmaß an Vaterlosigkeit, der letalen Auslieferung an die generationssexuell sich gänzlich autarkisierende Mutter. Nimmt es dann noch Wunder, daß, ob dieser seiner totalen „Organminderwertigkeit", der quasi-Semisohn, um zu überleben, exponiert todestrieblich den zu tötenden Mutterleib in Dinge/Waren/zumal Waffen – Vollendung seiner rachegetragenen Subsistenz –, an Homosexualität vorbei, transfigurieren muß? Mythos, wie geschaffen, den Grundstock unserer Dinggenealogie zu bestätigen: Dinge = „Mutterleibleichen", der reinste Weckruf, diese äußerst angestrengt spiritualisierte Notgeburt, dies (im lacanschen Sinne) filial kastrative Überkompensat, allzeit dichtest davon umstellt, einmal wahrzuhaben? Erstaunlich, daß es dann überhaupt noch lebendige Mütter, wie Hera gleichwohl, gibt.

Fast möchte man argwöhnen, die zahlreichen intrikaten Rachespiele zwischen Hera und Hephaistos dienten nur der Epikalypse der Substruktur alldessen, der maxime gewalthaften Kulturmetamorphose des insbesondere menstruellen Mutterleibs, vorzüglich zu Waffen? Unklar noch der Modus des „Muttermords“, die Art seiner gleichwohl verschoben realen Irrealität, am ehesten – Verlegenheitswort? – in seiner Sondereffektivität im reifiziert Toten, „phantasmatisch“ zu heißen. So daß unser ehern armaturischer Überlebenshort „in toto“ zugleich sich als illusionär unfundierbar – fortgeschrittene Ausgeburt ja des „Todestriebs“ – erwies. „An – naheliegender – Homosexualität vorbei“? In a-historisch modernistischer Verstellung gesprochen: dieser Ausfall läuft direkt auf die ultimative Härte der Waffengenese hinaus – Hephaistos ist nicht zwar Ares, doch stellt er diesem seine Kriegswerkzeuge, „conditiones sine qua non“ seines erfolgreichen Wütens, her. Homosexualität, wie vollends absorbiert in deren Sachpendant dingkulminativ just in Waffen (das hört man nicht gern). Reveille, die, sich steigernd nichtend, zum „Weckruf“ sodann in den ~~Tod~~. Was demnach soll denn mein neoexistentialontologisches mythoaisthetisch perfektioniertes Geisttheater?

Intermezzo zur Synchronie des Mythos

Beim Spaziergang in der Stadt am frühen Nachmittag, fürs erste seltsame Irritationen, noch wenig signifizierte blickfängige Körpersensationen in Richtung Ängstlichkeit dabei: En passant ein dezent streitendes nicht mehr junges Ehepaar.

Was mich dazu nötigte, auf dem Fußweg vor einer der zahlreichen Apotheken stehenzubleiben? Ein Menstruationsgeruch, sich verflüchtigend. („Blutapotheke“, sagte ich zu mir.)

Ein blumenornamentales Eisengitter, Eingangssperre zu einem entfernten großzügigen Anwesen dahinter.

Ein ostentativ engverschlungenes junges lesbisches Pärchen; die eine als Polizistin verkleidet, die andere, betont weiblich, in Trachtenkostüm.

Da war aber noch etwas Entscheidendes: die stark glitzernde Oberfläche einer Handtasche, oder etwa die eines Brustbesatzes?, einer wohl vornehmeren jüngeren Frau, die mich beinahe blendete. Jedenfalls suchte ich dawährend am Himmel – vergeblich (nur die Sonne schien) – nach sturmzerrissenen Gewitterwolken und Blitzen, wenigstens nach Wetterleuchten. Auch meinte ich am Accessoire – dem unheimlichen? – dieser Handtasche interessiert zu sein.

Schließlich kehrte ich, leicht betreten und benommen, zum doppelten Espresso und kleinem sprudelndem Mineralwasser in ein Straßencafé ein. Nein – sprach ich kopfschüttelnd zu mir –, keinem Psychiater, selbst einem Psychoanalytiker nicht, wirst Du von diesen befremdlichen Impressionen erzählen. Denn nachher könnten sie diese als präpsychotisch ansehen und erwägen, mich vorsorglich gar einzuweisen.

Nun ja, (vermeintlich) jenseits alldessen, weiß ich mir schon zu helfen: in archetypischer Beruhigung, der „Synchronie des Mythos“. Das liegt doch auf der Hand: es heimsuchten mich, selbsterweiternd, menschheitsvermählend entängstigend, traumkongenial:

Helios, nebenbei – Vorsicht aber!

Zeus, erhabener Aigis-Blitzer.

Zeus und Hera, wie immer.

Athene, medusenträchtig geschmückt, Homo-Pallas-Emanze.

Medusische curaturanoxe.

Hebe, inverse Stimulatrice.

Hephaistos, eherner mehr-als-Dekorateur.

Hermes, der freilich mir dabei behilflich war, mich abzusetzen. Wohin? Wenn nicht schon ins bleibende Niemandsland, so aber in kein Jenseits dieser – dann doch ambigen – gattungsintegrativen Selbstausweitung in alle genealogisch vindizierte Mythologie.

Ja, das liebe ich, fast autistisch und fürs erste sentimentalisch auch, mit den Mythen ineins, verschmolzen, unwissenschaftlich, zu über-leben, allzeit und überall ihnen, ebenso beglückt wie geängstigt, so als existiere keinerlei historische Abständigkeit, zu begegnen; um mich folgend aber dringendst abzuschirmen, um, wie in Isolationshaft, mir, auf deren Genealogie hin, diese spekulativen Angelegenheiten anzuschauen. Freilich, im Endeffekt entselbstete, ja tötete mich solch prekäres Gebaren, so bar des intellektuellen Abfangs, und also mehr als konzedieren sollte ich den szientifischen Einspruch dagegen, die Abflachung der masochistisch bedrohten Sprengsätze zu neutralen Sujets. Ja – durchaus meine Lebensversicherung, die Folie doch meiner riskanten Thrillambulanzen, Nein, hinkünftig möge ich es unterlassen, mich ob dieser meiner sehr ernsthaften Kaprizen zu verteidigen.

Kore-Paradigma II: Artemis

Kontext-memo, abermals: kulturpathologische Kulturgenealogie via Mythos, hemmungslos selektiv, nur dem eigenen internen Genügen dafür folgend, entsprechend exklusiv esoterisch ausgewiesen.

Jetzt ist Artemis, in der Sequenz der großen olympischen Tochtergottheiten, an der Reihe. Halt – das trifft zwar zu, doch anhaftet ihr manches noch von ihrer archaischen Absetzungsfolie, der Vorzeit, so als sei sie dafür ausersehen, deren Gedächtnisgarantin zu sein. Und das hat Folgen: die eines Mitgrunds, daß sie, also regressiv anfällig, ihre kulturentstehensliche Geschichtszeitlichkeit, ihr Rationalitätsforcement, übertreiben muß – Übertreibung, überhaupt ihr mythengerechtes Wesen. Immerhin ja ist die vielflüchtige Leto, ihre Mutter, eine Titanin.

Männer alle geht in Deckung – bleiben wir bei den Austrägern ihrer charakteristischen Outrierungen, zentral der Jungfräulichkeit. Kriterial die Absage an alles Maternale, gewiß eine Art des „symbolischen Muttermords", ad maiorem gloriam des einzigartig filial weiblich legitimierten kulturgarantierenden Vaters, einschließlich der kulturkreativen Heroensöhne. Inzestekompendiös Alles beisammen?

Mundan, in neuzeitlichem Betracht, rekurriert die wesentlich kulturmittragende Virginität auf einer vorpubertär latenzzeitbedingten Fixierung, auf so etwas wie einem Mädchenbandenwesen – siehe Artemis, „durch die Berge schweifend, umgeben von einer Schar ihr ergebener (sc. ebenso ja, in ihrer Halbgeborenheit, vorzeitreminiszenter) Nymphen". Pointe der prokreativen Mutterabschaffung: Dauermenstruation; wenn überhaupt, dann vehementes Wegschwemmen des männlichen Samens durch den unaufhörlichen Blutfluß. Aussterbung demnach der Gattung Mensch vor lauter kultural dinglicher Meta-physik? Das mag, fixationsgemäß, zwar so anmuten, moderiert sich aber sogleich, extrem paradoxal in einer ihrer Hauptfunktionen, reinste „Reaktionsbildung" (sic!): Hebamme Artemis, Beschützerin „allen neugeborenen Lebens". Ja, davon darf sie nicht abgehalten werden durch die Eigenpartizipation an den Gebärgeschäften, und ergo schwindet auch der Widerspruch zwischen

Keuschheit und der Prokreationsservilität, supplementär gesichert durch ihre Vorzeitrestaurationen. (Wirklich?)

Um auf die wie radikalfeministischen Jungfräulichkeitsexaggerationen, immer im besonderen Dienst der Kulturgenese und -tradition, zurückzukommen: des recht unschuldigen Spanners Aktaion grausamer Tod, zur Strafe verwandelt in eine Hirschkuh, von seinen eigenen Hunden zerfetzt, ist ebenso bekannt wie die moderatere Sanktion der unbotmäßig schwangeren favorisierten Gefährtin Kallisto durch ihre Metamorphose in eine Bärin (das hat sie nun davon, aber ...). Nicht leichthin nachvollziehbar der Göttin – wohlgemerkt einer Göttin – voyeuristische Traumatisierung, nur durch den Tod des Voyeurs expiatierbar. Die Schande der Erweislichkeit, kein Mann zu sein, muß, penisneidisch in Potenz, riesig ausfallen, so nur, widersprüchlicherweise, der Göttin – „dame sans merci“ – würdig. Welch Götterbild – Artemis, eine hysterisch kriminelle Zicke!? Lichteinfall so auch auf die obsekrative Funktion des Mythos: Erdenfrau, vergleichbar angefochten, zu Artemis betend, die ja, in göttlicher Satisfaktion, das in ihr geborgene Unheil der erkrankten Frommen abnimmt. Woher aber bezieht die Göttin diese begnadende Berge?

Sie hat es, anders gepolt, auch nötig, diesen an Paranoia grenzenden – die Amazonen gar überbietenden? – Hypermoralismus, der seine Herkunft, Mannsverdammung, Weibshypostase, in aller Deutlichkeit verrät. Wie sonst hielte sie unter Verschluß, hüllte nokturnisch ein ihren, der Mondgöttin, stiekum-Besuch des dauerschlafenden schönen Endymion – wieder einmal demonstrieren die Götter, was sie sind: Bestrafer der Sterblichen Anmaßung, wie sie selbst zu sein; mildere Sanktion, als die sogleich des Todes, bloß der bleibenden Synkope, immerhin.

Hehre Moral, zur Hypokrisie verkommen – macht aber nichts, ist ja (überaus menschlich) göttlich. Restiert aber, legitimatorisch residual, der Vorzeiteinschlag des Weibes assekuranteste Verfügung über den ohmächtigen Jungmann, passend durchaus zu ihrer, wie gehabt, widersprüchlichen Vielbrüstigkeit zu Ephesos. Was die beiden, im Schutze der Nacht, miteinander treiben? Phantasie an die Macht! Nur daß es sich, ausschließlich in neuzeitlichem Verstande, um „Perversionen" handelt.

Klimax der Brüchigkeit ihrer Virginität: ihre Verliebtheit in den Riesen Orion – daß nichts daraus wurde, dafür sorgte die Eifersucht ihres Zwillingsbruders Apollon. Wie das? Faszination vom Gegenteil männlicher Schwachheit – coincidentia oppositorum –, phallischer Hypertrophie. Wovon also träumt, lizensiert gar – Generösität des Mythos –, eine, ja, lesbische Frau?

Mythos, der, modern gesprochen, für nahezu physiologische Erklärungen der massiven Ambiguität der a fortiori vermenschlichten (und deshalb umso göttlicheren) Göttin sorgt: der Zwillingsstatus. Zwar abgeschwächt durch die geschlechtsdifferentielle Zweieiigkeit, dürfen gleichwohl Verwerfungen in der Selbstkonstitution, der Eigenwahrnehmung, dem abgegrenzten Selbstbesitzstand, unterstellt werden, gefolgt von im Extrem symptomatischen narzißtischen Insekuritäten, zentral betreffend das Geschlecht (wessen der Zwillinge am meisten?). Auch Artemis wird die Vorbildlichkeit des inzestuösen Geschwisterverhältnisses, diese Exogamiesperre, nicht los; im Gegenteil, ob ihrer göttlichen Intensivierung, zumal nicht.

Wie aber ist – (scheinbare) Ungereimtheit da capo – die doch tötende Jägerin kompatibel zu machen mit ihrer erweiterten Hebammenart, der dea praesens „allen neugeborenen Lebens“? Sie wird zwar, subsistenzgenötigt oder auch aus Hegegründen, wie försterlich, Jagdwild töten, diese notwendige Untat aber etwa durch Veganismus avant la lettre reparieren. Revokative Wiedergutmachungen in Serie – Balancekunst der Extreme, Selbsterrettung ihrer menschhaftigen Göttlichkeit.

Weitere Verträglichkeitsaufträge? Ja, wie konsentiert der Rigorismus der Mutterabschaffung mit Artemis' Einvernehmen mit der Titaninnenmutter Leto? Es liegt an deren prähistorischen Indifferenz, der von Mutter und Tochter, an einer Art protohomosexuell archaischer Einheit beider, welche die schließlich olympisch avancierte, erst auf diesem Niveau strictissime jungfräuliche, ihre Provenienz wahrende Göttin fakultativ repristiniert, um, bis dahin gediehen, Hera sodann, stellvertretend für alle Kulturmütter, oft an der Grenze einer Karikatur der eifersüchtigen Ehefrau, zur einzigen Front zu erküren – Vorzeitschonung, Geschichtszeitpolemisierung, welche Zerrissenheit. Wenn nicht alles täuscht, so ist, entsprechend, das Verhältnis zu Vater Zeus nicht immer nur das beste – siehe, zum Beispiel, Kallisto; wahrscheinlich zuträglich nur, regressiv infantilisch, im Schutzsuchen vor der rasenden Göttermutter. Jenseits aber aller Hilfebedürftigkeit fungiert sie als Horror just für Frauen: Artemis' Werk ihr Sterben, final krasser Schuldspruch über sie, wie sie selbst ob des Durchhängens (Suspension) ihrer Geschlechtsidentität, typisch weiblicherseits das Ineins von trop peu ♂/ de trop ♀, und vice versa, diese im Fortschritt unveräußerlichte Dialektik. Probat kultische Besänftigung der harschen Göttin durch Haaropfer? Ja, bitte keine verführerische Anlockung mittels Obskurantien, die „nackte Wahrheit“ vielmehr; nur daß sie – o virginale Schande! – zumal, künstlich, verhüllt werden muß.

Wofür Artemis in der Konstitution der, groß gesprochen, „Abendländischen Metaphysik“ steht? Zeus’ Übergriff auf die Vorzeit, der exponiert olympische Imperialismus, hat seinen Preis, den Tochter Artemis, in ihrer Extremisierung, wie zerrissen zwischen Prähistoriedurchbrüchen und überkompensatorisch grausamen Rationalitätsexzessen, zahlt. Und die rapture Wunde vermag nur zu heilen in der Zuversicht, daß alle offen genealogische Dynamik, der sich vorzeitlich selbstmotivierende Übersprung in die große Vernunftsgeschichte, derart glücklich verlaufen könnte. Artemis – nur zu einem Bruchteil habe ich ihre kulturermächtigenden Bedeutsamkeiten eingebracht – steht für die währende Dramatik der Kulturgenese, abstrahlend in die individuell weiblichen, die überhaupt geschlechtsbetreffend verwerfungsreichen, Obliegenheiten hinein. Ihre zum Scheine widergöttlich pathologische Menschlichkeit nähert sich den Sterblichen, indem sie sich zugleich von diesen entfernt – hybrides Gebilde, Kultur genealogisch offenhaltend, und, in dieser ihrer Ausweitung, instantan verschließend. Ihre Kulturleistungen, keine technischen Wunderwerke, sondern das Monitum deren fleischlicher Teleologie, Kultur, sprich: um der sterblichen Menschen willen. Allein, die progressive Observanz dieser höchst vergeßlichen Zielbestimmtheit beinahe erfordert, kulturabgenötigt, die Mannwerdung, schillernd lesbisch, der gebeutelten Tochter – leidende Gottheit also, gipfelnder Solidaritätspakt im „mythischen Verhältnis“. Wenn, dann wie noch aktuell genutzt?

Kore-Paradigma III: Persephone

Nach meinem etwas abweichenden Dafürhalten räumen die Mythen um Demeter, Persephone und Hades – ansonsten weit davon entfernt und narrativ besonders beflissen – mit der Unschuld alles Vegetabilen gründlich auf. Pardon für das Klischee, es trifft aber zu: das Schöne sei des Schrecklichen Anfang. Überzüchtete Schönheit – die blaue Wundernarzisse, als Persephone sie abseits zu pflücken trachtete, da überkam sie, kaum zufällig, der Drang zu urinieren und zu defäzieren, und dahin war die trügerisch lockende Blumenpracht, der Totengott entstieg an der nämlichen Stelle der Erde, und nahm die Beschämte mitsamt ihren Dejekten und der erstorbenen Köderflora in sein unterirdisches Reich, gegen ihren Willen, einvernehmlich aber mit seinen Götterbrüdern, mit. Ja, Kultur gebietet diese ihre fundierende Pollution, den ordnenden Würgegriff des Todes in allem vegetabilen Vitaldelir, das „schöne Mädchen" (Kore) muß geschändet, Mutter Demeter, Vorzeithüterin der noch ununterworfenen Pflanzenanarchie, im Sieg der Tochter über die Mutter, domestiziert werden. Nur muß jene, Persephone, fürs erste malgré soi, diese Wendung zu betreiben, gezwungen werden; nur aber daß sie alsbald – nach dem bekömmlichen olympischen Schiedsspruch – ihre Spaltung nicht bloß ertrug, sich vielmehr ganz und überzeugt ihren richterlichen Aufgaben apud inferos widmete. Wankelndes Gemüt, nicht untypisch weiblich? Kaum, denn – davon kann man ausgehen – nichts ist auf Erden mehr wie früher, Persephone nämlich transferiert ihren aller Inflationierung abholden Anankasmus in die also vermittelte Kooperation mit Demeter, mit dem Effekt kulturgenügend ordentlicher Agrikultur.

Notorische Trefflichkeit des Mythos: um die Tochter kulturgefügig zu machen, bedarf es gar der räuberischen Gewalt. Man darf aber damit rechnen, daß sie letztlich doch das Einsehen hat, zumal des besagten Kompromisses wegen, der die Kirche im Dorf läßt, sowie den drohenden Bruch in diesem Splitting, mehr als geglättet mittels der kulturintensiv wahrenden Lizenz, den Mortalitätsfaktor des Totenreichs rationalisierend in die Oberwelt einzubringen. Man bedenke immer auch – die Epiphanie des Totengotts, seine Herbeizitierung durch Persephones Dejekte, muß, plötzliche Fahlheit, Dunkelheit, ein Riesenschock gewesen sein, mit ja auch für die mitspielenden blumenpflückenden, sich bekränzenden, tanzenden weiteren Tochtergöttinnen, Athene und Artemis (haben sie sich verlaufen?). Der Mythos scheut sich nicht, selbst diese, momentan kulturvergeßlichen, drastisch zur Ordnung zu rufen.

Gewalt dann auch per List und Tücke. Hades, durch den hermesischen Gang zum olympischen arbitrium den Verlust der Gattin befürchtend, nötigt sie (wie genau?), im Aufbruch nach oben einen Granatapfelkern zu verspeisen. So die ewige Rückbindung der Eheflüchtigen aus dem Totenreich hin zur Mutter Demeter, denn der Granatapfel gilt, ehegemäß, als Fruchtbarkeitsdroge. Ungereimt? Hades und Persephone bleiben doch ein kinderloses Ehepaar, ebenso aus der Mutter-Tochterverschränkung gehen ja keine Nachkommen hervor, in den Spitzen der Kulturation muß, widermaternal, jegliche Fleischesbeteiligung fehlen, die Todesherrschaft, die des „Todestriebs", nimmer nicht infertil?

„Prokreation in der Unterwelt, das ist absurd. Dieser Widerspruch löst sich indessen, recht einfach, in der Erwägung auf, daß diese unterweltliche Fertilisation just das Gegenteil, Sterilisation, ausmacht, und zwar durch die Umwendung der Fruchtbarkeitsdroge homöopathisch in ein Empfängnisverhütungsmittel. Man könnte meinen, Hades habe die hormonelle Realhomoöpathie der Antibabypille vorerfunden, diese kleine Dauerschwangerschaft zum Zweck der Verhütung der richtigen großen."[12)]

„Das faszinierendste aller antiken Verhütungsmittel ist eines, das die Pille gewissermaßen schon vorwegnahm: der sagenumwobene Granatapfel … Das Geheimnis dieser erfrischenden Frucht wurde jedoch erst von der modernen pharmakologischen Forschung entschlüsselt (die damit den hohen Stellenwert des Granatapfels in den alten Kulturen auch wissenschaftlich begründete): Der Granatapfel enthält das reichste bisher bekannte Vorkommen an pflanzlichem Östrogen. Es ist, wie der Internist R. F. Weiss in seinem 'Lehrbuch der Phytotherapie' angibt, mit dem weiblichen Sexualhormon chemisch identisch und hat eine vergleichbare biologische Wirksamkeit. Bei entsprechender Erfahrung und richtiger Anwendung haben es die Frauen früherer Zeiten wohl tatsächlich fertiggebracht, mit Granatäpfeln ihre Furchtbarkeit zu regeln: Bei einer Frau, deren Körper zu wenig eigenes Östrogen produzierte und die deshalb selten oder nie einen Eisprung hatte, glich der Granatapfel den Östrogenmangel aus. Sie konnte schwanger werden und war vom Fluch der Unfruchtbarkeit befreit. … Bei Frauen mit normaler Hormonausschüttung dagegen, entstand durch den Granatapfel ein Östrogen-Überangebot im Körper. Ähnlich wie das Östrogen der modernen Antibabypille, könnte auch das Granatapfelhormon den Eisprung gehemmt und so vermutlich ungewollte Schwangerschaften verhindert haben". (Angelika Blume: Empfängnisverhütung: Was noch vor der Liebe kommt. München. Mosaik/Brigitte. 1987. S. 25 f.)[13)]

---

12 Kore Persephone. Über Agrikultur und Tochterstatus. In: H. Heinz: Wunsches Mädchen – Mädchens Wunsch. Rückblick auf die Unmöglichkeit des Feminismus. … 169.

13 Kore Persephone. Über Agrikultur und Tochterstatus. In: H. Heinz: Wunsches Mädchen – Mädchens Wunsch. Rückblick auf die Unmöglichkeit des Feminismus. …173

Und so ist die ganze Welt wieder in Ordnung, der Filialitätswiderspruch ♀ passé. Fragt sich gleichwohl immer noch, wie sich Persephone in diesem ihrem unterstellten Selbstgenügen fühlt, indem sie die vital vegetabilen loca supera mit mortalen Unterweltkomponenten kulturobödient kontaminiert. Menstruationsbeschwerden, und was sonst noch an einschlägigen Pathologien? Endometriose etwa? Solche Dissidenzen bleiben, ob des (kulturerfundenen) Vorzeiterbes in Kultur selbst, nicht aus. Menschlich und neuzeitlich gesprochen, überleben die selbst schon störenden Archaismen – niemals aber gänzlich –, depotenziert in den Krankheiten eben. Nicht aber ist Persephone, die Göttin, somit krank, nein, in ihrer filialen Ambiguität hält sie, residual letztlich dann nur noch, der Vorzeit die Treue, und offeriert so der sterblichen Frauen Abgabe alldieser Mala in sie, in deren göttlich aufgefangene Doppelberge – modern die Valenz, progressiv materialiter, von Medikamenten, deren Wirkung just dieselbe: selbsteigener Krankheitsverwahr, kontrastiert zusammengehalten mit dessen Kultursubstituten. Therapie also bestände, derart in toto kulturverpflichtet, im irdischen Selbstseinsverzicht der memorialisierten Himmelsgabe der Kulturgenealogie gleich der Reverenz der Göttin.

Wie steht es um die ebenso untergebrachten Pathologien der anderen Tochtergottheiten? Die überaus kulturhegemoniale Athene betreffend, muß man wohl, eingedenk ihrer Genese, in die Vollen gehen: Transsexualismus. Artemis? Agitierte Hysterie ob ihres tödlichen Penisneids, kontradiktorisch in sich abgeführt zur wie somnambulen Trance in ihrer Affaire mit Endymion. Persephone, wie schon angedeutet, gynäkologisch kapriziert, wahrscheinlich mit retardierter Regelblutung. Das in den Nymphenstatus hinüberspielende Korewesen spricht für die besagte Latenzzeitfixierung, die dadurch konditionierte besondere, zentral menstruelle, generalisiert dejektive Pubertätstraumatik. Hades, zum Raub herangebracht, nicht nur durch Persephones Exkremente, nicht zuletzt auch, triebinflationär, durch ihren ersten Blutfluß – alles ja hadesgemäße, von Demeter weit entfernte, Todesindizien.

Seltsame Diskretion – an mir kann es schwerlich liegen, dagegen wohl an den antiken Mythographen schon? –, daß von den menschlich-göttlichen Ausscheidungen die Rede nicht ist. Genealogische Reservation derselben für wesentlich spätere Zeiten mit ihrer technologischen Dingprärogative? Wo aber diesbetreffend ausgeführt? Halbwegs (und weniger) nur in der Psychoanalyse, und, atopisch, pathognostisch freilich, überschwemmt, scheinregressiv bloß mythenbegünstigend, von der aktuellen Medienkonjunktur.

Trotz aller Begeisterung für Mythen muß doch gesagt sein, hier im Hades-Kontext insbesondere, daß aller mythologische Todesgebrauch, sofern todestrieblicher Provenienz, auf eine Todesverfälschung hinausläuft, auf die ontische Spitzenanmaßung des immer nur, voll daneben, vorgestellten Todes, ~~nicht aber des Todes selbst~~. Da die angängigen Mythen narrative Kulminationen dieser Verkennung ausmachen, liegt der Suspekt durchaus nahe, daß sie diese ihre quasi-Selbstkritik miteinzubringen befähigt seien? (Wo dies? Etwa, den Göttern mundan entrückt, im „Ödipus auf Kolonos“?)

Mythisches Wohlwollen – mehr aber noch vielleicht der inverse Transport oberweltlicher Erosbestimmungen in ihre kryptische Heimstatt da unten –, schauen wir rüber zu Persephones hadeischer Inkonsequenz, überleitend zu Dionysos' Entstehung, zur Adonis-Episode. Den permanenten

Analverkehr mit dem todesgöttlichen Gatten war sie immerhin soweit leid, daß sie sich selbst mit einem verschobenen Kinderwunsch – plausibel, nicht wahr? – überraschte. Vom schönen Knäblein Adonis wollte sie nicht lassen, mitprovozierte sie einen ihr analogen olympischen Schiedsspruch über ihn, zog aber die Kürzere, da der schon ältere Adonis, in seiner gedrittelten Wahlfreiheit, Aphrodite vorzog.

Bei näherem Hinsehen aber stellen sich weitere vorbildartige Entsprechungen zwischen der unerfreulichen Adonis-Mythe und der ihren, Persephones, ein. Adonis, Vater-Tochterinzestprodukt (von Vater Kinyras und Tochter Myrrha), ein intrigantes Sanktionswerk der Liebesgöttin, die Tochter mit erfüllten inzestuösen Gelüsten auf den eigenen Vater bestrafend, der, nach Kenntnis der Blutschande, ihre Tötung beschloß. Gnädige Götter, welche die Sünderin vor dem verfolgenden Vater in einen Myrrhenbaum verwandeln, und den Sprößling des todeswürdigen Frevels aus dem aufplatzenden künstlichen Mutterleibholz retten. Verworfen weltliches Präludium des bevorstehend legitim göttlichen Vater-Tochterinzests – Zeus mit Persephone; Konträrverweis auch auf die Demetersphäre: Pflanzen = verwunschene Inzesttöchter (Nymphen), und die aus diesen hervorgehend todgeweihten Wunschsöhne: Anemone = Transfiguration des ungeschickten Jägers von einem Eber getöteten Adonis' Blut.

Dies alles wird, auf divinem Niveau, ganz anders sein: keine Pflanzenmetamorphose der Tochter, kein früher unwürdiger Tod ihres Inzestsohns.

Auf denn, zu seiner Totenehrung, zu den „Gärten des Adonis“! Paradigma des „schönen Manns“, mit seinem Pferdefuß soldatischer Ermangelungen. Nicht eben arbeitspassioniert, kompensatorisch angesiedelt im medial ästhetischen Refugium, fasziniert er, Weiblichkeit vor – anders ebenso schützender – männlicher Gewalt schützend, durch sein hybrides Wesen, effeminiert in seinem narzißtisch geheißenen, homosexuell geöffneten Selbstbezug. Gefundenes Fressen für die Liebesgöttin, dieser konsequent scheiternde zarte Möchtegernrabauke, sich selbst erhaben überhoben spiegelnd in solchem geschichtszeitlichen Nochnichtmann, willkommener Reflex ihrer genderindifferent maternalen Vorzeitherkunft; olympisch infiziert aber schon ihre Affekte, ihre Trauer.

Dionysos: jüngster doppelt geborener Drogengott

Dionysos nunmehr, topologisch im Überschlag.

Am (Anfangs)ende aufkommt, überaus forciert, die Konsumtion, idealiter das Umwillen, die alle Lüste versammelnde Prämie, entschädigend für das „Opfer der Arbeitskraft“ und alle Injurien der Warenverteilung.

„Waffenhaftigkeit aller Dinge“, entsprechende „Süchtigkeit aller Körper“, das initial konsumtive Endgenügen erfüllt sich toxikomanisch im Verweis auf die Inbegriffsseite der Vegetation, die Drogenstoffe.

Konsequente Doppelsichtung der Gottesträgerschaft dieser hypertrophen Gattungsteleologie: des zweifelhaften Spätgottes zweimalige Geburt, im Progreß der extremen Vaterprärogative und der verirdischten Tochtermuttertilgung.

Scheiternd massiver vorzeitsubsidiär (schein)maternaler Einspruch wider die auserwählt konsumtive schwankend solide Kulturvollendung, wideroppositionell bloß im fundierend aufgelängten Dienst derselben.

„Widerstand ist zwecklos" – Sanktionspotenz gegen die nicht eben raren Unbotmäßigkeiten: Psychotisierung. Riesiger Suchtimperialismus, die ultimative Kulturmission. Welch Humanismus des „zerstückelten Körpers"!

Sehr realistisch, mit einem Schuß Amoralität versehen, zumal wenn immer man mitbedenkt, daß, objiziert, die suizidale Dissektion der Waffendinge die Klimax aller Kultur ausmacht. In der Zuordnung der Inzestformen zur Konsumtion, des Mutter-Sohninzests, imponiert deren Ambiguität – „Konsumtion – Ende oder Anfang"[14]. Dionysisch antezipiert, prätendiert der Gebrauch, selbst schon im Ganzen Herstellung zu sein, und blockiert sich, pathologisch, im Beimwortnehmen dieser Anmaßung, zur Konsumtionssperre. Dionysos, der derart sich selbst in seinen überangepaßten Followern einen Riegel vorschiebt, sprich, vorweggenommen, so deren Psychotisierungssanktion, allzeit zur höheren Ehre des, konsumtiv drogenreverent, überzogenen Kulturfinales.

Diesen Einstieg macht die erste Geburt des letzten großen Gottes, den von der Mutter Demeter gutgeheißenen Vater-Tochterinzest, der von Zeus und der willfährigen Persephone, wie auch immer konzedierte Verräterin an den rein mortalen Unterweltbelangen, vorbereitet durch ihre Faszination für Adonis, und vollstreckt in ihrer inzestuösen Heimholung durch Vater Zeus, floride Geschlechtserweckung wider die infertile Eheliaison mit dem Totengott, sprich: Analverkehr; physiologisch in promptu die töchterliche Vagina für die göttliche Schlangenmetamorphose, doppelgeschlechtlich reptilisch transportiert sie die vegetabilen

---

14 Siehe: Hype-Thinking. Über Dingdimensionen und Inzestformen. Düsseldorf. Peras. 2007. 34–43.

Demeter-Gaben, insbesondere die Drogenpflanzen, in die also für die kulturale Zukunft hinlänglich determinierte Leibesfrucht Dionysos.

Da muß aber ein genealogischer Fehler unterlaufen sein, sonst wäre ja keine zweite Geburt des dubiosen Gottes vonnöten gewesen. Wahrscheinlich liegts am göttlich fraglosen Überleben von Persephone, ihrer töchterlichen Rekreation. Ansteht, allem Anschein nach, die Mundanisierung des realiter zu vernichtenden Mutterpostens, einschließlich des passageren Todes des Gottessohns – Dionysos, der Protochristus (schwere Hypothek für diesen!).

Mit einem überweiten Sprung in die Moderne und Postmoderne, macht diese Art des Dionysos' ursprüngliches Entstehen das entzogene Unbewußte der „künstlichen Befruchtung“ aus. Astronomisch weit in nicht mehr gewahrbare Ferne gerückt, gleichwohl, nach unserem solitären Verständnis, hoffnungslos zutreffendst – man beachte den enormen technischen Aufwand dafür, der, pathognostisch, zwingend ins inzestuöse Souterrain, nämlich den Vater-Tochterinzest, Produktionsinbegriff, verweist.[15)]

Im Übergang zur zweiten Geburt des Dionysos schwappt das kriteriale Zerstückelungsmotiv in seine mythologische Memorialisierung, seine Schriftform, über. Kaum noch anderswo – gewiß problematisch für die antiken Mythographen schon, und erst recht für deren neuzeitliche Lexikographen – häufen fraktal sich die einschlägigen Varianten, mitsamt je deren primärprozessuellen Tiefgängen. Und dies bis zu mir hin reichend, ja, Dionysos läßt mich nicht recht wach werden, macht mich trunken, macht mich verrückt.

---

15 Hype-Thinking. ... Überschlag. 44.

Vorsicht also, ich verlöre mich, wenn ich nicht meinen obligaten sekundärprozessuellen selektiven Ordnungssinn dagegen bemühte.

Bezeichnend diesbetreffend auch, daß meine Morgenträume, etwas abweichend derzeit, an der Schlafverhinderung, quälend wachzubleiben – autoreflexive Wahrung des Traums als „paradoxer Schlaf" –, laborieren. Auf denn zur eifrigen Nüchternheit, unsicher aber, ob ich mich in solchem Gegenhalten nicht doch strafwürdig mache, den Zorn des beleidigten Gottes provoziere.

Also, kautelisch, in diesem Sinne: Weshalb muß dieser göttliche Drogenbaron sterben und, anders, wiedergeboren werden? Im Überschlag antwortete ich bereits darauf: des Verdinglichungsmangels, gleich des Defizits an Mutterabolition, gleich der Einbuße an Durchschlagskraft des noch-Semigottes wegen. Kulturoperational konkret: Das mythologisch einmalige Nachfassen, Dionysos' verschobene resurrectio mortuorum, verschuldet sich der besonderen Aufwändigkeit der Weinproduktion, a fortiori dann in deren Fortsetzung, der Branntweinherstellung. Da fehlt generisch noch Entscheidendes, muß gründlich nachgeholt, Demeters besagte Komprobation, in Richtung Vorzeitanleihen zum Zweck der Kulturamplifikation, überboten werden. Wie? Mittels Heras brutaler Order an die Titanen, den jungen Gott zu töten, zu zerlegen und zu verspeisen. Kaum zu überbieten Heras krudeler Rachefeldzug, nur daß sie notorisch so nur, indirekt, zum sakrosankten Fortschritt beiträgt, letztbegründet im oft übersehenen Umstand, daß an der ehelichen Götterspitze – Zeus und Hera, konsanguinisch – der Geschwisterinzest grassiert, exogame Gegenpotenzen also entfallen, wie in der Göttersphäre ja überhaupt.

„Zerstückelung“ – ein höchst rationaler Grundakt. Denn indisponibel das blockhafte Ganze, verfügbar hingegen mittels seiner Fragmentierung, sowie der ausschöpfenden Depression seiner Isolate, hinauslaufend auf die derart vermittelte Auszeichnung eines desselben, als pars pro toto, in sich hineingesteigert der haecceitas. Und mit diesem exponierten Überbleibsel hat es der Mythos, Dionysos' zweite Geburt, zu tun. Ansonsten sei zuvor noch auf die weiteren Aktualisierungen des dismemberments: erotisiert den Fetischismus, dessen psychotische sowie kriminelle Usurpation, allgemein selbstarchäologisch auf die Funktion des „Spiegelstadiums“, hingewiesen.

Inzestereservation der Götter – quod licet Iovi, non licet bovi. Allem divinen Vorbehalt obliegt, genealogisch, die Reminiszenz an den inzestuösen Kulturursprung, die existentiale Nötigung der Inzestetabuisierung, des differierenden Ursprungsdurchstrichs in seiner Angewiesenheit auf sein konträres Entsprungenes. Ewiger Auftrag der Götter: attraktive Repulsion/repulsive Attraktion der Sterblichen, damit etwas sei, und nicht vielmehr nichts: Nichtsverseuchung allen Seienden, violente Gegenhypostase desselben gegen alles Nichts. Todesepikalypse beiderseits, Götter- und Menschendämmerung von Anfang an, bar der Alternative – sinnlos unterhielte sie nur das humandivine Wechselspiel in all seinen Fratzen. Man muß sich allzeit zu helfen wissen, dissektiv, wie gehabt, in aller Scheinbarkeit weicht der Tod, pseudologisch, dem opaken Ganzen, seiner isolierenden je tiefgängigen Dissolution, überfrachtet die, chaque fois, ausgefüllten Seinsmulden mit ihrem vermeintlichen kausalen Endstadium, der individuellen Allgemeinheit (vordem haecceitas genannt), in die früheste Frühe der Hominisation regressiv sich totalisierend („Spiegelstadium“), hypertroph sexuell sich tamponierend (Fetischismus), in permanenter Frontstellung wider ihre tätige (kriminelle) und/oder sich aufopfernde (pathologische) Anmaßung. Wie sich, fiktional hirnlich, ein solcher autistischer (Un)philosoph während der Verfertigung seiner unverständlichen Gedanken fühlt, ja fühlt?

Göttliches Krematorium, oder die Besorgung von Spirituosen, Feuerwässer, der Heilige Geist in der Flasche. Gesetzt den Fall, die kannibalischen Titanen hätten die gekochten und gebratenen Leichenteile des Dionysos nicht aufgefressen, Zeus hätte sie, die gleichwohl kulturgenetisch brauchbar Verruchten, in den Tartaros retourgeblitzt, was wäre dann mit diesen heiligen Kadaverfragmenten zu unternehmen gewesen? Am besten würden sie verbrannt, immer im Hinblick auf die Drogenproduktion, die radikale zeusgerecht blitzerwirkte Dematerialisierung, mit ihren zweierlei seinsrettenden Rückständen Rauch und Asche. Jener der feurige Geisthauch, diese das residuale abkühlende Fassungssubstrat. Also mag man die Entstehung des Weins und seiner Spirituosenfortsetzungen, des Dionysos selbst da capo, imaginiert haben. Wo aber bleibt dabei der Flüssigkeitsbeitrag? (Poseidon, vielleicht, der Löscher, der die strikten Antagonisten, Feuer und Wasser, berauschend zusammenzwingt?)

Unscharf die hier sich häufenden Primärprozeßeinschläge, kulminierend, wie sonst nirgendwo, der göttliche Despekt der Lebens-Todesdifferenz, abermals Indiz der toxikomanischen Kulturvollendung. Ich wiederhole mich: ein allausgebreitetes dubioses Finale, jedoch der Grundpassion der Gattung überaus konvenient: angemaßte Unsterblichkeit, die manische Substanz der Sucht, Göttermahl der Sterblichen, des casus ab alto, todesmonierend, menschprobatorisch sicher. Kein Wunder, daß nicht wenige Moralisten Dionysos die Gefolgschaft aufkündigen, aufs Ganze gesehen freilich frustran, avisiert ja in seiner Sanktionsart für die Abweichler: Wahnsinn, und Alkoholismus als Psychosenremedium. Autokannibalismus, Selbstnekrophagie gleich das Unbewußte der Drogierung. Welch ein Gott!

Problematisch der Übergang zur zweiten Geburt, fraglich die Vermittlung dahin – offensichtlich legt der Mythos besonderen Wert darauf, keinen schieren Neubeginn, vielmehr eine verbindende Tradition zu ventilieren. Worin besteht dieses entscheidende Missing Link, vorausgezeichnet ja schon allgemein als pars pro toto/haecceitas des dionysischen Schwundkörpers? Im des Gottes einzig verwahrtem Herzen. Wonach sich die Neugeburt, modern transponiert, einer Herztransplantation verdankte. Nein, sie setzte den sterbenden ganzen Körper des Gottes vero voraus, seine Herzeinpflanzung macht ihn wiederlebendig. Aber vielleicht ist es so gemeint, vorausgesetzt die Wiederzusammensetzung seines corps morcelé, wider seine rabiate Verbrennung.

Verwirrung über Verwirrung, diffundierende Mythenmemorialität mitsamt – mein semantischer Ordnungssinn gar versagt, losgeschickt in dissoziierte Träume, den drohenden Selbstzerfall, deplatziert zwischen Hochgefühl und Niedertracht. Rätselhaft fürs erste ebenso die Herzalternative, was als Transitmedium zum erneuerten Dionysos – selbst schon sedimentverwandelt: Rauch und Asche des kremierten Gottes gleich dem Rebstock – firmiert: Kunstphallus, aus Feigenbaumholz (wann?) – Antikdildo – gefertigt.

„Signifikant Phallus“ (versus das auch immer kümmerliche Geschlechtsorgan Penis), im Allgemeinen durch die wie vorläufige erste Geburt schon gesichert, das korporalisierte sowie verdinglichte Kulturvermögen als solches, Menschheitsinbegriff, die Brücke zwischen den zwei Geburten, von Zeus abermals zeugend angebrachte dionysische Mitgift. Gut Lacansch erweist sich, menschheitstragend, Kultur, körperquittierend, -sublimierend, als kastrationsbedingt; und wahrscheinlich würde unser verblichener französischer nichtmehr-Skandalanalytiker dem, pathognostisch, zugestimmt haben, daß Dinglichkeit – Waren, Waffen – die Primogenitur der phallisch prinzipiellen Kastration ausmachen, inklusive der korporell toxikomanischen Imitation dieser einzig gattungsassekuranten, jedoch wie anders denn entropischen Martialität. Seht da! – die Kulturpotenz metaphorisch aufs handliche Feigenbaumholz, als Phallusartefakt, gebracht. Wir werden diesem trivialen Wunderding noch einmal begegnen: in Semeles Befreiung aus dem Hades durch Sohn Dionysos.

Nicht aber des medialen Transfers genug, fällig ward der Rückgriff auf das ja ebenso verwahrte Herz des gebeutelten Gottes dafür, aus dem der höchste Himmelsherr (woran ist er nicht beteiligt?) ein Herzgebräu herstellte, mit dem er des Dionysos Nachfolgemutter, Semele, schwängerte. Seltsame Fertilisation, wie wenn, modern adaptiert, eine fruchtbarkeitsfördernde Hormongabe selbst bereits gravide machte – vielleicht, um die Ecke herum, die Ostentation auf die dionysische Prärogative der – in der Drogierung ja gipfelnden – Subsistenz- versus Generationssexualität? (Aber bei Gott ist ja kein Ding unmöglich.) Jedenfalls wurde Semele, Prinzessinnentochter des König Kadmos, dergestalt, mysteriös, mittels wie zu Samen verwandelten Koronarelementen des zu revitalisierenden Gottes, schwanger. Und das nicht zu ihrem Glück, höchstens zu ihrer masochistischen Höchstintensität. Denn Hera roch davon und dachte sich eine exzeptionelle Intrige aus, die Nebenbuhlerin schlicht zu beseitigen. Für unsereinen besonders auffällig dabei, daß das Gefälle zwischen der olympischen Spitzenliga – Zeus und Hera – und der feudalen Menschentochter – Semele – auf deren tödliche Begnadung hinausläuft. Welche Pracht, überraschenderweise, der Begegnung des höchsten Götterpaars, irdisch extrapoliert der Tod der auserwählten Geliebten. Gut, Zeus, getäuscht, hält Wort, aber er wußte doch, daß die Gottesträchtige, ignorant, buchstäblich mit dem Feuer spielt, und die Quittung, letal verbrennend, bekommen wird? Alle selbstzweckliche Rührung über ihr Schicksal verliert sich in Anbetracht dessen übergeordneten Generalzwecks: Kulturgenese als Kulturpathologie, Kultursicherung. Immerhin aber, es geht dabei – man vernimmt es nicht gern, Mythos, der Lehrmeister darüber – brutal, voll der Opfer, vonstatten, das reinste Autodafé avant la lettre, Tochter-Mutteropfer – es wurde ja schon suspiziert, daß die sakrifiziale Tötung einer standesgemäß gehobenen Menschenfrau die kulturfundierende Muttervernichtung, wahre Hexenverfolgung, erleichtere (christlich dann zu Ehren der Dreifaltigkeit, der maternale Hexentod auf Erden die Kulturgenese generell; und die purgative Voraussetzung speziell der „elektronischen Revolution“? Der Holocaust[16)]). Der kei-

[16] Siehe: Deduktion der Musik aus dem Hexenmartyrium. Aus dem Vorlesungskript zu „Philosophie der Kunst II“. In: Omissa aesthetica. Philosophiebeiträge zur Kunst. Essen. Die Blaue Eule. 1987. Genealogica Bd. 13. Hg. R. Heinz. 34–36. Die hier knapp markierte Musikgenealogie bedürfte der Amplifikation auf die weiteren Kunstgenres, sowie, insbesondere, auf Naturwissenschaft und Technik – alles avancierte Renaissanceinventionen; postmodern des Rekurses der „elektronischen Revolution“ auf die nationalsozialistischen Judenmorde. Siehe: Zusammen mit H. Heinz: Lampenschirme als Menschenhaut. In: Nürnberger Blätter. Zeitung für Philosophie und Li-

mende Gott in Semeles Leib aber muß, das versteht sich, gerettet werden. „Da er mich zeugt' und starb, sie sterbend mich gebar …" Nein? – der Tod des Vaters Zeus bedeutet je seine himmlische Transfiguration, vorausgesetzte Verdinglichung. Das vor den Flammen gerettete Sechsmonatskind muß (HH) auf Intensivstation, mythologisch des Zeus' verschließende Einnähung der Frühgeburt in seinen Schenkel, technologisch eingelöst allererst spätzeitlich, wie gehabt. Anscheinend machten seine regulären Kunstgeburten aus dem Vaterfemur sowie seine kaschierte Aufzucht durch ein Aufgebot an Frauen keine weiteren Probleme.

A part – vielleicht hängt diese zweite Geburt mit der „Nachgeburt" zusammen? Mit der Persephones schon, nicht der Semeles, so mitverbrannt? (HH) Berücksichtigt man des Dionysos Sanktionsmodus für Abtrünnige: Wahnsinn, so wird die Plazenta/Secundinae, nach meinem Dafürhalten, einschlägig psychosentheoretisch relevant. Derart konkretistisch ich, in einem frühen pathologiepathognostischen Kontext, referent auf das Psychosenkriterium Äquivalenzprivation, metaphorisch, übertragungsgemäß, meine dankesbare Abfertigung mittels der nachgeburtlich verwesenden Plazenta durch den Psychotiker, der ich an deren Stelle

---

teratur. Hg. R. Knodt, H.-M. Schönherr, U. Popp, B. Zeitler. 2. Jg. Nr. 3. 1986. 13. Zweitpubliziert in: Pathognostische Studien IV. Von der Psychoanalyse zur Pathognostik. Übergänge und Ausflüge. Mit einem Briefwechsel mit Dietmar Kamper. Essen. Die Blaue Eule. 1998. Genealogica Bd. 25. Hg. R. Heinz. 124–125. Drittpubliziert in: Retro II (1983–1994). Aufsätze und Rezensionen. Essen. Die Blaue Eule. 2009. Genealogica Bd. 36. Hg. R. Heinz. 134–135 – ein Resümee. Die nämliche Deduktion des Balletts findet sich später dann in: III Tanztheater: 1. Tanzrhizome. Zur Ästhetik des Wuppertaler Tanztheaters Pina Bauschs. In: Omissa aesthetica. … 84–88. All diese meine desideranten geschichtsgnostischen Einfälle fanden ehedem Friedrich Kittlers Interesse.

ausplündernd zu treten hätte.[17] Plazenta, die als Materie eines Herzgebräusubstituts also, tauglich wäre.

Musterfall noch der genealogischen Ingeniösität des Mythos, freilich ohne Gewähr, damit soetwas wie den genuinen Sinn desselben zu treffen, wo sich bloß, in den konstitutiven Austrägen, das eigene Ansinnen wiederfinden kann: Sohn Dionysos, der Mutter Semele aus der Unterwelt herauf führt.

„Dionysos ... bedurfte eines Führers und Wegweisers in die Unterwelt und mußte als Preis dafür völlige weibliche Hingabe versprechen: nur so konnte er zur Mutter gelangen und sie zurückholen. Er erfüllte sein Versprechen mit Hilfe eines Phallos aus Feigenholz, den er zu diesem Zweck aufstellte."[18]

Alle Kulturätiologika beisammen: der aufsteigende Übergang von „Es" zum „Ich" und „Überich", eine Angelegenheit der „Kastration" (Lacan); und die Oberwelterfüllung

---

17 Siehe: Psychiatrie-Winter 83/84. IV. Die Mutterkuchen-Gegengabe. In: Kaum. Halbjahresschrift für Pathognostik. 2. „Die kranken Dinge" I. Wetzlar. Büchse der Pandora. 1986. Hg. R. Heinz. 42–45. – Eine weitere Plazenta-Verwendung findet sich, unter dem Titel „Plazenta Visum" in: Oedipus complex. Zur Genealogie von Gedächtnis. Wien, Passagen. 1989. Passagen Philosophie. 54–56; Exempel unserer Art der transzendierenden Mythenfortschreibung: Iokaste, die Ödipus' Nachgeburt vergräbt, als Wiedererkennungsmarke, so er nach seiner Aussetzung etc, zurückkommen sollte; passend zum Dionysos-Kontext als Übergangsmedium kontinuitätssichernd der beiden Geburten. Keine Fortune mit Peter Sloterdijk, ebenso plazentareferent. Auf die Zusendung meiner betreffenden Texte – im Zusammenhang meiner DFG-Begutachtung der Übersetzungswürdigkeit seiner „Sphären"-Publikation ins Französische – reagierte er nicht.

18 K. Kerenyi: Die Mythologie der Griechen. Bd. I: Die Götter- und Menschheitsgeschichten. ...: XV. Dionysos und seine Gefährtinnen. 2. Dionysos und Semele. 203–204.

dieser Aszendenz Dinglichkeit, metaphorisiert im Lotsenständer des Phallus aus Feigenholz (?), erheischt, auf des Körpers Seite, perfekte Effeminisation. Ewiges Sohneslos: weiblichkeitsmimetisches Selbstopfer, restitutiv umwillen korrespondenter Technik, filial externe Selbstanschauung im armaturischen Dinglichtoten. Das kommt davon: die maternale Kulturexpropriation muß dergestalt gesühnt werden, nur daß die rechte Sühne die Kultursubsistenz ja sichert. Was demnach geschieht mit der derart freigekauften töchterlichen Mutter? Notwendig konzedierbar der schmale Grat an prokreativer Liberation, jenseits der dingverpflichteten Mannsgeschäfte. Und man wird nicht bestreiten können, daß der Mythos um diese schwankende Telosdimension aufwendig besorgt sei.

Fazit. – Bei soviel proliferant fraktalem Schillern, gelegentlich in amüsante Märchenhaftigkeiten abgleitend, und auch zu abschüttelndem Parodieren verführend (damit möchte ich es aber, ob des rasenden Drogenernstes, nicht übertreiben, jedoch in der Ariadne-Story kommt mir der Gott wie ein „Witwentröster" vor, der die Depressive zum Troste alkoholisiert – „wer Sorgen hat, hat auch Likör"), verliert man leicht die Lust zu weiterem kulturgenealogischem Recherchieren. Eh ja schon stehe ich frühmorgens mit meinem Mythenbefassen auf, und lege mich nachts mit demselben zu Bett, allzeit von HH, mehr als Inspiratrize, Kooperateuse vielmehr, komitiert. Im Kleinen retrospektiv, im ausufernd engen Rahmen der Dionysos-Mythe, bieten sich folgende kulturkriterial markante Akzente an:

- Die überaus auffällige Mühsal, die ökonomische (Anfangs)enddimension, Konsumtion, zu einer kulturteleologischen Größe, göttlich legitimiert, zu disziplinieren. An diesem Prämienort steht Kultur, allzeit durch anarchische

Vorzeiteinbrüche gefährdet, auf dem Spiel. Weshalb sonst muß Dionysos zweimal geboren, weshalb muß Tochtermutter Semele intrikat getötet und wiederbelebt werden? Alles kulturale Assekuranzmaßnahmen, just da, wo sie besonders – „Voluptas"inflationen – vonnöten sind. Jedenfalls wird man, mythologisch, keinen lupenreinen Kulturbegriff – intellektuell zum Glück – antreffen können.

- Weiterer Haltepunkt: zeitgemäß psychosengnostisch anverwandelt der imaginäre Eingang in den Opferabyssos unserer Existentialien, wenn, so essentiell obsekrativ, ebenso, sich verflüchtigend, pfropfobsekrativ unser Genealogietypus, bar der diachronischen Distanz, imaginärimaginär auf ein in sich gehalten kollapsisches Supersubjekt, zerrissen verbundene Hominisationsklimax, aus – angerissen nichtgerissen der Gnosisfaden. Man rückentsinne sich der verqueren abdriftig primärprozessuellen Drogengenerierung – eines kaum mehr durchsichtigen psychotischen Getümmeles, das – häretisch fast, mythisch voll realistisch – dem Kulturgesamt zugehört.

- Fortgesetzte Ausbuchtung, wahrscheinlich unzufällig: die mythisch diffuse Antezipation von „Organtransplantation", „Fertilisationshormonen", „Intensivstation" und dergleichen – genealogisches Gütesiegel des Mythos, riskant zwar, doch nicht unwahrscheinlich. Kenntnisse der Kulte könnten unseren Belangen nicht schaden. Auch mag die thematische Mythe insbesondere dazu anregen, die quasigenealogischen Vorgaben im menschlichen Körper – Mord und Totschlag, weitestgehendes Desiderat – auszukundschaften. Adio!

Orestie

Durchgehend übergeordneter Aspekt: dynastische Besitzstandsregulationen, fast immer polemischer Observanz, Politikprärogative also, in deren Rahmen dann sich daraufhin dienstbare – unschwer zwar zu isolierende, hypostatisch jedoch verfehlte – intersubjektive Begebenheiten, gefundenes Fressen für die Psychoanalyse, austoben. Dachhort demnach je die entsprechenden bis in die gegenseitig körperlichen Verwinkelungen reichenden „Produktionsverhältnisse". Gewiß, doch will der Suspekt nicht zur Ruhe kommen, daß die beinahe ausschließliche Auslassung der „Produktivkräfte" nur zum geringen Anteil an deren vergleichsweise faktischen Schwäche liegt, daß wir damit vielmehr dem axiologischen Bürgervorurteil – wie hätte man früher gesagt?: des Vorrangs der „Kultur-" vor den „Zivilisationsphänomenen" – Protoindustrieignoranz – aufsitzen. Triftig also die Frage, inwieweit das marxistische Modell der ausschließlichen Determinationspotenz der „Produktivkräfte" für den Rationalitätsprogreß stichhält.

Erstes Problem: Anscheinend kommt mit der – bereits mythologischen – Überordnung der besagten Politik eine zu den intersubjektiven Austragsweisen heterogene Determinationssphäre ins Spiel – die Andersartigkeit der Politökonomie im Vergleich zu den ödipalisierten Interaktionsobliegenheiten –, so als ob die spätzeitlich virulente urbürgerliche Possessionskategorie schon in diesen Vorzeiten sich universalisierte. Nein, von Heterogeneität diesbetreffend kann die Rede so einfach nicht sein, denn die Besitztragödien entfallen ihrer triebtheoretischen Erklärbarkeit nicht, wohl aber machen sie eine Art Adlerianischer Wendung – die der alte Freud beiläufig legitimierte – notwendig: den Vorrang des „Willens zur Macht" vor der absolut gesetzten „Sexualität"; nur daß derselbe, Inbegriff der Seinsgewalt, sowohl narzißmus- wie zumal todestriebtheoretisch sich ins fortgesetzte Triebregister einfügen läßt. Womit meine pathognostische Grundoption auf den Plan gerufen wäre: im Sinne der „Psychoanalyse der Sachen“ erweisen sich die politischen Essentials als homogen mit deren intersubjektiven Exekutionen, triebdeterminiert nämlich.

So indessen lautet auch die pathognostische Rezeptionssperre, pointiert die Maßlosigkeit des psychoanalytischen Anspruchs wider das „Schuster bleib bei deinen (sc. peristatiképochalen) Leisten“. Übersehen aber bleibt in diesem üblichen Verdikt, daß, pathognostisch, dem unterstellten Psychoimperialismus keineswegs Tribut gezollt wird, vielmehr der Triebbegriff, insbesondere todestriebtheoretisch, sich revidiert und viel dingreferente terra incognita damit eröffnet. Das wird sich noch zeigen lassen: ein einheitliches Feld, bruchlos reichend vom politischen Betreiben von Possessionstragödien bis hinab in die Untiefen der pathologiedurchsetzten Lebensgeschichten deren Agenten. Nicht aber möchte es schier gewiß sein, daß die Glätte dieser Homogeneitätsrechnung durchgehend aufgeht. Jedenfalls aber rückt sie, mythologisch schon, in den Rang einer genealogischen Vorform nachgerade, wenn immer diese meine übergreifende Exigenz stichhält.

Zweites Problem: Das mythologische Überwiegen der „Produktionsverhältnisse“ gegenüber den oft fast auf Null reduzierten „Produktivkräften“. Hierbei mögen sich mischen der vergleichsweise ja schwache faktische Stand derselben und das spätestens historismusverschuldet lexikographische Präjudiz deren irrelevanter Subordination. Also wäre Nachholarbeit an antiker Technikgeschichte erforderlich, mitmotiviert mittels der naheliegenden Mutmaßung wenigstens der Existenz einer ausgeprägten Waffenindustrie, womöglich als Spitze weiterer Handwerkskünste. Auch mag man in diesem Zusammenhang des göttlichen Hephaistos gedenken sowie der zahlreichen Technikpatronate Athenes.[19] Ob dann die betreffende epoché überhaupt noch zutrifft? Genealogiedesiderat aber bleibt die exakte Maßgabe der „Produktivkräfte“ für die „Produktionsverhältnisse“ in ihrer ganzen die Subjekte/Körper infiltrierenden Reichweite.

Um keine Mißverständnisse in die Fachwelt zu setzen, und Kollege Tepes ehemaligem Haupteinspruch wider mein Mythenkonzept rechtzugeben: Gewiß, im mythischen Rohstoff mag man – weshalb ist durchaus ja erklärbar – den vollen Respekt der „Produktivkräfte“ vermissen dürfen, und in der Folge, dies angängig, im eigenen Genealogieunterfangen komplettheitsmotiviert, vergeblich danach suchen. Gleichwohl, solcher Empirie bar, möchte mein Synchroniegebaren lückenbüßend diese Leerstelle ausfüllen – verweisen doch alle vorliegenden intersubjektiven Verwerfungen just auf ihre Peristatikprovenienz, auf Dinge/Waren/ Waffen gegründete Politökonomie. So die Historietranszendenz von Genealogie.

Dies am Beispiel des für die Orestie ja einschlägigen Aigisthos. Die erschütternd initialen Agamemnonrufe Elektras in von Hofmannthals und Straussens „Tragödie“ täuschen darüber hinweg, daß der getötete Königsvater manches auf dem Kerbholz hat: den Mord an Klytaimnestras erstem Gatten mitsamt beider Kinder, die (beinahe)Opfe-

---

19 Siehe: H. Heinz: Die Erscheinungen der Göttin Athene als Legitimation patriarchaler Rationalität. In: Die Eule. Diskussionsforum für feministische Theorie. Hg. H. Heinz. Münster. Frauenpolitik. Herbst 1979. Nr. 2. 27–95. Teilrepr. in: Dies.: Wunsches Mädchen – Mädchens Wunsch. ... 1994. 101–111.

rung der Tochter Iphigenie, die Konkubine Kassandra; so daß eine Rehabilitation des Aigisthos, des Ungeliebten, als feige gescholtenen, naheläge? Ja, welch Stigma schwerster Herkunftshypotheken, kein Wunder, daß er sich mit mörderischer Gegengewalt zur Wehr setzen mußte: Kind aus einem Vater-Tochter-Inzest, von Thyestes und Pelopia; von seiner Mutter ausgesetzt, von einer Ziege gesäugt; von Ziehvater Atreus, legitimer Gatte seiner Mutter, über seine Herkunft im Dunkeln gelassen. Reaktiv gefolgt von Rachemaßnahmen: der Tötung des Atreus bis hin, usurpatorisch, der des Agamemnon, zum Zweck der Annihilierung der mykenischen Erbfolge. Hartes, ungut pariertes Schicksal, für unsere kulturgenealogischen Belange zusammengefaßt, eine antiproduktive, trotzdem indirekt dienstbare Schleife der einzig kulturzuträglichen patrifilialen Herrschaft, wider alle episodischen verworfen vorzeitlichen Anfechtungen.

Präjudiz auf Aigisthos' Versagen der Etablierung einer währenden wie äquivalenten Gegenmacht: bereits seine dissidente Entstehung, und zwar durch eine befremdliche Götterweisung, den fürs erste rätselhaften Orakelspruch, daß Thyestes Rache an Bruder Atreus, der seine Kinder umbrachte, in dem besagten – kulturolympisch schon verurteilten – Inzest beschlossen sei. Gnadenlose Weisheit – wer so wenig, exogam, sich zum Schutze seiner Nachkommen geeignet zeigt, der sei, endogam, durch Inzestvollstreckung bestraft. Vorgehalten wird ihm so – tückisches homöopathisches Remedium –, was er überwunden haben müßte: die vorgeschichtlichen Inzeste im Nachhinein; menschgöttlich freilich ausgedacht – das kann garnicht genug prononciert werden – als passagere ambages der Fortschrittsfestigung. Rücksichtslos entsprechend Aigisthos' ab-ovo-Mitgift, seine unvermeidlich unheilvolle existentiale Mandatierung;

wenn – nach pathognostischer Lesart – der Vater-Tochter-Inzest die kriminell und/oder pathologisch auflauernde Fleischesparallele, objektiv, zur Technik ausmacht, dann wäre dem Kind der Sünde, Aigisthos, deplatziert körperlich, bar aller dinglichen Absolvenz, die untragbare Last des göttlichen letalen Anundfürsich, wie frühtot schon bei lebendigem Leibe, aufgehalst. Regressiv überfrachteter Säugling, hilflos der Waffen, seiner abgelöst Blutschandegeistpendants, eo ipso ledig. Folgerichtig fortgesetztes grausames Gottesurteil – sprich: unserer humanistisch martialischen Kulturpassion – seine Aussetzung: kriegsmimetisches Elterninszenat der infans-Solitüde. Und, später, depersonalisiert/derealisiert Leidender an der Vorenthaltung seiner Genese – „wie bestellt und nicht abgeholt“ –, vergreift er sich, ultima ratio seiner einbrechenden Selbstwahrung, an seinem Adoptivvater Atreus – wie selbstvernichtend muß diese Reservation auf ihn gewirkt haben, so daß nur noch die Ermordung des vorenthaltend Wissenden seine Selbstrestitution fragwürdig sichern konnte. So nahm – vehemente paschein-poiein-Drehung – die Rache am Verhängnis seines Selbstverlustes ihren Anfang; höchst traumatisierter Zombie fast, animalisch entmenscht, ausgerechnet durch eine rettende Ziegenamme; vollendet dann im thronräuberischen Mord an Agamemnon. Verhältnisse wie in Shakespeares Königsdramen, breite Spur der Verwüstung durch die frühe Rationalitätsgeschichte, von blutschänderisch schuldigen Opfern triefende Kultur. Nach solchem mythologisch beispielhaftem synchronen Kahlschlag sollte man alle Mohrenwäsche unseres Subsistenzinbegriffs Kultur endlich unterlassen. Und dann? Welche Aporetik! Und die Psychoanalyse scheint immer mehr gehalten, ihre intersubjektive Bescheidung in diese Makrodimension hinein auszuweiten, immer auf dem Wege zu deren ungründigen Fundamentierung in des Körpers mortalem Dingdouble der Waffen. Sternenhimmel, der von diesen, heldenbenamst, ideierend nur so strotzt.[20)]

Stolperstellen in der „Orestie“, deren Erörterung zu einem profunderen Verständnis derselben beitragen möge. Also: Weshalb reklamiert Elektra – unbelangte (!) Anstifterin zum Mord – den Bruder Orest, um die vorausgehende Ermordung des Vaters Agamemnon durch Klytaimnestra und Aigisthos, mordend diese, zu rächen? Weshalb diese fatale Delegation? Sie mutet so an, als suizidiere sich Tochter Elektra, ob der Geschlechtsidentität mit der Mutter Klytaimnestra, zu diesem Teil jedenfalls, partiell also selbst – Kryptik des scheinbar nichtssagenden Mutter-Tochter-Inzests. Ja, aber damit schickt sie den Bruder in den eigenen ödipuskomplexischen Krieg: Tot der so dringend subsidiäre Vater, Sohn, nackt konfrontiert der vatermörderisch urparanoisierenden Heteronmutter – und ausgerechnet sie, welch ein Bärendienst!, soll, mitsamt dem Laios-Ableger Aigisthos, von ihm umgebracht werden? Er tut es, wie gesteuert?, und die Quittung dafür läßt nicht auf sich warten: Wahnsinn, autodestruktiv. Hier genealogisch reicht der

---

20 Auf die nämliche Spur eines abweichenden Interesses an Aigisthos setzte sich ehedem die literarische Performance von Heide Heinz, titels: „The Man Himself. Genealogie des Aigisthos“. Dokumentiert in: H. Heinz, M. Heinz: „Frauen tauschen Frauen nicht“. Zugleich Katalogbuch zur gleichnamigen Ausstellung. Hg. Frauenmuseum: Bonn 1984. Schön wäre, wenn auch meine mythenexegetischen Texte „tönten nur Liebe im Erklingen“. Nein, viel zu viel der Alternativeutopie von Kunst. (Welche Verzweiflung!) Siehe: op. 56. No 2: „An die Leier“. Anakreon nach Bruchmann: „Ich will von Atreus Söhnen, von Kadmus will ich singen ...“.

Mythos in die Ultima der „Abendländischen Metaphysik", der Rationalitätsgenese. Schon antike Söhne „streben nicht mehr danach (sc. die Heilung des Ödipuskomplexes), mit der Mutter zu schlafen und ihren Vater zu töten, sie streben nur danach, mit ihrem Vater zu schlafen und ihre Mutter zu töten".[21] Nur daß der tote Vater ja kein koitaler Kompagnon sein kann, wohl aber diese gründende Lücke permanent ansteht, mit Dinglichkeit, kulminativ Waffen, Magazine reifizierter Mutterleibleichen, überfüllt zu werden. Muttermord – das manifeste Mysterium überhaupt der Kultur, unserer Subsistenzprobation.

Die ausschlaggebenden Extreme der Kulturgenese zu besorgen, das einzig macht die riskanteste Obligation des äußerst ödipalisierten Sohnes – bis hin zur widersprüchlich rechtlichen Belanglosigkeit des der Schwester Mittuns; exquisites Mandat zur ausnehmend kulturkonstitutiven Kulturkriminalität, au fond die filiale Ersetzung des toten Vaters und die allentscheidende Expedition der Mutter. Inzestuöser Geheimbund der Geschwister, und der Matrizid nichts anderes denn die in Regie genommene Pointe des positional ambigen Mutter-Sohn-Inzests. Da hilft keine rationalistisch verblendete Blandiloquenz, den Ursprung der Kultur davon zu reinigen, perpetuierend ihr unabweislich hereditär destruktives Stigma, wie an ihrer antiken Wiege in der „Orestie" exzeptionell und gar apert gesungen.

Nochmals: Muttermord – ätiologische Hauptsache aller Rationalität. Selbstverständlich: nicht sämtliche Mütter dieser Welt werden, umwillen unserer ausgebreitetsten Überlebensaxiologie, de facto umgebracht, mindest aber gab es – man

---

21 Ch. Reinig: Der Wolf und die Frau. In: Die Schwarze Botin. Nr. 8. September 1980. 31.

entsinne sich der Hexenverfolgung – Realitätseinbrüche der okzidentalen Universalität maternaler Obliterationen. Nein, sie gibt es fortwährend noch, allerdings camoufliert, in ihrer dissidenten Scheinheterogeneität sich verewigend. Die ungenehme These gilt: Alle Jagd auf Abweichungen bezweckt, bis zur Unkenntlichkeit verschoben und entstellt, den Matrizid im Grunde; und alle irenischen Intermissionen taugen nimmer zu mehr als den reinsten Kriegsdifferierungen.

Die „Orestie" als genealogische Konkurrenz des Ödipusplots? Innerpsychoanalytisch kaum – das lag wohl mit am Streit über das weibliche Pendant zum „Ödipuskomplex", dem „Elektrakomplex"? Allemal imponieren die Unterschiede zwischen beiden: unwissender Vatermord und Ehelichung der eigenen Mutter – ein eklatanter Fehlschlag: respice finem! – versus aufgeklärte Ehrenrettung des toten Vaters und rächende Tötung der patriziden Mutter – umwegsame Restauration der mykenischen Dynastie. Nach pathognostischer Lehrmeinung wäre Orestes Schicksal – eine Art kleinianischer Wende? – paranoiatheoretisch im Vorteil, und müßte so auch den Test bestehen, struktural ab ovo sein Unwesen zu treiben: den Vater mittels Ermordung der vatermörderischen Mutter zu rächen – Testfall, der, entlang der psychosexuellen Entwicklungsetappen, auszuführen anstände, immer nach der Maßgabe, wie gehabt, der Privation des vorenthaltenen Dritten als haßerfüllte Verderbnis des dualen Verhältnisses. Bestände darin aber dieser Ödipuskomplexsubversion pathologiegenetische Borniertheit? Inwiefern indessen vermöchte diese ursprünglich freudianische Version diesen orestischen Widerpart, letztendlich kulturgenealogisch gar, zu überbieten? Immerhin mag sie ja die Prästanz erweisen können, sogleich als „negativer Ödipuskomplex", das Grundmuster aller Pathogeneität zu stipulieren, nur daß seine orestische Konkurrenz nicht minder sich dazu, sogar vertiefend, eignete? Auf der Strecke derart zudem bleibt der weibliche Modus – „Elektrakomplex"! – dieser kriterialen Umwendung: der sororale geschwisterinzestuös aufgefangen intrikate Protektionismus, darin die Angewiesenheit auf den protegierten Bruder, modo mutterschonend vaterfernhaltend interimistischen Kneifens? Und, wie steht es um die kulturgenealogische Suprematie der mykenischen Tyrannei? Wie gesagt, entscheidet sich das an der Tragfähigkeit und Reichweite des pathognostischen, eher kleinianisch beerbten, Paranoiakonzepts.

Vorschlag zur Güte: vielleicht die Kombination beider Kulturtraumatikkomplexe: Immer nur aufdrängt sich der Mord am Vaterversager, seinem Schutzesausfall angesichts der kastrierenden magna mater. Verschuldet sie, in fortgeschrittenen Zeiten, diese paternale Defizienz, so muß ihr Rachetod beschlossen sein. Und das bloß differierende Zwischenstück dessen, die inzestuöse Vermählung mit ihr, nicht mehr als die Dilatation ihrer Vernichtung. Und, entsprechend, das Tochterlos: die geschwisterinzestuöse Reservation, inneres Außenvor, desselben Bestands.

Marginalisierung der Elektra, bis hin zu ihrer idyllischen Hochzeit mit Pilades? Prope. Alternativer Komplexträger ist und bleibt Orestes, unbeschadet der psychoanalytischen Gewöhnung, ihm eine abweichende Version des „Ödipuskomplexes" zu attestieren. Die Eingemeindung dessen Freudscher Definition in den – fällig so zu benennenden – „Oresteskomplex" bezeugt nur diese Prärogative: Vatermord = der besondere Fall paternalen Schutzversagens. Und der filiale Inzest mit der Mutter die ungebremste Verfallenheit des Sohnes an sie, Mora bloß des letalen Endes: Iokastes Sühnesuizid – Geschichtszeitindiz; und Ödipus auf dem Kreuzweg seiner schlechthin asignifikanten Extinktion. Memo: Freuds Ansinnen hierbei erscheint primär anders als politisch ausgerichtet: nämlich auf die je individuelle Befängnis – in welchem sozialen Umfeld? – vom „Ödipuskomplex“, fürs erste zudem restringiert auf die dritte psychosexuelle Entwicklungsphase, sowie, a fortiori, dessen pubertäre Repristination, sowie, akzentuell, auf das Problem der Ignoranz aller Agenten, am ehesten aufklärbar mittels der Sartreschen Unterscheidung von „Wissen“ und „Erkennen“. Wohingegen die pathognostische Umorientierung sogleich die Politizität der Mythen, hier der „Orestie“, genregerecht exponiert, nicht freilich ausschließend – man gehe dafür bei Sophokles in die Lehre –, daß diese übergeordnete Dimension, Ablösung Thebens durch Athen, den ödipalen Gegebenheiten nicht zukäme. Gut – diese genealogische Rettung der „Produktionsverhältnisse“ läßt den Respekt der „Produktivkräfte“, die immer armaturische Technologiefolie der administrativen Aufsätze, aber vermissen – mit ja auch Resultat unserer geisteswissenschaftlichen Dekadenz. Also tragen wir die Werkstatt untertags nach: Hephaistos hat sich liebend gern – übervoll die Auftragebücher – ans orestische Mykene (womit wohl?) verdingt.

Alle triftigen Gedankenfäden haben genealogisch sich im Inzestproblem, der wie unerfindlichen Ubiquität desselben, versammelt. Diese Fundamentaleinsicht verdankt sich der Psychoanalyse, die allerdings, wie im Erschrecken über sich selbst, in ihrem Inneren mit dafür sorgte, solchen Expansionismus, voll des Einspruchs wiederum dagegen, arg zu zähmen – allein schon via der ätiologischen Restriktion auf Psychopathologie, sowie auf die „ödipale Phase“, die „phallisch exhibitionistische, urethrale“. Recht erholsam davon die Mythologie, die, schon von sich her, aus dieser Not der psychoanalytischen Verwunschenheit aufweckt, indem sie alles inzestuöse Körperbetreffen, beispielhaft, bis zum Letzten, politisiert. Mit der Wiederaufnahme dieser frühen mythologischen Gunst hat Pathognostik es substantiell zu tun – favor, als müsse dem faktischen Ursprung der Rationalität deren Vorabaufklärung, in der Ambiguität von Warnung und Rechtfertigung, beigegeben sein. Und weshalb wir nachdrücklich derart regredieren? Weil uns das Vernunftswasser längst bis zum Halse steht (pardon für den Gnomos).

Also: Inzest – das ist (ist!) Zeit- und Raumstillstellung, Indifferenzcountdown, die womöglich noch gestreckte Auslöschung aller Differenzen; der des Geschlechts, der Generation, der von Körper-Ding, von Leben-Tod. Inzest, im Endeffekt mit Tod identisch – nein, das geht nicht, wenn, dann im Sinne einer liquiden Letztbastion des „Todestriebs“, also des Fehls aneignender Todesparierung, limes desselben. Ohne seine Binnenhistorie, seine notwendigen Austragsmodi, brächte er auf der Stelle den Tod. Diese auswegslos rettenden Differierungen sind, im Rahmen des Geschlechts und der Generation, Schizophrenie und Paranoia – auf denn zur Entmystifikation der Kleinschen „paranoid-schizoiden Position“! –, will sagen: das soziale Exil der Differenzeinbuße jene, versus die symptomatisch redifferenzierende Polemisierung von Intersubjektivität, Mord und Totschlag mutuell, diese vorgriffig unsere Universalpathologie. Die Gattung aber würde entropisch verkommen, ja sich den eigenen Existenzboden entziehen, wenn diese symptomatische Binnendramaturgie der Inzeste sich, kultural, nicht reifizierte: zum Wechselspiel der „Produktivkräfte" (jene) und der „Produktionsverhältnisse" (diese), Ausgänge der objiziert inzestuösen Körper-Ding-Differenz, allzeit hypertrophiert zur Quittung der Lebens-Todesdiskrimination, die, solo nur ihrer Veräußerung wegen, ihre Letalität verschiebt, um gleichwohl in diesem ihrem Projektionscharakter, identifikatorisch rückgefesselt, die ganze Hypothek ihres paradoxal auxiliaren „paranoid-schizoiden" Inzestaufenthalts wartetändig beizubehalten – Rechtsgrund durchaus, von der „Waffenhaftigkeit aller Dinge" zu sprechen.

Mit den beiden letzten indifferenzgebürtigen Differenzen ward das Inzesttabu insinuiert, nicht die bloße Abdeckung (Epikalypse) der Inzestgreuel, vielmehr die kontrareisierend seiendmachende Freigabe von Zeit und Raum, wider alle inzüchtig vergleichlich geltenden Suffokationsmala, spricht man post festum. Wohin aber damit? Die anschaulichen Existenzsubstrate retinieren ihr todestriebliches Provenienzstigma, um im Dementi ihrer Gewaltermächtigung, dem universellen Menschensterben, unzuenden. Grundloser Grund „Todestrieb", in seiner währenden Allmacht instantan scheiternd; todeskurzschlüssiges Inzestbegehren, wenn nicht „schizophren" wie „paranoisch" inzesttabuisch retardiert, sowie, sogleich, entsprechend, in „Produktivkräfte" und „Produktionsverhältnisse" violentest gewandelt, bis auf Weiteres unbeirrt von seiner Widerlegung in der dispositionellen Urwiderständigkeit des Todes selbst.

Melanie Klein – fürwahr das „weibliche Genie" (Kristeva). Niemand sonst reichte hin bis zu den ersten todestrieblichen Inzestparierungen, ihre „paranoid-schizoide Position". Unbeschadet ihrer, zugestanden, theoretischen Schreibensdefizite, sollte man es dennoch unterlassen, ihren archaischen Abhaltungen der Inzestetödlichkeit den Fehlgriff einer Psychotisierung des Säuglings anzulasten, nein: in der frühesten Frühe imponiert nur, akausal, synchronisch, die Manifestationsprägnanz derjenigen genealogischen Fundamentalstruktur, die, durchgehend, objektiv angemaßt einbehalten, Pathologie besorgt, und, primo, rettend veräußert, die Basis aller Produktion, immer Waffenkultur, ausmacht – abenteuerlicher Parallelrekurs der Industrie auf Säuglingsaktivitäten – nein, das muß offiziell tunlichst auf der Stelle heterogeneisiert werden, wo sonst kämen wir, selbst philosophisch, hin?? Jenseits jeglichen Vorwurfs gesagt: Selbst kleinianisch restiert die psychoanalysetypische Intersubjektivitätsinklusion, obzwar die ja dingreferente Kinderanalyse sich der Grenze ihrer symbolistischen Zutätlichkeit nähern mag?

Instruktive Passagen zum Inzest finden sich im „Anti-Ödipus“:

„Der Inzest ist reine Grenze. Unter der Bedingung allerdings, daß zwei falsche Annahmen über ihre Bedeutung vermieden werden: die erste, die die Grenze zu einer Matrix, einem Ursprung stilisiert, als bezeuge das Verbot, daß die Sache ‘anfänglich’ gewünscht/begehrt wurde; eine zweite, die die Grenze in eine strukturale Funktion verwandelt, als ob in der Übertretung ein zwischen dem Wunsch und dem Gesetz als ‘fundamental’ unterstelltes Verhältnis spürbar werde. ... Kurz, die Grenze bildet weder ein Jenseits noch ein Diesseits: sie ist Grenze zwischen beiden, stets schon überschritten oder noch nicht überschritten. ... Der Inzest gleicht darin der Bewegung, er ist unmöglich. Nicht in dem Sinne, wie das Reale es wäre, sondern wie das Symbolische es ist.“[22)]

---

[22] Siehe: III. Wilde, Barbaren, Zivilisierte. 3. Das Problem des Ödipus. In: G. Deleuze, F. Guattari: Anti-Ödipus. Kapitalismus und Schizophrenie I. Frankfurt/M. Suhrkamp. 1974. 206.

Ja, der Inzest ist nicht zu haben, in meiner Sprache – philosophisch im Vorteil? –: Zugleich mit seinem illusionären Aufkommen erscheint er gänzlich absorbiert von seiner Tabuisierung: „Schizophrenie“ und „Paranoia“; scheinentpathologisiert, objektiv, in seinem kulturpathologisierten Inbegriff „kapitalisierter Technologie“; ineffektiv verschwindendverschwindend im je individuellen Sterben, der dafür dienstbaren Todestriebrefutation. Subjektive Pathologie rekrutiert sich in der fixierten Krisis ihres anmaßend legitimen Angriffs auf die kriterial einbehaltenen primären Inzesttabus, folgend, pathologisch, gewichtet nach ihrer Differierensvalenz der Psychose gegenüber; selbst schon, psychosenimmanent, differiert verheeren „Paranoia“ „Schizophrenie“; und die Organpathologien – reformierter Begriff der Psychosomatik – unterscheiden ausschließlich sich von ihren psychopathologischen Geschwistern in ihrem Sujet Dingkörper, keinerlei Letztfaktum, todestriebliches Erstartefakt vielmehr, in metaphysischem Betracht Finalgrundfindung populistisch suggerierend.

Nochmals: Aller Inzest, unstellbar alle Repräsentationselemente nichtend aus der Hand schlagend, wäre statim letal, wenn nicht statim mutiert in seine tabuisierende Konterkarierung, die synchronisierte wie objizierte Kleinianische „paranoid-schizoide Position“, unablässiges Initial eines Sequenzsystems der allgeblichvergeblichen Differierungen – hommage à Derridas „différance“ –; Existenzelixiere, blutdurchtränkend allihre todgeweihten Lebensbestände.

Nebenher: Was hat es mit dem rätselhaften Einsprengsel im Zitat, nach „… oder noch nicht überschritten: *ein seichtes Wässerlein • verleumdet oft • den Inzest*“, auf sich?

Nicht von ungefähr motiviert der inzestuöse Todessog, inklusive seiner „paranoid-schizoiden" Primärreparierungen, zu einer Art heroischem Hyperphallizismus – man entsinne sich der Heroengeburt, kompensatorisch, aus dem Doppeltod seiner Opfereltern –, undenkbar ohne seine triviale Kollapsgefährdung: die ganze urethrale Jämmerlichkeit, manifest am selben Organ, die Instabilität des Phallus angesichts des fast stündlich seine Dejektionsrechte einfordernden Pipijungenpenis. Was bleibt diesem Absturz anderes sodann übrig, als, purster Witz, zum Angriff überzugehen, dem, was der urethralen Schande mißrät, üble Nachreden nachzuschicken? Keine Subversionschance dadurch, und doch, der miserable Miktionseinspruch mag sich zum obliquen Todesmonitum übersteigern, produktiv letal verunbewußtetes wiederum, nokturnisch epileptoid, zum konkurrierend selbigen Wolkenkratzer. So die erwachsene Objektivität der „phallisch-exhibitionistischen ödipalen Phase", heterogen zwar, aber, inzestprovenient, wie identisch. Oder? Bereinigter Status dessen in der apriorischen Heldenregression just auf diese psychosexuelle Entwicklungsetappe. Mannsproblem freilich, und die weibliche Beteiligung daran? Nur „penisneidisch" schwächelnd mitvergönnt, ansonsten auf die Obligation reduziert, die männlichen Kastrationsängste lustkomitiert zu ermäßigen.

Inzest in der Postmoderne? Scheinbar untergeht der gesamte genealogische Ablauf der Differierungen, wie gehabt – die todestrieblichen Exzesse der Gattung, unwiderlegtwiderlegt je im einzelnen frustranisierenden Sterben –, mittels des Pseudos absoluter Inregienahme in der epochal dingmedialen Imaginarisierung aller Welt – universelles verum ipsum factum, unike Exkulpation zudem, exklusiv fleischespurgierte Geistgeburt der propren Disponate. Kein Wunder, daß solche todestrieblich redemptorische Versessenheit den längsten Schatten seines also provozierten Gegenteils generieren muß: inzestuös angetriebene rasende Gewalt. Und, offiziell, tritt, immerwährend, das aktuelle Digitalisierungsdelir an die Leerstelle der Besinnung auf diesen hart geleugneten Zusammenhang zwischen unserem progredienten Medienboom und dem IS, mitsamt dem Flüchtlingsproblem.

Persönliche Einlage. Astronomisch weit auseinander der europäisch wohlgefügte Zeitgeist und meine residual intellektuellen Voten dagegen. Ich übernehme mich, anmaßend, allemal aber, mit jeglicher moralistischen Prophetengeste wie mit mühsam heroisch solidarischem Verständnis für die offizielle Eskamotierung meiner Denkungsart. Beidem fehlt, kurzum, die Todesdevotion. Wie diese indessen, wenn überhaupt vergönnt, vor einem höheren Ethos bewahren? Mit einem System von „Verneinungen". Verraten und verkauft, so, ringsum, selbst von also vermeintlichen Freunden meine kulturpathologische – empirisch bestens belegbare wie todestrieblich zünftig begründbare – Finsternis fast nur geflohen wird. Und an meine Befindlichkeit angesichts solcher Abstürze ist, wie auch?, niemand von diesen interessiert. Wo bin ich, Obsekrator?

Zurück zur Inzestefrage, in unseren Digitalisierungszeiten. Schibboleth die entschuldend allimaginarisierende Alldisposition, ausgetragen in der Universalität der Fetischisierung. Sie besagt die verlockende Sexualitätskathexe des Pseudos dinglicher Seinsbemächtigung, auf Ewig die Adlersche Option des sekundären sexuellen Maskenspiels des waffenobersten „Willens zur Macht", des „Todestriebs", prämierte Tauschwert-Warenpassion, gipfelnd in sakramentaler Waffensegnung. Privatisiert öffentlicher Austragsmodus der Fetischismusuniversale die Pornographie, Perversion im Sinne machtgieriger Dingelibido wider die Kastrationsängste (und die dazu motivierenden Ängste der Frau?). Fraglich dann aber, ob Sexualität jemals aus diesem primordialen Verfügungsbann befreit sein könnte. Und Fetischismus als geschlechtsdifferentielle Pathologie, sie datiert – pathognostisch notorisch – auf die in sich ambige Privataneignung, die Usurpation, des allgemeinen Fetischwesens zurück.

Mehr als nur eine Ergänzung leistet zu den Fetischkriterien „Fetischismustheorie".[23)] Nämlich die fällige Untermauerung des Warenfetischs, von Marx bis zum Poststrukturalismus, mittels des basierenden Körper-Ding-Verhältnisses, unabdingbar in sich bereits fetischistisch, insofern aller Selbsterhalt sich rückführt auf die voluptuöse Dingedisponibilität, Ichselbst im Toten nekrophiliert. So das Grundmuster aller einschlägigen Abkömmlinge, die reinste alltäglich wegtrivialisierte Inflation. Fehlte nur noch die exakte „Wunschmaschinen"genese als dem Kopro- und Nekrophagieverbot, die tabuisierende Sublimation des Differenzverschlingens zu Geld und Waren/Waffen, in Kurzformel: „kapitalisierter Technologie". Scheinbar nur schert das späte Freudsche Fetischismuskonzept aus diesem exkrementalgenealogischen Kontext aus. Fetisch = „Mutter mit dem Phallus" – ist das urfetischistische Körper-Ding-Verhältnis (genauer: „Leib-Ding-Körper-Relation") von sich her schon, wie seine posterioren Ausgestaltungen, genderindifferent, und, unvermeidlich dann, maternalweiblich dominiert. Denn Fetischismus, das ist ja rächender Dinglichkeitslustbetrug,

---

[23] Kainsmale. Animationen zu einer unzeitigen Philosophie der Arbeit. Düsseldorf. Peras. 2008. 181–185.

Spaltpilz, unbesehen, allen masochistischen erosthanatosunierten Triumphes, das suizidale Abendlandgeschäft. Freud läßt dieses prekär animose Hohngebilde hervorblitzen wie einen Querschläger aller fetischistischen Wohligkeiten, an deren erster Stelle die Wichsvorlage der Waffen.

Memo: Unmöglichkeit des Inzests, seine unerfahrbar sofortige Letalität, forciert die ebenso immediate Epikalyptik seiner differierenden, das heißt denselben verstellt weitertransportierenden, Tabuisierungen. Im Übersprung landend im säkularen Paradies, so es es gäbe: Fetisch – Vitalitätsüberzug des toten Dings, dieser phantasmatischen Todesimperiale, jener deren belohnende Entsühnung obendrein. Was will man noch mehr als dieses Transsubstantiat, fast ja ein göttliches Anundfürsich schon, wenn nicht – Vorsicht! – Eros der Gleis/ßner, das Heiliggeistband der Liebe zwischen Körper und Ding, die „Waffenförmigkeit aller Dinge", ultimative Todestriebniederschläge, anästhetisierte. Gut, die alledem innewohnende prinzipielle Kritik am Fetischismus, avanciert zur Universalprämisse der Menschheit, mag verfangen, gegenverfänglich aber, was sie, verzweifelt, kritisiert: die Fata Morgana der Erfüllung, auf einmal, von Produktion(Tausch)Konsumtion, kreative Dinggewißheit im Verein mit Gebrauchslust, und dieses Wunschkontaminat am besten, epochengemäß, sogleich superhimmlisch medial ikonisiert. So die reinste Warenästhetik, antikisch die mythologische Sternenbildentrückung. Mehr noch denn dieser erdrückende Trug, die Nichtsvergeßlichkeit, sind wir gänzlich angewiesen auf die pathologieverhindernde Dauerofferte, die Libidokopula von Körper und Ding, sonst ja versänken wir in einem Wust von produktionskrimineller Schuld. Fetischismus – kniefällige Adoration des sakralvergeilten Artefakts, bloßgelegt, amnestisch der objektiven

Pathologievorgabe, im also, fälschlicherweise, einzig pathologisch geheißenen fetischistischen Privatum, zuviel des kompensatorisch sich prätentiös minimalisierenden Guten: herablassend wohlwollend die verheimischende Cogitoinsinuierung wider den geglätteten Horror violent dinglicher Todesobsession, todestrieblich.

Selbst auch bin ich überrascht von der genealogischen Reichweite und dem Tiefgang des Fetischismus, Inbegriff nahezu des gründend truglostrügerischen kulturalen Gattungsvorhabens schlechthin, unseres wie infinit prolatierend perituren Überlebensvehikels; notorisch dissimuliert von der subjekthypostatischen Pathologiedekretion, wie ja überhaupt ausgedacht als Purgatorium der „Präzedenz der kranken Dinge".

Zurück zur „Orestie", den diversen Inzestverhältnissen ebenhier, episodisch unterbrochen durch Skizzen zum Fetischismus, als des subversiven Mittels der Wahl, die Inzesteletalität produktiv zu enttödlichen: das präsumtive Todesvikariat Dinglichkeit sexualisierend – hen kai pan – zu betäuben. Initial der Mutter-Sohn-Inzest, von Orestes und Klytaimnestra, sogleich in seiner krudesten Inversion, seiner tabuisierungsledig nackten Grundverfassung: des Sohnes Muttermord, eben nicht als das mütterliche Sohnesverschlingen, umgekehrt vielmehr die wie natale kriminalisiert heroische Destruktion des Mutterleibs, wehe Kulturgenese in nuce. Bedingung der Möglichkeit dieses expiationsbedürftigen granden Ingeniums: extremer Vater-Tochter-Inzest, desperater clamor Elektras des muttergemordeten Vaters Agamemnon, lautend aufgehalten, im mörderischen Mutterfluidum zu versinken; elternkompensatorisch geschwisterinzestuös racheobligiert durch Bruder Orestes, den Matrizidvollstrecker.

Was ist, kulturgenealogisch, damit gewonnen? Wenigstens die Erinnerung an das Blutbad der Kulturgenese auf ihrem Gipfel, dem paranoiakonstitutiv-defensiven Muttermord, konkretistisch dem Realgleichnis unserer Existentialen. Einiges muß der Mythos aufwenden, um das Urverbrechen zwecks seiner menschheitlichen felix culpa-Funktion zu legitimieren, mitsamt den psychotisch hart sanktionierten Täter zu entsühnen. Bezeichnenderweise gibt Göttin Athene dafür den, vom höchsten Gott getragenen, Ausschlag. Nur daß das betreffende Mordblut der fortgesetzten Kultur, bislang, folgenreich, angeklebt blieb, immer verführend zur tätigen Amnesie dieser anscheinend unquittierbar auflauernden Krudelitäten. Wie, initial mythologisch, beschlossen, auswegslos? Jedenfalls kehrten die dezidierten Fluchtwege alle in ihren Leidensursprung, transzendenzenttäuscht, wieder zurück. Am liebsten möchte man davon Nichts wissen.

Orestes Inthronisation zum Herrscher über Mykene, dem Nachfolger Agamemnons – glückliche Lösung des „Ödipuskomplexes“ –, sowie seine nachfolgenden Aktivitäten in diesem ihrem Stand, ausdifferenzierend, sekundär wohl, die Wechselfälle der Festigung des nicht bloß erreichten, vielmehr im Ganzen ja grundgelegten Kulturstatus, erwartungsgemäß noch, dramatisch, die Wundmale seiner Entstehung in sich tragend, ansonsten aber seinen gewöhnlichen etablierten Gang einschlagend? Was wird, diesbetreffend, noch instruktiv sein können?

Auffällig des Orestes imperial königliche Vollmacht nach seinen, von schwerster Schuld befreienden, Bußen, von der Erinnyen Bleiche durch seinen Fingerabbiß (welchen Fingers?) – schmerzendes Organopfer als wie ein Neuroleptikum: Imaginaritätssubstitution durch sensible Körperrealien

–, bis hin zu der Schwester Iphigenie Heimholung – Weile hierbei scheint, kulturgenealogisch differentiell, angebracht.

Nun, Gott Apollon, diesmal garnicht benigne kunstbeflissen, kulturpassioniertester Todesgott, als der – gelegentlich auch gnädiger – Artemis' fusionierter Zwillingsbruder, hatte den Muttermord per Orakel zwar geordert, mußte gleichwohl doch für des Orestes Vergebung unwidersprüchlich mitsorgen. Also verfügte er, daß dieser die im Land der Taurer vom Himmel gefallene Statue der Artemis, der die dahin ja entführte Schwester Iphigenie als Opferpriesterin diente, in die Heimat rückzubefördern. Wie dies gelang, durch Iphigeniens List, dürfte bekannt sein. Was aber hat es, kulturgenealogisch wiederum, mit diesen Mythenelementen auf sich?

Zuvor, ausnahmsweise diesbetreffend, schmuggelte sie die Nichtbarbarin, als ihre Priesterin, ins Untermenschenmilieu ein – Präjudiz der, als legitim unterstellten, Entmachtung desselben. Nicht zu vergessen, daß Iphigenie bis dahin als Opferpriesterin fungierte, also alle invasiven Fremden töten ließ – passager präkulturelle Konzession, um nur umso satisfizierter gegen alle Barbarei zuschlagen zu können. Die Göttin nun scheut keine hilfreichen Wunderwerke: sie läßt sich, plastisch mortalisiert, vom Himmel fallen, als während kulturreminiszenter Beistand für Iphigenie in fremden Landen, sowie im Sinne der heiklen Düpierung der nicht eben erleuchteten Taurer. Betrug, kulturkonstitutiv förderlich, ergo erlaubt. Der Göttin Trick färbt auf ihre Priesterin ab. Die Flucht gelingt, das Artemisbildnis auf dem Heimweg, die Geschwister wiedervereint, die residuale Vorwelt ad maiorem gloriam culturae besiegt.

„Besuchen Sie Mykene!“, so springt mich, akut sensibilisiert, manche Litfaßsäule in der Stadt an: Mythologie, auf Touristik gekommen. Das aber ist keinerlei moralisches Verdikt, vielmehr eine keineswegs überraschende postmodern sich verdeutlichend erfüllende Engführung des Mythos auf sein intrinsisches Reklamewesen. Freilich, dem restriktiven Bildungsbürger (mit einigen intellektuellen Überschüssen) mag es trotzdem vergönnt sein, dies mythische Synchronieelement, Werbung kurzum, nicht zuletzt seiner Blindheit wegen, widerruflich zu desavouieren.

Seltsam konzedierte, wenngleich dem Endzweck Kulturkonstitution letztlich subsumierte Grausamkeiten im Artemisumfeld, wie vordem schon vermerkt; Umstand, der sich womöglich dem weiblichen Übergewicht im Priesterinnenverhältnis Iphigeniens zur Göttin verschuldet, Revenantort der Vorzeit regressiv dann, isolierte Privation der vernünftigeren Mannsbeteiligungen? Ja, vom Nein jedoch sogleich gefolgt: Artemis, der außerehelichen Zeustochter wegen, vollauf legitimiert auch ihre dubios oft anmutenden Taten vom höchsten Gott. Doch die Erwachsenenbeziehung beider scheint nicht eben besonders eng, und also die kulturwidrige Weiblichkeitshypostase sich, in all ihrer besagten Einschränkung, aufrechterhalten ließe. Man weiß des öftern nicht so recht, ob dabei es sich um Rückfälle oder bloß um extreme Anreize handelt – Rückfälle als extreme Anreize zum Kulturprogreß? Immerhin ein Zweifel, der, so möchte man meinen, in der gesamten Kulturtradition perpetuiert.

Rechtsame für Jaynes, das „sprechende Holz“, vor der Schriftdurchsetzung; auch ja der Ikonenkult in der Ostkirche, firm geglaubte Transsubstantiation, wie ein – damals passendes – Vorzeiteinsprengsel. Gewiß, aber deren medientechnische Realisierung nicht weniger, ja mehr noch, betreffend das Kerygma, geglaubt, tönt weltweit aus allen Audiogeräten. Klischee der „Vorzeit in der Endzeit“, ein lukratives Pseudoreparationsgeschäft (nichts ist wieder gutzumachen).

Orestes Tod, nicht eben heroisch, durch einen Schlangenbiß. Einmaliger Realismus des Mythos: selbst ja schon der je individuelle Tod widerlegt, gleichwohl ineinem gegenteilig motivierend, die sich verselbständigenden kulturellen Todestriebwerke, hier nun verinhaltlicht sich die Widerlegung zudem: Klytaimnestra, in eine Schlange – Schlange! – geschlüpft, vollstreckt die Urmutterrache am Muttermörder. Ungenehme Botschaft: Kultur, die letztlich immer versagt, trotz ihrer unendlichen Mühen; das Mutteropfer an ihrem Grunde ist durch keinerlei Sublimation, epikalyptische Großleistungen, aus der Welt zu schaffen. Und provoziert immer wieder mein Klagelied: Wo sonst noch verwahrt sich diese frühe Erkenntnis zum Schutze, ja vielleicht zur Abrogation ihres Erkannten? Und wenn, mit welchem existentialen Effekt? Elogium auf die Psychoanalyse, unbeschadet ihrer diachronisch bedingten pathognostischen Krisis, auf ihre exzeptionelle Aufklärungseminenz; fernab davon bleibt aller wissenschaftstranszendenter Mythenaufschluß nichtssagend seicht. Selbstverständlich muß sie sich zur „Psychoanalyse der Sachen“ strecken, um einer angemessenen Mythenapertur zu genügen.

Tauschwertgenese: Das goldene Vlies

Fürs erste die Sammlung primärer einschlägiger Eindrücke und – etwas schon ankommentierter – in Frage kommender kulturgenealogischer Problemtopoi, gedacht für später folgende ausgreifendere Ausführungen.

Kontext des „goldenen Vlieses“: die Argonauten. Ein Kolonisationsunternehmen, entstellt fast zu einer krisenreichen Abenteuerseereise. Deren entschiedenes Ziel: die Erwerbung dieses rätselhaften Wundergebildes, des „goldenen Vlieses“. Was ist das?

Anführer Jason – beinahe ein Antiheld, nicht zuletzt ob seiner undankbaren Abhängigkeit, auf Leben und Tod, von also olympisch funktionalisierten Vorweltsubsidien, konzentriert derjenigen Medeas, die ihn gänzlich entzaubert. Wie schwach doch Kultur, im Niedergang ihrer Macher, werden kann! Gleichwohl hält sie ihrer Dekadenz, opferausgleichend, a fortiori stand.

Pointe des wunderbaren – sprechenden wie fliegenden – goldbefellten Widders, ausgerechnet ein tiermetamorphotisches Poseidongeschöpf.

Um mit der zentralen Entschlüsselung letzterer Stolperstelle, der Entstehungsgeschichte des Wunderschafes zu beginnen – wer wohl kommt nicht auf die Idee, daß das Meer, in seiner liquiden Ungestalt, allerlei Mirakel in sich birgt, die ihm, in der menschlichen Phantasie, wie halluzinativ, entsteigen; Fata Morgana, erschreckend ganz real indessen, dem Meeresungetüm würdig, ein faszinierend entgrenztes Unding. Woraufhin, in seiner mehrfachen Transzendierungspotenz: dem Einzug der phylogenetischen Differenz zwischen Mensch und Tier, der terrestrischen Gebundenheit durch Volitanz, der ordinären Schur mittels splendide distanzierender Ästhetisierung der Goldschatzwolle. Ausnehmendste Kostbarkeit dieses attraktivsten Pelzes, dieses seinen indifferenzierenden Kriterien gemäß, die – also doch – seine göttliche Provenienz bezeugen, als eines echten

Poseidonsprosses. Allein, was ist das, diese realiter divine Wunschtraumepiphanie, Kultobjekt kat'exochen?

Poseidon, der große Tiermutant, in science fiction, gesteigert, der Formwandler, vulgo Wechselbalg. Man bedenke: grob gesagt, entstammt alles Leben dem Wasser und der Organismus, ebenso der menschliche, besteht höchstprozentisch daraus. Ich kann es auf die Schnelle nicht lokalisieren, erinnere vage nur, daß die Anthroposophie es damit zu tun hat: mit der Koinzidenz von Anfang und Ende, Gestalthervortritt aus dem – selbst ja schon morphologisch wechselreichen – Wasser und Gestaltzerfall darin retour. Poseidon, göttlicher Generator des Organismus' Geburt wie Tod, selbst souverän sich unterziehend, was er zigfach an anderen generiert. Der Herrscher so auch – wie weit, unsererseits, technologisch gediehen? – über die Phylogenese, Bionik avant la lettre, der humanitären Brauchbarkeit, Expropriation, kulturgenealogisch nicht hoch genug zu veranschlagen, unserer animalen Ahnen.

Nicht von ungefähr die indifferenzierte Hybridität des wahrhaften Gottessohns, dieses wundersamen Widders, fernab allen Vorurteils über Schafe, Menschtier, menschlastig sprechend, und, hoch über den Wassern, gegenwendig den Lüften gehörig, Poseidons Pferde – wie auf dem Wasser wandelnd, nein: galoppierend, so als ob ihre hohe Geschwindigkeit sie vor dem Einsinken bewahrte (Wasser hat ja keine Balken), auserwählt gar überbietend – ein virilionisches Dromologieproblem. Tierwerdung, ambiger Imperativ der Phylogenese, Gottesmaskerade, weiblichkeitsgefällig entselbstend entschämend, quasi reduktiv violent auf den nackten Trieb. Dinglich insolvent der Sterblichen Anmaßung – Vorsicht! – landet in psychotischer Selbstschädigung. Erosschatten Sodomie.

Nicht, diesbetreffend, hinlänglich informiert, kann ich nicht wissen, ob diese unstrittige Parallele nicht längst schon – wie im Falle des Dionysos – spruchreif gemacht worden ist: der besagte tiergottmenschliche Widder mit seinem Goldüberzug als Vorgänger des christlichen Erlösers Jesus, des Gottessohns, in Erinnerung auch an die Tiersymbolik desselben urchristlich des Fischs, später dann, aufdringlich, des Lamms[24)]; was zu einem genaueren Vergleich beider Redemptoristen anregen mag.

Schafsidentität, wie gehabt. Ansonsten dürfte sich der Unterschied zwischen beiden mirakulösen Zwittern auf je ihre Hinterlassenschaften konzentrieren lassen: Der geopferte Widder nachläßt sein überkostbares Fell, das goldene Vlies, fetischistischer Hüllenattraktor der damaligen Menschheit, letztendlich zum Prinzip in den Sternenhimmel ideierend entrückt. Jesus Christus hingegen reliquiiert sich nutrimental als Brot und Wein, transsubstantiativ sein Fleisch und Blut, gratifiziert für alle Welt. Einschneidende Differenz: leeres tegumentum versus anders – „Natur und, Augenschein" – gehüllter Fleischesinhalt. Nicht zu vergessen auch, daß der Schafsbock seine Schlachtung von seinem Eigner Phrixos, dem von ihm rettend entführten, expressis verbis erbat, während der Christus nur in einem allgemeinen Sinn, apriori eingeweiht doch in den göttlichen Heilsplan, seinen Opfertod am Kreuz, etwas unwillentlich, akzeptiert.

---

[24] Stringenter Beleg (16. Jh.), von keiner Liturgieversion beseitigt?: „O du Lamm Gottes, unschuldig, am Stamm des Kreuzes geschlachtet; allzeit erfunden geduldig, wiewohl du warst verachtet; all Sünd hast du getragen; sonst müßten wir verzagen: Erbarm dich unser, o Jesu!".

Das Differenzproblem, womöglich auf die Vorläuferschaft des Widderopfers mit seinem Vliesunterpfand eingeschränkt, spezialisiert sich auf den spekulativen Aufschluß des felligen Heiligtums. Welch eminente Sorgfalt seiner Verwahrung, ausgestellt im Ares-Tempel, weitab in Kolchis – das macht stutzig: weshalb in solcher martialischen Sphäre? –, ununterbrochen bewacht – antike Überwachungskamera – von einer Schlange oder einem Drachen, die/der niemals schläft. Jetzt auch der geeignete Ort zu erinnern an die gravierenden, Jason zur Bewältigung auferlegten, Hindernisse, die Sonderreliquie rechtens (?) zu erwerben. Allvirulent der – an sich grausamen? – Hekate-Priesterin Medeas unerläßliche Hilfe dabei – notorisch ja die amplifizierend olympische Funktionalisierung der restierenden Vorzeit, weitester Ausgriff der Geschichtszeit in statu nascendi auf also botmäßig gemachte nur daraufhin konträre Archaismen: Zaubersalbe, die Jason gegen die feuerspeienden Stiere in seiner Bewährungsprobe, sich des Erwerbs des goldenen Vlieses würdig zu erweisen, schützte; ihr Ratschlag zudem, die „gesäten Männer", Drachenzähnebrut, von sich abzuhalten, anstachelnd dazu, daß sie sich gegenseitig umbringen; Einschläfern (mindest) des besagten Wächtertiers, um sich mit dem heiligen Fell, wie geboten – eine lange Thronfolgegeschichte, immerwährende Politikpräzedenz –, davonzumachen. Ohne Fleiß keinen Preis.

Seitenblick auf Jason gefällig? Von narzißtisch geschonten Frauen geliebter Schönling; weniger, wie schon angedeutet, heldisch durch sich selbst; Favorit sogleich dreier Göttinnen, wenngleich sie alle ihn zu ihren eigenen Zwecken verwenden: Hera, um Rache am, ihr areverenten, Pelias zu üben; Athene, als Schutzpatronin der avancierten Argo-Technologie; Aphrodite, damit er sich leidenschaftlich an

Medea binde. Anscheinend untergegangen ist von seinen Gaben des Kentauren Cheiron Erziehungswerk, die reparative (versus produktive!) ärztliche Kunst. Mythische Binnengerechtigkeit sondersgleichen: der – eh ja schon autarkiedubiose – Heros, der am Ende selbst zum Opfer seiner Kulturœuvres – aber der Tod sorgt ja schon dafür – verkommt: Jason, depressiv, im Schatten der lädierten Argo sitzend, wird, mutmaßlich, vom sich davon loslösenden Orakelbalken erschlagen, sic transit gloria mundi. Trost für den ausgleichend arg Depravierten, daß das „goldene Vlies" sich, klassengerecht, zum Bettvorleger für Reiche und Schöne sozialisierte, dem mundanen Pendant seiner himmelsabsentierten Prinzipalität, dem Tauschwert? Kaum – der Tod, der seinige, läßt solche nicht eben sanfte consolatio gänzlich außenvor – gänzlich? – niemals, so unsäglich für den Gestorbenen, Entzug schlechthin, EntzugEntzug, fraglich nachhallendes „Nichts gewesen"; es sei denn, man könnte während dieser – immer noch verfehlt anmaßend gesprochen – Nichtung dabeisein. Also ein Glück, daß es, repräsentierlich, Gebeine und Memorials gibt? Nein, rein äußerlich je nur für uns. Seis drum? Nein.

Ja, das „goldene Vlies", insinuiert der Tauschwert, seine Pointe: die herrliche Hülle, die emsige Aufmachung, erfüllt in ihres Bildes Augenfraß, hypostasiert isolierter Warenfetisch, Festival seiner göttlichen Gewährung wie sterblichkeitsüberhoben, sakrale Phantasmagorie des blendend goldenen Geldes. Verfluchter Frevel sein krimineller Raub (versus sein pathogenes Verschlingen), in des Kriegsgottes Obhut selbst ja schon sein Binnenwesen. Befremdlich seine global längst trivialisierende Demokratisierung, vergeblich also seine anfänglich höchst besorgte Noumenalität? Allzu rückläufig menschhaft eh schon, vergänglich tabugehüllt, solche Göttergeschenke, der Götter progredient schwindendes Jenseits erwirkt – Frömmigkeitsverlust – ihre usurale Verflachung – prekärer Fortschritt, hab Acht!: sie laden, verblieben, kaschiert, letal sich in Waffen auf. Und derart verdirbt auch, verzögert sogleich, alle pekuniäre Aufschubsgunst.

Man möge nachdrücklich sich des antiken Aufwands um die mythologisch travestierte Tauschwertkonstitution, die transempirische Geldentstehung, entsinnen. Wo sonst noch nämlich exponierte sich das Bewußtsein menschlicher Transzendierungsnot, die buchstäbliche Notwendigkeit humaner Selbstüberbietung, zwingender? Göttlicher Vorbehalt, bitte!, unbeschadet deren notgedrungener Freigabe – dialektische Konzession – für die zweifelhaft ordentlichen Tagesgeschäfte. Jedes sanktionsmächtige Tabu fungiert, beginnenstypisch, als Ersatz – Versprechen auf Zukunft – seiner noch ausstehenden Realisierung, Substitut memorialer Einprägung, postulativer Rückstau, anstelle darein gebündelter emanzipiert gedächtnisentledigter Produktion. Ecce die Binnenverfassung der künftigen Währungsmora: horrendes Opfermonitum, gewaltentsinnende Ares-Hüte, abgerungen die triebflüchtige Fleischesprivation. Und just dieser abweisend verführende göttliche Glamour mystifiziert sich zur Dissimulation seiner Todesmotivik, unheilschwanger von Anbeginn an. Wenn nun, überraschenderweise, nach einem Vasenbild[25)], Medea und Jason den toten Widder zum Leben wiedererwecken, so mag diese Wundertat wie die Prophylaxe gegen die Universalität des Tauschwerts – in weiser Voraussicht, ökomarxistisch, Fleischesware, Ge-

[25] Lexikon der antiken Mythen und Gestalten. Deutscher Taschenbuch Verlag. München. List. 1980. dtv 3181. 217.

brauchswerthypostase, vor des Fleisches Opferung, welche Utopie! – angesehen werden. Haben die beiden kalte Füße bekommen vor lauter Kulturdienstbarkeit? Gewiß, jedoch, oblique, motivierend umwillen doch bloß der Totheitsstabilisierung des Tauschwerts, des Geldes, wie immer.

Zurück zu den verheißungsvoll antik versus christlich soteriologischen Hinterlassenschaften der beiden Schafe Redemptorik: jenes reliquiierend – „das goldene Vlies" – kurzum, modernisiert, als „Kapital", und dieses, eucharistisch, als transsubstantiativ kannibalistische Nahrung, paradigmatisch Dinglichkeit überhaupt, Waren/Waffen. Ein Konkurrenzverhältnis? Eher doch ein solches des Vorausgangs jenes vor diesem. Wie aber weiterhin dann zu verstehen und zu werten? – allzu kühn, sie dergestalt überhaupt in Beziehung zu setzen? Bleibt gleichwohl, gemäß dieser mythologischen Auskünfte, wie vage auch immer, ein Differenzverweis, betreffend, mutuell, epochal sequentierter Kulturprogreßbeiträge. Wer weiß, ob nicht beiden je das Andere jeweils fehlen könnte? Die „Renaissance" jedenfalls spräche dafür, die Vorvereinigung beider, zu Beginn der Neuzeit, zu „kapitalisierter Technologie", dem Inbegriff des fortgeschritten akuten Kulturstatus, präpariert vor Zeiten schon in beider disparaten Mythen.

Nebenher. – Die Idee ging wohl von Sonnemann und Kamper aus: die Argonautenfahrt zu repristinieren. Das luxuriöse Projekt scheiterte, noch unkonzipiert, an seiner Kostspieligkeit, u. a. die „Stiftung zur Förderung der Philosophie" (Paul Reichartz) sah sich zur Finanzierung außerstande. Ich selbst war zur Teilnahme eingeladen, reagierte aber, wenn ich mich recht erinnere, eher reserviert, weil mir der funktionale Stellenwert meines Mittuns unabsehbar schien. Blieben davon nur, in einem ergiebigen Briefwech-

sel[26]*, Kampers gelegentliche Grußfloskel „Mit argonautischen Grüßen", als Metapher seiner peregrinischen Umtriebigkeiten, im Unterschied zu meiner konträren sedentaire, sowie mein durchgängiger Briefetitel „ARGO INKOGNITO", Anspielung auf meinen Diskretionsvorsatz, irreal, auf der „Argo".*

Über Medea, die – man höre! – Kultur-subsidiäre, jedoch sich an den arroganten Kulturagenten rächende, scheint alles gesagt, in der Erinnerung an die Callas als dieselbe in der gleichnamigen Oper von Luigi Cherubini, frei nach Euripides' einschlägiger Tragödie:

„Sie sendet der Nebenbuhlerin ein mit Gift durchtränktes Hochzeitsgewand, wodurch diese sterben muß. Vor den Augen des entsetzten Jason gibt sie hierauf den beiden Kindern den Tod und schwingt sich auf einem Drachengespann zum Himmel empor, während ein Feuerregen den korinthischen Herrscherpalast in Asche legt."[27]

Was den Dichtern und Komponisten tropologisch erlaubt, das sei uns, subsumptiv unter das eigene Erkenntnisinteresse, doch nicht minder gestattet?

Bislang stockende Erinnerungsarbeit steht noch abzuleisten an rücksichtlich meiner ersten Kontiguitäten mit Mythologie. Die Fährte führt in die frühe Nachkriegszeit, in der mir, dem dankbaren Abnehmer, eine Freundin meiner Schwester, angehende Volksschullehrerin, die „Odyssee",

---

26 Vom Raum zur Zeit. Korrespondenz mit Dietmar Kamper. Anhang: Binnen-Wildnis-Pseudologien. In: Pathognostische Studien IV. Von der Psychoanalyse zur Pathognostik. Übergänge und Ausflüge. Mit einem Briefwechsel mit Dietmar Kamper. Essen. Die Blaue Eule. 1998. Genealogica Bd. 25. Hg. R. Heinz. 159–202.

27 Reclams Opernführer. Universal-Bibliothek Nr. 6892. Stuttgart. Philipp Reclam. 1988. 92.

warum auch immer, zu lesen gab. Auch erinnere ich, schwach, wahrscheinlich, Schulbücher, die Ausschnitte aus germanischer Mythologie (etwa über Thor) enthielten. Ebenso kommen mir aus dieser Zeit ambitionierte Kulturmagazine – mit Rilke-Gedichten (z. B. „Blaue Hortensien“), Moritaten und dergleichen – in den Sinn. Unzweifelhaft, daß ich, wie frühreif, versessen darauf war; und, zur Zeit, knüpfe ich, Jahrzehnte überspringend, daran wieder an.

Das mag zwar ungerecht anmuten können, doch die Storyfülle der Argonautenfahrt gibt für die – hoffentlich kritikresistent immunisierte – thematische Fragestellung kaum noch Besonderes her. Entscheidend für jene Zielausrichtung der Erwerb des „goldenen Vlieses“, und damit hatte ich es, schwerpunktmäßig, ja zu tun: mit der höchst kultischen Tauschwert-, der Geldgenese. Ansonsten sei noch, meinem kulturgenealogischen Akzent auf Technologie gemäß, das „Produktivkräfte“-Wunderwerk der „Argo“ ins Spiel gebracht, und damit der instruktive Widerstreit abermals zwischen Athene und Poseidon – dieser muß sich, wenigstens passager, bis auf Weiteres, ob der fortgeschrittenen nautischen Künste, Athenes genuine Obliegenheit, diesen querstellen, um, im Endeffekt aber, seiner olympischen Zurückdrängung, oblique progreßinzitierend, nur zu dienen; nicht indessen für immer wiederum, und dann wider die kulturelle Vermessenheit („Tand, Tand, Tand, das Gebild von Menschenhand“). Ahoi!

Mythologie und Schrift

Die Dokumente zu Schrift in Mythologie, fast ausschließlich Kerényi entnommen, fallen recht spärlich aus. Und dies in krassem Gegensatz zu dem, wo die mythische Rückbindung des Schriftwesens schließlich ankommt: beim späten Hermes, dem Trismegistos, als des Universalgotts, selbst nach Ägypten und Germanien streuend, so als ob sich unsere Medienepoche, damals, vor Zeiten schon, mehr denn bloß avisierte. Gefundenes Fressen nicht zuletzt für Philosophen, den medial ja schriftverpflichteten. Notorisch die expansive Schriftverheißung, die vorzeitige, die spätmoderne?

Schrift, in ontologische Untiefen irrend, zu Hermes, dem Psychopompos, fernab seines betrügerischen Merkantilismus, zur apud inferos-Hauptseite seines Wesens. Dem Konkretismus seiner – nicht eben immer nur unmaliziösen – Geleite (sind seine Hades-Überführungen frei davon?) korrespondiert Schrift, wie der veräußerlicht lichte Gedächtnisschatten, ohne den jegliche Route sich unmöglich machte – Schrift, Vademecum, Kartographie.

Selbst schon von diesem ihrem Element aus akzentuiert sie den essentialen Umstand, mich nämlich, dem Eigenanspruch nach, mitnehmend in diese phantastische Ewigkeit, zu überleben: befreiender Körpereingang in ihre memorial währendere Prothetik, absolventes Vergangenheitspräsenz meiner selbst, sowie der mögliche Wechsel auf fortgesetzte Zukunft, actualiter repräsentativ statuiert; wenngleich immer nur ein, bei Licht besehen, absehbarer Transit, gleichwohl der Sterblichen letzthinnige Seinsgewähr.

Von Innen gesichtet Schrift = Memorial, unhäusig endlich nach Hause gekommen im namentlich beschrifteten Grabstein, beschließende Unsignatur am endenden Nichtende meiner bezeugend signaturischen Verantwortungsübernahmen – ich habe es allen schriftlich gegeben.[28] Schriftmora-

---

[28] Zum Signieren. In: J. Derrida: Signatur, Ereignis, Kontext. Randgänge der Philosophie. Ullstein Buch Nr. 3288. 153f.:

lismus also, der zur Rechenschaft gezogene Eigner hat sich, bitte, auszuweisen. Des vorlaufenden Lacan-Gefolges gewiß, hypertropisch degeneriert der „Signifikant" zur sublimen Reliquie meiner selbst als peremptorisch Toten, Modell dessen zur Selbstreferenz getrieben grandios solitüden absolutheitsvermessenen Isolation – einzig versehende Todesüberhebung.

Hartes Glückslos aller Re-präsentation, nachlaufend vorauseilend ihres geliebten Repräsentierten, womöglich ich selbst; losgelöst davon, bar der Rückendeckung, Selbsthinterlassenschaft entleert ohne Selbst, eines Schemen. Fänden sie (wieder)zusammen, so wären sie schon nicht mehr, sich residual erfüllend, bevor – dem horrenden Bevor –, im Denkmal, dem vorweglichen Eingedenkensding, der vorerst mortalen Lebenshortversammlung für die Fehlanzeige, das Vakuum, ~~des Todes selbst~~; des „Todestriebs" liebstes Kind, Kompaktmaterie irgend, der dicke Rest an sich verschließend truggebildeter Repräsentation. Der Geist Derridas möge mir weiterhin beistehen.

Vehikel, im memorialen sich-Überleben superstes Ich ebenso zu überleben, die gedämpfte Souveränität des Testaments, des Legats. Vermächtnis, die posthum generöse Bedenkung des willfährigen Anderen, über den Todeslimes, den absoluten, hinweg. Gleichwohl – Halt! Auslieferungsultimum –, bar jeglicher Kontrollchancen. Selbst wenn meine Hände irrend aus meinem Grab hervorwüchsen, kopflos, blind tappten sie im Dunkeln herum. Schrift, diesmal die gesamte Pseudologie der vergeblichen Todesprätention, quasi Stra-

---

„Dekonstruktion" der „Signatur": „Ihre Gleichheit ist es, die, indem sie Identität und Einmaligkeit verfälscht, das Siegel spaltet."

fe, die auf dem Fuße folgt dafür: die unabänderliche Verlassenheit des selbst sich überlassenen Skripts, taumelndes Überbleibsel meiner selbst, unbeschadet aller zivilen Ordnung darum, und ich selbst als Nichtsdiskriminat, un-säglich. Signifikanteneinsamkeit, der kompensatorisch frommen Nouminalisierung ledig, nur noch tabeszent scheinbar wie seine entzogenentzogene unbrauchbare Leichenreferenz.

Gewiß nicht abwegig, den sakrosankten Vermächtnischarakter von Schrift auf alle ihre außertestamentarischen Erzeugnisse auszudehnen. „In Deine Hände empfehle ich meinen Geist“ – um wenigstens einen Hauch von seinsmotivischer Vergängnis zu retten, mich selbst demnach, übergebend, zu liquidieren. Keine Gabe nämlich ohne Geberschwund, ein Übermaß, intersubjektiv, an Zutrauen einklagend. Anderenviskosität – scheinhilft wohl nur noch ein gehöriger Schuß Sentimentalität. Und alle Schrift – sie tut es nicht – möge dagegen, verlöschende Flammenschrift, schrecken, mediendingsuizidal endende Gottesvollendung – wir wahrnehmen sie ohne Unterlaß, differiert verschoben und entstellt, und werden darob aber nicht etwa, anders, wach, vielleicht nur, vielleicht, im monadologischen Sterbensaugenblick.

Platonische Hypokrisie – der antike Megaschreiber, der seine skripturalen Großtaten, so Freiwild lekturierender Willkür, in einem desavouiert. Oder? Als Autorleiche kann man, endgültig, seinen arbitrarisierenden Rezipienten ja, realiter, nicht über die Schulter schauen, noch am Leben aber, fakultativ, wohl, wenngleich, dieser fast paranoischen Not entgegen, die schriftkriterial entäußernde Veräußerung, unbeiläufig sozialen Widerhall begehrend, dem widerspricht. In diesem Widerstreit konzentriert sich unser Philosophieinteresse auf die Dialektik von Einbehaltung und Hergabe, auf jener Inzestwesen, sowie auf dieser differenzwahrend tabuisierende -konterkarierung. Will sagen, daß der platonische Schriftsuspekt durchaus in die konstitutiven Abgründe lösungsbedürftiger Übertragung, generationssexuell natal, und, subsistenzsexuell, exkremental obstipativ, körperkorrespondent abführt. Schrift, demgemäß, in ihrer externalisierten Reinwäsche verschmutzt mit den fötiden Rückständen ihrer interioren Reservation. Ob meine Leser diesen, nicht vollends abgedeckten, Hybridismus bemerken und sich deshalb abwenden, ja es apriori damit garnicht erst versuchen?

Nochmals zu den bisher veranschlagten Schriftdimensionen. Ohne Vorsatz ist es passiert: ich versuchte mich, dem Hermes Trismegistos zu kongenialisieren, fortgesetzt einseitig dem Psychopompos, deshalb meine hierbei abdriftig eigenwillige Diktion. Also: Schrift als Wegweisung fürs erste, sogleich unterstellt den angängigen Hermestücken, den Feuerproben der Schriftdurchsetzung, als Hauptbestandteil der allthematischen Kulturgenealogie. Sign, das ja selbst den gewiesenen Weg nicht mitgeht – so Max Schelers Auskunft über die Widersprüchlichkeit seines dubiosen Lebenswandels im Vergleich zu seinen konträren moralischen Voten. Nicht aber nur seine immunisierende Nichtbeteiligung de facto, Hermes-gemäß ist zudem nimmer auszuschließen, daß es, invers, in die falsche Richtung zeigt, etwa in vermintes Gelände, in ein Niemandsland – skripturale Unzuverlässigkeit. Ansonsten hat, weit darüber hinaus, der geleitende Gott es an sich, seine Komitanz zu absurdifizieren, immer freilich umwillen ihrer amplifiziert probateren Restitution. Auch Pathologie, wegewidriges Steckenbleiben, gehört demnach zu diesem grundlosen Fundamentalgefüge. Schriftextrem – ich sollte es selbst zwar sein, bin es schlechterdings aber nicht; Prothesentrug, sich zur Selbstreferenz apotheotisch übernehmend, und seine stolz abgetrieben materialen Andersbezüglichkeiten, martialisch aufgeladen, zu annihilieren. Grabsteine, Denkmäler, intersubjektivitätslastige Testamente, überhaupt Memorials – Hermes Psychopompos in seinem Hadeselement, unsererseits dem Nachtmahr, den Albträumen anheimgegeben. Ob es bei dieser hehrverruchten Diskrepanz zwischen „Signifikant" und „Signifikat", Schrift und ihrem Verschrifteten, bleiben muß? „Sie konnten zusammen nicht kommen, das Wasser war viel zu tief", mandatierend eine „falsche Nonne, die tat, als ob sie schlief", tödlich für den Schwimmerheros, das orientierende „Licht auszulöschen"? Nein, es gibt doch, floride, den Brückenbau, diese große militärische Kulturgnade, ebenso Hermeswerk durchaus, real und symbolisch obendrein. Nur daß der zwielichtige Gott die Gephyrophobie – Monitum remanenter Vermittlungsschwäche, realiter vollendet im desaströsen Brückenkollaps – zuläßt, und mir davon bewußt wird, weshalb ich, repräsentationsphilosophisch, diese Pathologie (Pathologie?) favorisier(t)e. Brücke = prägnanter Konkretismus des „Vorstellungsvermögens".

Iterum: Platons, des großen Schreibers Warnung vor der Kontrollprivation absolventer Schrift, hat es, dem ersten Augenschein entgegen, schwer in sich: Schrift, nicht weit hergeholt, Antidot wider den Inzest. Selbst auf beispielhaftem Frühphilosophenniveau bleibt, nur um eine Ecke herum, allätiologisch, das Inzestproblem also virulent, Philolaos, unverhohlener, Schrift als hauptsächliches Inzesttabu auszeichnend, läßt grüßen. Und mein unablässiges Lamento – welchen Zwecks? –, mit solchen wie abwegigen Suppositionen nur noch auf taube Ohren, und noch viel Schlimmeres, zu treffen.

Fällig nunmehr noch, nicht zuletzt, sensuell versiert, die innere Mache von Schrift, entscheidend für die Kultursubsistenz. „Der lebendige Sinn und der tote Buchstabe" – aber nur soherum: kein lebendiger Sinn ohne tote Buchstaben. Wenn das zutrifft, so entfällt auch jegliche Chance, „Sprache" als die vitale Ursprünglichkeit gegenüber der abgeleitet mortalen „Schrift" auszuzeichnen, wie, Derrida zum Trotz, ja immer noch üblich.

Folgenreicher Kopfstand: Schriftlichkeit demnach – als „Urschrift" – reicht hinauf bis in den angeblichen Vorausgang angeblich genuiner Verlautung, muß sich so erhaben bescheiden zu einer Art Primärlektüre bereits, in der die Buchstabenhülle sich passager porös macht für ihre Sinninhalte, um diese, fortgesetzt a fortiori dann – entscheidender Dispositionszuwachs –, nur umso opaker zu hüllen, nicht umwillen ihrer Tötung, sondern ihres assekuranten, der intersubjektiv geöffneten Sekundärlektüre überantworteten Verwahrs. Müßig deswegen, nach den Übergangskonditionen von „Sprache" in „Schrift", metabasis eis allo genos, sowie nach dem besonderen Status der, on dit, originären Antezedenz, der Verlautung, zu fragen, denn der gesamte Gedankenzug verbleibt, gewöhnungsbedürftigst, im gestaffelt Homogenen a limine von Schrift/Lektüre. Auge und Hand, die, im Schreibensvollzug, vorwärts rekurrieren auf das vernehmend protolesende Ohr die göttlichen Sprüche, tiermenschlich vermittelt – nicht unansprechend christlich die Begleittiere der Evangelisten, die Taubeninkarnierung des Heiligen Geistes. Nicht gänzlich ausgeschlossen auch, daß Lacans 'linguistic turn' auf halbem Weg der Thematisierung des psychoanalytischen Mediums, der Sprache, stehenblieb, Derridas Insistenz auf Schrift in dieser Angelegenheit, gegenüber dem Lacanschen Ungenügen, im Recht wäre? Wenn da nicht ein diachronisches Relativierungsmoment verursachend mitspielte?

Erhebliche Verfänglichkeit, immer wieder und immer wieder, bis hin zur intellektuellen Kapitulation vor dieser Fehl, eine ursprüngliche sentimentalisch approbierte Pseudoheimat, den Tod, in der Travestie des „toten Buchstabens" zu fliehen, um zumal im phantasmatischen Jenseits der zur hypostatisch überlastet sinnträchtigen „Sprache" versus „Schrift", Ruhe zu finden. Ist es bloß ressentimentbefangene Mißgunst, diesen gängigen Irrweg, rein ja solo in mente, zu sperren? Kaum, denn es obwiegt, wie überwertig auch immer, zuvörderst darin die Sorge, daß ich selbst solchen höchst emotional pedalisierten domestikal metaphysischen Verlockungen unterläge, dieser hochgradigen Todestriebmystifikation, der, trotz aller Gegenführungen, allemal insinuierende. Anstände so auch noch die Umwendung der psychoanalytischen „Metapsychologie" von „Sprache" in „Schrift", wider die zähe Gepflogenheit, alle todesatmosphärisch litterale Heimsuchung zu verhindern. Immerhin, die eher spärlichen Schriftmythen evozieren – wovon ich jedenfalls profitierte – gebührlich die skripturale Unterwelt, unverzichtbar, um sich, auf verlorenem Posten, überhaupt einen unterwühlenden Reim zu machen auf unsere Heilig Geist-Epoche, die mediale Universalphantasmagorie der exkulpativen Mohrenwäsche, der Imaginarisierung aller Realität. Der schriftmythologische Spitzenbeitrag zur Kulturgenealogie versteht sich: non casu die Korrelation, zentriert um Gott Hermes, von expansiver Universalisierung und Esoterik, nicht ohne darin die schriftverschuldeten Dezeptionsmomente mitzuakzentuieren. Ansteht, a fortiori, das umfassende Vermittlungsproblem, speziell hier, wie aus den mutistischen Buchstaben rettende Beredtheit hervorgehen könne, das Mirakel, dem vorgestellten Tod Vitalitäten abzulisten, meint man, rechtens zu Unrecht. Die Allgewalt des „Todestriebs“, „Eros“ in seine epikalyptische Dienstbarkeit gewaltlos zwingend, spricht dagegen.

Noch zu einigen (wohl mehr als) einschlägigen Details. Die Ziffer, als Zahlenbezeichnung, zählt mit zur Schrift, und also, mit Vorzug, zur Inzestedefensive. Das Zählen, auf Anzahlrelevation aus, gehört, entsprechend, zu den wissenschaftskonstitutiven, patriarchalen besitzstandserhebend testend militärischen Grundakten. Das ägyptische Hermes-Pendant Thot imponiert, funktional identisch, mit seinem griechischen Göttergenossen, bis auf seine Tierepiphanien (Ibis und Pavian?), und seiner Mondreferenz, passend zur beschienenen Nachtprivilegierung des Geleits, und, überhaupt, zur Dezenz der Verstorbenencura.

„Der Witz und seine Beziehung zum Unbewußten“ – diese ja nicht eben beiläufige Referenz blieb bisher noch auf der Strecke. Sehr zu Unrecht, denn, wie immer auch des einzelnen hierarchisiert, der Mythos ist ein einziger Witz, selbst schon auf psychoanalytischem Niveau die Epiphanie unbewußter, also nicht offen zutage liegender kulturkonstitutiver, Gehalte, durchaus präparierend bereits die pathognostische Wende sodann kriterialer objektiver Kulturgenealogie.

Allein, die Witzentsprechung von Mythologie geht nicht so einfach an, so Aufscheinen und Verlöschen des Unbewußten in ihrer schriftlichen Dokumentation ja erhalten bleiben, das Ubw-Aufkommen perpetuiert, der Witzgenealogie gänzlich entgegen. Restiert von dieser Korrespondenz nur noch die Sujetidentität beider – immerhin – und es mag, vielleicht, in der Mythenrezeption ein schwacher Abglanz an Witzvindizierung bewahrt sein – im Auflachen, der Jokusparierung en passant.

Die ganze Würde aber des Witzes erreicht sich allererst in seiner repräsentationsdramatischen Fassung: Urwitz sozusagen, „daß nämlich je etwas zu dem wird, was es gewesen ist", pointiert das zweite Futur im Irrealis (HH) in Permanenz. Au fond demnach ein „Entsetzen", das in der Partialisierung faktischer Witze sich zu genußapter Erträglichkeit glücklich moderiert.[29] Nicht zu vergessen mein pathognostisches Supplement, sich erfüllend dadurch, daß sich die witzwidrige Persistenz der Unbewußtheiten in Mythologie, je schon, todestrieblich reifizierte, getreu dem Guattarischen Diktum, *„daß man das unbewußte Subjekt des Wunsches nicht mehr von der Ordnung der Maschine unterscheiden kann"*.[30] Witz also, der im Verweilen seiner Gehalte, sich binnenkontrareisiert, bis zu seinem (nicht)Ende, in seinen Technologiependants, den erstgeborenen „Todestriebrepräsentanzen".

Apropos „Entsetzen" – in existenzialontologischem Verstande finalistisch die Entropie des Lachens im Sichtotlachen: Ultimum des Erosgipfels in der sofortigen Todes-

---

29 Diese weitergedacht repräsentationsphilosophische Version des Lachens zurückdatiert auf den ingeniösen Tagungsvortrag von Samuel Weber, titels „Die Zeit des Lachens in der Psychoanalyse", den ich in: Zu Psychoanalyse-kritischen Tagungen in Marburg (3.–5.7.1987 und 17.–19.6.1988) 1. Die heimliche Gewalt des Konformismus. In: Pathognostische Studien III. ... 133–134 rezensierte.

30 In: F. Guattari: Maschine und Struktur. In: ders.: Psychotherapie, Politik und die Aufgaben der institutionellen Analyse. Frankfurt/M. Suhrkamp. 1976. edition suhrkamp 768. 135.

sanktion der kulminierenden Todesschmähung, selbst wiederum, cogitional, die reinste Nichtung, ~~Nichts~~. Klausur jeglichen Auswegs aus der allpräsenten Sterbensdetermination, Lachen – Abweg des Grauens. Don Giovannis Verlachen des transsubstantiierten Standbilds des toten Komturs dissimuliert nur, wirksam theatralisiert paranoisch, die Humanitätsspitze des schizophrenen Sichtotlachens. Aber die Musik?

Auf die schriftgenealogisch relevante Spur der verräterischen Seite der Spur brachten mich, dank Kerényi, die Gaunereien des Sisyphos und des Autolykos, bezeichnenderweise eines Hermes-Sohns, verbunden, bitte, mit der polizeilich unerlaubten Lizenz, über die beiden Betrüger sich amüsieren zu dürfen.

„In jener Zeit … weideten die Herden der beiden Schlauen auf dem großen Gebiet zwischen dem Parnaß und dem Isthmos. Nie konnte Autolykos ertappt werden, wenn er einen Diebstahl beging. Sisyphos sah nur, daß seine Herden immer kleiner wurden und die des anderen immer größer. Da erfand er eine List. Er gehörte zu den ersten, die die Kunst der Buchstaben beherrschten. So ritzte er in die Hufe der Rinder den Anfangsbuchstaben seines Namens ein. Autolykos verstand es aber, auch dies zu verändern, weil er alles an den Tieren verändern konnte. Da goß Sisyphos Blei in die Vertiefung der Hufe, in der Form von Buchstaben, die in den Spuren der Rinder den Satz ergaben: ‘Autolykos stahl mich’.

Erst nach diesem Zeugnis erklärte sich der Meisterdieb für besiegt. Es war ein Wettkampf an Schlauheit, und Autolykos schätzte so sehr den Sieger, daß er mit ihm gleich Gastfreundschaft schloß.“[31)]

---

[31] K. Kerényi: Die Mythologie der Griechen. Bd. II: Die Heroen-Geschichten. … 68.

Die „Spur“ hatte es mir vordem schon angetan, und zwar in meinem opus „Oedipus complex. Zur Genealogie von Gedächtnis“, etwas abweichend in der Machart, bis in stilistische Intimitäten hinein, dafür aber besonders tiefgängig genealogieverpflichtet. Folgend ein skelettierter Passus daraus:

„Der blinde Ödipus, von Antigone geführt, erscheint somit als Inbegriff der Aufzeichnung, ... der ‘dreibeinige’ Ödipus als der von Antigone geführte Griffel. Erdinskription, Landnahme, Katasteramt, mehr wohl noch: Architektur als elementare Memorialität; Schriftineins aller Dinglichkeitsideierung. ... Ödipus und Antigone, die nicht lesen, sich vielmehr in ihr Graffiti hinein restlos schließlich opfern. ... Also muß der Ödipus-Körper mitsamt seinem Grab verschwinden, also muß Antigone in der Folge dessen lebendig begraben werden.

Der alte Ödipus, das Schreibgerät lebendig; selber blind und selbstunbeweglich, nicht nur der Blindheit, auch der Fußverkrüppelung wegen. Welche Defekte in der Schriftführung durch Antigone, die Führerin, im Auge-, Hand- und Beine-/Füßeeinsatz kompensiert werden. Diese Szenerie enthält in aller Vollständigkeit das Unterweltwesen der Aufzeichnung/des Gedächtnisses als Possessionsuniversale; ... unerträgliche Präsenz dann, die tunlichst als ein archaisches Davor pseudologisch veranschlagt zu werden pflegt.

Schein der Schriftarchaik: die Urschrift mache der Füßeabdruck beim Gehen, die Spur. ... Nun aber sorgt die Fußverkrüppelung für das Rätsel einer Fußspur, unmenschlich und untierisch zugleich. ... Und dieses indefinite Regressivum bedeutet nichts anderes als der erscheinende Übergang des Gehens ins Schreiben. ... Mit dieser Verschiebung und Beschränkung bildet sich kriterial die Frontalität der Spurenlinie, die ich lesend nur von hinten verfolgen kann, in die höhere Disponibilität der Seitlichkeit/des Profils um; Schrift-von-links-nach-rechts. ... Allemal aber ist der Wanderer eh auch der Flüchtige, der, um sein Nichtpossedierungsgeschäft leisten zu können, sein Erdgraffiti in einem wegzulesen gehalten ist; wenn immer er zu entkommen vermag. So sitzt man also und schreibt, quer, im Profil, auf einer abgelösten Fläche. ... Mindest ist man gehalten, nicht nur so eben nebenbei zuzulassen, daß sich der Unterleib im Sitzen in einen Tierkörper (sc. die Sphinx) verwandelt, der Flächenabhub zu Flügeln degeneriert, die Fluchtinversion ins teleologische Molochwesen zur gedächtnisgenerativen Buchstäblichkeit der Inkorporation zurückkehrt. ... Es bleibt beim Schriftgift, zumal wenn Schrift scheinbar fortgeschrittener als Gabe fungiert."[32]

Unbescheidene Empfehlung, diese Spur in meiner Schrift weiterhin aufzunehmen, der integralisierenden korporell-szenischen Supplementierung der angängigen Gedanken wegen, strictissime fern davon, solche sensuellen Implementationen zu Ursprungsanhalten zu verfälschen. „Urspur/Spur" – ein „Schlüsselbegriff" der Derridaschen Schriftphilosophie, ebenso darauf bedacht, das besagte Ursprünglichkeits-quid-pro-quo zu sperren:

„Urspur/Spur (frz. 'architrace'). Um das in der 'différance' implizierte Moment der Absenz oder Unbewusstheit des Anderen zu spezifizieren, wird der Begriff der Spur stark gemacht, der mit 'Schrift' oder 'Urschrift' synonym ist und die Identifizierung eines Ursprungs unmöglich macht. Vielmehr verweist jede Spur auf eine andere Spur, die in ihr zum Erlöschen kommt, was Derrida auch als Prinzip der 'Supplementarität' bezeichnet. In ihr kommt es gleichzeitig zu einem Entzug der Urspur, die sich im Rückgang auf einen Nicht-Ursprung konstituiert beziehungsweise in einem fortlaufenden Prozess der Übertragung, den Derrida

---

32 Oedipus complex. Zur Genealogie von Gedächtnis. Wien. Passagen. 1991. Passagen Philosophie. 16–19.

auch anhand der Funktionsweise des Unbewussten der Psychoanalyse beschreibt.“[33])

Ansonsten sticht unter den wenigen instruktiven Einlassungen mythologisch zu Schrift am ehesten diejenige um Linos hervor. Obwohl – Indiz besonderer kultureller Schriftdignität – göttlicher Provenienz, Sohn von Apollon und der Muse Urania, unterliegt er Kadmos im Prioritätsstreit um die Buchstabeneinführung in Griechenland – der Sieger bringt ihn, im Widerspruch zu seiner Noblesse, einfach um, und läßt seinen Sohn Pinatos, den „Schrifttafelmann“, an seine Stelle treten. Seltsame Schwäche des authentischen Schriftbringers? Aber ein Medienhöriger ist ja kein Krieger?

Wieweit, im Trojanischen Krieg, Palamedes, der Kunstfertige, überhaupt zu einem seriösen Schrift- und Zahlenmeister hat gedeihen können, scheint unterzugehen in seiner Polemik mit Odysseus, der sich, todbringend, an ihm durch Betrug rächte. Also ein weiterer Schriftadept, Schriftopfer, das daran glauben mußte. Spur – vom Winde verweht.

Weiteste Abdrift von Schrift in Mythologie in meinen Derrida-pedalisierten Eigenkaprizen dazu. Die betreffenden Unausführlichkeiten im Mythos provozieren zu Supplementierungen, in denen mein unwiderleglich transwissenschaftlicher Zugriff aufs Thema, durchaus verantwortet, auf die Spitze getrieben scheint. Müßig, denke ich, Selbstapologie in dieser Angelegenheit, besser wohl, ich widme mich sogleich der zu diesem Ergänzungsproblem hinführenden Frage, weshalb denn die Quellenlage in Mythologie wie, erwiesen, in Philosophie so bescheiden ausfällt, wohl aber

---

[33] M. Wetzel: Derrida. Stuttgart. Reclam, 2010. Grundwissen Philosophie. Reclam Taschenbuch Nr. 20310. 154.

wissend darum, daß bei getreuer Suche unerwartet manch Zusätzliches noch aufkommen könnte.

Also: weshalb die auffällige Marginalisierung von Schrift in Mythologie wie in Philosophie? Das liegt am „toten Buchstaben" und dem „lebendigen Sinn", dem axiologischen Vorurteil letzteres Präferenz, und es bedarf just deren Aufrechterhaltung, sprich: der Wertdiminuierung der ja bloß toten Lettern zu reiner Servilität, um auf Dauer zu verhindern, daß – welche Gefahr! – der Knecht als Herr erscheinen könnte, was immer aber schon statthat.

Späte dezidierte Gegenführung durch Derrida – die traditionsreiche Schriftdesavouierung vermochte wohl nicht mehr konserviert zu werden angesichts der progredienten Medienmechanisierung, dem allfälligen Apparatschikwesen ebenhier, in dem sich – felix culpa – die Schriftschmähung wie von selbst erübrigte. Derrida – Triumphator über und ineinem Opfer der „elektronischen Revolution". (Das bin ich, pathognostisch, auch.)

Seitenblick eben noch auf außerphilosophische Schriftoptionen, zentriert etwa um die „Heilige Schrift". Ob nicht von solcher Sakralisierung aus ein Genealogietabu verhängt sein könnte? Das gilt freilich nicht für die liberalprotestantische exzessive Bibelkritik, die in ihrer wissenschaftlichen Aufmachung an meiner Art Genealogie aber vorbeigeht.

Traum in Mythologie

Zentraler Traumgott Hermes, der Traumgeleiter und -generator, nicht anderswoher bilden sich die Traumsujets aus. Was er eingibt, das sind göttliche Kerygma, will sagen solche, Orakel-verwandte, welche die Sterblichen nicht von sich her nicht allein aus sich selbst aufzubringen befähigt sind. In dieser Rücksicht erweist der Gott notorisch sich als

Götterbote, als Vermittler zwischen den Göttern und den bedürftigen Menschen, und der Traum entsprechend als Mediationsinbegriff. Das Säkularisat dieser gängigen Traumnoumenalisierung erbringt, a fortiori, die Psychoanalyse: der gnädige – unbeschadet seiner womöglich mißlichen Inhalte humane anleitende – Götterspruch mutiert zur verfügten Manifestation des Unbewußten, des kryptischen Reservoirs der die menschlichen Kognitionsnormalmaße übersteigenden höheren Belehrungen, supplementärer Beistand in allen adaptiven Nöten, wenn man es denn überhaupt so wollen kann. So von altersher die Konsolidierung der somnialen Hermeneutik, die unterdessen längst zu Symbolklischeeierungen verkommene – die Psychoanalyse ist nicht unschuldig daran –, unbesehene Wegrationalisierung aller heilsamen Alienationsklausur, ein seicht sentimentales Amüsiergeschäft, wie eine flache Rätsellösung. Hier schon sei eingefügt, daß diese verbreitete Obsolenz der Traumhandhabung nachgerade mich dazu zwang, dem Traum seine angestammte Fremdheitswürde, seine authentische Selbstverschließung, seine primäre Autosymbolik, rückzuerstatten, allererst in tropologischem Rekurs auf Herbert Silberer, dessen „funktionales Phänomen“, in dem, selbstreferentiell, der „latente Traumgedanke“ sich zur „Traumarbeit“ selbst deplatziert, und derart die Neufassung der Vermittlungsfrage sowie überhaupt der Zugänglichkeit des Traums veranlaßt.

Nun wäre Hermes nicht Hermes mehr, wenn seine traumkreative Traumeskorte den ihm ausgelieferten Träumer fakultativ nicht auch in die Irre führte, wenn seine essentielle Tücke, jenachdem, nicht ebenso in seine vermittelnden Wohltätigkeiten durchschlüge. Armer Traumschläfer, also auf den falschen Weg genötigt, nur noch desorientiert arg fragmentiert, ja überhaupt nicht erudit. Ob diese Binnenkonterkarierung aller hermeneutischen Glätte noch als Bestandteil der späteren Traumexegese verblieb? Jedenfalls sorgt die somniale Berufung wenigstens für ein immanentes Derangement der Traumkerygmatik, auffaßbar wie der ontische Ableger der eben schon avisierten Seinssperre des Traums an sich. Hermes, zum Glück, allzeit demnach dubios, unser „nächtlicher Späher", die ingeniöse Vorwegnahme des Traums als „paradoxer Schlaf"; Traum, ein einziges Ausspähen – wessen? Selbstinvestigation des Gottes selbst. Womit wir, mythologisch, wieder bei Silberer und meiner Tropologie desselben angekommen wären.

Gewiß, der Sog ins „apud inferos" eignet, wesentlich, Schlaf und Traum. Wehren aber sollte man dabei aller irrationalistischen Verkitschung des Unbewußten, der Pseudologie des originären „Ur", so als sühne man auf diese Weise das letale Unrecht an maternaler Weiblichkeit – das Gegenteil ist, Paranoia begünstigend, der Fall. Einzig künstlerischer quasi positivistischer Freibrief (etwa für Wagner, wider Adorno) dafür? Auch die leicht abgedroschene Wendung des „Schlafs als Bruder des Todes", Hypnos, suspensiv medial geflügelt, die Thanatosansage, bedürfte weiterer differenzierender Observation. Versteht sich zwar: die todesapproximative Entropie des Tiefschlafs, konterkariert durch dessen rettende Motorik, deren normaliter Unausbleiblichkeit mit dafür sorgt, dem NREM-Abyssos zuversichtlich wiederum zu entkommen, vektorisiert zum nächtlichen Repräsentationsrückgewinn, dem paradoxen Erwachen in den Traum. Cogitionale Dabeibleibe, Sistierung der Wegdrift ins sodann pure Nichts, rein nur noch, vergeblich von außen, signifiziert. Überhaupt darf man mit einer fortwährend nokturnen Symptomfülle todaufhaltend rechnen, nicht zuletzt mit dem

Somnambulismus, der relativ notwendigen Übertreibung der Tiefschlafmotorik in bewußtlose traumreduzierende Ambulanz. Gut so, die kraß todestriebliche List, den Tod zu negieren, nur daß alle solche auxiliaren Sterblichkeitsparaden adaptiv unbrauchbar dissident, landläufig pathologisch ausfallen.

Eben noch Hypnos, gar bestechlicher Zeus-Einschläferer, quasi privat – welch rare mythenlexikographische Szene:

„Seine Heimat war eine Höhle auf der Insel Lemnos, oder er lebte in weiter Ferne in der Nähe des Landes der legendären Kimmerier (im äußersten Westen). Hier war es immer dunkel und neblig; die Wasser des Lethe, des Stroms des Vergessens, flossen durch die Höhle, wo der Gott auf einem weichen Lager ruhte, von einer zahllosen Schar von Söhnen, seinen Träumen umgeben.“[34)]

Der schöne Endymion, der Vielbegehrte, zugleich von Semele, der Mondgöttin (der Mond, kosmisch gleich Traum: „Der Mensch rührt in der Nacht ein Licht an“, Heraklit, Fragment 26), von Artemis gar, wie bekannt, und von Hypnos selbst; paradoxerweise, denn er ist ja der Dauerschläfer, zweifelhaftes Göttergeschenk, die Ersetzung diviner Unsterblichkeit, seines anmaßenden Wunsches, sanktional erfüllend eben dadurch. Ein Fall, unter anderen, dafür, daß mein Zugriff auf die besagte Paradoxie keineswegs prätendiert, den genuinen Sinn dieser Mythe an sich selbst zu erfassen, nein: meine Aufschlußart re-flektiert nur die mir zu Gebote stehenden neuzeitlichen Denkmittel, deren Legitimität sich bloß rein immanent erweisen ließe, sich exklusiv in sich genügen könnte; woraus ihre Unwiderlegbarkeit mittels mythenwissenschaftlicher Anfechtungen von

---

[34] Lexikon der antiken Mythen und Gestalten. … 213.

außen folgte – selige Selbstkasernierung! Also, der abweichende Zugriff: die weibliche Favorisierung des wie synkopischen ewig jungen Epheben verdankt sich dessen somnaler Wehrlosigkeit, der Fremdverfügung über seinen sexuellen Körper, so als sei er bereits ein toter Onanieapparat – man kann wissen, was sogar Götterfrauen im Geheimen wünschen.

Hypnos' Homoliebe aber zu Endymion, der überhaupt nichts mitbekommt? Er sieht sich selbst, juvenil, in ihm, als dasjenige, den Schlaf, was er aller Welt, selbst den Göttern, narzißtische Angelegenheit, antut. Und die befremdliche Dankesgabe, Stolperstelle, an sein Schlafdouble rekurriert auf seine schlafende, also somniale Wachheit zwischendurch – Endymions Befähigung, mit offenen Augen zu schlafen! –, Entleih an residualer nächtlicher Repräsentativität, purstes Danaergeschenk jedoch? Sollte man meinen, denn derart begegnet ja der ganze Horror der Leiche mit ihren zuzudrückend geöffneten blinden Augen, davor das „Wachkoma", der „vegetative Status", ebenso der „Somnambulismus"[35] – erschreckendes Todesavis allemal, ohne intentionalen Erschrecker. Das kommt davon, Eros, visuell, dem Tod entgegen, der diese Arroganz mit irreführender Amaurose schlägt. Hat sich Hypnos demnach geirrt? Nein, er hat dagegen sich selbst rückeingebracht, die differierend somnale Todesteleologie stößt alle Eros-Gegenaufenthalte – dingabsolvent als optische Gerätschaften – ab. „Wachkoma", die Diagnose für Endymion, er ist ja weder tot noch bewegt er sich, somnambulisch, von der Stelle, und die

---

[35] Siehe: Offenen Auges. In: R. Heinz, Ch. Weismüller: Nachtgänge. Zur Philosophie des Somnambulismus. Wien. Passagen. 1996. Passagen Philosophie. 114–125.

Ätiologie seines „vegetativen Status“ klärt sich in den irgend empirischen Unfallkonsequenzen der besagten Anmaßung auf.

Weiteres zum Koma – nicht dem „Wachkoma“, eher wie wenn Herakles, nach seinem heldischen Sieg über den „Löwen von Nemea“, zur Rekreation ins künstliche Koma, dreißig Tage lang, versetzt worden wäre.

„Oder dauerte so lange nur der Schlaf, der ihn befiel, nachdem er den Löwen erwürgt hatte? Man erzählte von diesem Schlaf, man solle ihn, den Bruder des Todes nicht vergessen. Die Metopenbilder der Heraklesarbeiten am Zeustempel von Olympia zeigen den Helden noch fast im Halbschlaf, in Erinnerung an diesen gefährlichen Schlummer. Als er aber am dreißigsten Tage doch aufwachte, bekränzte er sich mit Sellerie, wie einer, der aus dem Grabe kommt: denn mit Sellerie wurden die Gräber geschmückt.“[36)]

Heikle Maßnahme, wie wenn er, im Nachhinein, sich zur Erinnerung an die bestandene Todesgefahr, wie expiativ todesnähernd, hätte verpflichten müssen. Und diese Reminiszenz scheint gar ihm selbst nahegekommen zu sein, denn er benimmt sich, erwachend schläfrig noch, ja so, als sei er von den Toten auferstanden – überwertigerweise freilich, als ob er, nur den Lebenden vergönnt und absurd sodann, vermöchte – pardon seiner Dormitanz wegen –, sein eigenes Grab zu schmücken. Sane aber mythologische Gerechtigkeit subtilissime, in sich gebrochen: Extreme kulturkreative Über-lebenskunst möge, zumal, ihrer todestrieblichen Provenienz, und damit ineinem ihrer letzthin scheiternden Todesnegierung, eingedenk sein. Aber der Sellerie? Für unsere Ohren der Tod aller frommen Todesweihe doch?

---

[36] K. Kerényi: Die Mythologie der Griechen. Bd. II: Die Heroen-Geschichten. … 117.

Nicht ganz – „Sellerie Suppenkraut wächst in unserem Garten“ – und die Pointe des, überraschenderweise von meiner Mutter gesungenen, Spottlieds: Die Braut kann nicht länger warten! …

Nicht selten „im Traum geschah es, aber der Traum war zugleich auch Wirklichkeit“[37)] – so das Zaumgeschenk der Göttin Athene an Bellerophontes zur Zähmung des Pegasos. Nun, wer wähnte nicht schon einmal, einen im Traum hochbesetzten Gegenstand im Erwachen realiter in Händen zu halten? Groß die Enttäuschung, wenn der Traum das geliebte Objekt einbehält, der erwachte Träumer mit leeren Händen dasteht, die Reveille wie einen Sündenfall von Beraubung erlebt.

Anders die Mythe hier, in ihrem imaginären Vorlauf erfüllter Realität, die aufrechterhält den somnialen „Zauber“, das „goldene Wunderding“ Zaumzeug, unbeeindruckt – göttliche Gunst – vom drohenden Schwellenbruch, der „metabasis eis allo genos“ von der Nacht in den Tag. Konservat dergestalt der ganzen Dignität allen technologischen Fortschritts, der Götter Ingenium, höchste Dankbarkeitshonoration der transzendierend menscheigensten Kulturartefakte.

Realistischerweise enträt ein solches Kulturfestival nicht kriegsästhetischer Implikationen: „Der Heros bestieg das göttliche Roß und tanzte mit ihm, der Göttin zu Ehren, gepanzert, den Waffentanz.“[38)] Davor mußten Äquivalenzen, menschliche Opfergegengaben für die Götter, hergestellt werden: ein Athene-Tempel und die Opferung eines

[37] K. Kerényi: Die Mythologie der Griechen. Bd. II: Die Heroen-Geschichten. … 71.

[38] K. Kerényi: Die Mythologie der Griechen. Bd. II: Die Heroen-Geschichten. … 71.

„weißen Stiers“ zu Poseidons Ehren. Diesmal außerdem scheinen die Göttin und ihr göttlicher Onkel sich zu vertragen; auffällig hier auch die Geschenkedifferenz sowie die der Gegengaben: Wunderpferd für Stier, Tempel für Zaumzeug, also Athenes, ♀!, Technologieprärogative. Nicht nur in diesem Zusammenhang kann ich es mir kaum verkneifen, die krude Menschlichkeit der Götter zu monieren. So sie ja, sanktionsbegierig, Opfer reklamieren, büßen sie doch, widersprüchlicherweise bedürftig, ihr göttliches Transzendierungswesen ein! Und bloß grenzwertig orthodoxe bis häretische Optionen, denen ich mich gerne anschließe, widerstreiten in der Religionssphäre diesem ubiquitären, ebenso ridikül christlichen, Habit.

Welchen Sinn aber nun macht, Alles in Allem, die mirakulöse Indifferenz von Traumschlaf und Wachen, das Traumdonum instantan real? Es handelt sich, unkompliziert, um die vorverlagerte Genealogie des „Objekts der Begierde“, konsequent vorabgesetzt in den primärprozessuell determinierten Traum, in dessen göttliche, sprich kulturmenschekstatische Inspiriertheit. Wo wohl die todestriebliche Todesunterhöhlung, expressis verbis, in all diesen Solemnitäten blieb? Gibt des Bellerophontes weiteres Schicksal darüber wohl Aufschluß?

Als alternativer Anhalt der Weisung imponiert der Traum und das Orakel. Dieses weist, fürs erste, den Vorteil auf, ausgeweitet auf korrespondente Agenten, publik und damit ebenso tauschwertig auszufallen, während jener sich in die Intimität reiner, unsicher verbalisierter, Eigenwahrnehmung zurückzieht. Entsprechend gibt es den Fall der Verifikation der Traumorder durch das Orakel:

„Phrixos wäre ihm (sc. Pelias) im Traum erschienen und wünschte, daß man ins Haus des Aietes führe und von dorther seine Seele und das goldene Vlies holte. Er befragte darauf das Orakel in Delphi, und auch jenes befahl, das Schiff zu schicken.“[39)]

Nur wenn der somniale Einspruch direkt auf Götter zurückdatierte, erübrigte sich eine solche Überprüfungsprozedur, wie bekundet in Theseus' Traum, in dem Dionysos ihm, willfährig, gebietet, von Ariadne, seinem Eigentum, abzulassen. (Ob nicht seine Botmäßigkeit seine Untreue exkulpieren sollte?)[40)]

Anschließbar wären hier noch kulturgenealogische Ausführungen zum Orakel, der Traumkonkurrenz fast. Auffällig die kompensatorisch heteronomisierende Auslieferung an diese mandatierende (Schein)transzendenz, die äußerste superstitionshörige Devotion der Orakelkonsultierung – delirierend psychotisch allfusionierende Oberpriesterin, ♀[41)], umgeben von, wie weit zuverlässigen (?), (womöglich-bestechlichen), Exegesepriestern, ♂, in wahrheitsgarantierend geglaubter Obhut des lokalen Gottes. Vorschnell wären wir, uns, wissenschaftsergeben, diesen magischen Vorläufigkeiten a limine überlegen, fälschlicherweise, so von der nämlichen Autonomiebegier, zuzugeben: szientistisch waffenprogredienter, maschinisiert.

---

[39] K. Kerényi: Die Mythologie der Griechen. Bd. II: Die Heroen-Geschichten. … 199.

[40] Ebd. 186.

[41] Wie selbstzwecklich weiteren Aufschluß über die Oberpriesterin Pythia enthält, insbesondere, „Pythia-Stunk“, auf meine Art polysensuell, die rettende Prognose mutierend in Verfluchung. In: Oedipus complex. Zur Genealogie von Gedächtnis. … 39–42.

Das kann ich mir nicht entgehen lassen, die Berücksichtigung von Träumen in Mythen selbst, es sind „große Träume". So der erste aus dem „Trojanischen Krieg":

„Bald nach der Geburt ihres ersten Sohnes, Hektors, des 'Schirmers', der am erfolgreichsten die Griechen von Troja abwehren sollte, träumte es Hekabe in ihrer zweiten Schwangerschaft, daß sie eine brennende Fackel gebar. Das Feuer breitete sich über die ganze Stadt aus. Eine feuertragende, hundertarmige Erinys riß, nach den Worten eines Dichters (sc. Homeri Odyssea), im Traumgesicht der Königin Troja nieder,"[42]

Ein Wahrtraum? Nein, dieses Votum widerstrebt, mitsamt auch aller alienierenden Inhaltshermeneutik, unserem hermetischen Interpretament des „Autosymbolismus": Traum, der, authentisch, immer, sichselbstträumt. Fragt man, darüber hinaus, nach der kontextgerechten Funktion des Traums, so legt sich sein obsekrativer Charakter nahe: die – scheiternde – Vorabbeschwörung des derart ja nicht prognostizierten nur zufällig mit dem Bannungsgehalt kongruenten Unheils, des de facto Untergangs Trojas. Gut gemeint alle Obtestation, verurteilt dazu – Magiedefizit – zu Bruch zu gehen. Zurück nun aber zur selbstreferentiellen Traumimmanenz, der solcher Funktionsexkurs schwerlich gut bekommt, wenngleich das gewünschte somniale Kalfaktoriat seine Autarkiegrenze haben mag, nicht gänzlich verschlossen, vielmehr, wie auch immer, außenapert sich gibt.

Demgemäß geht der thematische Traum in die Vollen, leistet sich die finale Vernichtung aller „Rücksicht auf Darstellbarkeit" im Holocaust einer ganzen Stadt. Rabiates

---

[42] K. Kerényi: Die Mythologie der Griechen. Bd. II: Die Heroen-Geschichten. ... 246.

Ende, rettend nahezu erwachensprovokant. Weshalb diese rare Heftigkeit, in welcher der Traum seine eigenste Entropie unverhohlen kundgibt? Ein quasi visionäres Element des Außeninspekts auf die Stadt im Kriegszustand mag, als externe Determinante, in die Traumfaktur einsickern, Verführung dahingehend, ihr doch eine divinatorische Verfaßtheit zuzubilligen? Gewiß, jedoch, im allfälligen Verbleib beim „Autosymbolismus" – hommage à Silberer (eigens für Axel Schünemanns Denunziatorik) – führt die angemessene Antwortspur wiederum ins selbstreferentielle Traumarkanum, rein immanent geöffnet für typische Übertreibungen, die, in zweiter Linie, das Träumersubjekt, versus das primäre Traumsubjekt, mitkennzeichnen, ohne aber damit inhaltsexegetisch rückfällig zu werden. Also: mannsusurpierte im Extrem enuretische urethrale Grandiosität, mit aller erdenklichen Transzendenz bedacht. Nein, nein, trotz aller poseidonischen Überwertigkeit, den Kampf mit Titan Helios aufzunehmen – Mann ist und bleibt verführter Löscher, während Frau – nur pathologisch voll des „brennenden Ehrgeizes", blasenentzündlich sanktioniert, „Pißnelke" (Pardon!) – konträr sich als „Hüterin des Feuers" ausnimmt – siehe die prominente Anmerkung im „Unbehagen in der Kultur" dazu, durch deren überfrühe Lektüre ich bleibend an die Psychoanalyse gefesselt blieb. Hüterin? Inwiefern hütet ausgerechnet denn diese somnial exzeptionelle Brandstifterin, Verderben bringend über eine ganze heimische (!) Stadt, das Feuer, zudem sich, exkulpativ, Hilfe suchend bei einer feuerbrünstig bestens ausgestatteten Erinys? Elementenkustodie sui generis, will es mich dünken: weiblich vorweltlich traumgerechte Helios-satisfizierte Feuerhypostase, Totalkremation aller Imaginarität, just wie weckend vorwegnehmend realiter die Apokalypse, den Weltenbrand,

Brandopfer-Kriege und -Naturkatastrophen davor. Grenzwert der Traumstrapazierung bis dahin, daß er seine ausgetragene Selbstgefangenschaft, Eigendestruktion, wie suizidal, zu transzendieren scheint.

Zu spaßen mit dem Träumen ist nicht, denn, im Endeffekt, wirkte Traumentzug sich ja tödlich aus. Weshalb, transwissenschaftlich gefragt? Mensch wird zur Vermittlung zwischen Schlafen und Wachen als Traum, zum „paradoxen Schlaf", gezwungen; entfiele dieses rettende Zwischenstück, so schlössen, repräsentationsnichtend, psychosenträchtig noch davor, beide Extreme miteinander kurz, die Tödlichkeiten beider von Tiefschlafdunkel und Wachensverlichtung. Also doch eine übergeordnete Traumfunktion? Ja, der wenig akzeptierte Rückzug des Traums auf sich selbst, sein strikter „Autosymbolismus", macht keinen Hinderungsgrund seiner Zweckbestimmung, nein, umgekehrt, seine – immer wieder zu monierende – Autarkiegewahrung lädt eher zum Status seiner Überlebensvindizierung ein; wenngleich ein explanativ mysteriöser Rest seines Rigorismus verbleibt? „Todestrieb", der, insbesondere, existentiell auxiliar, durchgreift?

Auch, traumimmanent sodann, vergeht einem alsbald die Feiernslust der göttlichen Selbstbezüglichkeit, dieser humanen Zwangsverordnung eh, denn aller Absolutheitstrip dergestalt, auf den so selbstdestruktiv zurückfallend, muß anmuten wie die eilige Flucht vor von außen kommender Heteronverletzungen, fuga in die Leere narzißtischer Totale, hinein, immer von einer blutigen Wunde – vermittlungslos eo ipso – stigmatisiert. Mehr gravierende Zumutungen, denn irgend Vergnüglichkeiten, vulnerierte Heteronomisierungen bis-zum-es-geht-nicht-mehr. Und also mag man, wenigstens für einen besonnenen Augenblick, Verständnis aufbringen für Freuds beispielhafte Aversion des Silbererschen „funktionalen Phänomens“, so als ob es einem den Referenzboden unter den Füßen wegzöge. Die on dit-Konzession „materialer“ wie „somatischer Phänomene“, scheinbar neben den „funktionalen“, erbringt keine Abhilfe, sofern sich deren alternatives Aufkommen einer „metabasis eis allo genos“ verschuldet: nämlich der Flucht retour in angeblich erfüllte Inhalte endlich, dem Absolutheitshorror, diesem letalen Gottesunding, notorisch entgegen. Hoch also lebe die altehrwürdige Traumhermeneutik? Nein, sie, die hasenfüßige, trotz allem Wohlwollen gegenüber, wie immer auch passageren, kollektiven Angstminderungen, sei, zur Ehre Silberers, seines Opfer(?)suizids, mitsamt seiner pathognostischen Fortschreibung, in aller Einsamkeit quittiert. Hekabes kurzer großer wie heraklitischer Traum half uns mit dazu auf die Sprünge. Versteht sich, daß, im großzügigen Traum, Frauen, feuerspeiendes Genitale, gar Fackeln gebären. Übergeben sind sie schon, exekutiv, an die feuerkundige Rachegöttin, die sie mit ihren Hundertarmen, brandstiftendes Kontinuum, multipliziert. Troja im Geiste ade.

„Wir sind die Schmiede des Unbewußten, wir hämmern und schlagen flach.“[43] Nochmals: ja, postmodern degeneriert die pathognostisch prononcierte Differenz zwischen Hermeneutik und Autosymbolismus zur wohlfeilen Pluralität zweier äquivalenter „Lesarten“, eines schönen Worts, leider derart mißbraucht, als wohletabliertes Antidot wider den unerträglichen Horror der Selbstreferentialität, dieses Atheismuskerns im Gottesbegriff selbst, des blanken Todes Gottes, ledig seiner einzig servarenden Alimentation –

---

43 G. Deleuze, F. Guattari: Rhizom. Berlin. Merve. 1977. 16.

Widerspruch hoch wieviel! – mittels der Opfer seiner Kreaturen, der Menschen.

Finalisierend weitergedacht hin zum mundanen Erscheinungsbild, phänomenal konkretistisch, dieser allzeit epikalyptischen Katastrophe: nämlich dem „Ding-an-sich“, will sagen: reiner Selbstbezüglichkeit als „Ansich“ pur, perenner Gotteskadaver, Leiche, unser geistig Band, „gesellschaftliche Synthesis“, urdemokratische allbegehrteste Indifferenz, unhäusig nach Hause gekommen. Solch grundlos ungenehmes Ultimum muß – „schlechte Unendlichkeit“ der Indifferenz – auf seine Weise, leichenusurpatorisch, geplättet, eskamotiert werden, denn sonst würde ja die reüssierend schiere Hilflosigkeit unserer Nekrophilie, des unablässig kulturgenerierenden Leichenkults, vollendet in unseren Waffen, zutagetreten. Smart Phone-umringt, Imaginarität exkulpierter Realitätsdisposition in toto, konsumtionsdebil die Herrschaft an die Hardwareingenieure abtretend, aufglühen diese Wundergeräte zu Vorleichensachen, verbraucht von Jenseitskörpern, die drogiert abetieren. Grosso modo, auf objektivem Medienniveau, geschieht, proliferierend, das übliche Kaschierensspiel von Hardware und Software, Autosymbolismus und Hermeneutik, wie vorher in der Dimension des exemplarischen Traums. Wie lange noch? Es ist ja eh längst schon mindest verwischt.

Iterumiterum – der Traum hat, seinem Wesen gemäß, ein gravierendes narzißtisches Problem. Als von sich her geschlossenes System nämlich ist er, bedürftig, zu außenbestimmter Einräumung wider Willen genötigt, wie nach dem transzendenten Modell, daß der Gott ohne Schöpfung und, davor schon, Gottessolitüde, um ihrer Subsistenz willen öffnungsverpflichtet, wider den ganzen Absolutheitstrug der Selbsternährung, auf Fremdzufuhr, externe Unterhaltung angewiesen. Wie versteinert sein hypostatischer Tautologievollzug, Evokation seines universellen Leichenfundus, der Stupidität apriori allprägender Indifferenz, wie ein Wunder entlassend das gerechte Kriegswesen kontrareisierender Vitalität, des Opferstoffs aller Folgerepräsentation, die also ihre Bestandsgarantie – Leichenbasis abgewendet mitgenommen – gefunden hat. Immerhin: Silberers Supplementierung des „funktionalen Phänomens“ mittels der „materialen“ und „somatischen“, geltend gemacht als fluchtige Kommutation von Traumsubjekt und desjenigen des Träumers, notwendige Abwehr der Absolutheitsfänge, scheint nun doch, im Sinne eines Hylemehrwerts an Referenzrückholung der Repräsentation im Repräsentierten, des Signifikanten im Signifikat, sich zu substituieren, und Freud und Silberer wären wiederversöhnt in der Ausweiche, die zur Bezugsrettung ward. Freilich nimmer bar der permanenten Anfechtungen der Traumpathologika, Erbstücke der besagten Leichenvorbildlichkeit, aufgehoben dann im Schrecken des Erwachens.

Weiter nun zu den mythographisch recht selten mitgeteilten Träumen, dem raren – ausführlicheren und surrealeren – einzig zweiten:

„Als die Heroen nach dem Fest Anaphe verließen, erinnerte sich Euphemos eines Traums, den er in derselben Nacht gehabt, und erzählte ihn Iason. Es träumte ihm von der Scholle, die er als Geschenk des Triton immer noch bewahrte. Er hielt sie im Traum an der eigenen Brust, und es schien ihm, als wäre die Scholle ganz durchtränkt von seiner Milch. Dann wäre sie aber zu einer Jungfrau geworden, und er vereinigte sich mit ihr. Es reute ihn diese Tat, da er das Mädchen doch selber gestillt hatte. Die junge Frau tröstete ihn und gab sich als eine Tochter des Triton und der Göttin Libye zu erkennen. Er solle sie den Nereiden gesellen, damit sie im Meer bei Anaphe wohne und bald wieder zum Sonnenlicht auftauche als Wohnsitz für seine Nachkommen. Auf Iasons Weisung warf Euphemos die Scholle ins Meer. Da erhob sich aus der Tiefe die Insel Kalliste, die ‘Allerschönste’, die nachher Thera, der ‘Jagdgrund’, hieß und von einem Geschlecht, das von Euphemos abstammte, bewohnt wurde.“[44]

Kontext: die Argonauten; Teilnehmer Euphemos, Sohn Poseidons und Europas’, der Behende, der über das Wasser laufen konnte; Atmosphäre: Morgenlicht, Epiphanie des Gottes Phoibos, transvestiert, nach finsterer Irrfahrtsnacht, wegweisend; auch orientierende Landsichtung, der Insel Anaphe; Ehrung Apollons durch den feierlichen Bau eines Altars ebendort. Der übergeordnete Generalaspekt: imperiale Kolonisation, eines der intermittierenden Hauptanliegen der Argonautenfahrt. Die derart teleologische Großbeanspruchung des Traums ist ja – an der Tagesordnung – nicht unerlaubt, bricht sie doch, um der Ent-fremdung willen, die angestammte Traumhermetik auf, die damit nicht aber zweitrangig, und depotenziert mehr noch, werden darf. Gunst des Traums allemal, als primärprozessuell genealogisch nutzbares Aufschlußmedium der somnialen Außenekstasen, der trauminhaltlich projektiven Objizierungen.

Nach diesen sinnhaft externen Zweckeinführungen schleunigst nun aber zum Herzstück des pathognostischen Traumkonzepts dagegen, dem Autosymbolismus, schlagwortartig: dem Traum, der, genuin, immer nur sichselbstträumt, primär sich selbst, operativ, in seinen Szenifikationen wahrnimmt. Kein Zweifel an dieser seiner ursprünglichen Artung, und exklusiv durch diese konserviert er auf Schritt

---

44 K. Kerényi: Die Mythologie der Griechen. Bd. II: Die Heroen-Geschichten. … 215.

und Tritt seine strikte lebensrelevante Medialisierungsfunktion, ohne die ja, unvermittelt, der sich letalisierende Tiefschlaf das Erwachen, ebenso tödlich verlichtend, verewigte. Gleichwohl möge man, sich übernehmend großzügig, konzedieren, daß alle intellektuell gebotene Weile bei diesen somnialisierten „Letzten Dingen", solch höchst ängstigendem Seinsüberfall, der Leichendrohung, die Fluchten in die Plane subjektiv ontischer Heimischkeiten mehr als nur begünstigt; durchaus wegbereitet dafür eben durch die traumausgängigen Objektivitätsausnehmungen.

Der „Anti-Ödipus" hat es auch damit, überlastet mit der dahin verlagerten einzigen „Deterritorialisierung" sexualsymbolisch maschinischer Phänomene, während der Traum, ödipal verstrickt, „territorialisiert" sei. Ob das so zutrifft? Wäre es nicht vielleicht plausibler, nur den subjektiv entäußerten, nicht hingegen den Traum anundfürsich, derart zu disqualifizieren, und diesem, in seiner narzißtischen selbstinzestuösen Kulmination den „Anödipalitäten" zu unterstellen? Entsprechend dann auch die Außenpendants „molar" versus „molekular" zu doppeln, sowie deren vordringlich primärprozessuelle Explikation nicht der doch ödipalen Sexualsymbolik zu überantworten?[45)]

Was man nicht alles unternehmen muß, um eine angemessene Kolonisierung zu bewerkstelligen; was der Traum nicht alles leisten muß, um sich, kontinuierend, zu erhalten –

---

[45] Siehe: II. Traum. Zu den Toden von Deleuze und Guattari. In: Anhang: Binnen-Wildnis-Pseudologien. Über den Natürlichkeitsschein von Trieben, Träumen und ähnlichen Devianzen. In: Pathognostische Studien IV. ... 199–201. – Wiederaufgenommen in: Traum-Traum. Zum Zentenarium der Traumdeutung Freuds. Wien. Passagen. 1999. Passagen Philosophie. 192–193.

beides bekundet der Traumplot, hier mit Vorzug dieser, auf die Traumimmanenz bezogen surrealisierender, Ausrichtung. Fällig wird so ein System von Metamorphosen, initiiert von Tritons Geschenk an seinen Stiefbruder Euphemos, einem Erdklumpen, quasi Inselminiatur, seines Abwurfs ins Meer, inselgenerativ, harrend; eine Art Modell dafür, das sich später dann de facto bewährte. Traumlogische Klassik: Spezimen, das zu seiner Realie expandiert, traumgemäß imaginär im passager hypostatischen Wartestand seiner insularen Tatsächlichkeit. Traum also, der, eigenspekulativ, sich um sich selbst, seine Subsistenz, erfolgreich, doch immer, sich alterierend, fortsetzungsbedacht, bemüht; und die koloniale Wasserbewohnung benötigt Erdeinlagerungen, Inseln, „conditio sine qua non" der Seßhaftigkeit auf dem Wasser.

Ob nicht die beiden Söhne Vater Poseidon, typisch filial, zuwiderhandeln? Da kommt doch entscheidend, inselkreativ, Erde mit ins Spiel? Gewiß, doch der höhere Gott behält seine Übermacht, indem er Inseln überschwemmt, ja überhaupt verschwinden macht. Insofern auch toleriert er seiner Söhne heterogene Werke, ob der Prärogative nicht nur landnehmender, gar meerverlandeter imperialistischer Besiedlung – Traumvergeschwisterung mit extremem Kolonialismus, Traum, der, unbeschadet seiner operationalen Autarkie, den Underground, das Unbewußte der Peuplementagenten miterfaßt. Pathognostisches Genügen, ineins mit dem der mythologischen Außenansinnungen?

Traumadäquat surrealistisches Highlight, bezeichnenderweise – zuviel, offiziös, der Verquerung –, außer von Kerényi, in der Mythenlexikographie ausgelassen: Euphemos, der die verwahrte Ackerscholle – man höre recht! – stillt. Geschlechtsmetamorphose des strapazierten Träumers, mißgriffiges „quid pro quo“ eines Säuglings mit einem mannsmilchdurchtränkten Stück Erde. Hier muß der Traum in eine erhebliche Selbsterhaltungsverlegenheit seiner kriterialen Selbstanschauung geraten sein. Weshalb wohl? Was denn mit diesem, wenngleich vielversprechenden, toten Ding anstellen, ohne vitalisierenden Angang entropisierte es, auf Nimmerwiedersehn, in den blinden Tiefschlaf. Notfallmaßnahme dagegen, es, wie in einen Säugling, zu korporalisieren, Selbstansicht des radikal effeminierten Träumers als extrauterine Urnahrung – er hat es, selbstarchäologisch, laktativ geschafft, traumkonservierend wie zugleich -aushöhlend, totalisierend auf dieser frühen Entwicklungsstufe, alle Heterogeneitätsbedrängnisse aus der Welt zu schaffen. Der Preis aber dafür? Somnial nur transpathologisch vergönnt, die göttliche Indifferenz des Geschlechts, erwirkend die „resurrectio mortuorum“ von Dinglichkeit, zunächst extremnarzißtisch, ins Träumersubjekt nutrimental selbst; folglich dann, ausgeblendet, in einen Säugling, im Übersprung schließlich, vorweggenommen, ein junges jungfräuliches Mädchen göttlicher Provenienz. Großes Kompliment an den Mythos, die Mythographie, Kerényi zumal, den Primärprozeßbewahrer, ob all dessen profunden Mythenkenntnis, des Göttlichkeitseinschlags in das dafür einzige Reservat, den Traum.

Kolonialistisch zwecktrivialisiert, wie lautet, immer sekundär, die Botschaft diesbetreffend? Innerhalb der insular erweiterten Landnahmeprojekte bleiben Notfallsituationen, Katastrophen, schwerlich aus, und Männer müssen dann gar Mütter ersetzen. Und, am besten, man behandle tote Dinge, in aller Sorgfalt, wie lebende Körper, damit sie keinen Schaden destruktiv nehmen.

Präjudiziert die also fortsetzungsgarantierte Sequenz: vermilchtes Erdstück, mutiert in eine unbekümmerte Kore. Fortgangsgewähr menschhaftiger Epiphanie wider das vorausgehende Übermaß an Surrealität, traumerhaltende Rückgewinnung an „Rücksicht auf Darstellbarkeit". Der Traum selbst ja als dieses weibliche Frühwesen, „ich bin, wie ich von der Mutter kam", fürs erste vorpubertär noch, alsbald aber geschlechtsreif; Körperanzeige autosymbolisch somnialer Autarkie, Moment der wie selbstgenügsamen Unberührbarkeit, nur daß sie, sich zur quasi ästhetischen Mora verurteilend, nicht währen kann, atrophisiert: beider progreßsichernde Vermählung – wie genau dieser traumlizensierte Sex mit einer Minderjährigen, der ja nicht aufweckt, vonstatten ging? Rührend fast des Träumers schlechtes Gewissen, ambige retardierend, darob, wie dürfte er mit seinem ehedem weiblichen Säugling, den er exzessiv stillte, Geschlechtsverkehr, gar prokreativ folgenreich, betreiben? Die Betroffene selbst hilft ihm, entschieden traumprogredienter, aus dieser schuldbewußt genanten Verfassung, fortwährend ihr heiter lichtendes Aufkommen – sie verspricht, sich unter Wasser rekreierend, als Insel, für beider Nachkommen gedacht, aufzutauchen, wie einer Göttertochter recht, der Divinität des Traumes würdig.

Und wie lautet der Weisheit letzter Schluß auf der mythologisch dominanten korrespondenten Institutionsebene? Eine ordentliche Sonderkolonisierung erfordert frisches Blut, zumal töchterliches, eingedenk des Kore-erfindlich filialen „Schematismus", des Inbegriffs tätiger Exkulpation aller patrifilialen basalkriminellen Kulturproduktivität. Glückliches Ende – als setze sich der Traum realiter fort, erfahren wir von der besagten Inselentstehung, traumvermittelt göttlich legitimiert, männlich ausgeführt, das Besiedlungsgelingen.

Wie nun – Rahmenproblem ja – steht es um die kulturgenealogischen Valenzen des Traums? Der Traum, in seiner unwiderleglichen physei-Notwendigkeit imponiert als Mediationsstätte überhaupt, Memorialitätsassekuranz – das hat sich bis in die „empirische Schlaf- und Traumforschung" herumgesprochen –, und riskiert dabei, in festgestellter Regelmäßigkeit, die Paradoxie repräsentativer Infiltrationen in die Repräsentationsaussetzung Schlaf. Welche Angewiesenheit darauf, auf die somniale Supplementierung insgesamt signifikativer Seinsüberhöhung, ohne die todesabdriftiger Tiefschlaf und hypostatisches Erwachen gleichen Schwundloses selbstdestruktiv kurzschlössen, objektiv außenvor nur noch instantan suizidale Waffen hinterlassend. Phasengefüllte Nacht, die, in allen ihren Komponenten von NREM bis REM, unsere vorstellungsgetragene Welthabe, unser Überleben sichert, und also zentral platznehmen muß im Existentialgefüge resümiert kulturgenealogisch, allzeit stigmatisiert pathologisch und dissident anders, subjektiv wie objektiv, von einspruchsmotivierenden Sekuritätsprivationen der Seinsstatthabe en tout. Ontologisch festgezurrt die Traumfunktion, in ihrer existentialen Unverzichtbarkeit, wie selbstverständlich, fast bewußtlos, in Anspruch genommen, selten nur ängstigend reflektiert. Exemplarischer Fall dafür, daß alle Autonomie sich residualisiert, alternativelos, auf die bloße Gewußtheit ihrer Survivalgewähr, selbst überhaupt nichts daran gehaltlich ändernd. Dringliches Monitum demnach, die ganze Traumproblematik in die Kulturgenealogie, Inbegriff der Hominisation, zentral miteinzubeziehen; wie hier geschehen.

Unausbleiblich zum Ende dieses thematisch sonderrelevanten Kapitels zu den Traumbelangen bestrickende mythologische Szenarien, in deren reminiszenten Genuß ich gerne käme. Vergeblich suchte ich, des Mittags, der Zeit des Schatteneinzugs ins Licht, das Grab des Orpheus, auf dem ein Hirte, eingeschlafen, im Traum (?) sang, „süß und mächtig, die Gesänge des Orpheus, als wäre es dessen unsterbliche Stimme gewesen, die aus dem Totenreich tönte.“[46)] Nein, prospere, synchron, diese Rarität einer Art vokalen Somnambulismus tagsüber; „Im Mittag hoch steht schon die Sonne“: Apollon und Dionysos – Musikgipfel – passager vereint, opfereingedenkend immer wie aus dem Hades erklingend – „Ein für alle Male / ists Orpheus, wenn es singt.“ –, gemäß des hinterlassenen Notenepitaphs. Genealogisches Musikgenügen kat'exochen.

Ob mir Aietes, Helios-Sprößling, wohl Zugang zu seinen heiligen Lokalitäten gleichwohl gewährt haben würde? „In den goldenen Gemächern des Aietes … ruhten sich die Sonnenstrahlen nächtlich aus. Er war sicher nicht ein Ort für Menschen gedacht, …“[47)] Goldschimmernde Eos, wachenserinnerlich goldumgeben, sicher schlummernd. Ob ich mich, titanisch den Sterblichen verwehrt, dazulegen dürfte? Nicht dann würde ich sogleich, sonnengeweckt, um den Schlaf gebracht, nein, die Weckung, aufgeschoben, ist ja an die goldene Behausung, schlafschonend distant, abgetreten; und Eos schläft auch. Inwiefern aber sollte ich dieses Privilegs würdig sein?

---

[46] K. Kerényi: Die Mythologie der Griechen. Bd. II: Die Heroen-Geschichten. … 225.

[47] Ebd. 199.

Präliminarien. – Nicht komme ich, hinführend, umhin, angesichts der dissidenten Machart meiner folgenden Texte, dem potentiellen Rezipienten derselben, dessen Geneigtheit weiterhin fraglich sein mag, einige wohl aufnahmeförderlichen Empfehlungen zuzumuten.

Exkurs zu Schellings „Philosophie der Mythologie“ (1857 posthum)

Und zwar, fürs erste, sich über die sequent ausgewählte Persephone-Mythe mythenlexikographisch zu informieren. Was ich, die komplette Referierung derselben betreffend, unterließ. Nicht zu vergessen dabei, daß, allgemein, das Zutreffen mancher Lexikapassage, deren Ausschließlichkeit, Reichweite, Belegvalenz, zweifelhaft bleibt. So daß man mehr als einen Seitenblick, lexikalisch transzendent, auf Kerényi werfen möge, seiner ausladenden Ausführlichkeit wegen, verbunden mit einem, dem Psychotiker vorbehaltenen, Gespür für wissenschaftsüberbietend einschlägige spekulative Bedeutsamkeiten. Es wird sich aber herausstellen, daß die Befassung mit solchen mythologischen Unterbauangelegenheiten keinen Sinn macht, so sich erstreckend auf meine pathophilosophische Weise des Mythenumgangs, durchweg gemäß der Maßgabe von Kulturgenealogie, allzeit abführend in Kulturpathologie. In diesem Zusammenhang noch ein Wort zur Selektion der Persephone-Mythe: bilaterale Koinzidenz divergierender Erkenntnisinteressen: meinerseits der besagten dingpathologisch ausgreifenden Genealogie, zentriert um den entscheidenden Beitrag der Tochtergöttinnen dazu, des Korewesens; von Schelling aus die Auszeichnung Persephones Schicksals als Musterfall mythologiekriterialer, gleichwohl höchst respektabler Dekadenz.

Weiter nun zur weitaus komplizierteren verständnisprotegierenden Zumutung. Mein mythenexegetischer Zugriff ist, auf negativierte Kulturentstehung hin, suspensiv, also, wie bei Schelling selbst nicht minder, durch keinen wissenschaftlichen Einspruch irgend betreffbar, es sei denn, man zeihe, unbilligerweise wissenschaftsfetischistisch, mein teleologisiertes Auslegungsunternehmen der falsifizierbaren Willkür. Gewiß mache ich, fakultativ, allusionär, von mir selbst, kontextgerecht, Gebrauch, es bleibt aber bei, in keiner Weise didaktifizierten, pathognostischen Umrissen, mit denen ich den Leser, einzig philosophiegerecht, alleinlasse, und mich selbst damit, zum Glück, mit internen Theoriedesideraten mandatiere. Vielleicht fragte man hier auch nach dem unverhohlenen Einlaßzweck der Psychoanalyse – müßigerweise, denn allemal erscheint sie ja pathognostisch integriert in den desertierten Aufklärungsaufklärungszug zeitgemäßer Philosophieasservation. Schelling überboten? Aber nur in der, gänzlich relativ historischen, Demaskierung der philosophisch schützenswerten Schutzmaskerade vor der doppelten Inzidenz des göttlichen Inzestmysteriums, fleischlich, wie, längst überbordend, prärogativ dinglich, waffenhaft suchtkorrespondent.

Ich kann nun bloß noch hoffen, daß ich, in meiner sehr schmalen Selektion der Persephone-Mythe aus dem monumentalen Schellingschen Opus, kompensiert, denke ich, durch manches pars pro toto, dessen Grundzüge, im Zusammenhang seiner Spätphilosophie, habe erfassen können, insbesondere eingedenk seiner Wertungsdilemmatik.

Initiales Kuriosum: Die über den Buchhandel vorgenommene Bestellung dieses Schellingschen Opus – Sujet der folgenden Erörterungen – wurde aus London, in Amerika gedruckt, bedient in „Forgotten Books/Classic Reprint Series“! Über den Kontext der schönen Reparation erfährt man hier weiter nichts, immerhin aber eine unerwartete abseitige Ehrung Schellings, überaus verdientermaßen und höchst willkommen.

Fern der vermessenen Ambition, diesen Philosophiegiganten mehr als partiell dabei, hauptsächlich komparativ mit den eigenen pathognostischen Mythologiebemühungen, zu bewältigen, seien, fürs erste, zugelassene Reverenzen seines längsten Atems, seiner sprachschriftlich dichten Ausdruckskunst, und, nicht zuletzt, seiner bewundernswerten Noblesse, unbeschadet seines hierarchisierenden Wertungsansinnens, sich jeglicher moralischen Überhebung über alles Minore zu enthalten – ganz im Gegenteil, also: „Sie (sc. die mythologischen Vorstellungen zu Persephone) sind aus derselben Quelle geschöpft, aus welcher auch die Offenbarung geschöpft ist, nämlich aus der Quelle der Sache selbst, und wenn ich auf diese Übereinstimmung aufmerksam gemacht, so war es hauptsächlich, um I h n e n diese Gedanken als n o t w e n d i g e Gedanken zu zeigen, …“[48] Damals schon, wie heute noch immer, doch harscher, „… sofort ein Geschrei sich erhebt, wenn eine Idee laut wird, welche die Forscher zu denken auffordert.“[49] Ja, „die Wissenschaft denkt nicht“ (Heidegger), und die Philosophie, so sie überhaupt noch eine solche sei, muß darob der Rache der Wissenschaft gewärtig sein, verblendet ob der Amnesie ihrer philosophischen Provenienz, mitsamt ihrer suizidalen Entropie. Stringenzüberbietend antezipiert auch meinen Kultur betreffenden kritischen Genealogiebegriff, mittels der sofortigen Umdeutung der scheinkonkurrierenden Disziplinen in die einzige philosophische dann. „Das w a h r -

---

48 Fr. W. J. Schelling: Philosophie der Mythologie. Forgotten Books. Classic Reprint Series. London. 2018. 159.

49 Ebd. 135.

haft Geschichtliche besteht darin, daß man den in dem Gegenstand selbst liegenden, also den innern, objektiven Entwicklungsgrund auffindet; ... Von einer solchen zugleich philosophischen und empirischen, wissenschaftlichen und geschichtlichen – am und mit dem Gegenstand sich selbst entwickelnden – Theorie ist also in der Folge allein die Rede."[50] Recht so, diese philosophische Imperialität. Nur daß beide Antagonisten längst schon so weit auseinanderdrifteten, daß es schwerlich noch Sinn macht, nur Mißverständnisse nachsichzöge, die spekulative Philosophie als die wahre Geschichte und die wahre Wissenschaft, beide gar empirisch fundiert, auszugeben.

Trotz hierarchisierter Distanzierung von Mythologie insgesamt, zentriert um die Persephone-Mythe, strictissime die Konzession ihrer gattungsgeschichtlichen Nezessität, will sagen: daß ihre nicht weniger notwendige Überholung jeglicher Überheblichkeit, aller moralischen Desavouierung, zu entraten habe. Widerspruch, der von einer profunden Solidarität mit menschlichen Irrwegen zeugt, die üblichen Verwerfungshabits, intellektualitätsverpflichtet, sperrt. Und die Grenze dieser exemplarischen beinahe häretischen Toleranz? Versteht sich demnach, „... daß die Quellen der Mythologie tiefer zu suchen sind, als in einem bloß empirisch, bloß äußerlich und geschichtlich in der Menschheit vorauszusetzenden Monotheismus. Die Mythologie ist mit ihren letzten Wurzeln, wie eben die Persephone-Lehre zeigt, in das Urbewußtsein des Menschen selbst eingewachsen."[51]

„... wie eben die Persephone-Lehre zeigt ..." – nach Schelling avanciert sie zum einzigartigen Demonstrationsobjekt

---

50 Fr. W. J. Schelling: Philosophie der Mythologie. ... 138–139.
51 Ebd. 161.

der mythologischen Defizienz überhaupt, in sich gleichwohl restlos legitimiert in ihrer menschheitlichen Evolutionsrelevanz; so die nicht eben auf der Hand liegende hauptsächliche These. Ihre Elemente habe selbst ich vordem markiert (siehe oben S. 43–49), nicht aber, vergleichbar, im Sinne Schellings, nämlich als Inbegriff von Mythologie, defizitär, gleichwohl intim gattungszugehörig, vielmehr bloß als eine der großen Tochter-Mythen, wie immer in kulturgenealogischem Betracht, funktional beansprucht.

Opportun wahrscheinlich, um Schelling, belehrt, näherzurücken, die besagten Elemente, Entwicklungsphasen des kulturobligaten Schicksals der exponierten Göttin, in meinem Sinn zu präsentieren, um danach Schelling dann, diesbetreffend, das Wort, zu seiner originalen Ausrichtung, zu übergeben.

Also – Persephone ist eine Tochtergöttin, entschiedene „Kore", die antik-griechische Erfindung der legitimatorischen Exkulpation der patrifilial gewalthaften Kulturwerke, moderierend derart den tiefen Spalt zwischen diesen und der expropriierten Mütterlichkeit; „Schematismus", Vermittlung schlechthin. So Persephones avancierte Rahmenposition, pathognostisches Hauptproblem innerhalb der Kulturgenealogie, wie vielfältig expliziert.

In der Frühzeit der olympischen Tochter nun erscheint ihr Jungmädchenstatus – als psychoanalytische Aufklärungsspätlinge können wir sagen –, ihre vorpubertäre Latenzzeitprägung, ausgespielt noch im Wartestand der Geschlechtsdifferenz. Es ist die Lizenzmarge ihrer etabliert oberweltlichen Existenz, die ganze Seligkeit, bei Mutter Demeter, zunächst unreparativ, vor ihrer Hades-Fixation, unberührt, spielerisch, vor allen Genderheterogeneitäten, zu weilen.

Vorsicht aber, im Vorgriff gesprochen: Das ist des Guten zuviel, läuft auf eine allzu geschlossene Homosexualisierung der isolierten Tochter, „Blumenmädchen" schließlich auf Zeit, hinaus, und also präjudiziert der vehemente Bruch, am anderen Ende dann derselben Hypostase, dieses, ob seiner Übertreibung unhaltbaren, unilateralen Verhältnisses.

Wie nun hört sich dieses sexuell noch indifferente Kulturentree der göttlichen Tochter bei Schelling an, der ebenso eine in sich differente Entwicklungslinie der durch sie statuierten mythologischen Defizienzerfüllung, unbeschadet deren Unabdingbarkeit, nachzeichnet?

„Ebenso nun, wenn wir sagen: die im Urbewußtseyn gesetzte, ihm zu Grunde liegende Potenz des anders-Seyns; diese Potenz ist Persephone, so meinen wir nicht, sie werde durch Persephone bedeutet; der mythologischen Vorstellung ist sie Persephone, und umgekehrt, Persephone bedeutet nicht bloß jene Potenz des Urbewußtseyns, sie ist sie selbst." ... „Inwiefern also im Bewußtseyn das Seyende (das sich als Männliches oder als Wille verhält) und das Seynkönnende (die Möglichkeit des anders-Seyns, die sich als Weibliches verhält) noch ineinander sind – sie sind aber noch ineinander," ... „inwiefern sie also ineinander sind, insofern sind in dem Bewußtseyn auch Männliches und Weibliches ineinander, d. h. das Bewußtseyn selbst ist gleichsam androgyner Natur." ... „Dieses vorausgesetzt – vorausgesetzt, daß Persephone nichts anderes ist als die Möglichkeit des anders-Seyns, die sich aber dem Willen nach gar nicht gezeigt hat, auch nicht einmal als entgegenstehend, d. h. als Weibliches, sich weiß –, solang also jene Potenz auch im Nichtwissen über sich selbst ist, ist sie, wie wir ja auch zu sagen gewohnt sind, im Zustande der Unschuld, da Männliches und Weibliches nicht geschieden sind (keine Unterscheidung beider ist). Unschuld, die von Geschlechtsdoppelheit nichts weiß, ist Jungfräulichkeit – Jungfräulichkeit ist nicht insbesondere Weiblichkeit (sie kann ja auch von dem männlichen Geschlecht prädicirt werden), sondern Geschlechtsunentschiedenheit. Persephone ist daher die Jungfrau, κόρη, und zwar κάτ' εξοχήν, da sie so, ή Κόρη, die Jungfrau genannt wird. Persephone ist im Bewußtseyn das Seynkönnende – insofern das Weibliche, aber das dem Männlichen noch nicht entgegengestellt, noch nicht als das Weibliche gesetzt ist – daher das Jungfräuliche. Solang nun das Seynkönnende in dieser reinen Wesentlichkeit (Gegensatzlosigkeit) bleibt, ist es keiner Nothwendigkeit unterworfen, über alle Anfechtung erhaben. Darum also wird Persephone schon in älteren (noch griechischen) mythologischen Philosophemen dargestellt, als in einer unzugänglichen Burg wohnend, keiner Gefahr zugänglich, als die, der nichts anzuhaben, die gegen jeden Umsturz gesichert ist."[52]

Da gibt es kein Vertun: Schelling kassiert die symbolische Distanz des bloßen „Bedeutens" zu einzigen Gunsten des transsubstantiativen „Seins" selbst, und spitzt deren mythologisch kriterialen Binnenstatus filialer Weiblichkeit – wohlgemerkt: Potentialität des anders-Seins, wie überrannt vom männlichen Voluntarismus – zu einer Art weiblichen Hermaphroditen, einer generellen Indifferenz, zu, deren abgesondert ursprüngliche Verfassung unterschieden werden müßte von der nachfolgend zerreißend schizophrenen Division der Göttin wie in eine „multiple Persönlichkeit": oberweltliche Homoerholung von den staatsanwältlichen Zwangsobligationen apud inferos.

Auffällig Schellings Faktizitätspassion nachgerade, nicht weniger auch die volle Fahrt in die Dilemmatik derselben, instantan eisern verwahrt und verworfen. Gut bis dahin reicht sein Räsonnement, bis zur vollstreckten Aporetik seines mythologischen Engagements, und seine quasi Här-

---

52 Fr. W. J. Schelling: Philosophie der Mythologie. … 157.

tung der einschlägig selbst ja ambigen Zumutungen lassen eine philosophische Parallelität zum empirischen Tatsächlichkeitsfetischismus der Wissenschaft vermuten, so als habe das Wetterleuchten des „positiven Zeitalters“, jenseits davon, auf ihn abgefärbt?

Weiter nun: Ob wohl sein Procedere, über die besagte Selbstaporetisierung hinaus, bis in deren Gründe hineinreicht? Das wäre allererst zu erkunden. Pathognostisch aber mangelt es triftiger Mittel nicht, diese Schellingschen Auffälligkeiten zünftig zu erklären. Zunächst die apostrophierte Dilemmatik – sie müßte an der ganzen Penetranz der Inzesteperistatik liegen: Wie soll Mensch, der sterbliche, sich diesen, den Göttern, gegenüber positionieren? Fürs erste wird er ihrer zugleich immer rettend geflohenen Verführung erliegen, also ein Dilemma, das besagte! Es wimmelt ja nur, um Persephone herum, von Inzesten: dem der Geschwister (Zeus/Demeter), des Onkel-Nichten (Hades/Persephone), des Vater-Tochter (Zeus/Persephone) – je unterschiedliche göttliche Umringung, menschbezüglich (auch götterreferent selbst?!) die widersprüchlich reinste Unmöglichkeit. Nicht daß Schelling diesen Ab-Grund, Inzest, der mythischen Dilemmatik expressis verbis so benennte, doch kommt er dieser sehr nahe, und weiß sich wohl keinen anderen Rat mehr, als dessen schlechthinnige Unabweislichkeit zu inthronisieren. Pathognostisch aber gäbe es, spät, verspätet?, einen anderen (?) Rat, nämlich die Todestriebherkunft all dieser Kontrarietäten geltend zu machen, unterhalb derselben der – immer fehlvorgestellte – Tod seinen todsicheren Würgegriff, zu seiner dogmatischen Faktenmimesis verleitend, ohn Unterlaß ansetzt. Womit wir aber in der Dinglichkeitssphäre, der Dinge/Waren/Waffen, gelandet wären, von der, bis auf Weiteres, nicht klarsteht, ob sie, in ihrer Differierensvalenz, von Schelling miteinbegriffen sei, sein könnte. (Wahrscheinlich nicht.) Mythologie, ihrem schellinglich stipulierten Wesen gemäß, also stigmatisiert von innerer Widersprüchlichkeit, mitsamt ihrer Tatsächlichkeitsviskösität, festgemacht an der Persephone-Mythe. Von hier aus dürfte es eher wohl verständlich werden, wenn immer die bedingende Intervention des Inzesteeinschlags dafür griffe, daß eine Hauptahnenschaft der Psychoanalyse sich in Schelling und den Folgen vorfände.[53)]

Ansonsten legt Schelling großen Wert darauf, die Immakulatur der jugendlichen Göttin, gleichwohl unvermeidliches Präjudiz des künftigen Unheils, das zugleich ja keines sein kann, zu schützen, sie, die urdefloriert unschuldige Jungfrau, allem schuldinitiierenden heterosexuellen Verkehr, höchst bewehrt gar, zu entrücken (und die orale und dejektive Subsistenzsexualität?); halbwegs gemäßigt nur durch ihren also präzisierten Aufenthalt in Gärten[54)], evozierend der Mutter Demeter Beteiligung an ihren loca supera-Umtrieben, allerdings alleine doch während der Zwiespältigkeit, der kompromissuellen Schizokonzession, Hades je ein halbes Jahr, zur Homorekreation bei der Mutter, quittieren zu dürfen. Denn – memo! – Gärten, Demeter-Disziplinierungen, verdanken sich der Tochter Persephones Insinuation kultural rigider todes(trieb)entliehener Ordnungsmaßnahmen wider die vegetabile Anarchie.

Wenn die essentiell ignorante Unschuld, nach Schelling, solcher Kautelen bedarf, liefert sie sich dann nicht selbst ihrem stuprum aus? Jedenfalls nimmt das Schicksal –

---

[53] O. Marquard: Transzendentaler Idealismus, romantische Naturphilosophie, Psychoanalyse. Köln. Dinter Verlag. 1987.

[54] Fr. W. J. Schelling: Philosophie der Mythologie. … 159.

Schicksal? – seinen konsequenten Lauf. Und es resultiert eine Sündenfallgeschichte, Persephone, metamorphotisch, mit dem Eintritt der ersten Periode, vom vorpubertären glücklichen Mamamädchen in eine, nicht mehr wiederzuerkennende, rechtsanakastische, um nicht sogleich zu sagen: überzeugt zwangsperverse, Handlangerin des Todes, so wie es dem Fortschritt in Sachen Rationalität gebührt. Das kommt davon: Was man gerne einen paradiesischen Zustand heißt, er kündet seinen Kollaps an in seiner Resistenz bis an die Zähne, und wenn er sich nicht in seinem Kern umorientiert, wird er pathologisch abdriften müssen, nur indirekt brauchbar für den Kulturprogreß. Einzig besser, prompte aus ihrer allzu narzißtischen Isolation herauszutreten und sich vor den Gerichtskarren in aller angepaßten Vernünftigkeit spannen zu lassen – das brüderliche Agreement zwischen Zeus und Hades –, immerhin aber, recht konzessiv, doch unter dem Strich nichts Halbes und nichts Ganzes, mit der Lizenz ausgestattet, ihre bloß scheinbar konträren Belange – regressive Ausweiche in die Vorzeit des hypostasierten Mutterverhältnisses – ausleben zu dürfen.

„Ihre bloß scheinbar konträren Belange"? Ja, ihr vormaliger Unschuldsstatus, nur wenig unschuldig also, sperrt, wie bewußtlos, nur umso ärger, auch immer, das andere Geschlecht, Mann = Heterogeneität schlechthin, aus. Und dafür erhält sie, letztlich akzeptiert, den Ausgleich der eigenen Gewalterfahrung – Gleiches mit Gleichem vergolten – durch des Todesgotts – Übertreibung? – Raub, mehr noch, prokreativ erfolglosen Vergewaltigung in ihren ersten Blutfluß hinein. Die folgende eheliche Sexualität reduziert sich auf Analverkehr, die Absage an Zeugung im Fleische, Körperpendant indessen der Dingkreation. So Schellings Anliegen, hier nur, psychoanalytisch hilfreich, quasi modernisiert:

„... – sowie sie sich wirklich nach außen neigt, ist sie von nun an einem unabwendlichen Proceß unterworfen und schon jetzt eigentlich das dem Untergang geweihte Bewußtseyn; denn dem zugezogenen Seyn nach ist sie ja n i c h t seyn Sollende, und so – als die vom Anfang an dem Untergang geweihte, dem Gott der Unterwelt, dem Hades, der sie in der Folge wirklich raubt, verfallene, ...“[55)]

„Aber als w i r k l i c h hervorgetretene ist Persephone bestimmt Fortuna a d v e r s a , Unglück, Mißgeschick, und zwar wird sie wieder, nicht als das selbst bloß zufällige Unglück gedacht, sondern als das Unglück kat'exochen, als das e r s t e Unglück, als der Ur-Unfall, von dem erst alle andern Unfälle sich herschreiben, ...“[56)]

So, schellinglich, der Göttin dezent sublim skelettierte Überantwortung an die Dialektik (darf man diesen Ausdruck verwenden?) ihres mythologisch, das heißt notwendig und zugleich verworfen gefangen verbleibenden Entwicklungsgangs, ihr AbAufstieg in einen quasi „radikalen Feminismus“, den die große Rache des dadurch mehr als in toto versklavten männlichen Geschlechts, Gerechtigkeit der Vergewaltigung, ereilt. Aber sie weiß sich ja in dem neuen Konträrzustand der handfesten Unterwerfung, widersubordiniert, einzurichten; und, mehr noch, durch göttlichen Ratschluß, sich, wie bekannt – fragt sich allerdings, wie diese Selbstzerreißung überhaupt existierbar – zu splitten. Unausbleiblich eine Menge abgedrängten Homowesens, dieses ausgebreitet göttlichen Vorbehalts, den Menschen in eine unmögliche Grundlage versetzend: die Unschuldsmas-

---

55 Fr. W. J. Schelling: Philosophie der Mythologie. ... 163.
56 Fr. W. J. Schelling: Philosophie der Mythologie. ... 160.

kerade heikelster Mannsabschaffung, Epikalypse auch der agitiert zwangsperversen, in Paranoia hinüberspielenden Verfassung der Unterwelt. Pathognostisch gewendet, Kulturgenealogie sogleich also degeneriert in Kulturpathologie? Insbesondere die Persephone-Mythe abführt, wie hermesisch, in sinistre Untiefen der Kulturation, für unsereinen satisfizierender mythologischer Realismus, trotz allen allzu verspürten Grauens. Nicht zuletzt getragen auch in Schellings, ja, Frömmigkeit, der untiefsinnig unflachen, widersentimentalisch sentimentversierten, einer Art Gedankenerhabenheit, nicht höhenabdriftig nicht absturzgefährdet, zölibatär weiblichkeitsblande mannshaft.

Nun reizt es mich doch, nach diesem tragödischen Exkurs, der sicherlich nachhallen wird, satyrspielerische Elemente einzubringen, die, wenn witzzündend, sich, zuvörderst für Persephone (wo?), passager fast tröstlich, auswirken mögen. Nun, Hades synchronisiert sich mir – man konsultiere dafür Boulevardmagazine – als die Wehen des „zum ersten Mal“. Und in des Wuppertaler Tanztheaters Pina Bauschs „Keuschheitslegende“ gibt es einen operettenhaft travestischen mythologieignoranten Hades-Auftritt, ins Publikum sprechend diesen Text – man scheint gefahrzulaufen, archetypengläubig zu werden:

> „Ich bin der liebe Onkel
> Möchten Sie ein Bonbon?
> Soll ich Ihnen mal echte Schlangen zeigen?
> Kommen Sie – ich nehm Sie auch mal huckepack
> Sollen wir mal Verstecken spielen?
> Kommen Sie – ich zeig Ihnen was“

Persephones professionelle Hades-Etablierung, inklusive ihres Erholungsurlaubs bei der Mutter auf Erden, kommt mitnichten zur Ruhe. Wie auch? Unbefriedigend à la longue die eheliche Sexualität, mit auch die Kinderlosigkeit, deren verschobene Kompensation, Persephones Verliebtheit in Adonis, mißglückt, denn Aphrodite, adäquat, macht das Rennen. Schelling selbst – damals vermutlich ein mythologisches Quellendefizit? – läßt diese verquere, eh auch marginalisierte Episode aus. Verständlich der töchterlichen Göttin Schönheitsbegier, bei soviel Unterweltunrat, und, selbst oberirdisch, nach gärtnerischer Domestifikation verlangendes florides Delir. Der wahre Abgleich aber muß, die vaginale Vernachlässigung (wo bleiben die nichtvaginalen Vulvaaffektionen?) parierend, für ordentliche genitale Verhältnisse, einschließlich des Telos Prokreation, sorgen. Bemerkenswert in diesem Zusammenhang des Gatten Hades dubiose Toleranz für solche nebenverhältliche (Schein)eskapaden? So ordentlich aber ist diese sexuelle Klimax eben nicht, in Ordnung bloß den Göttern reserviert. Ansteht ja der Vater-Tochter-Inzest, des Zeus' Kopulation mit Persephone, Zeus mutiert in eine Schlange, mit dem wunderbaren Produkt eines, des letzten, großen Gottes Dionysos.

Versteht sich: die Kreativität dieser Inzestfiguration allgemein für Produktion. Mit Blick auf den daraus resultierenden Gott – den hohen Statthalter der Droge, der Sucht – paßt die inzestuöse Divinität just in die veranschlagte Machart: abgründig apud inferos, tierepiphanisch, von noumenaler Fertilität. Schlangenhybride Eignung auch für Persephones doch fragloses göttergemäßes Mittun: immerhin, es ist ja der – als Schlange endlich vaginal wohlbekömmlich – lebendiger Godemiché – Vater; viel mehr aber noch, Persephones überschwengliche Lubrikation, fast eine „weibliche Ejakulation", verdankt sich, homoreminiszent, nicht zuletzt den schlangeligen Mutteranteilen, Demeters Kopartizipation an diesen eingedüstert kulturalen Segnungen. Mythologische Folgerichtigkeit: das Hades-Übermaß an exkremental letaler Dinglichkeit, konterkariert durch die korrespondente Körperzitation, mit dem Waffenpendant Sucht. Auch so zu wenden: die ja nicht eben produktiv juristischen Reifikationen, Regularien der „Produktionsverhältnisse", bedürften ihres Surpasse wenigstens dann mittels Drogenfabrikation. Memo: „die Waffenhaftigkeit aller Dinge, die Süchtigkeit aller Körper, die exkulpative Pseudodisposition beider durch ihre mediale Imaginarisierung".

Und Schelling:

„In einer solchen, zur Mysterienlehre gehörigen Vorstellung wird also der Uebergang so beschrieben: die bis jetzt jungfräuliche und in jungfräulicher Abgeschiedenheit verborgene Persephone wird in Gestalt einer Schlange von Zeus (Jupiter) beschlichen, der ihr Gewalt thut …, also sie aus ihrer Jungfräulichkeit setzt. – Daß es hier erstens überhaupt der Gott ist, der Persephone zu Fall bringt, ist ganz natürlich. Denn eben weil das Bewußtseyn in der Folge sich der eignen That nicht erinnert, so schreibt es auch diesen Uebergang in den Zustand der Unseligkeit der Gewalt zu, die ihm überhaupt ein Gott angethan."[57)]

Zunächst scheint hier ein quid pro quo zu unterlaufen: nicht Hades, vielmehr Zeus der Gewalttäter. Wenngleich die unterstellte Violenz des obersten Gottes dann doch abgeschwächt erscheint, ob der vorausgehenden Unschuldsignoranz Persephones, die jegliche Außenberührung, selbst wenn nicht gewaltsam, als erlittenen Fremdübergriff wahrnimmt. Ansonsten liegt es ja nicht eben fern, Inzestverhältnisse wie eine Heteronabsorption, eine Alteritätsvernichtung, anzusehen. Und überhaupt mag einen die defizitäre

[57] Fr. W. J. Schelling: Philosophie der Mythologie. … 162.

Trennschärfe, die Indifferenz der Götter untereinander, in Schellings gewiß nicht unachtsamen Vorgehen mitanwehen. Vergleichbare Stolperstelle, eine weitere Verwechslung, nicht den Verführer Zeus, vielmehr sich, Persephone, selbst, dieses Schlangenwesen zu attribuieren, so als ob tatsächlich geschehen wäre, was jegliches Inzestverhältnis besagt: das Gleichgelten der dramatis personae, hier unter dialektisch paternaler Prärogative:

„Dieses Hervortreten ist insofern ein pro-sepere; es liegt in diesem Ausdruck die Andeutung des Stillen, Unerwarteten, nicht Vorhergesehenen der Bewegung, und auch hier erinnert der Name (Proserpina) wie die Sache an die Schlange (serpens), die eben von der unbemerkten, leisen Bewegung ihren Namen hat.“[58)]

Indes, von einem stiekum im Hadesszenenarium der Aperition Persephones kann die Rede nicht sein, wohl aber von der seduktiven Tücke des inzestgewohnten Vatergottes, in der Chefsache der Gottesmache die Tochter ja freiwillig mitspielt. Was die Erzeugung des Dionysos aus dieser nur menschlich streng untersagten Liaison angeht, so mag, fürs erste, Schellings Omissum derselben befremdlich anmuten. Nicht daß selbst aus irdischen Inzesten Nachkommen nicht entstehen können, obzwar sie unangebrachte unpassend inzestwidrige Differenzmonita ausmachen. Schelling scheint die essentielle Generativitätssperre im Inzestfall zu prononcieren – nicht zu Unrecht, aber nur bis eben zur einzig göttlichen Lizenz derselben Abrogation, des Inbegriffs sodann der dinglichen Kulturkreation. Womit wir, Schelling-transzendent, Neuland, pathognostisch mehr als gesichtet, betreten, nämlich die Entäußerung der fleischlichen Inzeste in

---

[58] Fr. W. J. Schelling: Philosophie der Mythologie. … 160.

ihre differierend kulturale Reifikation. Inzeste – verschoben und depraviert, pathognostisch rückbezogen und ententstellt. Weshalb? Ob der mörderisch inzestuösen Epikalypse des immer armaturischen Dingarkanums. Ob hier wohl eine – wie sagt man? – historische Grenze des Schellingschen Räsonnements beschlossen liegt? Schonung sozusagen der sich vordrängenden Dinglichkeit? Deren ungewisser Vorschein an der Schwelle zur Wissenschaftsepoche? Besser, sich enthalten, denn verfehlte Prognosen stipulieren?

Weiteren Aufschluß über diese konjekturale Grenze erbringt, unabwegig zum Mythologieproblem, Schellings Auffang des – neuzeitlich gesagt – (Lacanschen) „Begehrens“, der Gottesverführung des armen Menschen zur apotheotischen Selbstprätention: ödipal (autonomisch – ich bin meine Eltern), narzißtisch (autarkisch – ich bin alle Welt), todestrieblich (absolutisch – ich bin der Tod). Der Philosoph verheißt nun, fernab freilich von den angerissenen psychoanalytischen Säkularisaten kurzum der „Indifferenz“, einen Ausweg aus dieser unabweislichen Grundmisere, allzeit überdeckt von ihren superfiziellen Wissenschaftserfolgen obenauf:

„Fassen wir alle bisherigen Bestimmungen zusammen, so wird dieser Uebergang (sc. pars pro toto Persephones Entjungferung) veranlaßt: erstens durch eine Selbsttäuschung des Bewußtseyns, in der jene M ö g l i c h k e i t = die dem Menschen anvertraute und gleichsam zur Bewahrung übergebene Potenz, ihm e r s c h e i n t als eine ihm auch zur V e r w i r k l i c h u n g übergebene, da sie ihm doch nur übergeben ist, um sie als Möglichkeit zu erhalten. Der Mensch, d. h. das Seyende des Bewußtseyns, stellt sich vor, jene Potenz oder Möglichkeit werde ihm auch d a n n noch unterthan sein, wenn sie sich zur Wirklichkeit erhebt, da sie ihm doch nur unterthan ist als Potenz und sofern sie innerhalb der Schranken des bloßen Könnens bleibt. Aber wenn er sie zur Wirklichkeit erhebt, wendet sie sich gegen ihn selbst und zeigt ihm ein ganz anderes Antlitz, und statt ihm unterthan zu seyn, macht sie vielmehr I h n sich unterthan, und Er ist nun vielmehr in der Gewalt dieses Princips, das auch nicht mehr in den S c h r a n k e n des menschlichen Bewußtseyns sich hält. Denn das zu Grunde Liegende des m e n s c h l i c h e n Bewußtseyns war es eben als bloße Möglichkeit. Zur Wirklichkeit wieder erhoben überschreitet es diese Schranken. Der Mensch war darin Gott gleich, daß er jenes Urprinzip des Seyns in sich hatte, aber er hatte es nur in sich als ein ihm g e g e b e n e s, keineswegs so, wie es Gott in sich hatte, als ein ganz in seiner Freiheit stehendes. Indem der Mensch es wieder in Wirkung setzt, will er wie Gott seyn; aber dieses Princip ward ihm nur übergeben, um es als Möglichkeit zu bewahren, und nicht, um es in Wirkung zu setzen."[59]

Also obliegt es rein dem überforderten Menschen, der Gottesverführung zur angemaßten Selbstapotheose, auf ihn einzig als Urfehl zurückfallend, zu widerstehen, um auf diesem uniken Wege dem göttlichen Strafgericht, der sanktionalen Einklagung des Gottes exklusiven Privilegs, zu entkommen. Ob das noch im Sinne Schellings sein kann, widerstrebend doch seiner expansiven Notwendigkeitsvindizierung, selbst, ja gerade für im Endeffekt substantielles Fehlverhalten? Wie aber gewährleisten, daß die geforderte menschliche Bescheidung das gleichwohl zutiefst menschliche Gottesbegehren zu einer bloßen Möglichkeit im Wartestand bis zum Sanktnimmerleinstag, zur suspensiven Potentialitätshypostase, zu disziplinieren? Wie contre cœur reißt hier, optional, eine Art Moralismus ein, inevitabel verbunden mit dem strafenden Gott, diesem Unding, der Doublebindauftrag, sich permanent der usurpatorischen Got-

[59] Fr. W. J. Schelling: Philosophie der Mythologie. … 164.

teseinnahme – welche Obligation! – zu erwehren, die doch todbringend mundane Realisierung des Gottesgehalts abzusperren. Wie aber kann dieser sich derart destruktiv auswirken? Bloß durch seine anmaßend menschliche Übergriffigkeit, nicht von sich selbst, seinem Ansich, her? Vorsicht, denn Schelling versucht, dagegen, den Gottesbegriff von diesen seinen divinen Unwürdigkeiten, dem sanktionsprovokanten Moralismus – Danaergeschenk an die Menschheit – insbesondere zu bereinigen: Gott, in Wesensunterschied zum Menschen, der das „Urprinzip des Seins“ nicht als ihm ein „gegebenes“, vielmehr „ganz in seiner Freiheit stehendes“ einnimmt. Gott, der wie gegen sich selbst, seiner allzu vertrauten Ansicht, vorzugehen befähigt sei, diese frei gewählt habe, ohne irgend darauf festgelegt zu sein. Welche Aufkündigung aller dogmatischen Fixationen des Gottesbegriffs! Wohin führt diese Arbitrarisierung Gottes? Zur schieren Entrückung seiner Ratschlüsse, einem beträchtlichen Zuwachs seiner Mysteriösität. Bleibt demnach, für unser unfrommer gewordenes Gemüt, die leidige Frage, welches denn wohl die göttlichen Beweggründe gewesen seien, uns diese seine eine Selbstauslegung, unter infinit anderen (spukender Giordano Bruno?), zuzumuten. Und da wir bei postmodern plattgewalzten Ketzereien atterrierten – das „Urprinzip des Seins“, der Monogott, kurzgeschlossen die schlechthinnige „Indifferenz“, mitsamt deren moralischem Wartestand in realisierungsgesperrter Potentialität, verkommen zur Inzestetotale, pridem ekstatisiert in die Hegemonie der naturwissenschaftlich technischen „Produktivkräfte“, „kapitalisierte Technologie“, die demnach auch ausschaut: objiziertes Inzesteerbe die Rüstungsuniversale.

Retour zu Schelling: Inbegriff des zugleich ja notwendigen wie verfehlten Gotteskonzepts, das ist der „Polytheismus“,

„Denn das im Bewußtseyn Herrschende ist der ausschließliche = der falsch-Eine Gott, der den anderen Potenzen die Gottheit versagt. In dieser Ausschließung sind sie aber a u c h nicht der wahre Gott, und da sie doch nicht Nichts und auch nicht schlechthin nicht Gott sind, so sind sie als Götter gesetzt.“[60)]

Seltsame Gedankenführung, fast wie ein Witz?: Wir, die Menschen, haben es mit der Exklusion (?); diese aber verkennt das göttliche Wesen; die Ausgeschlossenen nun, als solche zwar nicht je integral göttlich, zerstreuen jedoch sich, polytheistisch, in eine divine Vielzahl. Hauptproblem: Wie ist dieser schlechterdings nicht(s) ausschließende Gott zu denken? Hypertrophe „Indifferenz“, die sich den eigenen Existierensboden unter den Füßen wegzieht? Ein eksistierender Gott, eingehend ins Repräsentationsverhältnis, kann kein Gott sein, passend zu seinen (spinozistischen?) unendlichen Attribuierungen, diesem Gottesbrei. Schelling laboriert also, allem Anschein nach, an einer apokryphen Dekonstruktion des Gottesbegriffs, deren Wahrung, obsolet philosophisch, zwar allfällig bleibt, die indessen nicht zu der jenseitig wahren Gottesauffassung führt, vielmehr in deren floriden Nonsens, jedenfalls für den gängigen Fall des Gottes transzendenter Existenz.

Nach anfänglicher Reverenz nunmehr, konträr, gehäufte Aversionen? Nein, denn was Schelling, Mythologie gegenüber, recht ist, soll uns, ihn angehend, billig sein dürfen, bis hin zur apostrophierten Dilemmatik, unvorbehaltliche Billigung kompatibel zu machen mit ebenso restloser Repudiation. So sei es, nicht aber ohne die Konzession mancher Folgeprobleme, zentriert um die Maßgabe der Überholbar-

---

60 Fr. W. J. Schelling: Philosophie der Mythologie. … 168.

keit je vorausgehender Positionen. Wie dem auch sei, de facto bloß wurden pathognostische Interzessionen, eher diffundierende Absetzungsnötigungen, bereits gestreift, zusammengefaßt die Ersetzung des verräterischen Pseudonyms „Indifferenz" durch das System der Inzeste, dessen rettendverderbende Entäußerung als dadurch eo ipso destruktiv armaturische Dinglichkeit – „Dinge/Waren/Waffen" –; die Gelingensfrustraneität, insbesonders pathologisch präludiert, der aus der Inzesteprojektion hervorgehenden Kulturgenese, ob deren Todestriebprovenienz, irrige gewaltgenerische Mimesis an den unvorstellbar vorgestellten Tod. (Lacan-Paraphrase): Das Todestrauma provoziert das Gottesphantasma der Absolutheit, und dieses, das Gottesphantasma der Absolutheit, schirmt das Todestrauma ab. Demnach abmühte sich Schelling an der Opazität dieser Protektion, und, unbeschadet aller wie bewußtlosen Passioniertheit daran, meint er – honni soit qui mal y pense – so ja auch die existentiale Grundnot der Sterblichkeit solidarisch zu moderieren. Was man an seiner ausladend schriftlichen Beredtheit lernen könnte? Paradoxerweise belehrt zu schweigen.

Wie lautete, in summa, Schellings mythenbetreffend philosophische Botschaft in dieser Persephone-lastig klaren Vorlesung? Die Tochtergöttin fungiert als mythologisches Paradigma, verbleibt derart, so notwendig wie defizitär, im überholungsbedürftigen, gleichwohl unverzichtbaren Bann maternaler, paternaler, avunkulischer Inzestuösität. Wie sehr auch diesem Fehl Gerechtigkeit widerfahren müsse, so wird doch, wegführend von der „schlechten Unendlichkeit" des „Polytheismus", die Frage nach Transzendierungschancen dieser Temporärität virulent, zumal, im wohl monotheistisch purgierten Gottesbegriff, Schelling, wenn ich recht sehe – wie zu nennen? „inklusive Disjunktion“? –, Unsicherheiten zu unterlaufen scheinen. Sollten diese vermeidbar werden, sich befreiend konstante Überbietungen ergeben, so bleibt, für meine Gegenbelange, der Zweifel schwerlich aus, ob es sich um ein anderes denn um Blumenbergs „Umbesetzungen“ handelt, um ein „vom Regen in die Traufe“, den Leidensweg, hin zum endgültig ausgesetzten nichtigen Erfüllungstelos hin, verunendlichend.

A fortiori gilt dieser „ewige Karfreitag“, für Schelling noch nicht spruchreif?, für das gattungsgeschichtliche Differierensmanöver schlechthin: die – anerkennungsrepugnante – armaturische Reifikation der „Indifferenz“, der Inzeste, das also „schwindende Jenseits der Götter“, des Gottes, christlich medialisiert mittels der sakrifizialen Inkarnation des Gottessohns. Man darf wohl mutmaßen, daß Schellings Insistenz auf der, widersprüchlich anmutenden, Legitimation des, sich in Persephones Schicksal exemplarisch selbstdarstellenden, mythologisch prinzipiellen Ungenügens auf die expiative Konsolation des Leidenselements darin hinausliefe – Persephone, wie keine andere der Göttinnen, die, für der Menschheit passiones mitabgeltende, Leidensfrau? Man müßte viel mehr über die entsprechenden Kulte wissen.

Abgeleitet ja der legitime Fehl des „Polytheismus“, wie gehabt, so daß Schellings Schlußvorlesung über die antike Göttervielfalt sich wie ein bloßer Appendix zum Persephone-konzentrierten Mythenbegriff ausnehmen könnte? Nein, dem widerspricht in aller Deutlichkeit Schellings Auszeichnung der Tochtergöttin Athene, ein Pluspunkt für unser ähnliches Vorgehen. Zentriert um ihr Geburtsszenarium, resultiert so etwas wie das erfüllte mythologische Finale: Metis, die weiseste Vorwelt, mit Tochter Athene von Zeus schwanger, zudem von ihm verschlungen (Schelling drückt sich dazu vornehmer aus: „in sich gezogen"); Athene, aus dem Haupt des Vaters, widerfleischlich genital, geistig entsprossen, so deren ewiges Stigma der einzigen „Liebsten des Vaters"(!). Nicht genug die imperiale Schwängerung der archaischen Göttin, sie muß zudem, Ultimum eucharistischer Vereinigung, inkorporiert werden, konservierend ihre Weissagungen aus des regierenden Gottes Bauch. Abermals und abermals – welche kulturgenerative Gewalt! Allein – leicht zu übersehen –, selbst der höchste Gott macht sich, in seiner herrlichen Violenz, von der maternalen Bemächtigten unverzichtbar abhängig. Mythologische Gerechtigkeit? Ja, jedoch, die fraglose Nutzung dieser Dependenz durchkreuzt deren Dialektik beträchtlich, und, also doch: unaufhaltsam der ausschreitende Tugendgang in die „Abendländische Metaphysik". Dergleiche bloß amplifizierende Rationalitätszusammenhang zeigt sich am offensiven Handlanger-Tochtersproß, der Göttin Athene, ihrer Hybridität, sprich: ihrer, weiblichen Geschlechts – von Schelling besonders hervorgehoben –, „Jungfräulichkeit", also dem männlichen Element ihrer angestammt gewahrten Feminität. Auch hier behauptet sich, weiblich filiale Fatalität, in der Tochter striktestem Mütterlichkeitsverzicht, ja überhaupt auf Heterosexualität – ganz im Unterschied zu Artemis und Persephone – die patriarchale Herrschaftsprärogative. Mit der Schelling sich, zu seiner Ehre, zu schaffen macht, indem er dieses Totalitätsgebilde, die antike Dreifaltigkeit Zeus/Metis/Athene, nur noch komplettierungsbedürftig durch die exekutiven Götter- und Heroensöhne, in ihrem relativen Enderfüllungsstatus gar als mythologisch transzendent deklariert, um sie dann aber wiederum mythologisch immanent einfangen – sonst wäre er womöglich gar in eine hypostatische Vorwelthonorierung geraten –, und das besagte Überbietungsmoment nur noch in eine Angelegenheit der Bewußtseinshöhe, des reflektierten Wissens, mentalistisch sozusagen, reduzieren zu müssen. Und die Abendlandwelt ist wieder in Ordnung, immerhin aber bei Schelling nicht ohne grenzwertig gedankliche Bewegtheiten.

Meine Nähe zu Schelling steigert sich im, ihm nicht derart geläufigen, Umstand des Vater-Tochter-Inzests, als allgemeiner Produktionsinbegriff[61)], bezeugt durch das überquellende Register ihrer meistenteils technologischen Begünstigungen.[62)] Die pathognostische Grundthese des projektiv inzestuösen Dingarkanums, vollendet in Waffen, wird man, jedenfalls in solcher Apertur, nicht antreffen, so daß man sich wohl einlassen müßte auf eine historische Grenze der Schellingschen Philosophie überhaupt? Keineswegs aber, unsererseits, ein salto mortale, naheliegend, in die Nichtkonkurrenz von Wissenschaft, nein, unter Wahrung vielmehr, in der Nachfolge diesbetreffend von Schelling wiederum, von Philosophie.

„Wohl möglich, daß in der früheren Verwirrung des Bewußtseyns schon eine ältere Gottheit auch Athene oder Pallas genannt wurde, aber in der letzten Auseinandersetzung wurde dieser Name Zeus geliebtester Tochter vorbehalten, die er hervorbringt, indem er die M e t i s in sich zieht, als innewohnend setzt. Metis wird in der Theogonie die von allen Göttern und Sterblichen am meisten wissende genannt. Metis ist daher offenbar das Bewußtseyn in seiner

---

61 Hype-Thinking. Über Dingdimensionen und Inzestformen. …

62 H. Heinz: Die Erscheinungen der Göttin Athene als Legitimation patriarchaler Rationalität. In: Die Eule. Diskussionsforum für feministische Theorie. Hg. H. Heinz. Nr. 2. … 1979. … 27–95. Teilrepr. in: Dies.: Wunsches Mädchen – Mädchens Wunsch, Rückblick auf die Unmöglichkeit des Feminismus. … 101–111. Nachtrag zu Metis. In: Ebd. 113–115.

Allgemeinheit und nun wieder erlangten Freiheit vom mythologischen Prozeß. Indem aber Zeus es in sich zieht, erhebt er es zum sich selbst w i s s e n d e n Bewußtseyn, zur Athene. Insofern geht Athene eigentlich schon über die Mythologie hinaus. Metis ist das ü b e r dem Ganzen, also auch über Zeus s c h w e b e n d e Bewußtseyn: aber der mythologische Erzeugungstrieb, der sein Werk befestigen und abschließen will, läßt auch dieses gegen die Mythologie freie Bewußtseyn, welches die entstandene unmythologische Welt wieder aufheben könnte, nicht a u ß e r ihr bestehen.“[63)]

Und, wie sagt man?: so schließt sich der Kreis: das Ende, der vermittelte Anfang, personalisiert end-lich Athene gleich anfänglich Persephone, ein Bewußtheits-, ein Reflektiertheitszuwachs der Kore-Funktion, festgemacht an Athenes restlos gewahrter „Jungfräulichkeit“, Persephone, dubios verheiratet und realinzestuös verwendet, überbietend. Rundung, die, passager, zu vergessen scheint, bloß mythologisch, das heißt: in aller Notwendigkeit defizitär, zu bestehen, die wie aus ihrer Zirkularität, mythologiequittierend, ausbrechen könnte, die gesättigt aber, immanent erfüllt, sich ihrem teleologisierten Progreßgenügen reintegriert. Nicht nur daß Schelling sich in seiner Satisfaktion der Mythologie fast zu überschlagen scheint, und deshalb sich ein Zurückmarschmarsch, Mythologie negativiert restituierend, verordnen muß, er scheint auch einen Augenblick zu stoppen, angängig die Kompatibilität von Jungfräulichkeit und erhöhter, als Fortschrittsmotiv verbleibender, Reflektion: „... das im sich-selbst-Wissen gleichwohl (sic!) jungfräuliche Bewußtsein“ – Problemspur, die sich verliert, wohlbegründet durch die Lizenz des offenen Bekenntnisses zur Virginität, wenngleich die apostrophierte „Bewußtheit“ in

---

63 Fr. W. J. Schelling: Philosophie der Mythologie. ... 665–666.

progreß eine dissidente Sprengkraft dessen, was sie intensiviert bewußt macht, aufweisen könnte? Jedenfalls gewahrt man in Schellings Mühen um ein angemessenes Mythenverständnis, immer voll des Respekts für deren einmalige Aufklärungsvalenzen, inklusive der, nimmer invers archaistisch hypostasierter, Vorzeitbeteiligungen daran, bis hin zur Limessichtung dieser exzeptionellen Kulturationen, zuversichtlich auswärts wie, immanent progressivierend, wieder inwärts verweisend zugleich. Feststeht in all diesen klassischen Laborierungen die – bloß, intern, bis an ihre wiedergeglätteten Bruchstellen reichend – dynamisierte Affirmation der „Abendländischen Metaphysik". Stein des Anstoßes unsererseits? Gewiß, doch sollte es unentschieden offen bleiben, ob unsere, insbesondere psychoanalyseverpflichtete, fortgesetzte Dekonstruktion dieser Großstruktur, mitsamt ihrer rettend destruktiven Reifikationen, dieselbe aushöhlt oder, konträr, nur befördert. (Beides vielleicht: protektive Exkavation?). Heißen wir wenigstens in unseren Träumen die Fusion von Athene und Persephone, enigmatisches Kontaminat unseres Existierensfundus, à la Schelling willkommen!

„Athene ist das ganz wiederhergestellte Bewußtseyn, das Urbewußtseyn in seiner ersten Lauterkeit und Jungfräulichkeit ..., sie ist insofern w i e d e r Persephone, aber die nun sich selbst wissende, die i n ihrer Jungfräulichkeit sich selbst wissende, oder umgekehrt das im sich-selbst-Wissen gleichwohl jungfräuliche Bewußtseyn, während Persephone ihr sich-selbst-Wissen durch Verlust ihrer Abgeschiedenheit, ihrer Jungfräulichkeit gebüßt hat. Die letzte weibliche Gestalt der Mythologie ist insofern wieder = der ersten, oder die wiederhergestellte erste. Darin ist sie auch das Erste und Beste des Zeus selbst, die Liebste des Vaters."[64)]

---

64 Fr. W. J. Schelling: Philosophie der Mythologie. ... 666.

Ansonsten, in diesem Kontext, rekurriert Schelling noch auf die olympischen GöttInnen namens Zeus, Poseidon, Hades, Aphrodite, Ares, Hephaistos, Hera, Hermes, Artemis und Dionysos. Entscheidende Akzente: die posterioren Personifikationen, Verwandlungen der „formellen“ in „materielle“ Gestalten, von Prinzipien in erhaben Handelnde; nicht indessen in Reinkultur, der oftmals wiederverwischten Konturen, und, insbesondere, der die Prähistorie einbeziehenden Hybriditäten wegen.

Ergänzende Zuträglichkeiten für die eigene Kulturgenealogie? Ja, zum Beispiel, die Mutation von Seinsprinzipien in göttliche Personen, jedoch bar des Schwundaufgangs jener in diesen, umwillen dieser essentiellen Entzugsmaßgabe innerhalb des ja in dieser Metamorphose statuierten menschlichen Gesichts der „materiellen“ Götter, reif für das mythische Opferverhältnis der Sterblichen zu diesen. Gewahrtes Relikt der Unverfügbarkeit, aber als Auftrag seiner eschatologisch gestreckten Liquidation, und deshalb, von Anfang an, bei Schelling, mehr als dubios, eh ja unter das generelle Verdikt der mythologietypischen Defizienz fallend. Was indessen nutzt es schon, das ganze, nach unseren Optionen historisch unbegrenzte Mythologieunternehmen zum Teufel zu jagen, wo es doch, unabänderlich, aus jeglicher Dingkaskade ringsum uns entgegengrinst, und das noch nicht einmal zu unserem exklusiven Schaden? Zurück demnach zu der Schellingschen Devotion, die einzudüstern ich nicht umhinkonnte? Desgleichen, weiterhin, bleibt auch in Schellings Legitimation der Vorzeit, ihrer olympisch assimilierten Persistenz, nicht aus. Denn erfährt sie so nicht, hinterrücks, ihren endgültigen Todesstoß? Sicherlich, ihre inverse Ursprünglichkeitsinthronisation, faschistoid lebensphilosophisches Vorspiel, zumal ist haltlos, wie alle solche metaphysischen Deklarationen – hierin bin ich mit Schelling konform. Aber die mörderische Substanz, ständig verweisend auf das Geschlechterverhältnis, der redemptorischen Kulturgeburt scheint ebenso epikalyptisch gemacht wie die Legion der subjektiven wie objektiven Pathologien, die aus der kulturell sanktioniert gebrochenen ambige oppositionsdurchsetzten Ehrung der Vorgeschichte resultieren – so der, oftmals als subjektive Kontingenz mißverstandene, Systemort meiner Schwerpunktsetzung auf Krankheit.

Gleichwohl, ja gleichwohl gehört eben Schelling, unerreicht, zentral, zu den pathognostischen Ahnherrn, in seiner transmoralisch genealogischen Denkungsart, vor Zeiten, damals noch weniger obsolet, glücklich vermittelt durch meinen einzigen Philosophielehrer Joachim Kopper. Da ich nun kein Historiste sein kann, mußte ich mich nahezu dem Zwang anheim geben, die, wiederum historisch relativierbare (nach welchem Kriterium?), Überholbarkeit Schellings, nicht gerade, mental, zu Gunsten des gewaltverseuchten Fortbestands der „Abendländischen Metaphysik“ in seinen epochal medialen Mystifikationen, zu skizzieren. Dankbar und in wehem Bewußtsein multiplen, vielleicht aber philosophiegemäßen, Stückwerks, verlasse ich, nachlesebedürftig, diesen ebenso beglückenden wie ängstigenden Exkurs.

apud inferos

Weshalb soll es mir anders ergehen als meinen temporär weitentfernten griechischen Vorfahren im Geiste, nämlich dem permanent allpräsenten Totengott nicht ins Gesicht, in die Augen sehen zu dürfen? Sein „sehrender Blick“ würde mich ja töten, und, gnädigerweise – nein, rein nur für sich selbst – sorgte er von sich aus schon dafür, ikonographisch gar (welche „Rücksicht auf Darstellbarkeit“!), nicht angeblickt werden zu können, indem er seinen Kopf ganz nach hinten, um 180 Grad, verdrehte. Todesgemäßer Dorsalismus, perenner Sichtentzug, widerlegender Konkretismus seiner Unsichtbarkeit, eben in ihrer widersprüchlichen Signifikation und ipse Verbildlichung aufdringlich prononciert. Verlustiger Todeshauch, der sich über alle diese extremen Signifikantenmühen legt, der wie transgöttliche Herr der Unterwelt, unser stolzes verselbstverständlichtes Bezeichnungsgebaren kassierend, läßt grüßen, um nicht weiter über die weiteren Schandbarkeiten des Hinte(r)n handeln zu müssen. Vielleicht aber spielt der reserviert würdige Totengott in die Figur des späteren offenherzigen Teufels hinüber, sich konstitutiv zugesellend unserer indignaten Intellektualität?

Fortsetzung auch der Hintengnosis in Hades' Wachhund Kerberos, dem dreiköpfigen, giftgeifernden, schlangenbeschwanzten, averse – Göttlichkeitsstempel – schlangenköpfigen: animales Triptychon. Es mag den Anschein haben, daß die Seitenflügelköpfe, wie auch zum Fliegen gedacht?, alles kryptische Hinten ausblendeten – umso penetranter freilich dann – „Ästhetik des Häßlichen" – die schäbige Rückseite. Bei Willfährigkeit der andrängenden Schatten der Verstorbenen klappte er mit den lateralen Köpfeflügeln das Mittengesicht zu einer Sichtblende zu – freie Fahrt ins, im Revers avisierte, Nichts der Todesvollendung. Wer aber, törichterweise, in die Oberwelt zu flüchten versuchte, den fraß er, vor aller weiteren Schattentraktierung – Schattenfresser – auf. Guten Appetit!

Aber nur „sekundärprozessuelle" Sturheit mißbilligt solche Surrealitäten, inklusive der mythographischen Tradition, sollte man meinen, die gesamte Exkrementalsphäre, der widergöttlichen Differenzmonierung wegen, außeracht zu lassen? Willkommen dagegen alle traum- und symptomanalogen Irrationalitäten, das deren Eigenratio nicht entratende Großreich des Imaginären, als dessen, dieser meiner Heimischkeit, psychoanalyseprovenienter mythenenthusiasmierter Apologet ich mich, bis Hades mich, selbstunerfahrbar endgültig, unterbricht – Enddifferenz, die selbst, für mich, keine sein kann, bloß als meine Leiche die Anderen daran erinnert – zu exponieren vorhabe.

Hades' „Unsichtbarkeit“ – meines Wissens genügt es nicht, sie im besagten Dorsalismus, Relikt anmaßender Repräsentation des repräsentativ Sichentziehenden, sichtliche Todestriebreliquie, begreiflich zu machen; Todesdignität, die dagegen gebieten mag, die Invisibilität auf ihre abbrechende Spitze zu treiben, Anleihen machend beim „Ödipus auf Kolonos“, dieser seiner, ratzeputze, Leichen- und Grabprivation, Unmöglichkeit, die aber schwindet in Anbetracht der gewundenen Einsicht in den Konkretismus des inneren Wahrnehmungsnichts der Leiche selbst. Leerer Todesausfall, der sich immer noch anmaßend, selbstdarstellt in der frustranen Suche nach der Leiche und dem Grab des Verstorbenen. Letzte Desperation, die Hades seinen Sterblichen auferlegt: die Empirie der absoluten Existierensgrenze in der Leichenmimetik der sich über alles Sein ausbreitenden unfaßbaren Nichtsatmosphäre. Wir, die wahrhaft Sterblichen, der wir in unseren kulturierenden Sepulkralitäten vergeblich zu verhindern suchen müssen, daß selbst noch die Kadaver und die Grabmale, einzig todesgerecht, verschwinden. Hilfloser Aufenthalt dieses existentialen Ultimums die anonymen Bestattungsgepflogenheiten, und alle Wege dieser essentiellen Limitationen führen in den – christkatholisch sublim aufbewahrten – Kannibalismus, Bestattung schlechthin, Leichenschmaus realiter, spätödipaler Schwund, wie gehabt, todesalienisierender Alteritätssuspens, intersubjektiv selbstapotheotisches Anundfürsich. Wo aber bleibt dann der Materiefraß, die psychotische „Arschmahlzeit der Dinge"? Allemal Vorausgang derselben, der reifizierten Berge der fleischlichen Anthropophagie. Der Gipfel alldessen aber, die allererst erfüllte Göttlichkeit: Autophagie – ich fresse mich selbst als meine Leiche auf, nachdem ich zuvor die dejektiven Rückstände dieses Mahls inkorporiert und, wieder als folienmäßige Dinglichkeit, exkrementiert hatte. Ja, es erfordert ein Unmaß an Zeit wie an mentaler Unerschrockenheit, um die Untiefen der „Abendländischen Metaphysik" mittels Mythenaufschlüsse, mit etwas zeitgemäß tropologischer Nachhilfe, zu proferrieren.

Anrufung des Hades, überhaupt seine Namensnennung, nicht zwar ist sie verboten, es wird aber dringend davon abgeraten. Weshalb? Alle Signifikation kommt vom Odium des obsekrativen Herbeizitierens nimmer los – „Die Geister, die ich rief ...". Im Bodensatz aller Bezeichnung, der fixierenderen Beschriftung zumal, restiert ein paranoisches Element, durchweg neutralisiert zu normalem intersubjektivem Umgang, freilich unliebsam hervortretend im Falle der verwegen signifikativen Todesbannung. Kommt der allzeit auflauernde Tod ins Spiel, so erfährt das herrschaftliche Signifikantenwesen seine wesentliche Bornierung – Worte, Schriften, die ohmächtig zu zittern beginnen, sich am (Un)-ende ihres Allgenügens effundieren, sich, gerechter Tod des „Todestriebs", schwärzen/verlichten. Invokation auch Lacans – was wäre unser ganzes Signifikantengedönse, zugegeben: in seiner Unverzichtbarkeit auf Leben und Tod, ohne diese seine nichtende Finalisierung, selbstverständlich: immer noch ein obtestativer Akt, der sich selbst liquidiert, immanente Hominitätserfüllung, bar des Auswegs. Wiederum ein

Exempel, via Mythentropologien, die offiziellen Adaptiven, existential schützend, zu überbieten. (Für wen gedacht, und wozu?)

Nochmals: die Konkretismen der Unsichtbarkeit und der Unnennung des Hades – die Jahwe ähnliche abgängige Rückenansicht, das betreffende Schweigepostulat, die umfassende Komplettierung des radikalen Vorstellungsentzugs – verstellen freilich, in ihrer quasi-Didaktik, die schlechthin unnennbar in sich abgestoßen verunmöglichend genannte Arepräsentativität des Todes – der nicht kleinzukriegende „Todestrieb“ – in der unterstellten Leicheninnensicht, die sich sozusagen im Hohn der Leiche als Pseudokompensation dieser unaufhebbaren Sperre verliert, um aber als toxisches Fluidum aller sodann defizitären Seinshabe allzuexpandieren. Tod, der uns, mitten im Leben, trotz allunserer Dispositionspassionen, die die Welt mit Waffen nur so überhäuft (womit sonst?), fortwährend einholt. Ob es jemals eine Abkehr davon geben könnte?

Müßte man nicht die Unerträglichkeit suspizieren, den Tod mindest nicht einmal und passager außerkraftgesetzt zu spüren, oder aber diese seine minimale Aussetzung wenigstens nicht zu phantasieren? Die unablässig monumentalen Erostodestriebwerke seiner vergönnten Differierung stehen ja, in ihren Abendlandstreuungen, militaristisch außer jedem Zweifel, und wäre es, daraufhin, beinahe nicht wie eine Gnade, ein flüchtiges nunc stans an Vitalität, Erosmora, eine kurze, im Vorübergang, sich zu konzedieren? Jedenfalls ergeht es mir jedesmal so, um solche Besinnungslosigkeit nahezu bittend, wenn ich, innerhalb des hiesigen Universitätsklinikums, die ausladenden Lokalitäten der operativen Medizindisziplinen passiere. Schwindelig wird es mir im gedrängten Bedenken des erpreßt hyperaktiven, von mir ja auch, widerhypokritisch, genutzten Aberwitzes dieser Todestriebmaterialität, nebst seinen intersubjektiven Gegebenheiten. Und nicht von ungefähr kommt, angesichts dieser Grandiosa, diesem festgezurrten Desperado nicht die gar auf dem Olymp therapierte Verletzung (!) des Hades, im Kampf mit Herakles um die Entführung des Kerberos, in die Quere? Die womöglich unsichere Quellenlage dazu macht mich nicht irre – wenn irgend geäußert, so gehört der Casus, vordringlich, in mein kulturgenealogisches Repertoire; Probleme der Mythographen sind ja, philosophisch, nicht die meinen. Ein skandalöser Widerspruch, so als vermöchte der Tod, der Tod selbst als solcher, wenngleich reparierbar, schier wie ein Mensch – lächerliche Vulnerabilität! – lädiert zu werden. Ein Schlag ins Gesicht auch des „Todestriebs", des Todesusurpators, der gleichwelche Todesschwäche nicht dulden kann. Also sollte man zur Tagesordnung übergehen, da der Mythos sich hierbei eben irrte? Nein, ich supponiere eine felix culpa, halte an einer aufschlußreichen Botschaft in diesem Widerspruch fest. Dabei fällt mir oftmals Rilkes anrührendste Vermenschlichung des Todes ein: „Der Tod ist groß. Wir sind die Seinen lachenden Munds. Wenn wir uns mitten im Leben meinen, wagt er zu weinen mitten in uns." Allein, je stärker der Sog in Eros hinein, als des Thanatos' Widerparts, umso rigoroser rekorrigiert sich dieser fatale Wunschtraum, und löscht alle Erinnerung an des Hades' angstermäßigende Verletzung, mitsamt seiner einmaligen Tränen anläßlich Orpheus' Gesangs apud inferos, aus; und alle Irrtumslizenz, womöglich für alle Zeiten, dahin.

Hades, vorzeitlastig, Sohn des Kronos und der Rhea, wiederum eine geschwisterinzestuöse Angelegenheit, die, nach unserem Spätverständnis, am ehesten, als endogamer Grenzwert, sippenkonstitutiv, dem Besitzzusammenhalt dient. Wie seine GöttergenossInnen kam später er mit einen blauen Auge davon, dank Mutter Rhea, im Verein mit Metis, denn Kronos pflegte seine Kinder – seine?, die ihm durch das Eheverhältnis bloß zugesprochenen – gleich nach ihrer Geburt aufzufressen. Nachkommenkannibalismus, behauptete Apriorität der „reißenden Zeit", das allantezipierte temporale Zwischendurchende(nicht Ende). Nur daß sich Kronos, gründlich, jedoch progressionsförderlich, irrte, er kommt mit seinem nichtenden Zeiteinspruch, nachträglich kurzschlüssig destruktive Zeitigung, viel zu spät, Rheas Kinder, und überhaupt Alles und Jegliches, hätte garnicht geboren werden dürfen, wenn er, diesbetreffend, der reine Kronos, allherrschender Zeittitan, gewesen sein würde. Zeit, also schon vor der, vor seiner seinserhaltend abträglichen Zeitdominanz, und eben nicht die schlechthinnige Einbehaltung, irrigtriumphal das Nichts, Zeit, in den universellen Tod widersprüchlich eingehend, leer ausgehende Allmacht, der die Nahrung ausgegangen ist. So weit mag man mitgehen, daß Kronos dem Tod, ungeachtet selbst des Todes Angewiesenheit auf Lebensopfer, nicht eben zu seinem Vorteil, selbstwidersprüchlich, nachläuft, um sodann, im Scheine seiner Einholung, den Widerspruch nachträglicher Nachkommenstilgung – Kinder, die nicht hätten vorhanden sein dürfen –, fixiert auf die Einbringung der Vorgabeunmöglichkeit von Seinstranszendenz, tätigt. Welch, im Mythos eingebracht, amente Kontention des immer symptomatisch fertilen Hintergriffs der Todesdisposition, und einzig dies Scheitern seinsträchtig.

Eklatant des Kronos große Nöte, Zeit zu beherrschen als ursprünglichen Zeitdispens. Widerspruch auf Widerspruch, fürs erste im Ansinnen, sich, herrschaftlich gründend, hinter die Zeit zu platzieren, danach dann, nachdem das Kind in den Brunnen gefallen, Zeitzeugen, buchstäblich, schon, kontradiktorisch, existieren, durch deren Einverleibung, dem Verschwinden von der Bildfläche, den temporalen Gründungshintersinn, nicht weniger abgeleitet widersprüchlich, zu restituieren. Armer bemitleidenswürdiger Kronos! – vorzeitgerecht, kommt er sich selbst, so überzogen zeitverfügend au fond, abhanden. Und büßt gar elendiglich dafür (Vorsicht! Gleiches mit Gleichem, Kastration, an ihm vollzogen), umwillen eines Zeitkonzepts, das seine olympische Ablösungsbrut zu inaugurieren übernimmt, als verzichtbares Zeitbelassen, zentriert um seinen Hadessproß?

Zuvor noch eine wesentliche Auszweigung der mythengemäß gattungsnezessitären Kronosmiseren: zur Insekurität der Vaterschaft. Kronos – so die treffliche Eingabe von HH – löst dieses perenne Problem, indem er die Nachkommen sich ultimativ zueigenmacht: sie kurzerhand verschlingt. Auch hierbei täuschte Kronos sich, ausersehen für solchen Fehl. Nicht nur daß er die in seinem Körperinneren wundersam heilgebliebenen verwahrten Kinder – dank Rheas und Metis' List – unfreiwillig wiederhergeben mußte – und so progrediert der Kulturprozeß –, selbst wenn er die also eingesperrten Deszendanten bei sich behalten hätte, er wäre wohl an dieser Retention, der Über-tragung, krepiert – Lohn der bösen Tat für den ebenso vermenschlichten Titanen. Vaterschaftsnachweis – ade! Gelungen wäre er nur, indem alle die inkorporierten Kinder in sein Fleisch assimiliert würden, aber um den Preis derart der Liquidation der Vaterschaft. So kann es demnach nicht weitergehen.

Mythologisch offensichtlich, obliegt der vorgeschichtlichen Frau, wider dieses, immer bloß um die Ecke herum kulturzuträgliches, Mannsrasen, die direkte Wahrung der Generationssexualität. Nicht von ungefähr – Männer (außer Seepferdchen) können ja nicht schwanger werden –, denn die Mutterschaft ist empirisch gewiß, die Gravidität, danach die Laktation etc., Verschränkung von Mutter und Kind sondersgleichen, macht den Beweis. Wie naturwüchsige weibliche Sagesse, die den törichten Männern Paroli bietet – Rhea voran! –, wenn sie, so wie, privilegierend, Zeus und wahrscheinlich auch Poseidon, zusammen mit Metis, zur notorischen List greift, den kommenden Olympiern zu einer Art zweiter Geburt verhilft, und also der Kinderfresser, zum hyperveganen Steinfresser avanciert – Hohn, Häme und Spott des weiblichen Duos –, vor lauter Lächerlichkeit verkommt; längst reif für den endgültigen Todesstoß, seine Entmannung und Exilierung in den Tartaros vom, zum Geschichtsherrscher erkorenen, Sohn Zeus.

Die Ödipalisierung dieses prähistorischen Vater-Sohn-Konflikts müßte sich einige, psychoanalytisch wohl kaum berücksichtigte, Supplementierungen gefallen lassen: so des Kronos Vaterschaftswirren, und, rahmenmäßig, des Vaters genitale Verstümmelung und Tartaroskasernierung, als basales Movens der Kulturation? Nun aber gilt ja die These, daß alldiese Vorzeitgreuel, wenngleich olympisch bereits transfiguriert, ohn Unterlaß, bis derzeit, fortbestehen. Ob das zutrifft? Ja, man sehe sich um, die Beweise dafür liegen auf der Straße, überflüssig, Aufhebens darum zu machen.

Hades, olympisch avanciert, obliegt es, die Zeitverhältnisse, geschichtszeitgemäß, für alle Zeiten, zu richten. Überfordernde Obligation, dann nur ermäßigt, wenn alle Prähistorie eine Legitimationserfindung ihres folgenden Widerparts an rationaler Kultur, und eben keine faktische Entität, ausmachte. Zusammengefaßt: einsteht Hades, im Verein mit seinen, zum größten Teil von Kronos ausgespienen, Göttergeschwistern, für die Deklaration der Differenz, die Lebens-Todesdifferenz, letaler Einschnitt schlechthin in den Strom vitalen Fortbestehens, annihilisierende Fundamentaldiskretion im währenden Seinskontinuum, und insofern der mächtigste aller Götter, wenn nicht, der wohl unvermeidlichen Todesepikalypse wegen, Zeus ihm, überweltlich, den Rang abliefe. Höchste Rationalitätsleistung, so muß es fürs erste scheinen: die Etablierung der Sterblichen, das Todesfinale allen Lebens, dessen Negativtelos, essentiell zeitigend sodann, also, todesstigmatisiert, freisetzend insgesamt Welt, nicht zuletzt darin, leichenhörig sozusagen, negotiale martiale Dinglichkeit, des „Todestriebs" höchsten Besitzstand, offizielle Arkandisziplin, weltweit, der unbezwingbaren Zeit.

Unbezwingbar? Ja, wider alle hadesischen Dispositionsgerüchte. Denn das kriteriale Todeswerk der verdinglichten Lebensmotivation entzieht sich jeglicher Selbsterfahrung, konterkariert, am Grunde, apriori, die todesgemäße Finalitätsbehauptung, und beläßt dem überlebenden Anderen den Leichenschatten der allgeschwundenen Differenz des Todeseinschnitts, der Nichtungsdiskretion. Welcher Kollaps anmuten mag wie die deplatzierte Persistenz der Kronosarchaik, inmitten der in ihrem Gelingen vorsorglich scheiternden „Abendländischen Metaphysik", ein einziges existentiales Dispositionsversagen in allseiner apokalyptisch waffenstrotzenden Verfügungsmächtigkeit.

Insbesondere zeit- und todesreferent, rückstuft sich die rationalitätsentscheidende Differenz zur „absoluten Undifferenz". „Absolut" = vor- und rücksichtslos in sich hineinkriechend (der Gott im notwendigen totalen Rückzug); und „Undifferenz" – alles Nachfassen verhallt im Leeren, Todeszäsur, die sich jeglicher Erfahrung, selbst für die leichenkaprizierten Außenstehenden – des Kadavers „es war einmal" – ademtiert. Entsprechend die „sich selbst widerlegende Indifferenz". Nicht nur daß die ja zur „absoluten Undifferenz" gebeutelte „Differenz" die „Indifferenz" refutieren machte, aus sich selbst schon, sujetgemäß, verliert sie sich in mieser haltloser Unendlichkeit, der „schlechten". Also der nutzlos korrekte Underground der hypostatisch oberweltlichen Gewaltgeschäfte, umso martialischer sich sättigend, je näher unsere Rüstungs- und Kriegsfortschritte an dieses Souterrain heranrücken. Was, unstellbar zwar, ganz anders sein könnte, degeneriert so zum Hauptmovens der ubiquitären Indifferenz-Differenz-Dialektik, wie selbstverständliches Eschaton vor der Haustür, das längst schon seine Dekadenz, Rache seiner verdrückten Genealogie, avisierte, gleichwohl, blind und taub, global persistiert. Hoffnungsloser Fall, ob des Immanenzverbleibens aller Opposition, meistenfalls ja subvertiert zu Konservierungsgründen des Opponierten.[65)]

Dankbare Sukzession Schellings, des unbeeinträchtigten Respekts der fast schon unwahrscheinlichen Aufklärungsleistung der Mythologie, Thesaurus nachgerade kulturgenealogischer Observanz, weitestgehend immer noch unaufgeschlossen, rationalitätsdebil einfach liegengelassen, keineswegs zur Strecke gebracht. Wie diese Extraordinarität möglich wurde? Anscheinend ist es mir vergönnt – wodurch? –, mich in ausgewählte mythische Bestände – freilich nicht ohne Mithilfe moderner Explanationsinstrumentarien – derart einzuleben, daß, wie immer auch tiefenre-

---

[65] Mehr als vorläufig ausgeführt in: Sich selbst widerlegende Indifferenz der absoluten Undifferenz. In: Pathognostische Interventionen III. Soliloquien in Sequenz. Essen. Die Blaue Eule. 2016. Genealogica Bd. 56. Hg. R. Heinz. 89–94.

stringiert und weiterhin ausdehnbar, einige Mythenstoffe, beinahe hominisationsgnostisch, zu sprechen beginnen, meinerseits fernab subjektiver Regie („Das also war es/das also bin ich“, schulterklopfend), am ehesten ängstigend vielmehr, so als nehme sich der reüssierende Text wie der Bote des bevorstehenden Todes aus.

Womit ich wieder bei Hades, von dem ich nicht loskomme, angekommen wäre, für mich, hauptsächlich, als dem Austrag des im Sterben scheiternd von mir weg sich rekreierenden „Todestriebs“. Bleibt nunmehr noch der – zur mythologieflankierten Apparention anstehende – Sterbensprozeß selbst, Sterbensforschung avant la lettre, ein großer Posten. Vorab machen, methodologisch auf Verifikation hin, die, folgend, der einschlägigen Mythologie entnommen sterbenspotentiellen Phänomene, Schwierigkeiten. Hier verdanken sie sich hypothetischen Suppositionen, mit dem Desiderat behaftet, die – wie immer auch einzuschätzenden – Resultate der empirischen Sterbeforschung, später vielleicht einmal nachzuholen, unberücksichtigt zu belassen. Auf die zentrale Voraussetzung meines Vorgehens wird man sich mit dieser, meinem Widerpart, einigen können: nämlich daß dem Ablebensprozeß eine ebenso cogitionale wie – quo-modo dann dazu positioniert? – extensionale Repräsentation eignet, allerdings, angängig die betreffende „res cogitans“, meine Domäne, im Vergleich zum Traum dagegen, monadologisch absentierend, klausuriert, alle Intersubjektivität voraufkündigend, und mich, den Eindringling in diese Repräsentationsintimität, vereinsamend zu unausgewiesenen/unaufweisbaren Unterstellungen, die selbst ja schon der dafür in Frage kommenden Mythologie, meinem zünftigen Vademecum, zukommen.

Eröffnungstopos des Exitus: Hermes psychopompos, die Eskorte des akut Moribunden in sein künftiges Unterweltdomizil. Immerhin – ein göttliches Mandat, und man mag nachzuspüren geneigt sein, daß es, zu einem solchen traumatisierenden Itinerarium – wohin es führt? –, eines besonderen Beistands bedarf. Allein, weshalb sollte man Gott Hermes (buchstäblich) über den Weg trauen? Er, tückisch, weiß ja genau, wohin er den Sterbenden führt: im Durchschnitt nicht eben in einen erquicklichen Ort. Was er seinen Anvertrauten vorenthält, ja, mehr noch, wer weiß, ob er nicht der Stiefschwester Hebes Drogierungskünste reklamiert, diese Art der Euthanasie, die erosverpflichtete letzte Täuschung. Was dagegen einzuwenden wäre? Mitgefühl doch den geplagten Sterblichen gegenüber, ja, wenngleich um den Preis des göttlich legitimierten Betrugs?

Nicht zu vergessen: die „Hebe in mir", die Eigeneuthanasie des menschlichen Körpers, der äußeren Nachhilfe – wie weitgehend? – unbedürftig, grate den „Endomorphinen". Die meisten Ärzte der höheren Stände, die ich kennenlernte, hielten nicht viel von verordneter Schmerztoleranz, gaben sich hier nahezu idiosynkratisch. Gleichwohl sollten Examinierungen dazu nicht ausbleiben, ab wann der Preis rabiater Schmerzbekämpfung, ob deren Gedächtnisverlustes, überhaupt der Kognitionseinbußen dabei, zu hoch gerät. Man möge, fernab jeglichen sentimentalen – womöglich (siehe den frühen Sloterdijk) ostasiatisch gefärbten – Heroismus', immer bei Bewußtsein halten, daß Schmerzen ja Anmaßungsmonita, als solche Besinnungssignale, ausmachen können.

Wie es die Mythologie damit hält, bezeugt, verläßlich, deren Realismus sozusagen. Mensch wird, göttlich geleitet, nicht, offenlegungspathetisch, im Stich gelassen auf dieser seiner nur vorgestellt letzten deszendenten Route – ~~wohin?~~; Thanatos erlaubt seinem ergebenen Diener Eros, dem Gleiß/sner, die manische Wegzehrung Droge, das Gnadenbrot zynischen Mitgefühls. Reliabilität der Mythologie in summa: sie stipuliert die Notwendigkeit der Götter, als progressionsverpflichtet essentiell kulturale Ausständigkeit, welche fromme Divinitätsentrückung einen fortschreitenden Zuwachs, wie paradoxerweise, an Vermenschlichung der Götter, schwindendes Jenseits derselben je im Entzug, nachsichzieht.

A part: zunehmend interessiert mich die de facto Mythengläubigkeit, verweisend auf die vielfältigen Kulte. Ob sie wohl auch, repressiv, erzwungen wurde? – frage ich mich, als gebranntes Kind einer, mythologisch eher dürftigen, christkatholischen Sozialisation. Gleichwie nun, das gesamte gesellschaftliche Leben der griechischen Antike scheint abundant von solcher Religiösität durchdrungen, vordringlich philosophisch aber mit (mehr als) Skepsis bedacht, und mytholographisch dem „Flug der Eule der Minerva“, abschiednehmend, erbötig – polygenerisch in sich bewegte suspensive Gemengelage.

Nachfrage, grave, von HH: Weshalb das Repräsentationsbegehren selbst im Sterben keine Ruhe gebe, ließe es den Sterbenden nicht, verdientermaßen doch, in Frieden? Antwort: So des „Todestriebs“, zugleich des „Eros“ Ultimum, unserer einzigen Seinshabe, bis ganz zuletzt nicht von sich abzulassen, den Tod auf Biegen und Brechen aufzuschieben, ungeachtet des Dauerirrtums, das Todesende erfahren zu können, so als gäbe es, trotzdem, eine Spur von Hoffnung weiterzuleben – welcher Trug! Verständlich demnach die Aversion dieser minimalvitalen Restinsistenz gegenüber, wer jedoch wollte denjenigen schelten, der sich, desperat, geblichvergeblich, daran klammert? Aporetik gefällig, wie so oft?

Weitere strukturale Sterbenscharaktere, bevor es ins Detail der obituren Differenzierungen gehen kann, unfrei nach Matthias Claudius: „... und er kömmt nimmer wieder“, der sich zu seinen Vätern – Vätern! – niederlegende Verstorbene. Sehr streng die Mythe diesbetreffend: wer, sterbend, versucht umzukehren, wird, zur Strafe, von Kerberos einfach aufgefressen. So der reinste Einbahnstraßenrigorismus, verdichtet zuletzt, bar des Zuletzt für den Sterbenden selbst, die außenfinale Fahrt ins „schwarze Loch“ des Todes, eingeholt so der bewußtlose Anfang, fraktalisiert in jedem Augenaufschlag des Erwachens.

Nun aber breitet sich, so will es scheinen, die temporale Irreversibilität über den gesamten menschlichen Existenzprozeß aus, Nonstop des Zeitverstreichens, unsistierbar die „reißende Zeit“. Stimmt das? Einspruch aller Inversionen doch? Selbst wenn die Zeit an ihnen nicht auch, korrumpierend, nagte, zumal in ihrer körpertranszendenten Mora erweist sie sich, paradoxerweise, als zeitlicher Beschleunigungsfaktor gar. Überhaupt entraten Reversibilitätsphänomene, spatiale Täuschungen – sie gibt es ja – des Kontraparts ihres schlechthin unabdingbaren Gegenteils, recht besehen, entpuppen sie sich nämlich als Witz, Joke vergeblicher Hintendisposition. Nichts zu machen – die scheinkonträre Reversibilität reduziert sich zu einer böse erheiternden Immanenzirritation der ontologisch allbeherrschenden Irreversibilität.

Und immer nochmals: Wohin die unwiderlegbare Todesfahrt – Todesfahrt? – führt? In die ganze Schmach eines selbstunerfahrbaren Endes, außenvor den Anderen anheimgegeben die Hinterlassenschaft, selbstabsent, Leiche. Weshalb sie, Ganzexkrement, stinkt? Gestank, das sind „Schuldausdünstungen“, penetrant konzentriert auf das öffentliche Endprodukt der Untat der Nutrition, die ja, widerletalinzestuös, differenzanmahnende Exkremente, mißachtet höchstgeschätzte Überlebenshorte, allzeit, rettend, auf dem Sprung ihrer kulturkonstitutiven Reifikation sodann. Nämliches gilt, umfassend, für die Leiche, perennes Dokument des Differenzmonitums überhaupt, wider die Gottesaberration der Indifferenz, die Grundverfehlung des en soi – pour soi. Kadaver, das abgenötigte Opfer an den widergöttlichen Erhalt der Gattung. Leiche, die exklusive Ansehlichkeit des Todes, als ewiges Differenzindiz die Allvoraussetzung allen Lebens, nur daß sich in den vollen Erhalt dieser – nur letal verzichtbaren – Funktion deren Kontrarium einbildet, wie ich das gerne heiße: „die absolute Undifferenz in der sich selbst widerlegenden Indifferenz“, die quasi initiale Schlußklausel menschlicher Existentialität, dieses möglichunmögliche todestriebliche Totalscheitern an der generellen Todestriebadresse, dem sich peremptorisch entziehenden ~~Tod~~. Das hat man nun davon: von diesem erosermöglichend thanatologischen Leichenakzent – repräsentative Seinsermächtigung einzig dergestalt, die, sich konservierend, in sich zugleich kollabiert. Tod, hier ist Dein eingehüllt absoluter Sieg, Dein Stachel für alle Zeiten. So befinden wir uns auch auf Derridas Spuren, kurzum nach M. Wetzel:

„Für Derrida ist der Tod in seiner aporetischen Gestalt die Grenze jeder Aneignung des Selbst als Eigentlichkeit.“[66)]

---

[66] M. Wetzel: Derrida. … 43.

Dies wider Heidegger, seiner gleichwohl Befangenheit in der „Abendländischen Metaphysik". Gleichwohl auch – wohin wir mit diesem großen Kontrapunkt dazu geraten? Immerzu in die besagte, die nämliche Aporie?

Zurück zur Irreversibilität des Weltenlaufs. Inbegrifflich deren basale Konterkarierung die Memorialität, Gedächtnis/Reminiszenzvermögen – die Geburt des „Imaginären" als Substitut realer Umkehrbarkeit. Ausnehmende Konsolidierung dieses assekuranten Realitätssurrogats – seine pathologischen Privationen, an erster Stelle Demenz, prononcieren seine schiere Notwendigkeit – zu seiner Sublimation zur platonischen „Idee", dem allhehresten Trug bewußtlosbewußter Todesverleugnung, nichtendenendend in der endgültig verlöschenden Arepräsentativität des verleugneten Todes. Kann diesem unmäßigen Anamnestiküberschwang jemals der Garaus gemacht werden? Und wenn, zu welchem Zweck? Nach dem Durchstrich seiner Noumenalisierung verbliebe ja immerhin noch seine substitutionelle Unverzichtbarkeit. Todesmetaphorik, vielleicht, das „schwarze Loch" (endlich, szientifisch erlösend, gesichtet): apokalyptisches Destruktionswesen der Indifferenz, ersatzweise differenzstatuierend dann das sich selbst wiederum zerstörende absolute Vollgedächtnis. Unübertrefflich so der Begriff unseres Gottes, vollendet in seinem Suizid, nein, dem Tod desselben, und „der Rest ist Schweigen".

Unaufhörlich das Indifferenz-, das Inzestbegehren, unbeschadetbeschadet des physiologisch erzwungenen Differenz-, Inzesttabumonitums, retrospektiv, der Exkremente, sowie, erstletztlich, der Leiche. Freilich erfordert die betreffende prospektiv wiederum inzestuöse Kopro- und Nekrophagie, der Kannibalismus, ihren rettenden Resteaustritt, die Dinggeburt der ResteResteReste infinit gebündeltes Ineins von

„Verschiebung/Metonymie“ und „Verdichtung/Metapher“, und abermalsabermals dem Inzesteprogreß des „Dingefraßes“ ausgesetzt, dem objektiven Waffenpendant der Nutrimentation aller Dinge, erfüllt in der Ausweiche der besagten Inversion der „Arschmahlzeit“, und dergestalt wiederangelangt am Beginn der ordentlichen Dingeverspeisung, inklusive ihrer exkrementalen Reliquenz, und so, wie gehabt, dinggenealogisch, fort. Pointe – welche skandalös astronomische Entfernung von unserer normalen Dingverwendung, der Gebräuchlichkeit von Dingen/Waren/Waffen, Kulturkriterien Dinge, resultierend aus dem sich steigernden Zusammenspiel der Indifferenz-Differenzdialektik, je von fortgesetzter Inzestuösität und deren Tabublockade, bis, akut eschatologisch, zu dem hin, was sie, eo ipso dekadent, aufbringen: penetrant Paraden der trotzdem, trotz der Waffen, unerläßlichen Sterblichkeit.

Fragt sich noch, ob die memorial gipfelnde Einlagerung von Reversibilitäten in den bruchlos kontinuierenden Strom der allmächtigen Irreversibilität sich deren festgelegt apriorischem Erosreglement, einer eh kassierten Konträrkonzession, verschuldet, oder gar wie ein Gegenprinzip zum essentiell zielbaren Zeitrasen vorwärts fungieren könnte? Verfänglich zwar alle erosveranlaßte Zeitnahme, der Spielraum (wohlgemerkt: Raum) scheinreversibler Freiheit, es bleibt aber, nihilominus, dabei: die suggestiv erhabene Memorialitätsleistung – in Derridaschen Bahnen medial schriftbestimmt – ist, unabdinglich imaginaritätsdeterminiert, gleichgeltend für die, dafür unbehilflichen Dinge: haltlose Haltepunkte, schwindende Stationen, Herme bloß, der irrigen Reversibilitätsbegier – ja, „Dinge sind sterblich wie Leute“ (Kittler/Kamper), in ihrer niedergänglich suizidalen Souveränität, der Überlebens-unverzichtbaren.

Selbstverständlich bedürfen alldiese dinggeburtlichen Abbreviaturen der gebührenden Distraktion, die, hier auszuführen, allzuweit von der zentralen Intention des kulturgenealogischen Mythenaufschlusses weggeriete. Auch die Wechselschicksale des imaginären Gedächtnissurrogats kämen dabei zur Sprache, bis hin zum Debilismus der aktuellen Medienkonjunktur, die als die Epoche des „Heiligen Geistes" auszuzeichnen, über diesen, das höchst effektive Stiefkind der christlichen Trinität, Wesentliches von seiner universellen Mortiferenz unterhalb seiner Pseudoredemption obenauf, verrät. Bevor ich nun mit dem mythologisch zu entschlüsselnden Sterbeprozeß, philosophisch forscherlich, fortfahre, muß, im Übrigen, ich, überfällig, HH loben, die (nicht nur) diesmal für den besonnenen Fortgang der Hadesangelegenheiten, Todestriebspitzen, besondere Sorge trug: die allzeit waffenträchtige Dinglichkeitsgenese (ausblieb bisher noch der Intersubjektivitätsquerschläger Warencharakter): fasciatum der ResteResteResteunendlichkeit der inzesteresurrektiven einzig differierenden Inzestewehr, Kontamination von „Verdichtung" und „Verschiebung" der mehrfach einverleibten/veräußerten transfigurierten Exkremente, der Leiche.

Vernichtungsbestrafte Umkehr, also alternativelose Unumkehrbarkeit – jedoch wohin? Nach unserem Vektorverständnis jedenfalls, pseudoteleologisch, ins Nichts, realiter dagegen in die Unsäglichkeit des nichtenden Nichts, genichtet („negativ dialektisch"). Davor aber setzt sich diese wegsame Unwegsamkeit fort, und zwar, durchaus plausibilisierbar, als Überfahrt, als nachempfindend zu erkundender Transitsensus, die – „Rücksicht auf Darstellbarkeit" – ihre, repräsentationshörig, korrespondente Vorstellung sucht.

So, gefunden, Charons, des Fergen, Fähre, definiert als Transvektionsvehikel, geradenwegs, höchstens etwas schief, von dem einen Ufer hinüber zum gegenüberliegenden anderen. Wie janusköpfig Bug und Heck, der Wende unindigent, indifferenzierend. Charons Sonderfall zudem: Retour mit leerem Gefährt. Gruselig, nicht wahr? – wie mechanisch selbstfahrende Todesbarke, verwirrend unklar, was hinten, was vorne, der ängstigend kassierte Unterschied. Die Fähre gleich bewegliche Überbrückung, die der Brücke statisch. Überkreuz entsprechend, die konträr differente Mobilität der Benutzer: auf jener eher fixiert, auf dieser hingegen freier. Die Überheblichkeit, buchstäblich, der Brücke, Angsttrigger, kompensiert durch der Fähre Kontiguität, die unanmaßende Auflage auf dem Wasser? Nein, dieser droht ja – vom Regen in die Traufe – der Tiefensog, vielleicht auch des Acherons Schlammpassage. Alles läuft, ringsum Charon, daraufhinaus, daß die ominöse Überfahrt die Verstorbenenschatten, klaustrophobisch fluchtberaubt, einsperrt – der Malträtierung der Miserablen genug? Je nach Andrang zusammengepfercht, bestehen sie zwar die Fährnisse der Styx- oder auch der Acheronüberquerung, damit jedoch homogeneisiert sich das Jenseits eben nicht zu einem erreichbaren Ziel, nur zum Schein des im Mythos symptomatischen Protonichts. Es scheint fast wie ein Hohn auf die doch schiffsprothetisch erfolgreiche Flußbewältigung, daß sie zu keinem krönenden Abschluß führt, vergleichbar dem Kursus in ein Vernichtungslager. Paradoxerweise wäre es wie ein Befreiungsschlag, die entsetzliche Passage gephyrophobisch freizugeben: also meiden zu müssen, schon den Transit zu sperren und die Diffusionen des Ankommens auszusetzen. Der reinste pathologieeigene Luxus, wenn immer man die martialische Realisierung dieser Phobieart mitbedenkt.

Das ist mythologisch üblich – jegliche Rationalitätsmaßnahme verdankt sich eines ganzen hierarchisierten Assemblees von Göttern: des bescheidenen Flußgewässers wegen Poseidon, ob der mechané der Fähre Hephaistos, entferntere Obhut der kulturzuträglichen Hadesunternehmungen Athene, zeusbeauftragt, und, an allerster Stelle, der Übergängigkeitsgott Hermes, Hüter der mittleren Ökonomiedimension, der Zirkulation, unter seiner Ägide das System der in ihren Erfüllungsausständen konsolidierenden Kulturation. Hermes, der insonderheit Sorge trägt um die Wahrung von Kontinuität/Homogeneität – was man alles an der Gephyrophobie ablesen kann –. Brüche dabei zu Moventien der Intensivierung einheitlicher Stetigkeit mutierend. Wenn immer man das menschliche Lebensganze pseudologisch als beginnende und endende, in Wahrheit, cogitional, anfangs- und end-lose Transition anzusehen nicht umhinkäme, dann ergäbe der Sterbensprozeß eine Miniatur dieser grosso modo biographischen Wegstrecke, die reduziert finale Vergewisserung, hypermemorial, derselben – so sehr sind wir unserer singulären Seinshabe, der gedächtnisstabilisierten Repräsentativität, bis zuletzt(unzuletzt), verpflichtet, und, entsprechend, avancierte Hermes zu einem allumfassenden Gattungsgott. Was Charon, den hadesangestellten Fährmann, angeht, so mag man dem Mythos eine Übertreibung der „Rücksicht auf Darstellbarkeit“, bis hin zu deren Verselbständigung, Ausschmückungen, konzedieren; was nicht ausschließt, daß seine Gestalt und sein Gebaren wiederum ins widrige Szenarium der Überfahrt paßt: ein alter ungepflegter geldgieriger geschwätziger maliziös schikanöser Greis …

Erwähnt in diesem Zusammenhang seien noch – unter zahlreichen anderen – zwei einschlägige Veröffentlichungen. Die eine: „Hermes-Tücken. Zur Metaphorik und Mythologie des Übersetzens“[67], ausnahmsweise eine Begriffsanalyse des Über setzens und des Übers etzens, nebst der Problematisierung der Metaphorik sowie der kulturgenealogischen Mythenverwendung. – Die andere: „Im Anfang war die Furcht des Herrn. Einführung in die Psychopathologie der Flucht (Phobien)“[68], ein semel topologisches Kompendium der Phobien im allgemeinen Kontext des – ironisierten – Verhältnisses von Psychopathologie und deren technologischen Pendants.

Welchen Reim kann man sich auf den Begriff des Seelenüberbleibsels der Verstorbenen machen – „Schatten“, „Schemen“, „leere Hüllen“? Zunächst: Wie genau die Amnesiebeköstigung der Totenseelen durch den Fluß oder die Quelle Lethe, linkerhand des Palastes der göttlichen Unterweltbesatzung, vonstattengeht? Auch interessiert uns, modernerweise, die Chemie dieser Drogenart, einer symptomgenerierenden Medikationsparadoxie (im Ansatz neuroleptisch?). Dagegen halten es, folgerichtig, Hades und Persephone (und wer sonst noch?) mit Mnemosyne, Gewässer rechterhand der kapellenähnlichen Behausung, auf daß ihnen, supermemorial, nichts entgeht. Das ist wohl der Grund auch der Demenzisierung der Hadesverurteilten, denn bewahrten sie ihr Gedächtnis, so drohten sie, Hades zu entkommen? Schlecht steht es, wahrscheinlich, mythologisch mit dem popularwissenschaftlichen Zeitraffer der revuepassierenden gesamten Lebensgeschichte im Sterben? Memo: Unterstellt ja die Selbstempirie des Moribunden, Gedächtnisprivation, nicht mehr als eine Ahnung, eine vage Empfindung, aller-

---

[67] In: Pathognostische Studien VII. … 83–95.
[68] In: Pathognostische Studien IV. … 82–88.

höchstens, der allthematischen Amnesie zuwider, ein Bruchteil nur von Vorstellungsklärung derselben, der Deutungswillkür womöglich Tür und Tor öffnend.

Probale sind Hades prominente „Stühle des Vergessens“, für ungewöhnliche Sterbliche, mit lebendiger Zugangslizenz zur Unterwelt, reserviert. Peirithoos sitzt heute noch, für alle Zeiten, auf diesen fest. Was aber macht deren Amnesiepotenz aus? So etwas wie die Ganzexkrementiertheit des In-sassen – gedächtnisprivative Gedächtniskonkretion der Exkremente, publik verlustig bergend ihr Herkunftswissen, Kryptaklausur des körperinnerlich intestinalen Opfertempels der Alimentation. Menschlich unvergönnt das integrale Gedächtnis, gleich dem Unbewußten, fötide amnesiesanktioniert seine externe Usurpation, die Ewigkeit der dinglichen Kadavermetamorphose, aufgehalten. Nochmals bemerkt: Die Mythographie verhält auffällig sich exkrementenkeusch (weshalb?).

Hauptsächlicher Amnesiekonkretismus der armen absolventen Seele – die leere Hülle. Hülle, Verpackung, die sich, als Verwahrort, Gedächtnismetapher, besonders eignet. Und wenn nun, im Extrem, der gehüllte Inhalt ausfällt, das lebendige Innenfleisch entfällt, dann restiert ja nur noch das abstrakte involucrum, perfekter Index der Gedächtnisprivation. Auflösende Körperkorruption, Vitalitätsschwund scheinkompensiert durch die exkrementale Totheit des Cover, Todestriebsieg der „sterblichen Hülle“. Freilich fehlen bei Hades die Grabbeigaben, so Gedächtnisausgleiche, der, per analogiam, unterweltlich ausgeweideten Mumien. Und meine persistierenden Hüllenverlustträume? Eben, Abgang der Schlafhülle, memoriale Einbuße des Erwachensübergangs, das nackte Fleisch muß seine Anschauung scheuen, sonst im/explodierte es, fassungslos.

Schattenspiele – der abgelöste isolierte Schatten gleicht der leeren inhaltsentledigten Hülle, beidemale Selbstdarstellungen der Gedächtnisprivation, memorialer Dekadenz, bis zur Nichtsauflösung des umbra-Isolats, den Verlustigen – wie es das Schicksal Peter Schlemihls (in Offenbachs „Hoffmanns Erzählungen") lehrt – mitreißend in die Letalität dieses Demenzmankos. Am ehesten phobienahe Aversionen gegen den eigenen Schatten, fernab bloßer subjektiver pathogener Zutaten zum optisch differentiellen neutralen Schatten, offenbaren sein existentiales Wesen in der sinnvoll verdrehten Version seiner Rekusation. So seine peinlich beschämende Viskosität, die fluchtverräterische fluchtverhindernde. Reflektiver Selbstgewinn verheißend, der sich vielfältig zunichte macht: in seiner auch vom Lichteinfall abhängigen Verzogenheit, seine dunkle flache ungestalte Superfizialität – versucht ist man, über ihn, vergeblich, zu stolpern. Vorsicht aber, Vorsicht ob seiner Desavouierung: die reinste Epikalypse, drohend epiphanisch mit der obskuren Abdeckung des hintergründig todesreminiszenten „Unbewußten" (C. G. Jungs), dem verboten andrängenden Vollgedächtnis, dem, schattenfundiert, unter Verschluß gehaltenen. Und nicht nur das: Vermeint man, diesen Quälgeist, beruhigt passager nur eben in seiner Epikalyptik, abzustreifen, adieux der Gedächtnispotenz im zuschlagensbereiten Wartestand, so, am anderen Ende, erfüllt sich sodann, hypostatisch, das nämliche Übel: mittägliche Fusion, gleich tödlich wie die mitternächtliche Diskrimination, Schatteneinzug – Schattenseparation – siehe die Schlemihlpsychose, überboten durch den Verlust des Hoffmannschen Spiegelbilds, viel weniger mit den apostrophierten Verquerungen des Schattens als Reflektionsphänomen belastet. Es spricht wohl für die, allerdings prekäre, Marginalisierung des Schattens als Selbstdouble, daß man, vergeblich, nach einem Schattenstadium, dem Eintritt der infantilen Schattenwahrnehmung, sucht? Was kümmern uns auch solche Probleme in der Epoche der gänzlich allplattmachenden „Okulartyrannis" (Sonnemann), als ob es uns doch noch gelänge, alle Welt in ein disponibles und entschuldetes Großtheater zu verwandeln? Abermals akuratest die Mythologie in Sachen der morituren Demenz, der Gedächtnisabsentierung im Sterben, wenngleich es ihr an der hinlänglichen Differenz zwischen dem Sterbensprozeß und dem Totheitsstatus selbst wohl gebricht. Ist doch die divinationsweise sterbend erfahrene Gedächtnisprivation jenem vorbehalten, und wenn auch diesem, so ist wiederum eine repräsentationsbegierige Übergriffigkeit, verunklärend, am Werk.

Blutleere der Schemen, entsprechend anämischer Blutdurst, überraschend gestillt durch das Unterweltpaar, das sein schwarzes Opferblut von Widdern und Schafen mit den armen Schatten teilt. Selbst Herakles, in der Unterwelt, erbarmte sich derselben, tötete, verboten, ein Stück von Hades' Vieh und gab dessen Blut den Dürstenden zu trinken. Unterweltlich selbstiges Regiment – oberirdisch hingegen würde aus dem Blutdurst der Schemen blutrünstige Verfolgung der blutbesitzenden Sterblichen, paranoische Gespenster.

Und diese seltsame Schattenernährung soll ein Hauptelement des sichselbstdarstellenden Sterbensprozesses sein? Gewiß, wenn immer die, um des Repräsentationserhalts willen, vorletale Differierung besonders naheliegen mag, tief bis in die intrauterin nutritiven Anfänge, sich selbstsichernd – Plazentabluternährung – zu regredieren. Expansivster „Todestrieb", er kann es nicht unterlassen, bis zum

Allerletzten seine Art der Seinswahrung zu forcieren, nur daß die Möglichkeit der Sterbendenbefragung – irreversibel ja, grundsätzlich, der Todesvektor – falsifikationsgerecht, entfällt. (Physiologisch aber? Und die Rückkehrausnahme stellt bloß doch diese, den Retour, und nicht den countdown bis zum Ende, dar?)

Ähnliche Verhältnisse im Erwachen: totalisierende Regression/Progression ineins, in sich kontrareisierter Durchlauf insgesamt, genähert sich abstoßend von der Todeswand des Tiefschlafs, durch alle Traumphasen hindurch, um in die Heterogeneität des Tages hinein, erwachend, wie zu explodieren. So strukturell identisch der, hier thematische, vorrückwärts Aufriß der Nutritionstotale, bis hin zur sanguinischen Schemenstillung, conditio sine qua non der Seinsrelikte im Sterben, die unterweltliche Vertreibung des Vampirismus. Fast schon des „Todestriebs" Todesröcheln, Mythologie, die keinen Hehl daraus macht, unsere Seinsversessenheit ultimativ zu demonstrieren, am Ende angelangt beim quid pro quo – dem bereits monierten – des Sterbensvorgangs mit dem Totheitszustand, der ja keinerlei Repräsentierung mehr erlaubt, nur noch dessen verschlossenen Rest für den Anderen, das „Ding-an-sich" Leiche.

Demnach bleibt es auch alternativelos, das Gerichtswesen im Hades dem Sterbensprozeß selbst zuzuschlagen. Die leidige Selbstempirie dieser jurisdiktionellen Unterweltelemente, das Totengericht, bestände im augurium von Schuldigkeit überhaupt, Existenzstigma, schon in der Geburt lokalisiert, und durchgängig biographisch sodann virulent. Und damit ist die große Verurteilung präjudiziert, die mit dem bestreffenden Offizium zum Verworfenheitsallgefühl verschmilzt. Alles Weitere ist dann nur noch Angelegenheit

– sich selbst auch narrativ emanzipierender – Außenveranschaulichung, buchstäblich mythengerecht.

Prominent das gestrengst totengerichtliche Richtergremium – Minos, Radamanthys, Aiakos (und Persephone?), überaus grausam die ewige Bestrafung anmaßender Sterblicher – Tantalos, Sisyphos, Ixion, Peirithoos, und viele mehr. Befremdliche Götter (inklusive des Christengotts), die doch native menschliche Arroganz derart ahnden, ja überhaupt Opfer erheischen zu müssen, hinauslaufend auf die widersprüchliche Art der Selbstatheisierung der Götter/des einen Gotts, eine gänzlich widerabsolute Bedürftigkeit der Selbstwahrung – wie haben sie es nötig, solche widerlichen Strafen wider ihre opferverweigernden Anmaßer zu verhängen, so als wären sie dem Kopfstand der Verfolgung durch ihre Eigengeschöpfe ausgesetzt. Das kommt davon, von dieser beinahe schon kosmologischen Paranoiaausbreitung, und der Preis solcher moralistischen Vermenschlichung, das macht die Evaporation des teleologisierten Kulturausstands, definiert ja als die Götter. Wesensgrenze also der Mythologie? – gewiß, ansteht zwar deren kritische Markierung, doch alle Suche nach einer substantiellen Alternative verliert sich in den gnostischen, den marcionischen Wirren, scheint gar ein Retour zu den arg menschlichen Göttern dergestalt zu erzwingen, daß – „Sein und Zeit“ – die ziellos „reißende Zeit“, Urparanoia sozusagen, todeserbötig, das ganze „mythische Verhältnis“ unter ihre fatale Allherrschaft zwingt. Aber, allerspätestens modernerweise, hat die Wissenschaft doch diesem metaphysischen Spuk den Garaus gemacht? Nein, und nochmals nein, denn sie leistet mitnichten die prätendierte Gottesüberwindung, vielmehr, a fortiori, deren, der doublebindenden Divinität, säkular epikalyptisch reüssiertest wie unendliche immer martialische Fortsetzung.

Repräsentierlich, repräsentationsreliquent, der Sterbensvorgang exklusiv, nur daß die Mythologie, seinswahrungsdelirant, den Totheitsstatus, doppelt widersprüchlich, immanent und darüber hinaus, davon, vorstellungsvirtuell, eben nicht, quasi extrem negativtheologisch, ausnimmt; so daß die Schatten, fakultativ, gleichwohl, kommunikabel sprechend, Jenseitsstimmen, über sich Auskunft geben können. Dubios singuläre Gunst, der Odysseus teilhaftig wurde:

„Ein heiliger Hain der Persephone liege da, aus schwarzen Pappeln und unfruchtbaren Weiden, am Rande des Bereiches der sonnenlosen Finsternis. Bis dahin kamen die Seelen aus dem Jenseits dem Odysseus entgegen ... und sprachen mit ihm ... So wurde uns die Unterwelt geschildert, gleichsam grau in grau gemalt, lauter quälende Bilder wie schwere Träume.“[69)]

Desolat, entsprechend, die Kunde des Achilleus' Schatten, der Odysseus erklärte,

„... er würde lieber der Sklave eines armen Mannes als Herrscher im Hades sein.“[70)]

Und es ist wohl mehr als Ausdruck meiner persönlichen Vorliebe, daß diese Düsternisse apud inferos in ihren Extremen erhalten bleiben mögen, abgeschwächt, bitte, höchstens durch „Affektenisolierungen“, wenn die Verstorbenenschemen, widersprüchlich genug, sich verlauten. Dagegen sollte die schwach nur konkurrierende Konsolation „Elysium“, ästhetisch feudaler Zeitvertreib, sich erübrigen?

---

69 K. Kerényi: Die Mythologie der Griechen. Band I: Die Götter- und Menschheitsgeschichten. ... 195–196.

70 Reclams Lexikon der antiken Mythologie. Stuttgart. 1974. 205.

Habe ich, in diesen meinen Todesexkursionen, das kriteriale Rahmenproblem Kulturgenealogie/-pathologie aus den Augen verloren? Was wunderts, so mag ein erboster Rezensente bedeuten, denn diese Fragestellung gebe die Mythologie so nicht her. Nun ist es aber, dagegen, umgekehrt, so, daß die Obligationen der „Letzten Dinge", eminentermaßen, übers thema probandum auskunften: über Kultur in eschatologischem Verstande, nämlich daß sie, allgemein Todestriebartefakt, am Tode, der Todesvorstellung, je sich bricht und, durch diesen Mangel, je zugleich sich remotiviert. Am Fehl der Todesvorstellung bloß? – will sagen: das mache ihre basale Lächerlichkeit aus, ineins mit ihrem gattungsnezessitären Großerfolg. Ich kann es nicht verhindern, finalistisch laufen alle kulturgenealogisch dekuvrierten Mißhelligkeiten meines Todestriebkonzepts, jenseits dessen Freudschen Fassung, auf: die Bodenlosigkeit der Berufung auf die todestriebliche Todesmimetik, angesichts der unaufhebbaren Todesverweigerung, solchen Bruchs, des Todes schlechthinnige Arepräsentativität – Denomination, die, welche Groteske!, wiederum dem Rotstift zum Opfer fallen müßte ob ihres de trop an immer noch Vorgestelltheit; Repräsentation, unsere einzige Seinsbeteiligung, ein Hydrakopf. Freilich, das geht nicht ohne ontologische Nachhilfe ab: in mythologischer Gewandung besagt es, das unbeendende Ende der Repräsentation, des Hades „Unsichtbarkeit", seinen unterirdischen Visibilitätsschwund – immerhin. Und es ist dann mehr als eine spätzeitlich ontische Konzession, seines ad inferos-Reiches zu gedenken: der Erze, selbstredend für die Waffenproduktion, epiphanisches Todestwisting, vorgesehen – Gewalt und Gewalt; sowie seines Großreichs des Wurzelwerks, ja die versteckte Nahrungsquelle der Gewächse oberirdisch. Und meine Befindlichkeit in der Retrospektive meines längeren intellektuellen Aufenthalts beim Totengott? Manche Sterbensnäherungen im Geiste, so zwischen den Gegensätzen von geängstigter Weile und hypomanischem Aufbruch.

Schattenallusionen und mehr, unter dem Titel: „Sieh nie auf deinen Bodenschatten, wenn du fliegst".[71] Paminas Traum: der Tochter Verführer Monostatos, Maske Sarastros, der aus dem Schatten Papagenos als schwarzer Mann erschreckend hervortritt. – Pamina mit dem Flugzeug Papageno auf der Flucht davor, eingeholt von deren abgelöstem Bodenschatten als Monostatos/Sarastro. Dem nachunten-Sog desselben entkommen sie, grob reproduziert, durch die auseinanderhaltende Zwischenraumfüllung durch Klang/elaborierte Musik. Ein Highlight an intellektueller Dramaturgie.

Strauss/von Hofmannsthal: „Die Frau ohne Schatten". Ein bedeutungsabundantes Kunstmärchen zur Frage der vollen Menschwerdung der Frau, ihrer Schattengewinnung, durch Schwangerschaft? Ausführlicheres dazu, nicht zuletzt der Musik, sei vielleicht Späterem vorbehalten.

Fälliger Seitenblick auf die germanische Mythologie, im Vergleich zur griechischen/römischen. Jene aufweist eine prägnante Eschatologie: „Ragnarök" – Weltuntergang und letztes Gefecht der Götter gegen ihre Feinde, insbesondere die Riesen, hoffnungsvoll, nach einem entscheidenden Interim, gefolgt womöglich vom „goldenen Zeitalter" einer Allversöhntheit. Vergleichbares scheint in der Mythologie meiner Wahl unauffindbar? Die eindüsternde Unterworfenheit selbst der – sterblichen? – Götter unter die „Moirai" gibt eschatologisch wohl nichts Weiteres her? Auch die des Finales sich im Kampfe übenden auserwählten „Einherier"

[71] In: M. Heinz, R. Heinz: Silberglöckchen, Zauberflöten sind zu eurem Schutz vonnöten. Zu Emanuel Schikaneders 241. Geburtstag. Wien. Passagen. 1992. Passagen Schwarze Reihe. 103–112.

in „Walhall“, sind, gestorben, keine leeren Hüllen, Schatten, Schemen, vielmehr wie leib-haftig noch.

Künstlerische und auch wissenschaftliche (physiognomische) Schattenadaptationen – Schattenbilder, Schattenrisse/(sparsame!) Silhouetten, Schattenspiele – sind, untergründig, wohl auch Versuche, den Schattenterror abzuwiegeln. Daß sie karikaturistisch wirken, spricht nicht dagegen.

Kulturgenealogische Paraphrasen mythenreferenter Veröffentlichungen

Trockene Legende

In die chronologische Bibliographie von R. Heinz, verfaßt von H. Heinz, wurden auch wenige Titel von dieser mitaufgenommen; ferner Literaturangaben des Autors, unter dem Pseudonym „Hermes Psychopompos“, zu Zeichnungen von H. Heinz; zudem eine Bibliographie von Werken Bildender Kunst von H. Heinz zu Mythologemen.

Wenn aus den Titeln der Veröffentlichungen die mythologische Referenz nicht direkt ersichtlich war, wurde diese separat im Überschlag jeweils vermerkt.

Nicht mitaufgenommen wurde die Vielzahl derjenigen Titel, die bloß auf psychoanalytische Theorietopoi mit mythologischem Verweis, z. B. Ödipuskomplex, Narzißmus, ohne weitere Ausführungen abheben.

Zum Beherzigen

Fürs erste wie ziellose bloß selbstzweckliche Vorgabe: meine gewiß fast vollständige Bibliographie aller meiner, sowie einiger von H. Heinz, Mythenreferenzen, vornehmlich der antiken griechischen, gelegentlich der germanischen, und – nicht selten selbstverständlich als mythologisch eingeschätzten – christlichen.

Ein Riesenopus zwar – welchen Genres? –, doch in seiner Restriktion auf die annoncierende Befassung mit Mythologie, hinlänglich repräsentativ für mein Gesamtopus? Man sollte zunächst meinen: nein. Allein, in Anbetracht dessen, daß die Mythenbezüge sich theoretisch ständig anderswohin fundierend auszweigen, darf mit einem authentischen pars pro toto gerechnet werden; das Mythenbetreffen fungiert wie ein von sich her günstiger Startpunkt ins pathognostische Ganze. Bei einer andersartigen Referenz – naheliegend etwa einer psychopathologischen – ergäben sich die gleichen entspezifizierenden Ausweitungen.

Welches Genre ist zu erwarten? Ursprünglich war eine „kommentierte Bibliographie“ vorgesehen, die sich aber, alsbald nicht unbesehen, multipel ausweitete zu Paraphrasenmodi, im Extrem zu verdichteten Zusatzabhandlungen zu den eigenen mythenreferenten Schriftdirektiven, durchaus auch die angängigen Probleme weiterdenkend. Solche Multiplizierungen mußte ich mir, ob ihrer inneren Produktivitätsnötigungen, herausnehmen, immer auch mit in der Hoffnung, Rezipienten damit nicht zu irritieren.

Und der Zweck dieser ganzen in sich vielfältigen Mühe? Das möge unanstößig sein: an erster Stelle die eigene Selbstvergewisserung angesichts der Fülle der eigenen Opera, dem Verlangen nach einem retrospektiven Gedächtnis erbötig. Unvermeidlich wohl auch in diesem Ansinnen – pardon! –: Wiederholungen, insonderheit in den Fundierungspassagen (infinite venatio opinium). Fernab von Wertminderung das Telos zweiten Rangs – wie weit realistisch? –: Rezeptionsanreiz, sublime Reklame, getreu meinem Habitus, daß selbst ein Unmaß an didaktischer Gedankenaufbereitung keinerlei kognitive Evidenz – die reinste Selbsttäuschung – zu garantieren imstande sein kann.

Summa: Die nichtmehr-„kommentierte“ Bibliographie meiner mythenbezogenen Veröffentlichungen wuchs sich aus zu einem altersgemäßen Hauptwerk, einschließlich der vorausgehend fortgesetzt wiederum mythenexegetischen „Ausgewählten kulturgenealogischen Mythentropologien“. Beide Bände sind, in ihrer differenten Ausrichtung, gleichwohl als ein kulturgenealogisches Einheitswerk anzusehen.

Heinz Kohut: Narzißmus. Eine Theorie der psychoanalytischen Behandlung narzißtischer Persönlichkeitsstörungen. Literatur der Psychoanalyse. Hg. A. Mitscherlich. Frankfurt/M. 1973. (Rez.) 1975
In: ARSP. Archiv für Rechts- und Sozialphilosophie. Bd. LXI/1. Wiesbaden. Franz Steiner Verlag. 1975. 129–132.
Repr.: Retro I. (1965–1980) Aufsätze und Rezensionen. Essen. Die Blaue Eule. 2005. Genealogica Bd. 35. Hg. R. Heinz. 323–326.

Die von Kohut nicht ausdrücklich vorgenommene Referenz auf die antike Narzißmythe versteht sich gleichwohl. Dem Freudschen Narzißmuskonzept gegenüber aufbringt Kohut, bis in klinische Obliegenheiten hinein, Erweiterungen, die auf die weitreichende Ablösung der Triebtheorie – eine zeitgerechte Umorientierung – hinauslaufen. Weniger überraschend deshalb die passagere Rezeptionskonjunktur der Kohutschen Neuerungen. Mein Beitrag dazu: Jean Paul Sartres existentielle Psychoanalyse. Korrektur der Metapsychologie und narzißmustheoretische Antizipationen, in: ARSP. Archiv für Rechts- und Sozialphilosophie. Bd. LXII/1. Wiesbaden. Franz Steiner Verlag. 1976. 61–88. Repr.: Retro I, ... 330–358.

H. Heinz: Die Erscheinungen der Göttin Athene als Legitimation patriarchaler Rationalität. 1979
In: Die Eule. Diskussionsforum für feministische Theorie. Nr. 2. Hg. Heide Heinz. Münster. Frauenpolitik. Herbst 1979. 27–95.
Teilweise zweitrepr.: H. Heinz: Wunsches Mädchen – Mädchens Wunsch. Rückblick auf die Unmöglichkeit des

Feminismus. Wien. Passagen. 1994. Passagen Philosophie. 101–111.

Ein unverzichtbarer Schlüsseltext initial zur Kulturgenealogie, zentriert um die legitimierend vermittelnde Tochterfunktion, die dafür ausschlaggebende Kore-Erfindung, exemplifiziert an der rationalitätsprotektiven Hauptgöttin Athene.

1980 H. Heinz: Fast alles über die Eule. Zur Geschichte eines göttlichen Tiers.
In: Die Eule. Diskussionsforum für rationalitätsgenealogische, insbesondere feministische Theorie. Zugleich Organ der „Arbeitsgruppe für Anti-Psychoanalyse“. Nr. 3. Hg. H. Heinz. Wuppertal/Düsseldorf. Frühjahr 1980. 72–91.

Seitenblick auf die Wechselfälle der Eulenmetaphorik in der Antike – die „Eule“ als der Göttin Athene Begleittier und Münzemblem – bis zur Gegenwart damals.

1980 Die Geburt der Pallas Athene in Richard Strauss' „Capriccio“.
In: Die Eule. ... Nr. 3. 102–109.

Auf den Spuren künstlerischer Mythenadaptationen, nachfolgend H. Hunger, eine Gelegenheitsarbeit zu C. Krauss/R. Strauss: „Konversationsstück für Musik“, „Capriccio“; bloß die Annonce einer „Oper in der Oper“ (Busonis Rettung der Oper!), witzig mythenreferent auf Athenes Sondergeburt. Burleskedilemma (1942!) in faschistischen Kriegszeiten?

Logik und Inzest. I. Ödipus und die Sphinx. Einige Probleme des Herrschaftstransfers. II. Ödipus und die Sphinx und unsere psychoanalytischen Ahnen. Erstes Prolegomenon zu einer Kritik der Psychoanalyse. 1980
In: Die Eule. ... Nr. 4. Herbst 1980. 3–86.
Repr.: Logik und Inzest. Revue der Pathognostik. Vol. I. Wien. Passagen. 1997. Passagen Philosophie. 63–129.

Was ist das – der Ödipuskomplex? 1980
In: Logik und Inzest. I. Ödipus und die Sphinx. Einige Probleme des Herrschaftstransfers.
In: Die Eule. ... Nr. 4. 43–45.
Repr.: Schizo-Schleichwege. Beiträge zum Anti-Ödipus. Hg. R. Heinz, G. Ch. Tholen. Bremen, impuls. 1983. 8–10.
Zweitrepr.: Logik und Inzest. I. Ödipus und die Sphinx. Einige Probleme des Herrschaftstransfers. In: Logik und Inzest. ... Vol. I. 1997. 94–96.

Der Beginn eines – anfangs noch an das Abgelegte rückgebundenen – Befreiungsschlags, hauptsächlich als Kritik der herkömmliehen Psychoanalyse, auf dem Wege zu meiner pathognostischen Subversion in Richtung Kulturgenealogie/-pathologie, nutzend dafür die psychoanalytische Zentralmythe „Ödipus". – Der besondere Akzent auf der Sphinx, inklusive früher fachlicher Voten dazu, bezweckt die Befreiung der Tochterfunktion von ihrer letal vorgeschichtlichen Version.

Blumenbergs Arbeit am Mythos. Zu Hans Blumenberg: Arbeit am Mythos. Suhrkamp. Frankfurt/M. 1979. (Rez.) 1980
In: Die Eule. ... Nr. 4. 121–123.

Zweitrepr.: Retro I (1965–1980). Aufsätze und Rezensionen. Essen. Die Blaue Eule. 2005. Genealogica Bd. 35. Hg. R. Heinz. 441–443.
(Referenz: Prometheus)
Sogleich sei das Desiderat vermerkt, mich auf Blumenbergs rarestes opus magnum zur Prometheus-Mythe (Fehlanzeige bei mir), über diese meine knappe Rezension weit hinaus, eingelassen zu haben. Nicht unwesentlich hier meine ergänzenden Hinweise auf ehedem aktuelle Mythenverwendungen, insbesondere politoffensiver Observanz.

1980 Parabel zum Widerspruchssatz.

In: Theatro machinarum. Hg. W. Pircher. Bremen. Impuls & Association. Heft 2. 1. Jg. Dez. 1980. 34–35.
Repr.: Die Eule. ... Nr. 5. Frühjahr 1981. 81–82.
Zweitrepr.: Pathognostische Studien IV. Von der Psychoanalyse zur Pathognostik. Übergänge und Ausflüge. Essen. Die Blaue Eule. 1998. Genealogica Bd. 25. Hg. R. Heinz. 262–263.
(Referenz: Athene)

Häufig noch begegnende Mythentropologie, hier betreffend die Primärprozeßstatuierung logischer Strukturen („Psychoanalyse der Sachen“!) in meinen (derart angemessen bezeichneten?) „Parabeln“, mythologisch wiederum getragen von der universellen Rationalitätsgöttin – Athene for ever.

1981 M. Heinz, R. Heinz: Gorgonenklage.
In: Die Eule. ... Nr. 5. Frühjahr 1981. 83–84.

Auch eine Art, eine besondere, einmalige, der Mythenanverwandlung, naheliegend eine Nänie, kompositorisch …

Medizinmythologie: Asklepios. 1982
In: Philosophie der Krankheit. In: Die Eule. … Nr. 7. Frühjahr 1982. 58–62.
Repr.: Philosophie der Krankheit. In: Logik und Inzest. … Vol. II. 1997. 105–109.

Bei soviel medizinischer Peristatik wird die Frage virulent, was, in mythischem Verstande, also primärprozeßversiert, ein Arzt sei. Die Antwort – Asklepios entnommen, und womöglich – „Synchronie des Mythos“ – bis heutzutage akut.

Libera nos de ore leonis. Über die beiden ersten Kapitel des Proslogion des Anselm von Canterbury. 1983
In: Die Eule. … Nr. 9. Frühjahr 1983. 15–114.
Repr.: Logik und Inzest. … Vol. II. 15–89.
(Referenz: Christentum)

Selbstredend: das Christentum ist eine Mythologie, bei genauerem Hinsehen üppiger als, im Vergleich zur Antike, zunächst vermeint. Der Angang des „Proslogions“ des Heiligen Anselm geht, der Vernachlässigung durch den folgenden prominenten „ontologischen Gottesbeweis“ wegen, angewandt psychoanalytisch und darüber hinaus, in die Vollen: ersieht den thematischen Gebettext als eine Stillszene. Spiritualitätskryptik versöhnend frühkorporalisiert.

1983 Neuchristliche Lektionen für einen kranken, wenngleich klugen Mönch über das Bücherausleihen.
In: Die Eule. … Nr. 9. 142–162.
Repr.: Logik und Inzest. … Vol. III. 1997. 281–297.
(Referenz: Christentum)

Inbegriff der pathognostischen Prozedur: Schuldumsetzung von individueller Zwangspathologie des Ausleihensakts in den objektiven Schuldvorausgang christlicher Dogmatikgehalte.

1983 Welchen Geschlechts sind Fernsehapparate? Kommunikationsgnostisches Vorspiel.
In: Tumult. Zeitschrift für Verkehrswissenschaft. Hg. F. Böckelmann, D. Kamper, W. Seitter. Wetzlar. Büchse der Pandora. 1983. Nr. 5. 70–87.
Repr.: Retro II. (1983–1994). … 2006. Genealogica Bd. 36. Hg. R. Heinz. 15–33.
(Referenz: Narziß)

Mit die erste fiktiv öffentliche Performance der pathognostischen Volte, abermals eine exemplarische „Psychoanalyse der Sachen“, nicht ohne Rekurs auf die visualitätsthematische Narziß-Mythe, und philosophisch insbesondere auf Plotin. Martin Burckhardt stellte gänzlich unabhängig die nämliche Frage: „Welchen Geschlechts sind Geräte?“ (Siehe: Brief an Martin Burckhardt vom 18. 8. 2017, in: Pathognostische Interventionen VI. Revisionen & Präzisierungen. Essen. Die Blaue Eule. 2018. Genealogica Bd. 64. Hg. R. Heinz. 51)

III. Vom armen Satyr und der unzuverlässigen Nymphe. Parabel über eine Brückenphobie. 1984
In: Die Eule. … Nr. 11. Frühjahr 1984. 80–88.
Repr.: Theatro machinarum, … Heft 5/6. 2. Jg. 1984. 7–14.
Zweitrepr.: Pathognostische Studien IV. … 264–270.

Wiederum eine „Parabel“, Aufschlußsubsiduum meines ersten Psychoanalysefalls einer Gephyrophobie, encouragierend mythenbedacht in der unseligen Begegnung des Satyrs, des phobischen Brückenfans, und der Brücke, der dubiosen toten Nymphe: überhöht durch Kafkas Erzählung „Die Brücke“.

Die Lösung des Christentums: dem Erzengel Gabriel ein Motorrad unter den Arsch setzen. 1984
In: Kaum. Halbjahresschrift für Pathognostik. Hg. R. Heinz. Wetzlar. Büchse der Pandora. Nr. 1. 1984. 92–94.
Repr.: Logik und Inzest. … Vol. III. 209–211.

Ein buchstäbliches Verdikt, die Weisheit des Psychotikers: Solution des Christentums, in der Gestalt des Botenerzengels Gabriel durch die drastische Beigesellung schlicht eines Motorrads. Technologische Realisiertheit mythologischer Bestände – das martialische Ursprungsende, Eschaton des „Anundfürsich“, psychotisch desozialisierend verstolpert.

Pan. 1984
In: Panik. Einlesebuch No 1. Frankfurt/M. 1984. 61.
Repr.: Kaum. … Nr. 3. 1986. 60.
Zweitrepr.: Retro II. … 100–101.

Entrückte Miniatur: Pans autokannibalischer Traum am Mittag, dem Schatteneinzug, rettend selbstgeweckt durch seinen notorischen Schrei.

1986 Stimmenhören.
In: H. Heinz: Saga-Countdown. Essen. Die Blaue Eule. 1986. Genealogica Bd. 7. Hg. R. Heinz. 41–52.
(Referenz: Germanische Mythologie)

Dreigespann von germanischen Mythentexten zu Kriegshelden (nicht Göttern), einer überleitenden schriftlichen Kurzlegende, bezogen auf der Heroen Verwendung photographierter technischer Geräte, also Photographien. Was dieses – germanische Mythologie rehabilitierendes – Arrangement soll? Eben im Zeitsprung, synchron, mein bekanntes Programm der Aufschlußpotenz von Technologie durch Mythen erinnern, verbunden mit Problemüberhängen daraus: Arbitrarität solcher Zuordnung, ihr Witzcharakter auch, ihr Psychoseneinschlag.

1986 Etzel schaut Sportschau.
In: H. Heinz: Saga- Countdown. ... 53–57.
Aus: R. Heinz: Fußball-Gnostik, in: Die Eule. ... Nr. 8. Herbst 1982. 70–83.
(Referenz: Germanische Mythologie)

Wie zufällige Zuordnung von Texten aus meiner „Fußballgnostik" zu germanischen Mythologieausschnitten zur Ermordung von Hagen und Gunther auf Etzels Geheiß. Absicht: wie gehabt. Nur daß diesmal die Relate, gewollt, weit auseinanderliegen.

Mythosophische Notizen zu einer Theorie des historischen Dokuments. 1986
In: I. Historie 5. In: Pathognostische Studien I. Historie – Psychopathologie – Schrift – Tausch/Opfer. Essen. Die Blaue Eule. 1986. Genealogica Bd. 10. Hg. R. Heinz. 44–46.
(Referenz: Kleio)

Historiegenealogie in nuce, mythologisch die Muse Kleio. Vorrang des dinglichen Historiedokuments vor dem organischen Gedächtnis; gleichwohl Vergessensstigmatisierung desselben; zudem scheiternde Gewaltobsekration, Erosbestrafung Verliebtheit wider die historische Todestriebsouveränität, in des Sohnes Hyakintos Schicksal besiegelt.

Die Scham und die Schrift. 1986
In: III. Schrift. In: Pathognostische Studien I. ... 149–160.
(Referenz: Narziß und Echo)

Bisher uneingelöste (und in meinen kurzen Kommentaren eh uneinlösbare) Schriftgenealogie, anhand des mythischen Verhältnisses von Narziß und Echo, dem Jäger und dem Jagdwild, der Nymphe; vindiziert, metaphorisch, als die Dramatik der Repräsentation und ihres Repräsentierten. Endend in der katatonen Versteinerung Echos, ihrer, komplettierend, Sehen einbeziehenden Skripturalisation. (Nicht)-fazit bis dahin: „Die Frau, das ist die Scham des Mannes, sein Gedächtnis selber; ebenso Schrift, nichts als bedeckte Blöße, Schamhaare Urschrift.“ (S. 156). Unmöglich endvollendend, todestrieblich vergeblich gesagt, im totalnarzißtischen Ertrinkenstod, des gerächten, des Narziß. Der Schriftentstehungskatastrophen genug?

1986 Transsubstantiation. Über Tausch und Christentum, oder: mein großes Tischgebet.
In: IV. Tausch/Opfer. In: Pathognostische Studien I. … 161–186.

Ein antichristlich besonders deliranter Text, der sich selbst quasi davonläuft, und also weiterhin seiner Stellung – ob das wohl möglich ist? – harren mag. Ein loses System derjenigen Häresien, die sich aus dem Fortdenken der „Transsubstantiation“ im letzten Abendmahlszenarium ergebe. So, rahmenmäßig, die reinste Monosexualität der Bruderhorde, gleich der repressiven Epikalyptik primär maternaler Weiblichkeit; gleichwohl, eben drum, feminitätsmimetisch psychotische Einswerdung kannibalistisch mit dem Gottessohn, martialisch verderbend mit den transfigurierten Resten der weiblichen Tötungspotenz (Menstruation, Abort, Kindestötung); Bombenkorporalität der metabolischen Destruktion der paranoisch persekutierenden, so selbst ursprünglich hungernden und dürstenden Nutrimente; Atheismus all dieser eucharistischen Maßnahmen, jedoch als konträre Paternalitätsrestitution.

Der Tauschbegriff mutiert entsprechend, ontologisch, zur „Todesfuge“, will sagen: Kultur verschuldet sich der „Kastration“ (Lacan), transsubstantiativ vollbracht, dem Fleischesopfer in die Dinge, zumal der Fleischeskorruption in die göttlichen Waffen – so die „Todesökonomie“ des Christentums.

1986 Ausführung und Verbesserung der pathognostischen Krankheitskriterien: Erkenntnisanstoß, Opposition, Opfer, Zerstörungsaneignung.
In: Kaum. … Nr. 2. 1986. 27–31.

Repr.: Logik und Inzest. … Vol. III. 1997. 53–58.
(Referenz: Christentum)

Eher ein zufälliger Vorspann zu der folgenden Revision der „Krankheitskriterien“: Supplement zur „Transsubstantiation“, dem „Produktionsphantasma“, kurzgefaßt konkretistisch, mit seinem Opferstoff der beerdigten Leiche, „Erde“ der Oberbegriff der dingefreigebenden entscheidenden Cogitoprivation. Kultur – die purste Nekrophilie.

IV. Die Mutterkuchen-Gegengabe. 1986
In: Psychiatrie-Winter 83/84. In: Kaum. … Nr. 2. 1986. 42–45.
Repr.: Logik und Inzest. … Vol. III. 196–199.
(Referenz: Nymphen)

Exemplarische Psychosentheorie, einmündend parabelisch, zentriert um die kriteriale Nichtäquivalenz im regressivsten Übertragungs-/Gegenübertragungverhältnis, geschlechtsdifferentiell, im Umgang mit Psychotikern. Hohn der Rückerstattung: die Plazenta außer Betrieb, Nymphenhabit im Extrem. Interkorporell paranoisierte Reziprozitätsverweigerung – das motivierend korrumpierende Unbewußte allen Austauschs.

Oedipus for ever. 1986
In: Kaum. … Nr. 2. 1986. 53–61.
Repr.: Logik und Inzest. … Vol. III. 93–104.

Pathognostischer Stellenwert des „Ödipuskomplexes“ – wiederum, kulturpathologisch, verständlich, allenthalben vielfältig entfunktionalisiert – dagegen als früher Memorialitätsdurchbruch der menschlichen Gesamtverfassung. – Scheinbare, zudem obsolete Schwäche des „weiblichen Ödipuskomplexes", ob der anfänglichen Gleichgeschlechtlichkeit von Mutter und Tochter, des Pseudos der filialen Unbedürftigkeit des regulierenden Vaterdritten – cave! die Terroristin! – In der Ödipalisierung einfacher Verrichtungen wie des Sitzens auf einem Stuhl, einer – philosophisch allererst zu verkraftenden – latenten Psychotisierung der Ödipalität, widerlegt sich das Hauptansinnen des „Anti-Ödipus", daß die Psychose (Schizophrenie) ins Jenseits derselben führe. – Frustran weg von der üblichen Konsumtionshypostase, auch dieser ödipalen Exklusivlokalität, hin zum ödipalen Vorgriff der Entblößung des Produktionsphantasmas, den genealogischen Untiefen der „Arschmahlzeit der Dinge", aporetisch geschrieben unbeschreiblich, „glashäutig" labilst gehüllt als Philosophie. – Der Verweis auf „Vom schwindenden Jenseits der Götter" (in: Logik und Inzest. Revue der Pathognostik. Vol. I. Wien. Passagen. 1997. Passagen Philosophie. 131–200. – Geschrieben 1979!) verfängt. Denn der thematische Text hier, in seiner innovativen Dichte, findet seine detaillierte Entsprechung im zitierten Beitrag zum göttlichen Jenseitsschwund, einer bislang uneingeholten pathognostischen Provision. – Zum privilegierten Sitzens-/Stuhlexempel siehe:

Körper – Sprache – Ding. Skizze zu Elementen der Psychosomatik (Peirithoos-Mythe). In: Metastasen. Pathognostische Projekte. Wien. Passagen. 1995. Passagen Philosophie. 63–75.

Folter, Krankheit, Artistik, Technik. In: Pathognostische Studien IX. Differierte Suspension von Psychoanalyse und Philosophie. Essen. Die Blaue Eule. 2004. Genealogica Bd. 34. Hg. R. Heinz. 20–25.

Erste Sitzensmeditationen, selbst im Sitzen vorgenommen. In: Pathognostische Interventionen I. Dingarkanum und Psychose. Essen. Die Blaue Eule. 2015. Genealogica Bd. 50. Hg. R. Heinz. 35–45.

Stuhlfluchten. In: Ebd. 107–108.

Hermesiade, Philosophische Tagungsbeiträge zum Tauschproblem. Hg. R. Heinz. Essen. Die Blaue Eule. 1986. Genealogica Bd. 9. Hg. R. Heinz. 1986

Sujet die – gelegentlich grenzwertig – bewegte „Internationale Tagung zur Tauschrationalität", mythologisierend zu Ehren des griechischen Gottes der Mediation überhaupt – „Hermesiade" – Hermes; mitgesponsert vom „Collège International de Philosophie Paris". Da es der hinlänglichen Finanzen zur Publikation der gesamten Tagungsbeiträge mangelte, mußte ich mich, als Herausgeber, zu einer Art von „Nachwuchsförderung" der Referenten, nicht ganz ohne Überalterungen damals schon, bescheiden (u. v. a. Pircher, Scherer, Schönherr), so daß die tagungsaktive ältere Prominenz (Bahr, Hörisch, Kamper u. a.) publikatorisch leider leer ausging. Die Vorstellungen der Veröffentlichungsauserwählten reichten, inhaltlich, von politkritischen und mythenadaptiven bis hin zu kunstreferenten und selbst künstlerischen. Nicht zuletzt marxistisch angeregt, war ehedem der „Tausch" von zentralem intellektuellem Interesse.

Mein großes Tischgebet. 1986
In: Hermesiade. ... 1986. 73–81.
(Referenz: Christentum)

Kontextangepaßt, eine knappere und etwas plakativere Neufassung des vormaligen Titels „Transsubstantiation. Über Tausch und Christentum oder: mein großes Tischgebet", in: Pathognostische Studien I. … 1986. 161–186. (Siehe oben S. 200.)

1986 Maxima Baubonia I. und II.
In: Kaum. … Nr. 3. 1986. 15–18.

Ein – bis in die pathognostische Theorie hineinreichend – absichtlich ernsthafter tropologisch exegetischer Begleittext zu Melanie Heinz' Aktion „Waid – Schorf – Sturz" im Frauenmuseum Bonn am 9.9.1983. Da die Aktion, mit ihren im Ganzen Baubo anverwandelnden Allusionen, nicht hier reproduziert werden kann, ginge die Vorstellung meiner schriftlichen Komitate dazu ins Leere, und wurde also unterlassen.

1987 Sexualität (AT, Genesis 1,3)
In: IV. Schamnotizen. In: Pathognostische Studien II. Psychopathologie – Logik – Sinne/Affekte – Bildende Kunst. Essen. Die Blaue Eule. 1987. Genealogica Bd. 17. Hg. R. Heinz. 92–96.

Die Sündenfallmythe im AT – eine meiner frühen philosophischen Hauptbesetzungen. – Im thematischen wegweisenden Text handelt es sich um die gewährlose Rehabilitation des Augenblicks sexueller Zuträglichkeit, vom Manne aus gesagt: der Schamprivation, weiblichkeitsinitiiert, wider die sündenfällige Insolenz des Fleisches, die erdgöttlich schlangenhafte Vorzeitkonservation – die reinste Utopie.

Exkurs zum Gottesspiel der Baubo, vom Manne her aufgezogen. 1987
In: Nachträge zu den „Schamnotizen". In: Pathognostische Studien II. … 98–100.

Fortsetzung der letztendlich illegitimen, jedoch glücklich nicht kleinzukriegenden manifest sexuellen Dissidenzen: Baubo, dem Olymp verwehrt, das Antidepressivum der um ihren Tochterverlust trauernden Mutter Demeter, ihr deplatzierter Exhibitionismus – „Ecce vulva!" (Ungerer). Deplatziert? Nein, mannstravestisch nur post festum der patrifilialen Etablierungen. Was da alles, geblendet, sichtlich würde, das wäre (ist hier, klitoridal, urethral, vaginal), worumwillen (versteht sich), zu retten.

Baubo-Erwähnung von August Ruhs: in: Spicilegia zum Symposium im MAK. In: Pathognostische Interventionen IV. Korrespondenzen & Innervationen. Essen. Die Blaue Eule. 2017. Genealogica Bd. 59. Hg. R. Heinz. 62.

Pflanzenstoff. 1987
In: V. Sucht. In: Pathognostische Studien II. … 160–162.
(Referenz: Christentum)

Abweichende Lesart der AT-Mythe von Kain und Abel. Abel der Protochristus. Letale Opfersanktion des Tierschlächters Abel, durch den Vegetarismus Kains; Widerruf indessen des Abels Gottgefälligkeit, in Kains umwegsamer Rehabilitation, kurzum der Drogierung. So die zweigleisig also vorgenommene allererst voll gesicherte Abwehr des Kannibalismus, weiterer Erörterungen bedürftig.

1987 Klang-Kallistik. Notizen zu Orpheus und der Schönheit von Musik.
In: VI. In: Pathognostische Studien II. … 172–190.
Repr.: Der Schein des Schönen. Hg. D. Kamper, Ch. Wulf. Göttingen. Steidl. 1989. 411–424.
Zweitrepr.: Logik und Leidenschaft. Erträge Historischer Anthropologie. Hg. Ch. Wulf, D. Kamper (†). Reihe Historischer Anthropologie: Sonderband. Zum Andenken an Dietmar Kamper. Berlin. Dietrich Reimer Verlag. 2002. 684–692.

So der unvorläufige Beginn einer, bis in die Gegenwart reichenden abundant musikgenealogischen Befassung mit der Orpheus-Mythe, mehr als bloß ein Präludium zum späteren Schibboleth der „Grausamkeit der Musik", dem totalisierenden Doppeltod der Nymphe Eurydike, mitsamt dem mänadischen Rachetod des Orpheus selbst.

1987 Eurydike-Algorithmus. Zu Jacques Lacans vergeblicher Rettung der Psychoanalyse.
In: VI. In: Pathognostische Studien II. … 191–195.

Lacan extrapoliert das mythische Verhältnis des Orpheus zu seiner entscheidend zweimal gestorbenen Nymphengemahlin Eurydike auf die psychoanalytische Verfahrenssituation, der operationale Genuß des Analytikers zu seinem Analysanden, beiderlei Geschlechts – nein, per analogiam, nur des filial weiblichen, und Männer effeminisierend? (Initiale Stolperstelle) Wußte er nicht, was er mit dieser fatalen Proportion tat, nämlich den doppelten „mise à mort" seines psychoanalytischen Klientels, wie es aus dem minutiösen Aufschluß des Aufstiegsszenarios, mitsamt des besagten Settings, hervorgeht? Aber nein, der psychoanalysenezessitäre Analysandentod, sowie Eurydikes Ableben umwillen des integrums von Musik, passiert ja bloß imaginär. Gewiß, zwar strapaziös genug, doch, gar obsekrativ todestrieblich, fernab des Todes selbst. Allein, trotz dieser Imaginaritätsmoderation, die apostrophierte Entsprechung bleibt, verräterisch (?), konservativ, approbiert nur, kritikentledigt, die übliche Fachprozedur? Dürfte man diesen Umstand Lacan vorwerfen? Die Affirmierung der psychoanalysekriterialen „Kastration", das kulturgenealogische Ferment, zumal an der Frau, der Nymphe, vollstreckt, in ihren Todtod, die radikale Abolition aller Vorzeit?

Erneuter, mindest ausführlicherer, Zugriff auf die besagte Proportion in: Orpheische Höllenfahrt der Psychoanalyse? Lacan und die Musik. In: Pathognostische Studien XII. Erste dilatorische Konklusionen. Essen. Die Blaue Eule. 2013. Genealogica Bd. 45. Hg. R. Heinz. 113–131.

Zur Dekonstruktion der psychoanalytischen Prozedur siehe: Zur Symptomatik des psychoanalytischen Couchsettings. In: Pathognostische Studien VIII. Importune Philosophie-Regresse auf die Psychoanalyse. Essen. Die Blaue Eule. 2003. Genealogica Bd. 32. Hg. R. Heinz. 152–167.

Kicherengelchen. 1987

In: Pathognostische Miniaturen I. In: Kaum. … Nr. 4. 1987. 91–93.

Repr.: Logik und Inzest. Vol. III. … 212–214.

(Referenz: Christentum)

Dieser mein kommentierter Text zählt zu den zu dieser Zeit häufig anzutreffenden in aller programmatischen Kürze innovativsten, frühes pathognostisches Impact, fertig schon gleich zu Beginn, vor aller ansonsten doch benötigten Zeit, trotz dieser Insignen aber traditionslos – sorry – in sich verkrochen.

Angesagt ist pathognostische Angelologie, und, auf der korrespondenten Gegenseite, psychopathologische Exempla. Nicht von ungefähr ausgewählt wurde, letztere betreffend, der Waschzwang, zentriert auf sein Utensil Seife, als Materialität eines rangniedrigeren Engels. Rahmenproblem: die Beauftragung höheren kulturdominierenden Orts, pathologische Abweichungen, wie hier die psychoneurotische, wieder in die Reihe zubringen. Und dies dergestalt, daß der Seifenengel – „Kicher-Engelchen“ – vor lauter Belachen des armen Waschzwänglers, sich in seinem symptomatischen Austrag, und folgend therapeutischen Modifikationsgeschäften, paralysiert hätte. Maliziöser Dämon dann, der das anankastische Begehrensübermaß, das Postulat absoluter Reinheit der Differenzbeseitigung Schmutz, bis auf nur noch Haut und Knochen, und diese schließlich ebenso miterfassend, mitsamt – Revenant des Weggeschafften –, transfiguriert die Dinge, hämisch verheitert; voll ausspielend sein Doublebindwesen, zu diesem letalen Forcement zu verführen, um es, instantan, mit Pathologie zu bestrafen. Was bleibt da wohl noch an ablassender Inversion übrig, den Waschzwang in eine ordentliche Hygienemaßnahme zu transferieren? Bedarf doch der Himmel solcher affirmativ caelesten Dissidenzen, um, widersprüchlicherweise, überhaupt subsistieren zu können? Vorsicht deshalb auch – nicht so einfach ausgemacht der Niedriggradus des besagten Engels und der angängigen Psychopathologie. Fraglich demnach, ob die einschlägig phobische Hygienevermeidung die höheren Ränge der schützenden Zwischenwesen auf den Plan rufen. Immerhin aber bleibt der Ängstler, anders als sein sich doch darein verwickelnder Zwangskollege, dem göttlichen Schauspiel, der korporalen Kulturdramatik, außenvor?

Eurydike und der Lärmschutz. Zur Synchronie des Mythos. In: Mythos – Realisation von Wirklichkeit? Hg. K. Bering, W. L. Hohmann. Essen. Die Blaue Eule. 1988. 199–220. Repr.: Retro II. … 184–208. 1988

Sollte ich solche Texte, unkommentiert hier, nicht besser endgültig verloren geben? Dokumente sind sie, nach einer billigenden Charakteristik ehedem von Michael Wetzel, „transzendenter Theorie“, unablässig wie in ein Nichts geschrieben, selbst, depersonalisierend, für mich selbst, als Autor. Autor? Ließe ich mich angemessen darauf ein, so müßten meine Kommentierungen, à la Derrida (eh Sujet meiner permanenten Explikationen, die ineinem keine sein können), dem Umfang nach den Referenztext, auf Unabschließbarkeitskurs, überbieten.

Nun aber möchte ich es mit solchen Entzugsmaßnahmen, den leicht sentimentalen, nicht übertreiben, und also, gleichwohl, der vielleicht etwas glückenden rudimentären Markierung der fraglichen Problemtopoi, nicht unverzagt, mich widmen.

Also:

- Oberflächlich effektiv die Funktionskontrollvalenz des Lärms (Radaus, Klamauks, Krachs, Tumults), philosophiegemäß kryptisch hingehen aller kurzum Lärm phonetisches Differenzmonitum, wie immer ebenso begehrte wie verworfene Unterbrechung inzestuöser Indifferenzen.

– Dinggeburt, tonlich, aus deren Stoff, dem Klangmüll, produktive Einebnung von Begehren und Verwerfung.

– Gemäßigter Modus der Lärmrepudiation, des Lärmschutzes, Umhüllung/Verpackung zum „organlosen Körper“, Epikalypse derart des opferdeterminierten Dingarkanums, betreffend die Schandbarkeiten des Absoluten, des Rests und der Außenzufuhr.

– Dauernde Porösitätsgefährdung dieser Hermetik, Austrittsdiffamien.

– Zentrale Lärmattackenadresse, um ihretwillen; die Einheit von Sprechen/Hören, sensueller Anhalt des Selbstbewußtseins, echodurchbrochen, verlärmt rettend sehensprovokant, Schriftlektüre-erfüllt.

– Objektivitätsversierte Lärmaffirmation, wie gesagt funktional: Geburt- und Todestumult, zwischendurch auch der Menstruation, Übergang des Höllenlärms in die verlöschende Verlichtung der peremptorischen Totenstille. Epiphanisch Pans weckend meridianer Schrei auch.

– Schwerpunkt, uneinnehmbar, Orpheus und Eurydike: Übercura um das Musikintegrum, Musikmemoria (bis zur musikalischen Moderne). Entsprechend der fischigen Wassernymphe Doppelverpackung, ihr zweifacher Tod. Eurydike – Synchronie des Lärmschutzes schlechthin.

– Auszusetzender Schlußpunkt: Gestank, olfaktorisches Pendant zu Lärm und Schatten, hervorgehend einzig aus der geliebten/verpönten areflexiven Differenzanmahnung der Dejekte. Ist’s Eurydike, wenn es blendet, wenn es kracht, und, vor allem, wenn es stinkt.

Kleinbürger-double-binds. Zum Problem der Gewalt in psychoanalytischen Verfahren und Institutionen. 1990
In: Pathognostische Studien III. Psychoanalyse – Krisis der Psychoanalyse – Pathognostik. Essen. Die Blaue Eule. 1990. Genealogica Bd. 20. Hg. R. Heinz. 108–128.
(Referenz: Ödipus)

Mein erster Auftritt in Marburg, im Marburger Symposion vom 3.–5. VI. 1987 über „Die heimliche Gewalt des Konformismus. Die Annullierung des Subjekts und die Auf-Gabe der Psychoanalyse". Hg. Klinik und Poliklinik für Psychotherapie an der Philipps-Universität Marburg/M. Pohlen. Noch ist er von der Zuversicht getragen, rein durch radikale immanente Kritik die Psychoanalyse fortsetzbar zu machen. Die in aller Dringlichkeit abzulösenden etabliert fachlichen Mißgriffe sind:

- Die Verharmlosung des Ödipuskomplexes zu einer, dem „Untergang" zu weihenden infantilen Kaprize; die Abdeckung derart des eigentlichen Schuldgenerators Sterblichkeit, der konstitutiven Todesmächtigkeit; die Überprivilegierung der Ödipusmythe mitsamt der Ignoranz ihrer antiken politischen Funktion.

- Der Ausfall der Selbstanwendung der Psychoanalyse auf sich selbst, die zur Ubw-Hermetik der psychoanalytischen Prozedur selbst dann führen muß.

- Die Verleugnung (alles Abwehrmechanismen!) der infiniten Verlustigkeit aller Re-präsentativität, des gängigen quid pro quo des verbliebenen „n-ten Futurs im Irrealis" (HH) mit emotionalistisch scheinkompensierter Präsenz.

- Die haltlose sensuell-mediale Propagation von „Sprache ohne Schrift“, Sprechen/Hören, bar des, fürs erste, komplettierend befreienden Sehens.

- Das Abstreiten der vernichtenden Konterkarierung des psychoanalytischen Sprachartifiziums durch den sexuellen weiblichen Körper, provozierend (weibliche Genitalien) Kastrationsangst, (Prokreation) Gebärneid und (Menstruation) Aphanisis, aufgehoben in martialischer Objektivität.

- Repudiation der insinuierend homosexualisierend paranoischen Verderbnis der psychoanalytischen Prozedur, terroristisch gesteigert im Gruppeneid der einschlägigen Institutionen. So die notwendige Konsequenz der Intersubjektivitätshypostase.

- Zufälligkeit des psychoanalytischen Behandlungserfolgs aufgrund von unbeabsichtigten Rissen im prozeduralen Gefüge.

Die eingestreut sich ansagenden pathognostischen Aussichten – Todestrieb, Dinglichkeit, Martialitätssperre –, die ich, später dann, zur Psychoanalysealternative Pathognostik fortwährend isolierte, sind hier, vorerst noch, eher kleingehalten, zukunftsweisende Elemente der besagten-psychoanalysewahrenden rein immanenten – bereits grenzwertigen? – Kritik ohne Alternative, mit der Kritikadresse eines ganzen Systems unerfüllbarer Verheißungen, permanenter Doublebinds also, die ihre kleinbürgerliche Herkunftsortung wohl sprengen.

Wie es in Marburg, zum Ende wenig erfreulich, weiterging, siehe u. a.:

Marburg-Komplex. In: Pathognostische Repristinationen. Band II. Praxisumsichten. Psychoanalytische und psychoanalysetranszendente Retrospektive. Essen. Die Blaue Eule. 2018. Genealogica Bd. 62. Hg. R. Heinz. 82–95.

Arbeit – Technik – Tod. Einige mythosophische Überlegungen zu Hephaistos, Daidalos und Helios. 1990
In: Pathognostische Studien III. … 193–228.

Es handelt sich um die einmalige Fortsetzung einer Ringvorlesung über „Arbeit – Technik – sozialer Wandel" in den Gesellschaftswissenschaften der Universität/Gesamthochschule Duisburg/D. Dankwarts im Oktober 1988.

Nicht daß es an Produktivkräftemythen in der Antike mangelte, im Gegenteil, deren olympischer Gott Hephaistos (siehe oben S. 30–35) mitsamt seinem mundanen Vollstrecker Daidalos, erscheint nahezu üppig bedacht, doch dies aber in krassem Mißverhältnis zur betreffenden kulturgenealogischen Rezeption, jedenfalls in Philosophie, im Unterschied zu Kunst, neuerlich Sciencefiction, die, bis in die Gegenwart, dem geisteswissenschaftlichen Vorurteil zivilisatorischen Minderrangs des Ingenieurwesens sich verdingt; und, wenn nicht, in szientifischer Verblendung jeglichen mythengemäß genealogischen Einsatz repressiv abstößt, Häme auf Daidalos' Gesicht.

Fürs erste nun zur Technologiemythe Hephaistos, diesmal wählte ich die für meine Philologiebelange relevanten genealogischen Motive aus. Adlerianisches Subsiduum, Adler allerdings auf den Kopf gestellt: Alle Reifikationen – Dinge/Waren/Waffen – verschulden sich der körperverwerfenden „Urverdrängung", inbegrifflich Technik zum mortalen Körperrevenant – viel Stoff zu weiteren todestriebgeleiteten Problematisierungen: Menschwerdung im akausalen Körper-Ding-Verhältnis, in dem Kompensation wie Überkompensation, objektivitätspathologisch als Rüstung, zusammenfallen. Herunter in-sich-reflektiert Hephaistos' filiales Schicksal: lahmender, mit den Füßen nach hinten gedrehter Krüppel – aus dieser organologischen Not wird die Tugend der technikkonstitutiven Sehens- und Gedächtnisprärogative.

Konzentrat dieser felix culpa: die Parthenogenese, kurzum die exzeptionell inzestuöse Bindung des vaterbaren Sohnes an die Göttermutter Hera. Daß sie das Wunschwunschkind paradoxerweise verwirft, intensiviert ja nur – List der Vernunft – sein Ingenieuringenium. Ebenso seine nicht eben krisenfreie Ehe mit Aphrodite – sie weiß, warum sie ihn wählte. Die Grenze aber seiner, für das Opfer der Arbeitskraft entschädigenden, Begehrlichkeiten: Athene, die eiserne Jungfrau, genötigt gleichwohl zur Vorzeitbilligung: Erichthonios.

Daidalos angängig, fiel meine Wahl auf seine besondere Anstelligkeit für Königin Pasiphaë: den Bau der besagten Kuhattrappe – was kümmert den virtuosen Erfinder die sozialen Konsequenzen seiner Inventionen? Hauptsache, er findet professionell angemessene Aufträge. Für unsere spätzeitlichen Denkgepflogenheiten eine einzige sodomitische Obszönität. Gewiß, doch die genuine Intention des Mythos weist in eine andere ordentliche Richtung, nämlich die umwegsame Einrichtung der kretischen Rationalitätsleistung Rinderzucht, die, prähistorisch – dafür steht Pasiphaë, die Titanin –, zur inversen Sperre der Tierbemächtigung sühnend regredieren muß, um hinlänglich solide darauf die kulturale Tierheitsdisziplin bewerkstelligen zu können. Welch ein phylogenetisch violenter reparativer Abgrund, vermittelt über das weibliche Begehren, mit dem prokreativen Effekt des hybriden Monstrums Minotauros, dem rächenden Menschenfresser, Monitum des Kultur vorausgehenden Opfers, zumal als dem Rechtsgrund der kulturgenerischen Opferkontrareisierung. Nicht werden wir den Minotauros los, er sinkt nur ab ins profunde Unbewußte unseres Rinderfleischverzehrs. Wer weiß, Rindviehvendetta, ob er nicht, verpackt, wenigstens in unseren Träumen von den Toten aufersteht? Auffällig auch Daidalos' Servilität der Vorzeiteinsprengsel, den regressiv im Dienste ihrer umso legitimeren Abschaffung – verbliebene Tücke (ja!) der mechané.

Unikale Ausnahme innerhalb der milder exegetischen Ausnahmefälle: ich begebe mich auf den vermessenen Weg, die Heliosmythe eigenmächtig tropologisch fortzuschreiben, nicht ohne vorgängige und zwischenzeitliche Rückbindung an die einschlägigen Vorgaben, und die Opferung meiner beigegebenen topologischen und mechanistischen Finessen, die sich zu ihrer schlaf- und traumphilosophisch ausgeweiteten beschränkten Kommentierung nicht eignen hier und also weiterer Aufschließung harren müssen.

Weshalb Helios im Anschluß an Hephaistos und Daidalos? Das Bindeglied ist Pasiphaë, die Helios-Tochter. Zudem, allgemein, der technologische Sehensvorrang. Darüberhinaus aber geht die thematische Mythe ihre eigenen, von mir dann weitergeführten, Wege.

Vorab des Helios' irritierenden Ambiguitäten, das notorisch göttliche Ineins von Liebe und Strafe: Donator von menschlich unverzichtbarem Licht und unverzichtbarer Wärme, ein mütterlicher Zug auch (Helia!), gleichwohl liiert mit seiner knallparanoischen Aufsichts- und Durchsichtskriminalistik, aus der Ferne erhaben schön, aus der geflohenen Nähe mörderisch. Nicht auch ausbleibt der Suspekt, er sei in Wirklichkeit blind und taub, ein ataraktisch toter arbiträr spendabler Himmelskörper?

Kapriziert kommentierend habe ich mich, spätmythographisch, auf Helios' halbwegs erfundene Inselliebe, die Fluchtfliegens- und (selbst mit Tieren) soziale Kontiguitätbegünstigende. Inseln firmieren für den Titanen wie der eigene Bodenschatten, circa umgeben von lauter Spiegeln, dem Meer. In diesem Schattending depotenzieren ihn Hades und Tartaros? Nein, denn diese seine Sichtextremgrenzen – Kooperation mit den Unterweltgöttern – ermächtigen fortwährend ihn zu sich selbst, nicht freilich so, daß er dieser seiner Limitation nicht bedürfte. Rekreation, dagegen, sogleich, nebenan, im unterbrochenen Meeresspiegel? Ja, die selbstgründend infinite Selbstsichtsjubilatorik – man hört sie doch im Meeresrauschen, sichtlich, spürbar im sengenden, trügerisch sich im Wasser abkühlenden, Sonnenstrahl. Allein, man kennt doch das gelingende Mißlingen dieser schönen Ausweiche, was alles müßte hinzu kommen, um Helios nicht taumelnd zu fixieren? Krisisklimax: die meridiane Verlichtung des Inselschattens, psychotische Apokalypse des Unbewußten in toto. Was hat er nun davon, von dieser seiner Selbstkremation? Ich kam auf die Idee, daß Pans Mittagsschrei ihn rette, zur Tagesordnung revoziere. Um welchen Preis? Pan, der sich zutodeschreit? Preisfrage zum Schluß: Poseidons Tücke der Himmelsbewölkung. Wie vermöchte Helios sich dagegen zu behaupten?

Mehr noch zu Helios siehe: Brief des Hermes an Helios. In: Apokalypse des Abbilds. Videnden zu Photoarrangements von Heide Heinz, Essen. Die Blaue Eule. 2000. 7–13. Zweite überarbeitete Auflage: Pathognostische Repristinationen. Band III. Essen. Die Blaue Eule. 2018. Genealogica Bd. 63. Hg. R. Heinz. 7–13.

Sinnes-Verwerfungen (auf Orpheus hin). 1. Real – imaginär – symbolisch. 2. Orpheus und Eurydike. 3. Zur Zeichnung von H. Heinz: „Orpheus und Eurydike I".
In: Pathognostische Studien III. ... 229–235.

1990

Das war wohl die Zeit der innovativen – uneingeholten, auch nicht ausdrücklich weitergeführten – Vorläufe, besonders demnach wert, auf sie aufmerksam gemacht zu werden.

So auf das fällige Dreigespann, zum ersten die vorbereitende Problematisierung der Lacanschen Trias „real – imaginär – symbolisch", dem „Spiegelstadium" gemäß. Um es kurz zu machen, und auf die Zusammensetzung der „symbolischen Ordnung" spezialisiert: Sie verdankt sich der wahrenden Identitätsdeklaration der, in der Reflektionssituation, beide Distanzen meiner selbst zum Spiegel, sowie, innerhalb des Spiegels, vom Spiegel zum Gespiegelten; jene „real" geheißen, diese „imaginär". Man bemerke die Unabkömmlichkeit des „Imaginären" für das „Reale", das, isoliert, ins Nichts abdriftete; auf die Quittierung der besagten Abstände – Tod des Narziß – das Spekulationsverhältnis zerstörte. Zunächst also rettende Verkennung, das „Symbolische" als Effekt der Homogeneisierung des „Realen" und des „Imaginären" geltend zu machen, sowie dies, nicht minder verkennend, im Despekt der „absoluten Differenz", im Spiegel gewährleistet, beider selbstkonstitutiven Determinanten. Des weiteren nur fortgesetzte Ignoranzen: haltloser Visualismus: Die entscheidende, das „Symbolische" ausmachende, Identität erweist sich als alienisiertes Heteronomieartefakt der Sprechens-Hörensunion. Ferner: Wo bleibt das „Abbild“ – Spiegelbild des Spiegelbilds, der Blick des Anderen – in diesem hypostatischen Spiegelbildgefängnis? Unschließlich: keine Weiblichkeit, die sich unter dieses virile Exklusivgemächte subsumieren ließe. Voilà! – der reinste universelle Trug, wie unbeirrt er sich behauptet: Mein vis-à-vis im Spiegel, ja, ich bin es fraglos selbst, mein spekuläres Vikariat, nein: ich selbst. Kein Wunder, daß dieser öffiziöseste Wahn nur scheinbar die schlemihlischen Vampire und ähnliches Gelichter tötet. (Alldies auch eine Auseinandersetzung mit Lacan?)

Pardon für die atopisierende Kommentartranszendierung – fast alle Texte dieser Zeit machten, fortgesetzt explikative, ganze Abhandlungen erforderlich. So auch die folgende Erörterung von „Orpheus und Eurydike“, in musikgenealogischem Betracht.

Weshalb muß Eurydike sogleich zweimal sterben, welche Gefährdung geht, musikmotivierend, von ihr aus, dem halbgeborenen Wassernymphenwesen? Zutiefst „Kastrations“-, „Aphanisis“bedrohung, die regressive Rückeinsaugung des künftigen Musikheros in den intrauterinen Status: – stumm wie ein Fisch – die Aussetzung des Sprechens-sich-Hörens, sowie die des Sehens, stattdessen die Auslieferung an die Binnenverlautung des Mutterleibs, mitsamt der überichpaternalen externen – eine bereits geschlechtsdifferentielle, moderater für Weiblichkeit, dem männlichen Embryo, als Mannwerdungstraumatik, im Verein mit der Durchsetzung des ♂ genetischen wider das ♀ hormonelle Geschlecht, vorbehalten.

Orpheus im Vollbesitz seiner musikalischen Potenz – den phonégrundlegenden Geburtsschrei und die zerstreuten Winnicottschen (?) „Übergangsphänomene“ hat er glücklich hinter sich gebracht –: er antut seinen frommen Zuhörern, extrauterin verschoben und dispositionell mitgenießend, die Stummheit im Amnionwasser.

Krude Konsequenz der wenigstens notationsprämierten nochmaligen Tötung der provenient wassertriefenden Nymphe – wie auch sollte Orpheus dieser Blendung, dem neuerlichen Sehschock, im verbotenen Umdrehen während des Aufstiegs aus dem Hades, sich exponieren? Um seines Bestehens willen durch nichts anderes, als sich selbst, männlich, zu erblicken, und alles weibliche Residuum darin sich, verfügend imaginär, just als toten Spiegel botmäßig zu machen. Was aber mit Eurydikes Leichenleiche anstellen? Sie, wahnhaft, solange distanziert nekrophilisch schlagen, bis sie, musikarchaisch, präferent Takt und Rhythmus und die Leier hergibt, infinit übergängig dolorös zunichtegemacht. Und, körperlich korrespondiert, gleichentstand, demselben Herzschlag und Atmung. Orpheus’ Tod, von rächenden Mänaden zerrissen: indem er, musikalisch endexpansiv, sich zum Gebieter über diese Körperentsprechungen überhebt, stirbt er, sich opfernd, gerecht, an Herzinfarkt und Erstickung; wenn nicht sogleich so, dann à la longue an Epilepsie – wie auch sollte seine zweite Geburt vollends gelingen können? Einziger Trost, vielleicht – kopfab nach Lesbos: objiziertes Verbleiben – musica perennis – seiner Kompositionen.

Zwei feinsinnige Farbstiftzeichnungen, die ich sehr schätze, und, wie abschließend, eine unenigmatische aussagedirektere Zeichnung auf Millimeterpapier, zu Orpheus und

Eurydike, von HH. In keiner Weise Illustrationen zur thematischen Mythe, vielmehr deren sich in sich zurückziehende bildliche Anverwandlungen. Zu jener ersten verfaßte ich eine exakte Fakturbeschreibung, mit einem knappen Ausblick auf sich entziehende Orpheus-Allusionen, deren kommentierende Reproduktion hier sich insofern erübrigt, als ja die nötige Inspektion der Zeichnungen entfällt. Der nämliche nicht kompensierbare Mangel gilt mit auch für die weiteren Zeichnungen, von mir nicht mit Exegesetexten bedacht, zum selben Sujet.

1990 Ödipus for ever for ever.
In: Pathognostische Studien III. ... 308–311.
Repr.: Logik und Inzest. Vol. III. ... 1997. 101–104.

Anfängliche, bis in die Stilistik hineinreichende, Verfänglichkeit: die Miniatur suggeriert so etwas wie eine common sense trivialisierende „Ödipuskomplex"dramatik. Alsbald aber – der reinste Schein – übergehend in fast einmalige Markierungen psychoanalyseüberbietender Elemente. Scheinbar harmloser noch: Ödipus, der Krüppel, gewalttätig folgend seiner Gehbehinderung sehensfixiert, vollendet im alten blinden, vom Tochter-Antigone-Gehstock geleiteten, wild herumfuchtelnden König, der – psychoanalytische Auslassung (bis auf Lacan) – leichen- und grabesbar verschwindet.

Darauf „volle Kanne": Folie des männlichen Parasitismus der Machtergreifung: hieros gamos von Mutter und Tochter, Ubw-Endstation, Waffenarsenal; ödipales Schuldumherirren zwischen Kind, different geschlechtlich, und Eltern; Pseudos der Entschuldung, psychoanalytisch nicht vorgesehen, in der „maschinellen Transmission" (H. D.

Bahr), der Selbstverdinglichung, vero Rüstungsbeisteuerung bloß. – Ödipuskomplex aktuell, medial gesättigt, inbegrifflich travestisch: „Mutter, mit sich selbst an der Hand gehend“. (Kommentare? Eher doch Problemverdichtungen?)

(H. Heinz, M. Heinz) 1990
Echo. Roman. Hg. Fr. Kittler, R. Heinz. Wien. Passagen. 1990. Passagen Philosophie.

Nachrede: 1. Wie zu lesen wäre. 2. Echo-Tropologien. 1990
In: Echo. ... 155–179.
Repr.: Retro II. ... 2006. 285–303.

Referenzausnahme diesmal, nicht nämlich auf eigene mythenbetreffende Texte, vielmehr auf einen Roman, ein ausgiebiges „Text-Objekt“, namens „Echo“, von Heide Heinz und Melanie Heinz. Der mythenreminiszente Titel „Echo“ darf beim Wort genommen werden: „Narziß“ – grosso modo die Weltliteratur, und gedoppeltes „Echo“: was die beiden Manipulatricen derselben, dekonstruktiv aufklärend, antun. So mein erster Angang: „Wie zu lesen wäre“, Legende. Also: echogemäß, sind es bloße Abschreibensmühen, debil dienstbar und zugleich voll der Tücke, plappern sie ihre ausgewählten Literaturdokumente – nach welchen Selektionskriterien?? –, besinnungslos reproduktiv, nach; retten sich aber, dem Schicksal der Nymphe Echo entgegen, durch vielerlei Abweichungen davon: durch ihre, das Echo mechanisierende, Verdoppelung; das Verliebensmanko beider; daß der Widerhall zu seinem Ende hin nicht sich verfransend reduziert; die Echobeschämung sich auf Narziß überträgt. Kurzum: sie behalten, postmodern, die Oberhand: hinterlassen ein einziges Truggebilde an bruchloser Kontinuität, der Einebnung des Qualitätsgefälles unter den Literaturzeugnissen; der fragwürdigen Mora von Reflektionseinlagen für Schrift, wirkend die Todesverkündigungen ... Genug des Pudor des bedauernswerten Narziß mittels solchem Echomodus' weiblicher Produktion? Nicht fehlt, am Ende, der eschatologische Ausblick: Roman „Echo", -anthologie, wie ein Readers Digest im Atombunker, harrend, vermittelt über die (Re)diskrimination der Schrift in Bild und Ton, final den Atomblitz und -knall. Rare Lektüreunterwühlung, wie die somniale Epiphanie der beiden Frauen, visuell Spiegel und Spiegelbild; je versiert Mutter-Tochter/Mutter-Schwester/ Mutter-Braut, attribuiert, der Reihe nach, alteriert sich der Leser als sein eigener Großvater mütterlicherseits/als sein eigener Onkel mütterlicherseits/als sein eigener Vater. Capito?

Tropologie – die Methode meiner Wahl: Anverwandlung im paradoxen Wechselspiel von Entfernung und Näherung. Diesmal rekurriere ich auf bereits publizierte und hier kommentierte Beiträge („Die Scham und die Schrift", „Welchen Geschlechts sind Fernsehapparate?"), sowie auf später veröffentlichte Typoskripte solcher („Apo-kalypse des Abbilds").

Sujet ist das allübergeordnete Repräsentationsverhältnis, unsere einzige Seinsgewähr, im kulturellen Konkretismus der Jagd, mythologisch mit Narziß, dem exemplarischen Jäger. Geltend gemacht wird die Repräsentation als Opferprozeß, der obligaten Tötung nämlich des repräsentierten Hyleteils.

Dies, bei Bewußtsein zu halten, definiert das Gedächtnis, so etwas wie die Krypta unerer ultimativen Existenzgarantie, Opferverwahrung, in der zur „Idee“, postmodern dem „Internet“, hochstilisierten Opfersistierung, des Movens des Opfers infiniter Fortsetzung, immer mit dem Ziel des Opferverzehrs – so das inkorporierte Wesen des Narzißmus, viel zu wenig psychoanalytisch akzentuiert.

Die Repräsentations-kriteriale Mortifikation erweist sich als paranoisches Pseudonym des „Muttermords“ au fond, übergängig dargestellt im Jagdwild Hirsch, dessen Homosexualitätsallusionen; ja auch ein Christus-Signum.

Anscheinend tritt im Mythos an die Stelle der Racheresurrektion des getöteten Jagdwilds des Jägers Narziß Begegnung mit der Nymphe Echo, der bestraften Plaudertasche, todesdifferierend zwar, für den Kulturheros, im Wechsel vom Sehen zum vorausgehenden Sprechen/Hören, jedoch prognostisch ungünstiggünstig. Intrige der Artemis? Sehr wahrscheinlich, denn Anstoß muß die Göttin der Jagd an der Vermessenheit ihres Schützlings nehmen, an der narzißtischen Absolutheitsgier, der menschlich todesprovokant quasi oralsadistischen todgeweihten. Echo, in Narziß verliebt gleich unablässig penetrant in ihrer phoné-Verfolgung, die, echolalisch (Halali Halali), der fundierenden Simultaneität von Sprechen und Hören einen tödlichen Riß verpaßt. Zwar muß sie selbst daran glauben, Narziß aber, aufgelängt, nicht weniger, just mit auch, vielleicht zumal, von dieser stimmenhörlichen Raptur. Die gebotene Kulturleistung vollbracht, aber die Totheit der „Echo“ gewährt nur eine schonende Aufschubfrist ihrer Tödlichkeit. Und zwischendurch müht sich der perenne Menschwerdungsauftrag daran ab, die, wenngleich kultural notwendige, narzißtische Entropie – Paranoia („Wer da?“), Schizophrenie und Katatonie – in Sprache und Schrift, Sprachschrift hinein, zu konterkarieren.

Intermezzo mit H.-D. Bahr: Der Spiegel, das winzige Wasser und die Maschine (Konkursbuch 3, Tübingen 1979, 39–72), einem exzeptionellen Zeugnis zeitgemäßer, mitnichten obsolet gewordener sensualistischer sowie maschinengnostischer Phänomenologie, nachdrücklich dem Studium anempfohlen, auch wenn ich es nicht unterlassen konnte, darin, in meinem Sinne tendentiell dekonstruktiv, selbst auch mit Derrida, Desiderate – Schrift, Geschlechterdifferenz, Pathologie, wohl noch zu ergänzen: die ehedem sich ansagende Medienkonjunktur – zu monieren.

Supplemente und darüber hinaus. – Welch ein Gewährsmensch für das als erhaltene Sichtbarkeit infinit aufgeschobene narzißtische Telos, des Objektverschlingens; Visualität die Sperre des sofortigen Verzehrs, ernötigend, wider die Heimsuchung der archaischen Magna Mater, ganze interimistische Systeme an quasi-Tischgebeten, bis hin zum hypostatischen Sehensspiritualismus des anorektischen Verhungerns. Dem bin ich längst schon traumtheoretisch bewußtlos nahegekommen: in der Nutrition als Negierung der „Rücksicht auf Darstellbarkeit“, dem Verschwinden von Traumteilen von der Bildfläche, Avis auch des somnialen Versiegens.

Welche womöglich pathologischen Bedrängnisse fallen vehementer aus, die visuellen oder die phonetischen? Weniger behelligend diese? Nein, denn die gediegene Sprechens-Hörens-Einheit, keine Urtatsache, Forcement vielmehr metaphysischer Haltsuche, gibt sich eher bloß wie ein Refugium im Nachhinein, echotraumatisiert immer auch, de facto überichlastig, differierend. Nutzlos demnach, ja am Ziel schon, wie apriori, angekommen zu sein, worum sich das Sehen allererst, eucharistisch, bemühen muß, denn das phantasmatische Selbstgenügen hier ist, wie alle solche Heimischkeiten, ein todestrieblicher Wahn.

Klimax der narzißtischen Phantasmatik: der Autokannibalismus. Die Unterstellung des der Destruktion anheimgegebenen Außenobjekts ist der Heterogeneitätskonzession viel zu viel, ich muß es, wahnvollendend, selbst sein, zum Eigenfraß bestimmt. Mögliche Vorwarnungen von Narziß, dem Moribunden, in den Wind geschlagen: eigengeruchs- und eigengeschmackspsychotische Anwandlungen.

Es folgen, prononcierter noch als sonst schon, mythologische Eigenfortschreibungen, kaum mehr rückbeziehbar auf einschlägige mythographische Vorgaben. So meine Variante des Narziß' Tods, in der Konsequenz der autokannibalistischen Ansinnungen: keine reale körperliche Selbstumarmung – sie mag zwar, passager, wie immer auch schwachen Schutz gewährleisten, taugt aber nicht zur Scheinbehebung aller Nöte körpereinbegriffener Selbstkonstitution. Embrassade vielmehr des Spiegels mit seinem Spiegelbild darinnen, unifizierend totalisierende Assimilation des Imaginären mitsamt seinem dinglichen Medium, umwillen, die pseudologische Usprungslokalität notorisch hinter dem Spiegel einzunehmen, die gelingende Hinten- und Innenappertur. Grausame Sanktion entsprechend, gemäß den göttlichen Vorbehalten: Narziß, dem, überaus schmerzend, Hände und Arme abfallen. Im Falle des Wasserspiegels zerstört die besagte Umarmung das Spiegelverhältnis selbst, und Narziß ertrinkt. Wer weiß, ob sich Helios, verfolgend, nicht eh schon an der Überwertigkeit des grünen Jägers Anstoß nahm, an seiner höchst anmaßenden Sehensapotheose, der

Übersicht, Durchsicht, der Panoramik nach innen wie nach außen?

Narziß, nicht zuletzt das unbesehene Opfer der Paarigkeit der Hände, die zum existentialen Irrtum, der notwendigen Spiegelung des imaginären Gegenübers unbedürftig zu sein, verführt. Und wer ist schon zu solchen sanktionalen Prätentionen verführbarer als der allinsolente Narziß? Unbedarft dagegen, rettend die Hände devot zu falten. Handloses Jagdwild, der begehrlich überbesetzten Hände Übermaß des Jägers dagegen. Wer – von den Göttern vielleicht? – hätte ihn vor solcher Todespronunziation bewahren können? Aber das wäre ja kulturgenerisch kontraproduktiv.

Weiteste eigenmächtige Abdrift von den mythologischen Vorgaben selbst: erneut meine Variante des Todes des Narziß, als „Nachtjäger“, „Hörspäher“, verschlagener Helios-Überlister. Demnach auch seine unvermeidliche Bestrafung: Blitztod, donnerkomitiert – Verlichtung/Betäubung, phylogenetisches Auxilium, Vogel und Fisch. Es darf nichts verloren gehen.

Phänomenal Weiteres zu des Narziß' kulturgenealogischen Angelegenheiten wird noch folgen. Hingebe ich mich fortgesetzt meiner rücksichts-losen Fortschreibungsattitüde, der besagten Eigentropologisierung, die einen selbstig abgehobenen kosmos noetos der Unabsehbarkeiten, hier nur unterbrochen von den kommentierenden (oder wie angemessener zu bezeichnenden?) Kürzeln, kreiert.

1990 Ödipus' Grab (mit Rücksicht auf Lacan).
In: Riss. Zeitschrift für Psychoanalyse. Zürich. Nr. 13/14. 5. Jg. 1990. 27–35.
Repr.: Retro II. … 239–247.

Was hat die Privation von Leiche und Grab des alten sterbenden Ödipus mit Musik zu tun? Schlagwortartig: „les immatériaux" (Lyotard). Musik sodann, faktische Musik, die sich vor der Sublimität ihres spätödipalen Suizids rettet durch ihre notorische Charakteristik als „Zeitkunst", ihre wesentliche Vergängnis. Vorsicht! – sie, bildvergleichlich, auf Dauer zu stellen: Tinnitusgefahr! Mit einem Seitenblick auf Bildende Kunst: Wie sie sich vor ihrem begehrlichen Binnenkollaps bewahrt? Kurzum, bezogen auf ihre Objekte (versus auf sie selbst als Genre, in ihrer finiten Differierung) mittels der „haecceitas", sprich der paradoxen Verewigung je des bloßen Augenblicks.

Wagner, er – mein Hauptakzent – imponiert als Meister des „Autosymbolismus": das Gesamtszenarium gleich der bodenlosen Transparenz auf das Wesen des Gesamtkunstwerks hin, freilich dominant auf Musik. Einer der Hauptagenten dessen Alberich, von Wagner selbst, paradoxerweise?, privilegiert. Der häßliche bösartige Zwerg, Herr der Waffenschmiede untertags, für obenauf die Kriege. Insignien seiner Macht: die Tarnkappe, der Ring, der Gestaltenwandel. Imperiale Verlaut(bar)ung, hypnotisierende Höhenstimme aus Unsichtbarkeit – die Camouflage; Metabasis ins suchverhaltende Sehen, sogleich geblendet – der Ring; serielle Nichtidentifizierbarkeit – der „Wechselbalg" (SF). So ja die untergründige Kapazität von Musik; Sehensepoché bis hin zum tonmotivierenden „Sehschock" – wie groß wohl wäre die entzaubernde Enttäuschung, wenn sich die Bayreuth-typische Orchestergrabenabdeckung und die ganze penetrant visible mechané fidelnder, schrammender, blasender, schlagender MusiksklavInnen manifest würde? Doch der Visualitätsübersprung ist, musikisch, bestens, dazu präpariert: in der sichtlichen Dienstbarkeit der Notation und der Instrumente, sobald aber in mente entfunktionalisiert, sich ihre perverse Abdrift einstellt, und wir wären wiederum bei ihrem apud inferos vorangelangt. Nicht von ungefähr in diesem Zusammenhang macht den Auftakt dieser meiner Ausführungen eine bayreuthische Scheinmarginalie: ein auffälliger Run auf Bier, Weißwurst und Toiletten, nach dem ersten Akt der „Walküre", dem Geschwisterinzest auf der Bühne, erlaubterweise eingebildet in „les immatériaux", zivil gleichwohl pathologieverdächtig – vorweltliche Dissidenz, Präjudiz des Scheiterns von Wotans großem Heilsplan? Die apostrophierten reaktiv oralen und exkrementalen Begehrlichkeiten kompensieren die auf die Spitze getriebene Imaginarität des Bayreuther Szenariumgesamts. Ausgleichende Gerechtigkeit im fast verschämt körperlastigen Ansehen der passageren Pausenaktivitäten. Auf denn zu den Theatersitzen, körpervergeßlich der massiv imaginären ungestörten Fortsetzung harrend.

Apokrypher Beschluß, in dem ich mir selbst fast abhanden kam: Alberich, der, in der „Götterdämmerung", neben Gutrune, einzig Überlebende, künftige Weltenherrscher (?), muß, so meine Einlassung – folge man ihr, so man es könnte –, für die Intimität des Embryos, substitutionell muttervernichtend, alimentär sorgen. Wie er das anstellt? Er bewährt sich als „Plazentafresser", wird so selbst, die Lebens-Todesdifferenz kassierend, zu diesem natalen Abfallorgan. Noch zu überbieten?

So mein zweites Entree ins PSZ (Psychoanalytisches Seminar Zürich), eine umwegsame sensualistische mechanébedachte, über des greisen Ödipus' finales Schicksal vermittelte, Musikgenealogie, auf die, Orpheus-pflichtig, Weiteres noch folgen wird.

Weiteres anderes zur Plazenta-Einbeziehung in: Plazenta-Visum (Oedipus complex. Zur Genealogie von Gedächtnis. Wien. Passagen. 1991. Passagen Philosophie. 54–56), worauf ich, folgend, in der Kommentierung dieser meiner Publikation des näheren noch eingehen werde. Siehe ebenso: Die Mutterkuchen-Gegengabe, Kommentierungen oben S. 201.

Oedipus complex. Zur Ge}nealogie von Gedächtnis. Wien. Passagen. 1991. Passagen Philosophie.

1991

Zuvor ist wohl dem allgemeinen Problempunkt, im Untertitel „Zur Genealogie von Gedächtnis" untergebracht, und wie im Exposee auf der Cover-Rückseite skizziert, rahmenmäßig Genüge getan:

„Ödipus – revenant, epochengemäß medial. Überfällig demnach seine sich mythosophisch fortschreibende sinnen- und gedächtnis-, kurzum: medien-theoretische Lesart, in der die ganze Unterwelt der Memorials spruchreif wird. Ödipus, zumal, als Greis – lahm, blind, sich selbst betäubend das letzte Gerüchtewort Mensch nur noch schreiend: der Aufstand aller inkompatiblen Sinne. 'Ödipus' Stunde naht' – das weiße Rauschen, schließlich."

Allein, dieses mein abwegiges Opus – am ehesten eine Mischung aus lockerer Diskursivität und mythentropologischer Narration, die sich primärprozessuell ungewöhnlich weit vorwagt – sperrt sich, so will es mir vorkommen, fast jeglichem Vermittlungsansinnen, läßt in ihrer attraktiven wie repulsiven Klausur ihr Rezeptionsunterfangen sehr wahrscheinlich leer ausgehen. Empfehlung deshalb, das oft kapriziös anmutende Register der Kapitelüberschriften wie ein apéro vielleicht der Zuwendung dann einzusehen. Und deshalb begnüge ich mich, etwas contre cœur – Notfallmaßnahme wider die Gedankenabundanz – mit der Aufnahme einer zu kommentierenden Kostprobe, wie schon avisiert angängig das „Plazenta-Visum". Problemrahmen: Gedächtnisgenealogie. Was hat es diesbetreffend mit Ödipus' Blendung auf sich? Kurzschlüssige Antwort sogleich darauf: Amaurose, die dem Gedächtnis im Sinne visuell getragener Identifikation, den Boden unter den Füßen wegzieht, zu Ende geführt sodann, wie bekannt, in Ödipus' finaler Leichen- und Grabesprivation.

Der apostrophierte Passus nun enthält Iokastes frustrane List der Gedächtniswahrung, indem sie die Ödipus-Plazenta, um sie bedarflich hervorzuholen und wie eine Erkennungsmarke vorzuzeigen, vergräbt. Welches Desaster aber: der sehend sich selbst in seiner Nachgeburt erkennende Ödipus wahrnimmt so nichts anderes als den tödlichen Inzest mit der eigenen Mutter. Insofern konnte ich, freilich ödipal restringiert, schreiben:

„Die Selbstblendung des Ödipus ist nichts anderes als die tödliche Wirkung der Ansicht seiner eigenen konservierten Nachgeburt, die ihm Iokaste vorzeigt, ..." ... „Wer die eigene Plazenta anschaut, wird blind." (Ebd. 56)

Memo: Ödipus' Blendung, bis hin zu seinem restlosen Verschwinden, das ist der kulturgenerisch motivierend notwendige wie vorweltliche Konträrabyssos, der nicht zuletzt ein grelles Licht wirft auf die Gewaltbefangenheit von parierender Kultur in toto.

1992 Aufzug. Zu H. Heinz: „Kalbsmedaillon". Photomontage. 1989.

In: Wenn Eros Kreide frißt. Anmerkungen zu einem fast vergessenen Thema der Erziehungswissenschaft. Hg. K.-J. Pazzini. Essen. Klartext. 1992. 229–234.
Repr.: Apo-kalypse des Abbilds II. ... 2000. 193–199. 2. überarbeitete Auflage. Essen. Die Blaue Eule. 2018. Pathognostische Repristinationen. Band III. Genealogica Bd. 63. Hg. R. Heinz. 193–199.
Zweitrepr.: Retro II. ... 331–338.
(Referenzen: Athene, Metis, Zeus, Hephaistos, Pandora)

Frühpathognostisches Theoriezentrum des „Aufzug"-Kommentars: die „Aigis", Genealogikum von Bild überhaupt, also inklusive Bildender Kunst: der abgeschlagene, irgend konservierte Kopf der Medusa, wohlgehüllt, mit ihrem Leidensbild auf dem involucrum. Wer hätte es gedacht? Selbst Athene, die also grausame. Volle Reminiszenz des bildgenerischen crimen, alle Bilder, die ausschauen sollten – von wem zu ordern? –, wie Grabsteininschriften, -ikonen. Es ist diesmal der Mythos selbst, und nicht meine tropologischen Fortschreibungen, der solche Spielverderbereien nahelegt, und mit auch die postmoderne Bilderinflation als Abwehr deren unhoffähigen Unbewußten plausibilisiert. Ja, ansteht allzeit – siehe abermals Plotin – die Weltenerrettung im Bild, die „Rücksicht auf Darstellbarkeit", wider das maternalitätstraumatische Weltenverschlingen.

Man könnte nun dem Mythos weiterhin zugutehalten, daß er Athenes kulturproduktivste Untat, Niederschlag ja ihrer Virginität, von allerlei Schwangerschaftsmirakeln umringt; zuvörderst das ihrer eigenen Geburt (ein Mann = zwei Frauen), die Hephaistos-Affaire, Pegasos und Chrysaor ..., will sagen: eine travestische Verhöhnung der Göttin? Nicht ganz, denn: es sind ja keine normalen Geburten, keine

Kontradiktionen der kulturkriterialen Krudität ihrer Jungfräulichkeit. Immerhin aber, wenn man es denn so wollen könnte, trotz aller fraglosen Fortschrittsobligation, doch die deutliche Erinnerung an die vorzeitliche Gewaltkongenialität aller Kultur im Grunde bleibt nimmer aus.

Wen schreckt denn noch die Surdomutitas der Bilder, in den Movies (schein)erlöst? Neuroleptisch untherapierte Schizophrene, mitsamt der von Psychotikern ungeliebten usurpatorischen Künstlichkeit unserer Intellektualität, dieses Halbe-Halbewesen, in dem es den tautologischen Normalitätsstatus als Inskriptionsfolie psychotischer Gehalte verwendet. Im „Aufzug" von HH, eines ihrer Spitzenwerke – sehr schade, daß es keinen Sinn macht, den gegebenen Fakturaufschluß dieser Photomontage (sie bleibt hier ja der Ansicht entzogen) zu reproduzieren –, selbstdarstellt sich die zur Selbstverständlichkeit allemal plattgewalzte Taubstummheit, konkretistisch als Mund- und auch Ohrenpfropfen – drastisches Monitum! Unerheblich angesichts dessen, daß neulich ich im Halbschlaf eine verdächtige geschlossene unischwarze Einkaufstasche irgend am Wegrand sichtete? Jedenfalls befürchtete ich, daß sie sich schreiend verlauten könnte, beruhigte mich aber, auf dem Wege zum Wiedereinschlafen, durch die sehr genehme Vorstellung, sie singe bloß, gar um sich selbst einzuschläfern.

1992 Nachwort.
In: M. Heinz, R. Heinz: Silberglöckchen, Zauberflöten sind zu eurem Schutz vonnöten. Zu Emanuel Schikaneders 241. Geburtstag. Wien. Passagen. 1992. Passagen Schwarze Reihe. 201–205.
(Referenz: griechische Mythologie)

Ein vielleicht Aufmerksamkeit erregender Abspann unseres geliebten gemeinsamen Opus: Versuche der Abbildung der personalen Konstellationen der „Zauberflöte“ auf entsprechende griechische Mythengestalten, zentriert um beider Klammer, den Tochterraub. Mehr wohl ein sportives Unterfangen, als eine, wie zunächst erhoffte, ordnende Sortierensmaßnahme, die eher auf Unterschiede zwischen beiden Vergleichreferenzen hinausläuft denn auf klärende Gleichheiten, festzumachen, unter anderem, an der Festlegung des Tochterräubers.

Nun, der ist Sarastro, auf der Mythenseite Hades. Sarastro = Hades, das scheint ungereimt, es sei denn, man unterstelle dem reinen Oberpriester, er sei in Wahrheit edelmaskiert Monostatos, der zum Schluß indessen die Fronten zur Königin der Nacht hin – welches Splitting! – wechselt. Auch die Entsprechungen Pamina/Persephone sowie Königin der Nacht/Demeter wollen sich nicht recht plausibilisieren etc., etc. Bleibt letztlich bloß die allgemeine Identität des Tochterraubs, des einzelnen different, und darin, wie weiter zu eruieren wäre, diachronisch instruktiv. Nicht beiläufig der knappe Verweis auf die überbauideologische Maßgeblichkeit der „Produktivkräfte“: antik-mythologisch die „Agrikultur“, und, zu Mozarts Zeiten anfänglich bürgerlich, das „Energie- und Transportwesen“, die „Zirkulation“, technologisch die „Dampfmaschine“ – ein eingestreutes marxistisches Votum, später dann häufiger in allgemeiner Version expliziter gemacht.

Die thematische Aktion ist mit „Tamino Hermes“ benamst. Zusammenstellung von Kontrarietäten? Ja, und die Absicht dessen: dem nicht immer gut wegkommenden Opernhelden mittels des wendigen, ja geflügelten Gottes, Papageno-Entleih auch, auf die Sprünge zu helfen.

1993 II. Chaosmose der Komplexität. 1. Pan. 2. Orpheus. 3. Faß der Danaiden. 4. Das Bett des Prokrustes. 5. Moebius Nympholeptos.
In: Wahnwelten im Zusammenstoß. Die Psychose als Spiegel der Zeit. Hg. R. Heinz, D. Kamper, U. Sonnemann. Berlin. Akademie Verlag. 1993. Acta humaniora. 14–19.
Repr.: Pathognostische Interventionen I. Dingarkanum und Psychose. Essen. Die Blaue Eule. 2015. Genealogica Bd. 50. Hg. R. Heinz. 130–137.

Exzeptionelles Zeugnis der geläufigen Kooperation mit Dietmar Kamper, anläßlich einer Tagung über „Psychose“ gleichen Titels, wie die in ihren Beiträgen darauf bezogene Publikation, vom 3. bis 7. April 1991 im „Literarischen Colloquium“ Berlin. In der „Einleitung“ zu diesem Sammelband gibt Kamper sechs Diskussionsthesen vor („Zur Einleitung. Vom Raum zur Zeit. Reflexionen am Rand von Mythos und Aufklärung. I. Hinter dem Rücken der Menschen“), die ich (unter dem Titel „II. Chaosmose der Komplexität“) mittels analoger mythologischer Referenzen „dekonstruiere“. In der Nachbearbeitung dieser Einleitungspassagen werde ich einiger Bezeichnungen darin nicht mehr so recht froh: zu groß wohl die Bescheidung des „am Rand“, der Marginalität der folgenden Thesen, und „Mythos und Aufklärung“ derart nebeneinanderzustellen, könnte eingedenk deren Verhältnisbestimmung in der „Dialektik der Aufklärung“, als abgelebte Dignitätshierarchie mißverstanden werden. Auch der – Guattari entnommene – Titel meiner mythologischen Parallelismen will mir, wie deplatziert, in seiner Rätselhaftigkeit nicht mehr gefallen – wird durch die Chaosfilterung der „Komplexität“ diese verstärkt oder gegenteilig geschwächt? Viel lieber wäre es mir, mich mit „dekonstruktiven Mythentropologien“ zu betiteln.

Der in Kampers überaus charakteristischen „Thesen“ quasi säkulare Prophetismus wird durch die Gegenführung meiner entsprechenden Mythologeme konterkariert; Mythos, der dem gerafften Diskurs penetrant im Nacken sitzt, Mythos „Aufklärung der Aufklärung“. Dem übergeordneten spekulativen Gehalt nach – „Vom Raum zur Zeit“ – erscheint in meiner mythenpflichtigen attacca des supponierten Heilswegs gesperrt – parodistisch gesprochen, bestände die Emanzipation der Gattung im Wechsel vom statischen Bild in movies. Aber im Ernst, die angeblich soteriologische „Zeit“ entbirgt sich als Überbietungshorror nur, wie ich, unermüdlich, an der grausamen Zeitkunst Musik, aufgeschlossen an der Orpheus-Mythe, demonstriere. Diese fürs erste einschneidende Diskrepanz findet ihr Nachspiel in: „Vom Raum zur Zeit? Korrespondenz mit Dietmar Kamper“, in: Pathognostische Studien IV. … 159–202, die sie, bis an die Grenze ihrer mutuellen Suspension, fluktuierend, pendelnd, umspielt. Und des moribunden Kampers an mich adressierte letzte Botschaft mag anmuten wie ein sanfter Ordnungsruf der abschließend unabschließlichen Konvenienz: „Es ist immer alles auch anders“. Beinahe reparativ, wenn ich, kontextbedacht, verspätet auf weitere „Kamperiana“ verweise, so auf: „Kamper-Memorials: Dietmar Kampers teilweise reproduziertes Vermächtnis ‘Nach Dannen’ – eine besondere Totenehrung“; ferner auf: „I. Eschatologische Projekt-Totale“; sowie auf: II. „Koprophagien“, in: Pathognostische Interventionen IV. Korrespondenzen & Innervationen. Essen. Die Blaue Eule. 2017. Genealogica Bd. 59. Hg. R. Heinz. 219–264.

Sehr bedauerlich, daß es den Kommentierungsrahmen sprengte, des einzelnen den Korrespondenzen von Kampers „Thesen“ mit meinen mythischen Travestien derselben nachzugehen. Arges Mißverhältnis dieser Auslassung, meinerseits ob des Sonderfalls meiner mythengeleiteten Tropologien in ihrer Ausnahmevalenz an parabolischer Zuträglichkeit.

1993 H. Heinz, M. Heinz: Orakel – Echo – Rätselgesang. Sprachtumult und Psychose. Tonbild.
In: Wahnwelten im Zusammenstoß. ... 129–146.
Repr.: Pathognostische Interventionen III. ... 217–238.

Auf Kommentierungskurs macht mich das besagte während der Psychosentagung vorgeführte und ausgiebig diskutierte „Tonbild" recht verlegen. Abermals nämlich überbordet es in seiner Überfülle den vorsätzlichen Schmackhaftmachensrahmen hier, so daß ich mich konsequent bescheiden muß, ausschließlich die expressis verbis manifesten Mythenerwägungen zur also reduzierten Vorstellung des ganzen Gebildes auszuwählen. Beklagenswert fast, was alles dabei verloren geht: die oftmals indirekt bis kryptisch gehaltenen, mythenvermittelt psychosenphilosophischen, immer die Geschlechtsdifferenz mitbefassenden Einlassungen, durchdrungen von gebührlichem Ernst wie von sublimem Witz – wahrlich auf dem Wege zu einer abdriftig ganz anderen Anti-Psychiatrie, die, eher sicherlich als wahrscheinlich, utopisch bleiben wird.

Nun zu dem, was hier für mich noch übrig bleibt. „Orakel" (Pythia), „Echo" (Echo) und „Rätselgesang" (Sphinx), am deutlichsten direkt paraphrasiert in dem der Tonbilddokumentation vorangestellten quasi-Motto, definieren, nach Meinung der Performance-Autorinnen, die Grundmodi weiblicher Artikulation – eine einzige Klatsche für die feministischen Üblichkeiten, die ja auf der Frauen Virilisierung, schlecht alternativ auf deren Weiblichkeitshypostase, lebensphilosophisches Zerrbild der Vorzeittreue, abzielen. Freilich, wie unter der Hand, wie vorbewußt proliferant gehalten, explikativ zerstreuen sich diese dissidenten Modi, mythen-, psychosen-, weiblichkeitsgnostisch, fortwährend. Nur daß ich sie hier in diesem erfüllten Schlummerstatus ja belassen muß.

In meinem im „Tonbild“ mitverlesenen Text „Was ist ein Bildschirm?“ reproduziert sich die Aigis-Verfassung: Hardware der apparative Bildschirm = in der Aigis das tote Medusen-Haupt; Software die Abbilder darauf = die Medusa-Ikone auf der Aigis. Zudem die Abbilder auf dem Bildschirm sowohl (movies) bewegt als auch verlautend. Die Welt ist in Ordnung, wenn da nur nicht der Mythos die brutale opferdeterminierte Entstehungsgeschichte dieses sozialisierten Wundergebildes – auch ist es ja nicht für die Ewigkeit – anmahnte.

Besonders aufklärend relevant in diesem Zusammenhang die Implikationen der Geschlechtsdifferenz, konzentriert auf die spezifische Sozialisierung von Frau, different zurückreichend ins weibliche „Spiegelstadium“ und die Alteritätsunterschiede in der Folge. Allem Anschein nach gewinnt, weiblicherseits erst mit der Geschlechtsreife, inbegrifflich der Menstruation, die Alterität ihr volles Gewicht. Fiele nun aber dieser, ja, Progreß aus, so entropisch regredierte dieser Ausfall in die vormalige, selbst noch nicht ihrer bewußte Gefangenschaft im „Spiegelbild“, im Extrem dann die totgeweihte blicktötende Medusa – Gedanken, allemal dringend anheimgestellt zukünftiger Ausführung.

Anregungen zum Nachfassen noch:

Wußten Sie schon, gebeutelter Leser, daß nach Ulrich Sonnemann, der Rasierspiegel die Geschlechtsdifferenz insonderheit bezeugt? Apropos Sonnemann – welch ein Name! –, ein solcher fehlt aktuell auf das Empfindlichste, offensichtlich wenn er exemplarisch titelt: „Leidensverwaltung als gelingende Einheit institutionalistischen Stumpfsinns, therapeutischen Widersinns und moralischen Schwachsinns.“ Sic!

1993 Das moderne Christentum.
In: Der Einsatz der Seinsfrage – nach Heidegger. In: 2. Lesetext zum Vortrag gleichen Titels. In: Zerstreuungen. Aufsätze, Vorträge, Interviews zur Pathognostik. Wien. Passagen. 1993. Passagen Philosophie. 32–34.

Mythensubsidiäres Einsprengsel in den Lesetext zu einem Vortrag, den ich Ende September 1989 innerhalb eines Internationalen Kongresses, titels „Nach Heidegger. Die Aufgabe des Denkens“, veranstaltet u. a. vom „Collège International de Philosophie“, in Paris hielt. Dieser mein Beitrag erschien auch in französischer Übersetzung in „Penser après Heidegger“, in den „Editions L’Harmattan“, Paris.

Ein eigensprachlich dichter medienphilosophischer Text, der den Nachweis zu führen sucht, daß die christliche Gottesinkarnation mit seiner Hinterlassenschaft der Transsubstantiation und der Eucharistie, die betreffenden antiken Mythen, vorrangig die des Dionysos überbietend, soteriologisch den homosexuellen Gottesfraß, die Drogierungsuniversale, gipfelnd in der Hegemonie der toxikomanischen Medien, propagiert; stigmatisiert vom vernünftigkeitseffektivsten Widerspruch, fleischestransfigurativ materialitätsfundierter „Les immatériaux“. So die essentiell martialische ewig währende Attraktivität des Christentums, das unüberbietbare „Seinsvergessen".

(H. Heinz) 1994
Nachtrag zu Metis.
In: H. Heinz: Wunsches Mädchen – Mädchens Wunsch. ... 1994. 113–115.

Durchgehende Feminismus-Kritik, so die Vorwelt matriarchalisch geartet sei und, sündenfällig violent, vom moralisch minderen Patriarchat abgelöst werde. Stattdessen beinahe die Indifferenz beider scheindifferenten Geschichtsepochen, und entsprechend fraglich überhaupt gar, ob es eine höchst abwegige Prähistorie, über die bloße Legitimationserfindung ihrer folgenden einzig invers gattungsgerechten Kulturetablierung hinaus, de facto gegeben habe.

Paradigma nun dieser kritischen Einebnung: Metis, die Titanin, in auffälliger Kooperation mit Zeus. Siehe die listige Befreiung der Zeus-Geschwister aus Kronos' Fängen, kulminierend in beider Heirat, in der sie sich, wechselbälgig, entzog, bis Zeus kurzen Prozeß machte: sie vergewaltigte und verschlang. Regression in die Grauen des vorzeitlichen Kannibalismus? Nein, überhaupt nicht, vielmehr das Mirakel desselben als „Gedächtniskultur", sprich: Metis, unassimiliert, fungiert künftig als orakelnde Ratgeberin des höchsten Gottes. So, notorisch, die ganze Dependenz der dominierenden Kultur von der unterworfenen Barbarei, in der sich beide, bis zur Unkenntlichkeit ihrer Differenz, nivellieren – Metis sei Dank! So ja auch die Präfiguration der „Stimme aus Unsichtbarkeit", sichtverifiziert sodann in der Geburt der Athene, die vollbrachte Dienstbarkeit der göttlichen Kore für die also polydependente Vaterherrschaft.

Mehr als ein Nebeneffekt dieser, in ihrer Gewalt glücklichen, Liaison (wiederum ein Mann = zwei maternale/filiale Frauen): „... die Nachkommen dürfen kein Nahrungsmittel mehr sein", die Diskrimination von „Subsistenz- und Generationssexualität" also. Die doppelte Weiblichkeitsdesideranz des Supergottes zum Zweck der Konstitution seiner Allmacht mitproduziert fürs erste eine befremdliche Leerstelle, nämlich die Unität von Vater und Sohn. Sie aber grassiert, so denke ich, wie eine „inklusive Disjunktion", in den Innereien des apostrophierten „Weibergezüchts", progredienter Kulturwechsel, christlich eingelöst, auf die Zukunft, Antidot allererst wider den angeblichen Vorzeitspuk der Feminitätseinheit von „Dauerschwangerschaft und Dauermenstruation"; (post)modern dann in der fortgeschrittenen Töchterlichkeit von Firestones „kybernetischem Kommunismus", maschinische Subsistenzsubstitution, ineins mit der Freigabe aller Inzeste. Bleibt noch, fernab von Beiläufigkeit, anzumerken, daß, allerchristlichst, die beiden Weiblichkeitsdimensionen, maternal und filial, antikisch noch beisammen getrennt, in Maria, der Jungfraumutter Gottes, Indiz für Kulturprogression, mirakulös kontaminieren.

1994 (H. Heinz, M. Heinz)
Kore Persephone. Über Agrikultur und Tochterstatus.
In: H. Heinz: Wunsches Mädchen – Mädchens Wunsch. ... 1994. 167–174.

Persephone aus allen Rohren – siehe oben, S. 43–49; über Schellings Persephone-Verwendung S. 129–155; über Dionysos S. 49–61. Deshalb möge der thematische Text, bis auf die einzig eben hier vorfindlichen Ausführungen, zur wundersamen „blauen Narzisse“, wie je des Fazits zu den Topoi in den oben angeführten Beiträgen brauchbar sein.

Nun zu der Wunderblume, am besten mittels einer Zitatenauswahl. Damals schrieb HH dazu:

„Trefflich die Farbe der Wunderblume: blau. Es ist die Drogierungsfarbe, allzeit wie ein Sog nach innen auf dem Weg in die beiden organlosen Körper von Luft (Zeus) und Wasser (Poseidon), zerfallend konturiert zur Blausticherscheinung des Hades-Gespanns (*Der Turm der blauen Pferde*). Hades, der zerfließende Horizont. Öffnet man etwa aus dem Schlaf die Augen, so erscheint Welt wie im koloralen Jenseits dieser Binnenentropie passager blau. Freilich muß man damit rechnen, daß die tätige Externalisierung dieser Wunderfarbe nicht ohne Gewaltsamkeit abgeht: die Veilchen um die Augen, auch die Leichenflecken – in der Tat ist das Schöne des Schrecklichen Anfang; … Ein nicht umaßgeblicher Anteil dieses glücklichen Unglücks der Persephone besteht darin, daß die Wunderpflanze, dieser ewige Frühling fast schon wie aus künstlichen Blumen, sich zudem in einem Wasser am Rande der Spielwiese, wohin sich die Tochter entfernt hatte, befand. Die Spiegelung nämlich enthebt der Mühe, die Ätiologie des schönen Scheins der Blüte bis in die Wurzeln, gar die Unterwelt hinein, zu recherchieren; sind doch diese, trügerisch genug, durch die mortale Reflektion des ästhetischen Blütenköders ersetzt: nur-noch-Blüte. Was wundert es dann, diese Un-Ätiologie selber gründlich sein zu wollen, sie also aufzufressen? Persephone, die zubeißt und wie am Tropf an diesem Hades-Köder festhängt; die Vermählung der beiden.“ (Ebd. 167–168)

1994 Mythosophie. Überlegungen zur Erkenntnisfunktion des Mythos (am Beispiel der Artemismythe).
In: R. Heinz, P. Tepe: Pathognostik versus Illusionstheorie. Mit Beiträgen von K. Th. Petersen. Essen. Die Blaue Eule. 1994. Illusionstheorie – Ideologiekritik – Mythosforschung. Bd. 5. Hg. P. Tepe. 217–219, 227–229, 230–234.
Repr.: Wie feindliche Brüder. In: Rückstände. Späte Texteleidensreparationen. Essen. Die Blaue Eule. 2016. Genealogica Bd. 53. Hg. R. Heinz. 89–92, 93–99.

Siehe oben, S. 37–42: erneut kommt es mir zweckmäßig vor, auf diese Passage zur Artemis, in derselben Publikation ja, wie ein Resümee der Vorgaben in meinem mit P. Tepe gemeinsamen Opus, hinzuweisen. Ansonsten erscheint unsere Mythologie betreffende Kontroverse reproduziert in: „Wie feindliche Brüder" (in: Rückstände. ... 85–100), enthaltend eine Charakteristik derselben, gefolgt von methodologischen Reflexionen zu meiner Eigenart des Mythenzugriffs – so der rechte Ort rarerer Ausrichtung darauf –, zu meinem Genealogiebegriffs nach Maßgabe des Mythos als „Gedankenerzählung" versus historische Kulturgenese in wissenschaftlichem Betracht. Als Instrumentarium dieser Zugangsart fungiert die pathognostisch erweiterte Psychoanalyse, nicht zuletzt bezogen auf die ihr eigenen Psychopathologien, den subjektiven Pendants zu entsprechenden Kulturpathologika. Krisis alldessen: die kriteriale Ambivalenz des Kulturbetreffens zwischen Kritik und Legitimation. Meinerseits empfehle ich die besondere Achtung darauf, die nachträglichen mythischen Memorialitäten nicht zum Kulturursprung hypertroph zu verfälschen. Was ein Programm der Aushungerung der Menschheit wäre, realisierte Philosophie, höchst bedürftig ihres „Logos"-Widerparts, eh ja die Vorgabeinstanz aller Genealogie.

Damals machte ich in der Folge den Aufschluß der Artemismythe als Genealogiebeleg geltend, und dies den entscheidenden Topoi entlang: „Jagd und Geburt, Göttlichkeit weiblich, Virginität, narzißtische Wut, les liaisons dangereuses (sc. Orion, Endymion), Zwilling, Wälsungenblut (sc. Apoll), negativer Ödipuskomplex“.

Der durch Tepes Aversionen provozierten Differentialdiagnose meines Prozedierens wegen, ist mir die Markierung des Inbegriffs unserer Kontroverse besonders angelegen. Hier nun ihr Fazit:

„Rückblickend würde ich es allemal vermeiden ... in die Fänge des Tepeschen Gegenkonzepts des ‘empirisch-rationalen’, also szientifischen Unterlaufens emanzipierter Philosophie zu geraten: ... nämlich zu den je thematischen mythologischen Memorialitäten ... deren technologische Realpendants, präzise umrissen, falsifikationsparat, zu recherchieren. Nein, so kann, historisch enggeschürzt, diese ‘Basis-Überbau’-Korrespondenz von mir nimmer gemeint sein, nein, sie verbleibt, wie zeitenthoben, genealogieangemessen, in ‘deren Allgemeinem’.“ (Ebd. 88)

„... das primäre genealogische Interesse geht synchronerweise dahin, die Elemente des Körper-Dingaufschlusses (wenn man es so hören will: transsubstantionslogisch) darzustellen und sich in diesem Geschäft von Philosophie der differenzierenden Öffnung bis in die faktische Historie hinein nicht zu verschließen. Wie aber sollte damit zu rechnen sein, daß diese, das äußerste Ende der Theorie, deren Widerlegung besorgen könnte?“ (Ebd. 98–99)

Nicht weht der Nicht-Geist, wo er will. Offener Brief an Peter Widmer über seinen Aufsatz „Orpheus oder der Geist der Musik“. 1994

In: Riss. Zeitschrift für Psychoanalyse. Hg. P. Widmer. 9. Jg. Nr. 26: Musik. Zürich. Riss-Verlag. 1994. 51–59. Repr.: Metastasen. Pathognostische Projekte. Wien. Passagen. 1995. Passagen Philosophie. 227–234.

Immer noch und immer wieder tue ich mich schwer damit, Widmers psychoanalytisches Musikkonzept Gerechtigkeit widerfahren zu lassen, stolpernd über seine Ambiguitäten – beschreibt er bloß die Phantasmatik der Musik, die antiphallische Präsenzsupposition scheinbar wider alle Re-präsentativität –, oder affirmiert er sie etwa? (Freilich, wie weit liegen selbst kritische Deskription und Beglaubigung überhaupt auseinander?); irritiert auch über seine animose Replik auf meine minutiöse Rezensorik seiner doch imponierenden Gedanken, wie hier von damals vorgeführt. Um es kurz zu machen, und der gebotenen Mythenreferenz gemäß, bezogen auf Eurydikes zweiten Tod; so auch mein zaghaft ultimatives Entgegenkommen:

Eurydikes Verlöschen in Hades retour, ineins mit Orpheus' fürs erste musikgenerisch gelungenem Aufstieg in die Menschenwelt hin zu integraler Musik – Eurydikes memoriale Verdinglichung: Notation, Instrumente – möge indizieren, was namenlos todestrieblich, reüssierende Musik notwendig auslassend, grundlos unterstellt. Auftrag zugleich an die musikalische Moderne, dieser entzogenen Eurydike-Verschattung traditionskritisch Genüge zu tun, dabei aber im konservativen Bann der Tradition, solange eben noch Musik, gleichwohl gefangen zu bleiben.

Womit es sein Bewenden haben mag, in der Voraussicht, noch viele Male orphische Bezüge in meinen Kommentierungen anzutreffen.

Geleit (Vorwort) 1995

In: H. Heinz, R. Heinz: Hall. Text-Jungfrauen mit üblen Nachreden. Vorher niemals gedruckt. Wien. Passagen. 1995. Passagen Schwarze Reihe. 12.
(Referenz: Hermes)

Hohe Zeit der operationalen Außenpräsentation zusammen mit HH. Sie mit „Text-Objekten", Abschreibungen sui generis, meistenteils textuell umfänglicher, zudem ohne Bild- und Tonbeigaben, nicht vorgesehen auch zu tonbildlichen Performances, eventuell jedoch für Lesungen, immer auch titelkapriziert. „Text-Jungfrauen"? Exempel der männlichen Leidenschaft, sich, übertragenerweise, eine jungfräuliche Kore zu erschaffen, attackiert – weiblicher Protest! – durch „Text-Objekt"-typische Eingriffe quasi der Verweiblichung, wie der Heimholung der mannsphantasmatisch adaptiven Initiativen mittels „Orakel, Echo und Rätselgesang". So der Widerpart meiner „üblen Nachrede", dieser meiner anmaßenden naseweisen beigegebenen Schriftlichkeiten.

Meinerseits gebe ich mich der bekannten Mythenfortschreibung in eigener Regie anheim (siehe oben, S. 13–24), diesmal indessen in direkterer Identifikation mit dem Vermittlungs-, dem Schriftgott, meinem Favoriten, Hermes, in den fiktiven Modi von inneren Monologen, Tagebuchaufzeichnungen, Briefen, Vorträgen, Supplementen soweit mythenreferent. Stilistisch geriere ich mich ein wenig abweichend, wenngleich sich gelegentlich wieder verlierend, fast wie schriftstellerisch Prosa-gemäß. Und so lebt man, verwegen mythenmimetisch, ebenso verschreckt wie beglückt irgend mit dem Mythos; und dies, nicht ohne – man höre den Generaltitel „Hall" – wie die todsichere Eschatologie alldieser Mühen zu avisieren: deren, allen Todestriebwerken entgegen, „Verhallen".

1995 Ecce. Hermes unterhält sich im Geiste mit Stiefschwester Hebe.
In: Hall. ... 33–48.

Eher des Hermes Nachtseite, die des Psychopompos, fast grüblerisch soliloquial „im Geiste", übergehend in sein Patronat Schrift selbst, widersprüchlicherweise auch des Gottes Abhängigkeit von gnädig drogierten (Hebe!) Menschenopfern. Mehr als eine passager depressive Anwandlung: Schrift, der Sterblichen hauptsächliche Finte, in aller todestrieblichen Vergeblichkeit, die reinste Mogelei, den Tod und die pure Unsterblichkeit hermesisch zu umgehen. Man könnte gar den Eindruck haben, daß der Gott es leid sei, die menschliche Fusion von Verehrung mit bestrafter Anmaßung managen zu sollen.

Höhepunkt, somnialer Apollentleih, Ehrenrettung der überkommenen Künste wider ihre warenästhetische Dekadenz. So in geraffter Deduktion: Bildende Kunst = Parierung des Stimmenhörens; Musik = Parierung des Gespenstersehens (Sehschock). Und Dichtung, Sprachschriftkultur? Sie zapft, „Schreckensort" des artistischen Zusammenhalts, die anderen Deduktionsinstanzen wie deren Deduktate versammelnd an. Spitze der Künste? Nein, ihr skripturaler Abgrund.

Immerdar die Unterhöhlung der Repräsentation durch alle Vergeblichkeit der Präsenzbegehr, den göttlichen Vorbehalt, mit dem sich der Gott indessen suizidierte, „Götternot". Gewährung des „Erhabenen": Limes der Wahrung der

Repräsentativität? Ja, mittels seiner kriterialen Bruchstellen. Konsequente Manipulation am „Text-Objekt" per Menschenleere – so die Erhabenheitspotenzierung, um den Preis womöglich, daß sich das Intersubjektivitätsvakuum paranoisch auflädt.

Inseration des „siehehöre". Insonderheit anzutreffen in sakralen Lokalitäten, Eventavis, überführend in eher mitleidige Bloßstellung des Angesagten; „ecce homo", „Siehe der Herr ist gekommen", „Höre Israel", „Hört-Hört".

Weiterer Höhepunkt der göttlichen Intimitätsteilnahme: Lektüretheorie. Lektüregelingen gleich der Kontamination von „siehehöre" im Vorausgang ihrer Zerreißung, folgend ihrer Zusammenfügung und letztendlich ihrer Ineinanderbildung. Setzt man einseitig auf das lektorale Sehen, dann hört man Stimmen; begünstigt man dagegen das Hören, so erscheinen Gespenster. Nur ihr Doppelrespekt genügt der schriftrezeptiven Lektüre.

Des Anschauungsausfalls wegen ließ ich die Ausführungen zu den „Tonbild"-Performances von HH und MH, ebenso kapriziert auf Sehens/Hörensaisthetik, aus. Desgleichen gilt für die Passagen zum thematischen „Tonbild" „Siehe", dies eingeschränkt aber, sofern ich Elemente derselben in meinen Kommentierungstext einarbeitete. Die weitere Einbeziehung von Melvilles „Bartleby" sprengte den Genrerahmen hier. „Bartleby", dem sinistren Hermes wohlgefällig, das Opfer minderer Schriftlichkeiten.

„Du"-Delirium. Aus den Tagebüchern des Hermes trismegistos. 1995
In: Hall. ... 135–151.
(Referenz Pan)

Viele Suada des Schriftgotts, diesmal um seinen eingeborenen Sohn, den theriomorph hybriden Pan, von seiner Mutter Dryops darob geflohen, von Hermes aber alleinerziehend kompensiert.

Zunächst aber kommen die „text-objektischen"-Eingriffe in den Referenztext an die Reihe, dann daraufhin, was sie denn Pan alles antun, und zwar die Injurien des delirierenden „Du", der Exklusivitit des Imperfekts und des Indikativs, sowie der Purgierung des besagten Textes von allen intersubjektiven Obligationen, zu einzigen Gunsten der dinglichen Bezüge darin. Um mit dem letzten Ansinnen zu beginnen, im Rahmen der Vorführung nachgerade der „verba blanda" des „text-objektial" deformierten Referenzskripts (wer ist der Autor?). Absicht ist dessen Entparanoisierung, überführend in eine moderate Schizophrenisierung des reduktiven Betreffens des „toten Buchstabens", der gottgemäß isoliert mortalen Folie allen sichherumtummelnden sprachschriftlichen Sinns. (Daß derart das Gegenteil, Paranoia-provokant, statthaben könnte, das steht auf einem anderen Blatt.)

Versteht sich auch hier die strikte Apologie des Abschreibens, kurzum als Insichreflexion der, sentimentalisch gesagt, vikarisierenden Todesreverenz. Eingriffig dem vorausgeht die Ubiquität vergangener kruder Tatsächlichkeit ohne wenn und aber – basta! Und, zuvörderst – „Du-Delirium" –, ein wie endlos sich anbiedernd sanktional infantilisiertes „Du-Du-Du" versus „Du, Du, nur Du allein …".

Wie aber kommen Pan und die Schrift überhaupt zusammen? Allgemein, über seine Filialität, als Sohn ja des Schriftgotts Hermes. Viel mehr aber noch: Als halbwegs stinkender Ziegenbock manifestiert er, typisch hermesisch (man hört des Hermes Gelächter), das verschlossene Unbewußte der olfaktorisch neutralen (gelegentlich parfümierten) Schrift: höllischer Gestank. Subsidiär dazu die doch naheliegende, vom Mythos selbst jedoch auffällig ausgesparte, Exkrementation, hinter den Büschen, nach dem Selbstweckensschrei des Mittags, des Schatteneinzugs, die in die Sonnenhelle flüchtig auseinanderstiebenden Nymphen.

Was nur tut das unverschämt riesige „Text-Objekt" dem Armen an? Ein Kompendium aller „Hypo-, Hyper-, In- und Parasomnien", noktural pathologische Schriftschatten, Traumlosigkeit beinahe, Somnambulismus auch (mit seiner schönsten Allegorie: die weißgekleidete Selene, auf Pans dunklen Schultern getragen), schlafend den Tag zur Nacht machend. Pathologien? Aber nein! – das wird bald noch deutlicher –, somnial gedeiht er nämlich zum persekutorischen Icelos/Phobetor. (Ist Ihnen im Traum schon einmal ein Ziegenbock erschienen?); und nähert sich, wie protochristlich, dem vorzeitinbegrifflichen Gott, der, schlechterdings unkrank, unschuldig, alle nächtlichen Krankheiten, wenigstens diese, abgeltend opfernd aufsichnimmt. Pan, ächzend unter dieser soteriologischen Sühnelast, und Hermes wäre nicht mehr er selbst, wenn er diese Heilsverheißung der erlösungsbedürftigen Menschheit nicht bloß vorgaukelte.

Pan, a fortiori der Herr des Geschehens, in seiner göttlich kreativen Vollmacht der Nymphenopferung. Siehe Syrinx, notorisch transfiguriert in die Panflöte, und Echo, die arg lästige, in ihren toten Felsenwiderhall. Selbstverständlich: die emphatische Kulturrechnung geht nimmer ganz auf. Denn selbst der Gott, Pan der allerjüngste, muß weiterhin befürchten, daß, subjektiv psychotisch, die toten Nymphen von den Toten auferständen, und, gegenständlich item, die

Flöte in eine Handwaffe metamorphorisierte, und das Echo reflektionslos ins Nichts verhallte. Hermesisch in Permanenz textuell akut noch, die Traditionen der Schriftkontexte in ihre (post)modern progrediente Maschinisierung hinein zu verfolgen.

Vor lauter hermesischen Vermittlungseinlassungen scheint die doch vorausgesetzte Produktion vergessen worden zu sein? Halbwegs ja, und deshalb memo: die Aigis, generalisiert zur Dingbekleidung des Körpers, auf der, Gedächtnis des korporellen Inneren, allzeit das tote Medusenhaupt, entsprechende Beschriftung, namentlich Taufe, erscheint. Selbst Bomben tragen ja filiale Frauennamen. So der eingeschränkte, weil zur Allexpansion neigende Ort der Schrift, selbst derart schon hypostatisch überlastet, sich, steckenbleibend, hochtürmend und schwindelig rotierend; von Hause aus in dieser zwischenwesentlichen Klemme – so ja, musterhaft, Pan, hybride. Die göttlich inspirierten Lektüreverstörungen, wie im thematischen „Text-Objekt", immer umwillen des kontrareisierenden Anreizes der ungehaltenen Kulturstabilisierung, gipfelt im „sprechenden Ohr/hörenden Mund" – halten wir lekturierend Maulaffen feil, während aus unseren Lauschern Marschmusik tönt. Längst haben wir uns ja angewöhnt, mit den emanzipierten Segnungen der Nymphenmorde epikalyptisch glücklichen Umgang zu pflegen. Wen noch scherts?

1995 „In festen Schlaf verschließ ich dich".
In: Hall. … 185–189.
(Referenz: germanischer Mythos)

Exkurs in Wagner-vermittelte germanische Mythologie, enthaltend traumgnostische Supplemente. So die „Waberlohe" gleich der dauerschlafenden Oberwalküre, traumlos permanentes NREM. Das ausgelassene Träumen somnambulisch ersetzt durch das „Sprechen im Schlaf“, Erdas Soufflage. Das Erwachen-Erwachen, das quasi richtige, nicht das ins Träumen, wäre, zuendegeführt, der Tod. Davor die vorgesehene Erweckung durch den Helden, sie verbleibt im Bann des wachenden Träumens, denn darüberhinaus, wie gehabt – „respice finem!“. Ableger der „Waberlohe“: der Goldrahmen um die Virginität des Bildes. Autosymbolismus der Unberührbarkeit der Musik selbst, Kontakt wahn- und todbringend.

Am Ende dann ein weiterer Aufschluß der „Text-Objekte“ mit der schönen Entsprechung von „Waberlohe – Mythologie“ und wesentlich derselben: die schiere Unlesbarkeit, fernab schierer Lektüreerweckungen.

„Folgerichtig naht dieser Selbstversenkung Erdas mit dem Seinsrest der Nornen-Ewigkeit Brünnhildes auch kein Siegfried mehr; endgültiger Dispens der Erweckung durch den Helden, und so erspart man sich denn auch das ganze Desaster der Handlungspseudologie der auf die Nornenszene folgenden Götterdämmerung.“ (Ebd. 189)

Hall-Eschaton, ~~Nichts~~.

(Eine bis 1998 reichende Auswahl traumphilosophischer Publikationen findet sich in: Traum-Traum 1999. Zum Zentenarium der Traumdeutung Freuds. Wien. Passagen. 1999. Passagen Philosophie. 339–340.)

Einführung in den Roman „Echo“ als „Text-Objekt“. 1995
In: „Echo“-Supplemente. In: Hall. … 209–212.

Ein räsonabler, fast diskursiver Kurztext, bis auf seinen en petit gesetzten Abspann, beinhaltend Hauptelemente einer Strukturanalyse des „Echo"-Romans, nachholend auch, nicht aber nur, die Tonimplikationen, resultierend aus den in Bild und Ton aufgespaltenen „Text-Objekte"-typischen Eingriffen. Im gedächtnisanregenden Extrem eine Art von Desemantisierung, gedoppelt in Sinndestruktion versus -inflation. Auch die Legende vervielfältigt sich in Verständniskompensation versus -irreführung. Der Roman selbst nun erweist sich insgesamt als extremepflichtig, ineinsbildend notionale De- und Inflation.

Das „Text-Objekt" mythisiert als Reminiszenz der rätselsingenden Sphinx auf Thebens Stadtmauer, Ödipus voraussetzend vorödipal, nicht jedoch reichend bis zu seinem Ende. Um mit den Worten zu spielen: davor noch im Konkurs dis-kursiv, Sinnkonkurs anmeldend.

(Siehe auch die Ausführungen dazu 1986 und 1990.)

1995 Wie zu verstehen wäre. Brief von Hermes an Hades über Demeter und Persephone.
In: Supplemente. In: Hall. … 213–216.

Nach all diesen kaum tragödischen Irritationen um die „Text-Objekte" darf final das Satyrspiel nicht fehlen. Und dafür ist, fürs erste, durch Hermes' maliziös witzigen Beruhigungsbrief an Onkel Hades zünftig gesorgt. Wie wohl der Unterweltherrscher darauf reagiert haben mag? Verärgert rachebesorgt? Immerhin hat der flüchtige Neffe ihm einiges gesteckt – die Affaire der nicht eben treuen Gattin mit Adonis, und, vor allem, den Skandal der Entstehung des Dionysos, den Vater-Tochter-Inzest selbst in Hades'

Behausung. Hohn, Häme und Spott ebenso, Hades vorzuhalten, daß er des – von ihm angeforderten? – Rapports nicht bedürftig sei, so er ja durch einen Felsenspalt hindurch die oberweltlichen Geschehnisse observieren könne, und auch, daß solche Beobachtung gleichzeitig mit der brieflichen Berichtlektüre nicht kompatibel sei. Kaum, wenn immer man bei Bewußtsein hält, daß Hades, der Tod, nicht eben auf den Kopf gefallen, eo ipso am längeren Hebel sitzt.

Was nun gibt es von dem zweifelhaften Treiben der Mutter und der Tochter auf der Erde sedierend kundzutun? Die Travestie der Züchtung der „Urpflanze", sündenfällig sogleich, erscheinend, ein monohybrider Bastard (dies „Mono" der schmähliche Rest der hehren Idee, des „Ur"). Darauf der Wechsel vom Ackerbau ins Bibliothekswesen, instantan aber – sie können es nicht lassen –, um die vordem vegetabilen Kreuzungen, Mischungen, Bastardisierungen auf Schrift zu extrapolieren. Und siehe da, der „Echo"-Roman, tonbildlich aufgeführt gar (siehe: H. Heinz, M. Heinz: Echo. Ein Tonbild. In: Ich und der Andere. Aspekte menschlicher Beziehungen. Hg. R. Marx, G. Stebner. Annales Universitatis Saraviensis. Philosophische Fakultät. Bd. 8. St. Ingbert. Röhrig-Universitätsverlag. 1996. 333–345. Repr. in: R. Heinz: Pathognostische Interventionen III. … 2016. 239–253), für Hades versehen mit der Warnung, daß der dominate Drittenverbrauch darin, der Weiblichkeitskurzschluß, zu kurzschlüssigen Handlungen führen könne. Und zwischendurch, in Fohlen verwandelt, pflegen sie den Pferde-geilen Onkel Poseidon zu foppen, ehren ihn aber zugleich ob der vegetarischen Pferdemetamorphose, rückbezogen auf die Vegetation, weg von der Bibliothek. Und, vor allem, annähern sie den „Echo"-Roman, meermimetisch der beliebig anschließenden Homogeneität eines „organlosen Körpers“, obenauf mit der Dromologie eines rasenden Ritts durch die Romanliteratur.

1995 Wozu „Echo“ frommt? Vortrag des Hermes über Hebe und Hera.
In: Supplemente. In: Hall. ... 217–221.

Gesteigerte Fortsetzung des dechargierenden Satyrspiels durch fiktive Vorträge des Hermes, charakteristisch doppelzüngig, vor einer minderen Gemeinde, die die Einrichtung einer Kultstätte für Hebe plante, der er davon abrät, und vor einer erlesenen und betuchten Versammlung, der er konträr dazu zurät. Und die Begründungen seines Abratens?: die depotenzierende Ersetzung Hebes durch Ganymed; die Mesalliance mit Herakles; die Bedeutungslosigkeit ihrer beiden Söhne, überhaupt die Spärlichkeit des einschlägigen Mythenstoffs; das Hebe-Patronat der Hebephrenie, gestützt durch Lacan-Zitate zur „Blödigkeit des Signifikanten“, mitsamt der Debilität des „Engellächelns“.

Anders, bis in die angezogene Diktion hinein, sein Werbetext, gerichtet an die geschlossene Gesellschaft auf dem Weg zu einem Geheimkult. Hebephrenie, keinerlei Makel Hebes, vielmehr der mundane Effekt der kreatürlichen mit Pathologie bestraften Anmaßung der Göttin in ihrer exzeptionellen Schönheit. Hebe, vordringlich dann, Psychopompos-Gefährtin: Walküren-affine Todesverkünderin, Todesstewardess, verabreichend folgend die toxikomanischen Sterbesakramente, einsammelnd die Helden, die davor ihrem Schlachtruf „Hebe!“ in den Tod folgten. Konträrer Seitenblick auf ihre Substitution durch Ganymed – nein, keine Depotenzierung, Freisetzung vielmehr für höhere Obliegenheiten, wie die ehelichen Obwaltungen, die gründliche Versöhnung des vergöttlichten Heros mit Hera als Hera-kles.

Drogierungen über Drogierungen – selbst die Götter, einige jedenfalls, macht sie weiterhin high, so daß ein Szenarium allgemeiner Promiskuität zustandekommt, voll der drogierten Dummheit, „Nektar und Ambrosia" mit männlichem Samen verwechselnd, und sich so gerierend wie Blüten – Hera – bestäubende Insekten. Die solches praktizierende Hebe ist freilich, wie anorektisch, von diesem begehrlichen Supertun ausgenommen, vielleicht exipiert auch – Divinitätsindiz – alle zugleich Drogierungsbefallene. Die Sterblichen aber mögen sich vor solchen kontradiktorischen Totalexzessen hüten und sich, diesbetreffend, der Obhut des projektierten Geheimkults, dem schützenden Regiment des mythischen Verhältnisses zwischen den Göttern und den Menschen, anheimgeben. Hilfreich dafür, so des Hermes ausdrückliche Empfehlung, die liturgische Lektüre des „Echo"-Romans, ob der Dekonstruktion literarischer Texturen, der Einübungschancen in das gehaltene Souterrain von Schrift. Wohl passend zu Hermes, daß er mit den eigenen Schriftdelirien, die er seriös vortrug, sein begütertes Publikum beinahe trunken machte, so daß die Spenden für die geplante Mysterienlokalität nur so flossen, und ihn gar besorgt machten, daß vor lauter Konsumüberschwang produktive Arbeit paralysiert werden könne. Verständlich, daß Hermes' Intrige die beiden Damen, Hera insbesondere, erboste. Iris, der Regenbogen, sorgte zufällig dafür, daß die Muttergöttin den Vortragstext mitzulesen vermochte. Die Beklagung dessen bei Zeus steht noch aus.

1995 Körper – Sprache – Ding. Skizze zu Elementen der Psychosomatik.
In: Metastasen. Pathognostische Projekte. Wien. Passagen. 1995. Passagen Philosophie. 63–75.
(Referenzen: Peirithoos, Kentauren)

Erfundener Brief des Hermes an Dieter Wyss, mit mir als Überbringer; vorgetragen in der zweiten Tagung der „Rheinischen Arbeitsgemeinschaft für Anthropologie und Psychosomatik (RAAP)“ im September 1993, unter Anwesenheit von Wyss selbst. Mit Wyss gemeinsame kulturgenealogische, und, davon abgeleitet, pathologieentstehentliche Grundkonstellation: lebendiger Körper – Medium Sprache – totes Ding. Pathologie verschuldet sich dem Kurzschluß beider Eckelemente, „Todestrieb“ pur, „tötender versus schaffender Tod“, davor Gedächtnisverlust, Wyss: „Entzeitlichung“, irreparable „gebrochene Mitte“, unauflösbare „Antinomik der Vermittlung“. Peirithoos – Grund seiner Wahl hier – Outrierungsparadigma dieses Mediationsdesasters, zu Alzheimer führende Begehrenshast des „Überschnellen“, „Umherlaufenden“, konsequent sanktioniert durch seine rigide Fixation auf den „Stühlen des Vergessens“ in aeternum, „Taumel und Totenstarre“. Sonstige Pathologien gefällig? Katatonie zuvörderst, Stenokardie, Colitis, Ejaculatio praecox etc.

Eine Lanze gleichwohl für den ja auch Armen: Wer von dieser buchstäblichen Passion frei – es gibt ihn nicht –, der werfe den ersten Stein. Auch mag man der, ja, hominiden Würde der Kraft der Differenzwahrung einzig durch unheilbare Krankheit, durch unendlichen Schmerz, eingedenk bleiben – leichter zwar gesagt als getan –, angesichts unseres therapeutischen Moderierungswesens, „ungetrennt, doch unvereint" des Körper-Dingverhältnisses, sprachlich zugleich zusammen- und auseinandergehalten, recht flach anmuten mag.

Flach auch in Anbetracht der Surrealisierung/Psychotisierung des unseligen Ansinnens Peirithoos', die Unterweltherrscherin zu ehelichen, gewiß ein Höhepunkt unserer mythischen Fortschreibungshabits, doch wie brauchbar zu vermitteln? Psychotisches Präjudiz in des festsitzenden Peirithoos' Kopf: Persephone, transsubstantiiert in einen mit Weizen gefüllten Vorratskrug. Nicht nur daß er diesen anzuknabbern versuchte, er setzte sich wie auf eine Kloschüssel darauf – orale durch anale Regression abgelöst – und, pardon!, praktizierte die ominöse „Arschmahlzeit der Dinge", „Projektion" und „Introjektion" ineins, „koprophagische" Erscheißung des Krugs mitsamt seines Getreideinhalts, instantan bestraft, fötide, schreiend, selbst durch das zu diesen reifizierten Fäkalien werdend. Exkrementaler Unterwelttriumph über den exemplarischen Frevler. Bedürftig fortgesetzter Ausführungen noch die Organzuordnungen des Weizenkerns zum Metabolismus, der Weizenschale zur Zirkulation und des Krugs totaliter zur Motorik.

Zurück zum Wyss'schen Krankheitskonzept, ausgebreitet durch den thematischen Mythenrekurs. Fraglich ist es mir geworden, ob unsere diesbetreffende Übereinstimmung wirklich zutrifft. Vermittlungsprivation, ja, aber: die zitierte Textpassage zur „transzendentalen Krankheit" könnte nahelegen, als den pathogenerischen Bösewicht die „Reflexion", die „Verdinglichung", damit den „Dualismus" von „res extensa" und „res cogitans", der gar die Dominanz des Todes, wenn nicht den Tod selbst (!), erbringt. Nein, mit solchen lebensphilosophischen Optionen, so es solche wären, habe ich nichts zu tun. Aber, wen noch kümmern solche Finessen? (Es sind keine.)

Zur Wyss'schen „Anthropologisch integrativen Psychotherapie" siehe: Pathognostische Repristinationen. Band II. Praxisumsichten. Psychoanalytische und psychoanalysetranszendente Retrospektive. Essen. Die Blaue Eule. 2018. Genealogica Bd. 62. Hg. R. Heinz. 95–111.

Zur „Rheinischen Arbeitsgemeinschaft für Anthropologie und Psychosomatik" siehe: Ebd. 113–115.

Keineswegs marginaler Nachtrag, zu Ehren Cheirons, nicht vorgetragen, zu den Kentauren, in kriterialer Hinsicht auf deren urärztliche Eignung. Abermals „Taumel und Totenstarre" das animalische Untergestell und der humane Aufsatz darauf. Theriomorphe Reminiszenz an die Vorzeit – der Pathologiekundige muß ja, residual wenigstens, hier mit zu Hause sein; ansonsten impliziert die hybride Doppelung, der Pferdemensch, wesentliche ärztliche Fähigkeiten: dromologisch (PS!), ein rasches Handeln und moratorisch langfristige Besinnung. Die nämliche Duplikation beim Kentaurenstiefbruder Peirithoos: notorisch die Superschnelle und die, allerdings sanktionale, Fixation. Ablesbar an ihm auch die Geschosseentstehung („Der fliegende Pfeil ruht"): Zielwahrnehmung gleich bereits Zielereichung, perzeptive Bewegungssubstitution, ein Fall der Zeitigungs-, Vermittlungsprivation der letal gedächtniszerstörenden Stase. Die Nachtphänomene angängig, schließt Peirithoos, exponierter Negativheros, den Tiefschlaf mit dem Wachen, über den Traum hinweg, wiederum kurz. Resultat dieser göttlichen Anmaßung: überkompensatorisches Dauerträumen, Schlaflosigkeit des NREM-Ausfalls, somniale Vermittlungshypostase, Psychose. Weiteres Psychosenindiz:

Persephone, transsubstantiiert der Getreidekrug, spricht zu ihm, Stimmenhören also.

Die folgenreiche Alkoholintoleranz der Kentauren paßt zur ärztlichen Exklusion vom Drogengebrauch des Drogenverabreichers. Hingegen gibt die Kentaurengeburt einige Rätsel auf. Wie nämlich ist es möglich, daß Ixion mit dem bloßen Wolkenbild der Hera den ersten Kentauren, selbst, wie gehabt, hybride schon?, zeugte? Fernliegend nicht der verständliche Seitensprung der Göttermutter, den Zeus quasi vernebeln mußte? Eine Art Pornoentschärfung, Trivialisierung zur Scheinbarkeit – die immense Bestrafung des überführten Ixion spricht dafür.

Brief Hebes an Hermes über ein Rätselphänomen im Schriftwesen. 1997
In: Kontiguitäten. Texte-Festival für Rudolf Heinz. Hg. Ch. Weismüller. Wien. Passagen. 1997. Passagen Philosophie. 331–350.

Brief, ein Modus fiktiver literarischer Mythenfortschreibung, deren Hauptthema diesmal: Defizite an offizieller Rezeption der Pathognostik des frommen irdischen Dieners des Hermes RH, mitsamt aller Akte der göttlichen Fürsorge für die Sterblichen, überschattet schon von eschatologischen Allusionen der „Götterdämmerung“, der göttlichen Dependenz von der, widersprüchlicherweise, sanktionsbedrohten Opferwilligkeit der Menschen. Auch ankündigt sich von Ferne bereits der Kahlschlag des Christentums – man entsinne sich Nietzsches Version des Endes der antiken Götter: Sie totlachen sich ob der Prätention des Christus, exklusiv „der Weg, die Wahrheit und das Leben“ zu sein. Sollte man über solche Menschheitsfülle der also geschichtlichen Götter nicht auch stolpern dürfen? Und ebenso über Evolutionsandeutungen wie Hebes deutliche Annäherung an Hermes, den Psychopompos, wie den diachronischen Zuwachs an Hades-Akzenten, sprich: der „Todestrieb“-Prärogative?

Da die Brieftexte-immanenten Mythenbezüge minimal ausfallen, kann ich es mit dem Register der mangelnden Pathognostik-Berücksichtigungen, Problem ja jenseits der vorsätzlichen Problemstellung, kurz machen. Verschmähensgründe hypothetisch sind: der skrupellos primärprozessuelle Antimanichäismus, die Uneinholbarkeit seiner intellektuellen Produktivität; die hermetische Verschränkung mit der multikooperativen Hebe-Dienerin HH; angeblicher gemütsentledigter affektionsanimoser Intellektualismus; der diachronische Austrag dieser Dissidenzen in „abwendiger Entblößung/unverhüllter Abwehr“.

Eigene Mythenperseverationen, reduziert auf die PSs, auf die Weise einer Halluzination: Hebe erwacht, geängstigt schreiend, abwehrend ihren Ehemann Herakles, der sie zu beruhigen suchte; abgelöst von einer Vision: Herakles, der Zeus abdeckt, wie später („Wer ist wie Gott“?) Erzengel Sankt Michael den christlichen Vatergott; halluzinationswahrend dann die fast heiter sedierende Ersetzung des Gatten durch Hermes, der seinerseits den hintergründigen Zeus durch eine Medienapparatur substituiert. So die erfüllte „paranoische Dingwache“, scheinbar jenseits von Paranoia, die postmoderne Beruhigung.

1997 Epistel an den Leser.
In: Logik und Inzest. Revue der Pathognostik. Vol. I. Wien. Passagen. 1997. Passagen Philosophie. 11–20.
(Referenz: Hermes)

Da capo ein Briefefiction des Hermes, adressiert an den Leser von „Logik und Inzest“, statt eines Vorworts, durchweg bedacht auf die kriteriale Doppelung eben von „Logik“ und „Inzest“, kurzum: der Rationalität und ihres Undergrounds. Da der abermals literarische Text von früheren pathognostischen Innovationen nur so strotzt, bin ich gehalten, denselben, verdichtend und auch reduzierend, zu skelettieren, um nicht das Thema zu verfehlen: nämlich die Mythenreferenz in kulturgenealogischem Betracht weiterhin aufzuschließen.

Dauerklimax das „Todestrieb“-Negativ: schriftbezogen partiell das Repräsentationsverhältnis darin einzustreichen; der Aneignungspassion von Texten, inklusive ihrer Kontexte, zu verfallen; in den Bann des Äquivalenzbedürfnisses der Konsumtion je zum Konsumierten zu geraten, das, zu Ende gedacht – die Rache des permanenten Live –, suizidal zur Psychose und zum Tod hinführt. Es ist um das Tauschideal Äquivalenz schlecht bestellt. Lektüreparasitismus, Gegenwertigkeitsprivation, die, in aller Eigenentropie, rettet, den letalen Schriftfraß ineins mit dem Schriftexkrementefraß differierend aufhält.

Hermesisch göttliche Angelegenheiten. Der einschlägige Schriftgott, das Sein der Schrift selbst, jedoch immer mit als Beschluß des Todes Gottes, davor als seine Haut rettendes Doublebinden der opfernden Gattung. Hermes ist es längst nicht mehr wohl, angesichts dieser Selbst- und Menschheitsentropie. Neuerlich starrt er gar auf die Universalcausa allen Übels, daß Frauen eben auch Männer gebären.

Wie sich retten vor der kulturellen Notwendigkeit des konsumtiven Lektüretods? Die fortschrittliche Schriftprothetik obsoleterweise meiden, so als ob sie den existentialen Zugriff auf Schrift hemmte? Ja, aber zum Glück dieses Hemmnisses, in ihrer Externalität gewährt sie doch vor dem tödlichen Ungestüm der Gottesusurpation Schutz? Und selbst nicht lesend, vielmehr schreibend? Wie wenn wir die restlose „Todestrieb"determination derart loswürden – also nein! Angewiesen bleiben wir auf das Wechselspiel von vorausgesetzt vorgegeben projektiver Hergabe und reintrojektiver Rückaneignung, Schreiben und Lesen. Und die letzten Dinge werden schlimmer als die ersten.

Abkünftige Empfehlungen, harsch antifeministisch, des Hermes noch – ob er damit bei Hebe wohl Gehör findet? Er warnt die Frauen davor, sich mit den violenten Mannsgeschäften, pseudoemanzipatorisch, moralisierend, überbietend gar, gemein zu machen, um dergestalt zur filialen Komplizin des basal kulturkonstitutiven Muttermords selbstdestruktiv zu verkommen. Und das scheinauxiliare Schreiben selbst mögen sie bitte unterlassen, weil die Imitation des männlichen Weg-Schreibens, immer projektiv der Weiblichkeit am Mann, ja zu ihrem Selbstweg-Schreiben, ihrer Abolition, führte, Abschreiben bloß noch? Nun ja, dabei aber die Buchstaben isolieren, just den „toten Buchstaben" als ehrende Reminiszenz der toten Mutter.

Nicht eben liebevolles Satyrspiel, den PSs, scheinmarginal, vorbehalten. Hermes' tückischer Besuch bei einem noch jüngeren Logik-Professor, dem er davor „Logik und Inzest" zukommen ließ. Der Universitätsmensch reagierte prompt in Richtung eines stringenten Privatkollegs über seine fachliche Liebe: über die Unbedingheit der Logik und die Exilierung des Inzests, eines Randproblems, in die heterogene Ethik, die, ihren Gehalten nach, mit Logik nicht das Geringste zu tun habe. So die eiligen Verdikte, die, wenn sie nicht in der dankenswerterweise zugeschickten Veröffentlichung vorkämen, sich jeglicher Lektüre derselben erübrigten.

Der Rationaliste brach die Nichtunterhaltung recht abrupt dann ab, unter dem Vorwand, sich um kranke Kollegen kümmern zu müssen. Abgefertigt wie Hermes, wie akademisch durchaus nicht unüblich, war, verfluchte er ihn in mente, nicht ohne Achtsamkeit auf seinen merklichen Augentic und vielleicht auch seinen vermuteten Tinnitus. Und zwar solle er, in seiner radikalen genealogischen Vergeßlichkeit, immer dann von der – und sei es bloß der empirischen – Herkunftsnachfrage ängstigend heimgesucht werden, vorweggenommen ja schon im besagten Augen- und mutmaßlichen Ohrenleiden, wenn er gleich welches Anliegen, vor allem in seinen Dinglichkeitsimplikationen, betrieb. Die das Nichtvergessen gepachtet hätten, sie müßten ebenso aber ihr Fett wegkriegen. (Ob dieser Logiker mit seinen strikten Trennungen postmodern nicht überaltert sei?)

Libera nos de ore leonis. Über die beiden ersten Kapitel des Proslogion des Anselm von Canterbury. 1997
In: Die Eule. Diskussionsforum für rationalitätsgenealogische, insbesondere feministische Theorie. Zugleich Organ der „Arbeitsgruppe für Patho-Gnostik". Hg. H. Heinz. Wuppertal/Düsseldorf. 1983. Nr. 9. 15–114.
Repr.: Logik und Inzest. … Vol. II. 15–89 (abzüglich der den Kolloquien nach der Vorlesung entnommenen Diskussionen).
(Referenz: Christentum)

Überschießende Bedienung in vorauseilendem Gehorsam von Klaus Horns (Freud-Institut) Initiative kritischer Religionssoziologie, auf die solo ich reagierte. Aufgenommen ist hier die Mythologie des Christentums, die derselben Berücksichtigung in meinem Sinne bedarf wie die antiken Geschwister. „In meinem Sinne“, das heißt, totalisierend wiederum kulturgenealogisch, anhand der Sujetauswahl – an der Supraprominenz des „ontologischen Gottesbeweises“ in Anselm von Canterburys „Proslogion“ vorbei –, dessen Gebetsvorspanns, eines absichtlich mystischen Textes, von dem man annehmen darf, direkter als theoretisch diskursive, entsprechende Komponenten für den eigenen genealogischen Bedarf zu enthalten. Die diesmal veranschlagte Regressionstiefe soll diesen Bedarf decken: die ultrametaphorisierte Gebetsvorlage, selbst ja schon für das besagte Ansinnen geeignet, erscheint decodiert als Stillszene, am ehesten kurz nach der Geburt, so daß sich dem männlichen Homowesen eine exklusiv weibliche Unterlage anschafft. Was damit gewonnen ist? Die Rückgewinnung des generationssexuellen weiblichen Körpers als, im Sprung über die mythisierten Supplikationen hinweg, verdinglicht diskursiver Rationalität. So konnte ich pointiert einmal schreiben, daß „das ganze Geheimnis des ‘ontologischen Gottesbeweises’“, in den ja die thematische Gebetsvorbereitung einmündet, „darin besteht, eine Form der Vergewisserung dafür zu finden, daß an die Stelle der Mutterbrust Speiserestaurants treten könnten.“

Mein Exegesetext nimmt sich in seinen, schon durch seinen Umfang indizierten, Extremen aus: die Mühsal eines fast Wort-für-Wort-Hintergründigmachens der scheinbar nur klischeehaften Anselmischen Vorgabe, bedacht auch auf Statuierungen der „Synchronie des Mythos“, deren womöglich aktuellen Heimischkeiten; ebenso – nach Sartreschem Breitenvorbild – als auf genealogisch subsidiäre lebensgeschichtliche sowie polithistorische Amplifikationen – exzeptionell dichte Fülle, sie sei einem geflissentlichen Studium überantwortet.

Bezeichnend, ob des Ausnahmecharakters meines Mystikverpflichteten Beitrags, eine Reihe von paraphrasischen Maßnahmen dafür auszuersehen. So machte HH Anstalten, als einzige Publikationsweise des sakrosankten Anselm-Textes, dessen Ausstellung in Typoskript auf einem Notenständer in unserer Privatwohnung travestisch zu ventilieren. Unbeschadet dieser kustodialen Idee, veröffentlichten wir ihn, und zwar, in großen Abständen, gleich zweimal, wie gehabt dann doch.

Ferner erachtete ich die Diskussionsbeiträge vonseiten meiner Hörer für wertig genug, um sie in Auswahl zu reproduzieren (siehe: Die Eule. ... Nr. 9. 108–112). Anschloß ich dem noch das Fiction einer Abschlußklausur zur religionsphilosophischen Vorlesung nach dem multiple choice-Verfahren mit verschrobenen Frageposten und je esoterischen Kommentaren meinerseits (ebd. 112–114). Nach Klausurabschluß verdunkelten meine Hörer den Hörsaal und stellten sich tot. Ich schloß mich dem an, und also waren wir alle, Schriftmanna-gesättigt, im Himmel. Hier noch das Register der Problempunkte aus der Diskussion – notorische Weisheit der Gruppe: Metapher versus Begriff; Fundamentalschuld der Sterblichkeit; Psychose – in sich liquidierte gelingende Selbstreferenz; Fremdsprache – Konkretismus der Opazität von Sprache überhaupt; visuelle versus phonetische Selbstreferenz; primärprozessueller Regressionsgrad des „Proslogion“-Textes; Intensitäten/Affekte versus Repräsentation/ Vorstellungen (AÖ); der „blinde Bettler“ – gewaltprovokante Symbolisierungsgrenze; obsekrativer Überschuß der Erinnerung in aller Repräsentation; historische

Genesis versus Genealogie, betreffend alle Repräsentationsmodi (Kunst, Religion, Philosophie); (patho)gnostische Kritikart: Kritik immer fusioniert mit der Legitimation des Kritisierten; Angst und Ekstase – seinsbehelligende Problemzentrale: die maternale Folie des patrifilialen Kulturprogresses; Allokupationsbegier der letal kulturalen Nachträglichkeit, kulminierend in den Kathedralen und Kreuzzügen; erotologische Rückerstattung der thanatologisch szientifischen Opferstoffe; Exegese wie eine Nachdichtung, irritierend des maternalen Vergänglichkeitsdiktats; Emanzipations(trug) der Überich-progredienten pathologischen Verwertung in verschließende Dinglichkeit hinein; Denkhomosexualisierung, nicht minder, passager, in deren Objektivität gemildert; vampiristische Vorimprägnierung der Eucharistie; Abendmahlkonkretismus auf seiner sadistischen Spitze: Mutter- und Ichauslöschung; Erinnerung – paradoxe Wahrung des Unbewußten; christlich apokryphe genealogische Subsidien, witzig en masse (e. g. des „Teufels Großmutter“); de Sade als extremer Rationalitätsaufklärer; Transsubstantiation – Dreh- und Angelpunkt von Genealogie; Einsprengsel Faschismustheorie: Faschismus, die universale Genealogiesperre; als solche ausgestaltet die reine Natürlichkeit des spendenden weiblichen Körpers, paranoisch transfiguriert in ihren Kulturpendants; Rekurs auf den sich fortsetzenden Unterhalt der Laktationsszenerie; Tiersubstitution des Mutterleibs, allererst des Scheins der Schuldtilgung wegen, erfüllt in dessen technischer Verdinglichung.

Machte man sich die verheißungsvollen Kürzel zu eigen, so gewönne man einen Eindruck davon, wie zu dieser Zeit meine Veranstaltungen vonstatten gingen: mitgetragen von einer Vielzahl daran engagierter StudentInnen, von meinen moralistischen Kollegen, ob der performativen Unruhe, die sie verbreiteten, beargwöhnt, äußerst selten mit aversiver Kritik bedacht – einmaliger (Nicht)Zwischenfall: ein jüngerer evangelischer Pfarrer verließ stiekum die Veranstaltung; er hatte wohl eine Vorlesung über die Geschichte der Religionsphilosophie erwartet, und traf stattdessen eine anscheinend anarchische Synchronisierung, gar auch noch eher häresieverdächtiger theologischer Inhalte, an.

Rasch noch der abschließende Hinweis auf meinen Laienversuch, via Bildender Kunst das thematische Gebet unter dem Titel „Anselm-Trichter", inklusive eines Auslegungstextes dazu, zu tropologisieren, (siehe: Pathognostische Studien V, Engagements an eine kritische Fortschreibung der Psychoanalyse namens Pathognostik. Essen. Die Blaue Eule. 1999. Genealogica Bd. 27. Hg. R. Heinz. 213–217). Weshalb dieser Aufwand? Die Supplementarität dieser Bildnerei spricht dafür, daß mir die übliche Schriftabsolvenz als Absolutionsgenügen eben nicht genügte. Weshalb dann aber die Wahl dieses ikonischen Abtrennungmodus'? Insgesamt machte ich – der „blinde Bettler" – Blindheitsallusionen geltend – leider hier ja für den Rezipienten nicht überprüfbar – sowie, betreffend das Trichtermotiv, mannaschematisch selbstdarstellen die Trichtervarianten den Laktationsakt, dramatisiert zum Wechsel von Hergabe und sammelnder Einbehaltung.

Medizinmythologie: Asklepios. 1997
In: Philosophie der Krankheit. In: Logik und Inzest. … Vol. II. 105–109.
(Erstpubliziert in: Die Eule. … Nr. 7. 1982. 58–62.)

Was, abgründig, macht, nach mythischem Zeugnis, den Arzt, einen guten Arzt, aus? Zunächst eine massive geburtstraumatische Determinante – beinahe wäre der uneheliche Asklepios zusammen mit Mutter Koronis, die unter seiner Geburt verstarb (Heldengeburtselement!), miteingeäschert worden! Danach, überkompensationsgenötigt ob dieses fatalen Ursprungs, ausgesetzt und in pflegeelterlicher Obhut, insbesondere in Tierkontiguitäten sozialisiert, bis hin zu seiner Lehre beim Kentauren Cheiron – „tierisches Verstehen". Dass, auratisch, Blitze aus dem Kinderleib hervorgingen, avisiert seinen Blitztod durch den höchsten Gott, Bestrafung des arroganten Mediziners, des „Herrn über Leben und Tod", der Invasion in den göttlichen Vorbehalt wegen, Grenzziehung aller therapeutischen Ansprüche. Dingliche Selbsthinterlassung in seiner Sternenentrückung (Theorie) und im Äskulapstab (Reminiszenz des Vorzeitsignum). Modernerweise werden alle diese korporalen Kriterien, unsere Ärzte verdummend freisetzend, in den Krypten der medizinischen Apparaturen geborgen.

1997 Selbstkommentar zum Beitrag „Die eingesperrte Sakralität. Zum Problem des Rest-Heiligen in Psychopathie".
In: Logik und Inzest. … Vol. III. 141–144.
(Referenz: Christentum)

Zwar gilt die Psychoanalyse weiterhin als zünftige Garantie der fortgesetzt aufklärenden „Remythisierung" – etwa der Ottoschen Heiligkeitskriterien „tremendum et fascinosum" –, hin zum (christlich obsolet gewordenen?) „Ödipuskomplex", der selbst aber – pathognostische Volte! – dringendst der widersubjektivistischen Revision bedarf: seiner Infantilitätsrestriktion sowie, zumal, seines, des nimmer untergegangenen, immer nur sich versteckenden Verfolgs primär in die Dinge hinein, die sich derart martialisch suizidal aufladen, und Pathologie zur opfernden Ambiguität deren Huldigung und instantanen Verwerfung verurteilt. Pathognostik – wie der Resteverwahr aller Nichtaufgänge, so als ob sie Hoffnung verspräche, den über sie verhängten Obsekrationsbann zu lösen?

(Referenz: Die eingesperrte Sakralität. Zum Problem des Rest-Heiligen in Psychopathie. In: Das Heilige. Seine Spuren in der Moderne. Hg. D. Kamper, Chr. Wulf. Frankfurt/M. Athenäum. 1987. 624–643. – Repr.: Retro II. ... 2006. 154–172.)

Esau. 1997
In: Logik und Inzest. ... Vol. III. 235–239.
(Referenz: Christentum)

Vielleicht etwas überraschend, spezialisiert sich der besonders eigenartige Esau-Text auf das Tauschverhältnis im Gebrauch, der Konsumtion. Allemal ist es dabei ja um die Erstehungslegitimation von Dingen gleich Waren zu tun. Was alles in den Zusammmenhang der Tauschdetermination sämtlicher Ökonomiedimensionen – „Produktion, Zirkulation (hier dann instanzig) und Konsumtion" – einzustellen wäre; eine allgemein genealogisch besonders relevante Wendung, die vor allem Sohn-Rethel rehabilitieren könnte?

Meinerseits liegt es nun nahe, favorisiert exemplifiziert an Phobien, die Stolperstellen des Gebrauchs dergestalt zu markieren, daß sie Wegweiser ins unbewußte Warenarkanum auszumachen verständen. Vorherrschend im exkusationsbedürftigen Gebrauch die Äquivalenznöte, „Wie finde ich einen gnädigen Gott?" Um es sogleich damit zu übertreiben: auf noch differierendem Psychosenkurs, Körper-

Ding (Waren/Waffen) bezogen, verführt die phobische Verwendungs-, die Gebrauchsverweigerung, der nicht-intentionale Konsumstreik, der Verzicht ja auf alle Opferprämie, zum „todestrieblichen" Irrweg der einzigen Äquivalenz, nämlich der des Todes. Kahlschlag (Nicht)Lösung, präfiguriert im Christentum, dem Sterben des Gottessohns, verbleibende Todesstrafe aber der schuldig verbleibenden Menschkreatur.

Rettend nach dieser im Niemandsland, im Nichts endenden Schizophrenisierung die paranoische Intersubjektivität. Die zum „phobischen Objekt" brauchbaren Großwaren, sie bereiten – vom Regen in die Traufe –, konstitutiv für den phobischen „Gebrauchsexilanten" (ausgeschlossen wie die menstruierende Frau), als mortale „Staatsprostituierte", die große Pein der Promiskuitätstoleranz, Versagen der „Bruderschaftsdisziplin" (und die Schwestern?). Schlechte Karten für Rot-Grüne-Bündnisse – aber wir übertreiben ja.

Unser Augenmerk richte folgend sich auf leicht übersehene Konsequenzen der phobischen Verwendungssperre. Versteht sich: mit dieser Klausur ist das Produktionsphantasma mitnichten außer Kraft gesetzt, im Gegenteil, voll nur bestätigt. Und, des einzelnen: Was geschieht mit den sich selbst überlassenen geflohenen Warendingen? Indem sie korrumpieren müssen, fangen sie sich, existenzrettend, als Waffen auf. Überhaupt ist, auf die kriteriale Gebrauchsverweigerung hin – Unzuträglichkeit von Pathologie –, mit einer unterlaufenden Militarisierung zu rechnen: ja der Destruktionsaufladung der menschverlassenen Waren, der waffengebärenden „Restitution des Geopferten im Ding" selbst wiederum, womöglich begleitet von kriegsbegünstigendem zynischem Gebaren des Verwendungsasketen – „nur zu, rennt nur in euer Verderben".

Keinerlei Lichtblick in diesen existentialen Tenebritäten allen? Vielleicht – so eine kurze Erwägung –, daß der Nichts-count-down des Äquivalenzbegehrens vor dessen tödlicher Spitze schützen könnte? (Schizophrenie-Statistik vor!) Ansonsten kann ich nicht gewahren, daß die Geld-, die rasende Vermittlungshypostase der in sich wechselnden Ambiguität von „Anrecht und Verzicht" außer Kraft gesetzt werden könnte; daß die verheerende „kommunistische Utopie" ihre latente Faszination eingebüßt hätte; daß – „einmal tot, immer tot" – die konsumatorische Rückaneignung des in Produktion Geopferten sich nicht als der Trug der großen Vitalisierung verkennte. Außerdem: der AT-Mythentitel „Esau" fungiert nicht mehr denn als Rahmenevokation des Äquivalenzproblems. Und fraglich bleibt zumal, von diesem meinem opaken Text aus, ob die damals propagierten neuernden Problemwendungen ihre angemessene Fortschreibung fanden.

Zu Sohn-Rethels Deduktion der Produktionskategorien aus dem Tausch siehe insbesondere: Die asthmatische Jungfrau. Zur Kritik der Tauschabstraktion Sohn-Rethels. In: Pathognostische Studien IV. Von der Psychoanalyse zur Pathognostik. Übergänge und Ausflüge. Essen. Die Blaue Eule. 1998. Genealogica Bd. 25. Hg. R. Heinz. 70–76. Repr.: Geld und Geltung. Hg. R. Heinz, J. Hörisch. Würzburg. Königshausen & Neumann. 2006. 139–144. – „Hier ist ein Wunder, glaubet nur!" (...). Von den normalen Verwerfungen der Tauschrationalität (Sohn-Rethel, rehabilitiert?) In: After you get what you want, you don't want it. Hg. B. Hofstadler, R. Pfaller. Frankfurt/M. 2016. Fischer Taschenbuch 03591. 207–219.

PS. Pathognostisch dringend zu ergänzen noch der aktuell besonders virulente objektiv-ökonomische Vorausgang der sich selbst ungebraucht überlassenen Waren in Überproduktion und Kaufkraftmangel, inklusive des Problems dessen, dieser Objektivität, subjektiv pathologischer Imitation, die einseitig in meinem Kommentar thematisierte. In der Konsequenz dieser Erwägung ergab sich die weiter zu traktierende philosophische These, daß diese objektive Korruptionsförderung der verwendungsdefizitären Waren Rüstungssteigerungen veranlaßt. Überproduktion etc. indirekte Kriegstreiberei. Waffen demnach = in Regie genommene – wie aus Scheiße Gold gemacht – Warendekadenz.

1998 Angelisch.
In: Tagesreste. Philosophisches Annuarium 1997. Wien. Passagen. 1998. Passagen Philosophie. 74–76.

Zu gewärtigen sind drei auf christliche Mythologeme bezogene Posten aus meinen „Tagesresten", quasi Großaphorismen, von mir, ob ihrer Problemprägnanz, besonders gemocht, in der Nachfolge von Adornos „Minima moralia", Blochs „Spuren", Bahrs „Mißgestalten". Der erste befaßt sich mit der Signatur der Epoche, der Medienhegemonie, bekanntermaßen geschwisterinzestuös parallelisiert und ausgeweitet mythologisch in christlicher Angelologie, das cœleste Vermittlungswesen. Das konsanguinische Defizit bloßer substitutioneller Kopie des – in seiner Hierarchisierung mitgenommenen – Elternverhältnisses, erscheint überkompensiert im Extrem – epiphanische Heilig-Geist-Epoche – des selbstproduktiven Gedächtnisses, ja der Repräsentation als Präsenzerfüllung, allzeit, in seinem Trugwesen, bedroht von der pathogen parentalen Resorption.

Abgeleitete Probleme: der medienbedingte Arbeitsdispens; instruktiv ödipaler Kurzschluß der Geschwisterinzestuösität: Ödipus Vater und Bruder seiner eigenen Kinder; Haltbarkeit der Auszeichnung des Geschwisterinzests im „Anti-Ödipus“? Somniale Pathologien: Traumaversion, Traumsperre.

Siehe dazu: „Alle Menschen werden Brüder …“ Mythophilosophische Anmerkungen zum Geschwisterproblem. In: Geschwisterlichkeit. Horizontale Beziehungen in Psychotherapie und Gesellschaft. Hg. H. Sohni. Psychoanalytische Blätter Bd. 12. Göttingen. Vandenhoeck & Ruprecht. 1999. 55– 66. Repr.: Pathognostische Studien V. … 13–22.

Marcionisch. 1998
In: Tagesreste. … 82–83.
(Referenz: Gnosis)

Weiterer „Tagesreste“-Posten: Marcion, all meiner Rührung – Blumenberg-Erbe –, unbeschadet, hier sein unabweisliches Scheitern. Wie?

Die konzevable Flucht aus der Menschheit, rückblickend auf ihr Motiv und Artefakt: das ganze Desaster von Welt, dieser schönste Heilsweg, degeneriert zur entrücktesten Transzendenz – sentimentalisch vorgestellt als der „ferne Gott der reinen Liebe“, müde herabschauend auf die mundanen Destruktionsumtriebe des widerpartlichen „Demiurgen“, die überexakt das enthält und abundant veräußert, was sie emphatisch zu fliehen meint. Transzendenz gleich Inzendenz. Ausweg als verwüstender Inweg. Und so resultiert ein unmäßiger Manichäismus, bis zur leibesfugativ hypostasierten Seele der doketistischen Fehl des erlösenden Gottessohns nihilominus. Ketzerei? Kaum. Bloß christliche Exaggeration.

Zum Aufschluß der Anorexie durch gnostische Theoreme siehe: Der fremde Gott der reinen Liebe. Einige neustzeitliche Abwegigkeiten zur Gnosis Marcions. In: Ich und der Andere. Aspekte menschlicher Beziehungen. Hg. R. Marx, G. Stebner. St. Ingbert. Röhrig Universitätsverlag. 1996. 119–131. Repr.: Retro III. ... 62–71.

1998 (Com)passio.
In: Tagesreste. ... 88–89.
(Referenz: Christentum)

Fast utopischer einzig tragbarer essentieller Leidensbegriff, in aller Unabdingbarkeit martialisch abgedungen: „der Tod Gottes“, „der Tod der toten Dinge“, bar der Inversion in die letzte armaturische Souveränität derselben, die bleibende Gottesverlassenheit der Welt. Leerstelle, schier mit Gewalt nur überkompensatorisch angefüllt, auch „echte Trauer“ versus „Depression“ genannt. (Vorsicht! so drohen schon, nicht nur von Ferne, dissimulativ Sentiment und Ethos.)

Entsprechend die menschliche Legion der Epikalypsen dieser exklusiven Leidenswahrheit: rahmengemäß die humane Urfinte des „sekundären“ und des fundierenden „primären Masochismus“, die Leidenstamponade, auflaufend insbesondere in den „Perversionen“. Je spezielle Passionsverkennung in Pathologie überhaupt, so neurotisch in der Pseudoleidenskonversion sentimentalisierter Gewalt; psychotisch in der kollabierenden Übermimetik der zwar unverdeckt gewahrten, aber derart angemaßten Gewalt wiederum; und die organischen Krankheiten – ihr Erpressungswesen verleitet zum illusionären Kahlschlag, mit der Abolition ihres Pseudoleidens das alleine authentische Existentialleiden zu beseitigen.

Mitleid? Überfälliges purgierendes Postulat: Wenn reklamiert und getätigt, dann nur noch an sich selbst, die eigenen Belange, denken bitte. Memo auch: Die basale – in ihr begehrte, bestätigte, geflohene – Pathologiereferenz ist der Krieg, „toxikomanisch" differiert in der universellen „Süchtigkeit der Körper", in ihrer objektiven Mystifikationsentsprechung der „Warenästhetik".

Ödipus' Tod. Über eine psychoanalytische Auslassung (in der Form eines inneren Zwiegesprächs). 1998
In: Rationalität und Prärationalität. Festschrift für Alfred Schöpf. Hg. J. Beaufort, P. Prechtl. Würzburg. Königshausen & Neumann. 1998. 261–270.
Repr.: Retro III. ... 123–135.

Festschriftbeitrag zum 60. Geburtstag des Kollegen Alfred Schöpf (Würzburg), neben E. K. Specht (Bonn) und mir einzig Universitätsphilosoph und ordentlicher Psychoanalytiker.

Ein Dialogfiction, das dem Darstellungsmodus der – akademisch ehedem oftmals fetischisierten – Argumentativität/Diskursivität, von Ferne nicht ganz ohne parodistischen und longe sportiven Einschlag, Tribut zollt, und, des veranstalteten Konsenses ledig, abbricht, so als wäre ich der pathognostischen Selbstapologie müde und aufhalste deshalb meiner realistischen psychoanalytischen Kontrahentenerfindung vornehmlich eigene schwierige einschlägige Texte.

Ewige Frage: In welchem Verhältnis stehen der Ödipusplot als sophokleische Politmythe der Ablösung des wie noch vorzeitlichen inzeststigmatisierten Thebens durch das Polis-initiierende Athen zu dessen lebensgeschichtlich kleinfamilialem orthodox psychoanalytischen Restriktion zueinander?; die zudem den „Ödipus auf Kolonos“ (Lacan ausgenommen), der integralen Ödipuskomplex-Theorie, abträglich, ausläßt.

Um, antwortend, nicht immer eigene ausgewiesene Standards unendlich zu reproduzieren, selegiere ich einen instruktiven Problemstrang aus dem Zusammenhang der pathognostischen objektivitätsekstatischen Defensive. Und zwar gehört Ödipus’ unmöglicher Tod, ohne Leiche, ohne Grab, eben in die Verdammung Thebens, nur daß die radikale Endbeseitigung des eh ja schon entwürdigten Königs – felix culpa, ultimative Ausbeutung des Gegners – die Wahrheit über den Tod besagt – nämlich: Tod, die „absolute Grenze ..., die keine ist“ (ebd. S. 127); sowie, ob des peremptorischen Differenzausfalls, sich überaus gedächtnismotivierend geschichtskonstitutiv auswirkt (ebd.). Nicht weniger, vom ödipalen Horrorfinale her, veranlaßt sich der vor diesem Nichts differierend rettende, diesem zugleich verfallene „Todestrieb“.

Zünftig knapp resümiert ebd. S. 128; ebenso zusammengerafft S. 131, die pathognostische Psychoanalysesubversion, mitsamt der üblichen konventionell psychoanalytischen Einwände dagegen.

1998 Frühe Sinnigkeiten zur späten Psycho-Somatik. Die Peirithoos-Mythe.
In: Sinnverlust und Sinnfindung in Gesundheit und Krankheit. Gedenkschrift zu Ehren von Dieter Wyss. Hg. H. Csef. Würzburg. Königshausen & Neumann. 1998. 373–385.

Siehe dazu: Körper – Sprache – Ding. Skizze zu Elementen der Psychosomatik. In: Metastasen. Pathognostische Projekte. Wien. 1995. Passagen Philosophie. 63–75.
(Referenz: Peirithoos, Kentauren)

Narziß-Mythe. 1998
In: H. Heinz, R. Heinz: Apo-kalypse des Abbilds I. Vidende zu einem Selbstbildnis von Paula Modersohn-Becker. Wien. Passagen. 1998. Passagen Schwarze Reihe. 44–47, 48–49, 50–52, 56, 65, 66, 67, 92–96, 100–101, 103–104.

Non plus ultra an gemeinsamer Einläßlichkeit, ein einziger amplifiziert exegetischer Großtropos, ausgeführt von den originären Einfällen von HH, ohn Unterlaß dem Untergriff bildgenealogischer Allusionen, „venatio opinium" provokant, erbötig. Was für mein vorsätzliches Vorgeschmacksansinnen, die sogenannten Kommentierungen, indessen heißt, daß ich davon Abstand nehmen werde, das unike Opus komprimiert im Ganzen vorstellig zu machen, stattdessen mich, in der Zuversicht eines effektiven pars pro toto vielleicht, eine Art von ausgesuchter quasi-Definition des thematischen Sujets Selbstportrait, immer suspensiv bitte und ausnahmsweise, neunachzuschreiben.

Diese lautet:

„Was also ist ein Selbstportrait? Das Sehenlassen von Echo im Narziß-Wasser-Spiegel, dem toten Narziß als verbildlichtes Spiegelbild auf dem Rückzugswege von Echo in den Echofelsen zurück, so daß nur noch der sich im Wasser spiegelnde Fels in der Lautlosigkeit des Vorausgangs der Lautexplosion verbleibt, anschließend indessen dergestalt, daß der sich im Wasser spiegelnde Fels sich verlautet: die Liebestodvereinigung Narziß' und Echos." (Ebd. 46)

Und in aller Kürze:

„Inbegriff der Bildschaffung und -erhaltung: Echo sieht sich im Wasser, in dem Narziß verschwunden ist, und bildet das Wasserbild an ihren Felsen zurück." (Ebd. 52)

Stichwort: Echos vergeblich gelingende Rache am toten Narziß, anscheinend frustran, weil schon im Toten selbst ja. Was prima vista wie eine Totenehrung scheint, decouvriert sich, im spiegelverdinglichten Opfer mißbräuchlich in Positur zu setzen. Nein, halt! Kein Bild ist jemals ein lebendiger Körper, der Ikonodie subsistentiell eingedenk, verschuldet sich die notwendige Mortalität des Bildes, zumal des spiegelstadiumsgegründeten Selbstportraits, dem echowahrenden Echo-Tods im Echofelsen, totheitsgenerisch im Hörsturz, residual verschwommen inkomplett, verlautender Felsen, dem nach, was vom sich phonetisch opfernden Selbstbild übrigbleibt – Vermählung des unselig extremnarzißtischen Jägers und der todestrunkenen Nymphe.

In sich kontrareisierter mortaler Selbstverlust, wüste Binnendynamik des Selbstbilds, in seiner épochalen Surdomutitas der Phonéursprünglichkeit kultural überkompensatorisch reminiszent; höllenlärmend, nein, bilderhaltend abgeschwächt echoreduktiv nachhallend. Man stelle sich einmal vor, alle Portraitbetrachter würden von diesem ikonischen Souterrain heimgesucht. Bitte aber dann die „Apo-kalypse des Abbilds" sogleich weiterlesen und nichts kapieren. (Vgl. oben 221–226.)

Psychoanalytisches Rätsel / Die Lösung des psychoanalytischen Rätsels. 1999
In: Psychoanalyse und Philosophie. 2. Jg. Heft 1. Düsseldorf. Psychoanalyse und Philosophie. 1999. 8 sowie 48–49.
(Referenz: Melampos, Iphiklos)

So das psychoanalytische Rätsel:

1. Wer in der griechischen Mythologie war der erste (außerdem recht geschäftstüchtige) Psychoanalytiker?
2. Wer von den griechischen mythischen (minderen) Heroen hatte den ersten schweren, zu einer einschlägigen Symptomatik führenden Kastrationskomplex?

(Ebd. 8)

Die Lösung des psychoanalytischen Rätsels:

1. Melampos
2. Iphiklos

(Ebd. 48–49)

Melampos, erster Arzt und Seher, der Sprache der Tiere kundig; der des Iphiklos' kastrationsangstbedingte Impotenz und zudem den kriminalitätssanktionellen Wahnsinn der drei Töchter des Proitos, nebst deren Gefolge, reichlich je dafür vergütet, heilte. Wie diese subtilen Therapien des nähern vonstattengingen, ist bei Ranke-Graves, zitiert im thematischen Text, nachzulesen.

poor wretch. 1999
In: Allgemeine Theorie des pathognostischen Verfahrens (stark ethisch-konfessionell und erneut in philosophischer Manier).

In: Lectiones pathognosticae. Institutionen einer Art kritischer Psychoanalyse. Düsseldorf. Psychoanalyse & Philosophie. 1999. 89–91.
Redigierte Neuauflage: Essen. Die Blaue Eule. 2019. Genealogica Bd. 65. Hg. R. Heinz. 89–91.
(Referenz: Ödipus)

„Als Opfersonderaffekte verteilen sich Hohn und Häme auf Ware und Geld, Mutterleibnutriment und Exkrement, Mutter und Vater, auf deren, also affektiv signalisierten, pathogenen Zusammenbruch, dessen, allgemeine Verfassung in der Transsubstantiation der Objektiva (Ware, Geld) in quasi Außenkörperteile (Milch, Kot) und deren generationssexuellen Instanzen (Mutter, Vater) besteht. … Iokastegiftmilch als Laiosexkremente, von der Sphinx als ihr eigener Höllencocktail (…) an Ödipus verabreicht. (Die ob der Tauschselektion geschwisterinzestuöse Akzentuierung wurde nicht vergessen: sie stellt sich als die aktualisierende Versammlung beider Uneltern in der Schwester für den Bruder dar – die Sphinx mit Mutter Echidna/[Chimaira] als Schlangenschwanz, ferngesteuert von Vater Laios, ebenso mit Vorzeitmonstren [Orthros/Typhaon] in sich: just als apostrophierte Giftofferte der widermediativen Schwester.)“ (Ebd. 89–90)

Aufgenommen wurde dieser Passus, im weiten Kontext einer weniger direkten Dauerbefassung mit dem „Ödipuskomplex“, ihrer ausgreifenden ökonomiegenealogischen Drastik wegen, fortgesetzter Explikationen unvermeidlicherweise anheimgestellt.

Sachkorrelate: Waren und Geld, parallel organifiziert als Iokaste-Muttermilch und Laios-Vaterfaeces, affektiv kommitiert von Hohn (oral) und Häme (anal); kongregiert –

später genannt „kapitalisierte Technologie“ – geschwisterinzestuös in der vorzeiterinnernden Sphinx, unter dem Diktat des psychotischen Unvaterkönigs Laios. Trio infernale, und also ist Ödipus’ Tod, wie lange auch aufgeschoben, wie apriori besiegelt. Man möge nun alldieses apud inferos – pathognostisches Schibboleth – als Aufschlußvehikel unserer ökonomischen Krisen nutzen. Bonne chance!

Hermetisch-hebephrenische Glosse über bürgerliche Probleme der Arbeit (in der Form eines Briefes Hermes’ an Hebe).

1999

In: Pathognostische Studien V. Engagements an eine kritische Fortschreibung der Psychoanalyse namens Pathognostik. Essen. Die Blaue Eule. 1999. Genealogica Bd. 27. Hg. R. Heinz. 183–191.
Repr.: Pathognostische Interventionen V. Triebabkömmling Arbeit? Zur psychoanalytisch vernachlässigten Politökonomie. Essen. Die Blaue Eule. 2017. Genealogica Bd. 60. 103–112.

„Jedoch, beim obersten Gotte, welchen Riesenfloh haben wir (sc. die Götter) ihnen (sc. den Sterblichen) ins Ohr gesetzt (sc. uns selbst) – das bißchen Tod und solche Folgen?“ (Ebd. 186)

Einer meiner pathognostisch instruktivsten, gar reprinteten Texte, den ich deswegen – Versteckspiel, zum Schutze seiner vorschnellen Verwendung – (nun ja!) pseudonymisierte: mittels der mythisierten Briefform, irritierend fast auch durch den Titel: Nebenher, verschlossen, blöde. Und Hermes, der Gewitzte, ist beinahe nicht mehr wiederzuerkennen, er sagt es selbst: das Lachen sei ihm, dem christlich längst totgelachten, vergangen; verstimmt, depressiv aggressiv und allzu verdiktiös, wirkt er, selbst, untergründig, seiner geliebten Stiefschwester Hebe gegenüber, in deren fürs erste unerfindlichen Fusion von „Universaldesign und Heldentod".

Die des Gottes (schein)widersprüchlichen Götternöte, sprich, sogleich übersetzt: die menschlichen Kulturmißhelligkeiten, konzentrieren sich, anfänglich und folgenreich, auf den bürgerlichen Grundwert Arbeit. Göttlich menschliche Arbeitsmisere überhaupt: die wechselseitig ewige Dependenz beider, der Götter und der Sterblichen, sich überschlagend doppelobsessiv, produktiv wie konsumtiv, in Workaholismus und Toxikomanie, der „Süchtigkeit aller Körper", dem „primären Masochismus". Heikle Entropie dann dieses innigsten „mythischen Verhältnisses" – was geschähe denn, wenn das in aller verstörenden Ambiguität utopische Arbeitstelos, die Abschaffung der Arbeit nämlich, Schlaraffia – symptomatisch antezipiert im Medieneffekt faktischer Arbeitslosigkeit –, einträte? Entmenschlichender Götterschwund, Kulturprivation im Ganzen – das kann doch nicht gewünscht sein?! Oder doch?

Klimax der Bloßlegung bürgerlicher Arbeit: der symptomanaloge Zusammenhalt von Schuld – hyle-stuprum – und Sühne – „Opfer der Arbeitskraft", die einzigartige Exkulpation, die Mohrenwäsche der „Produktivkräfte", Konvergenzmedium von Kapitalismus und Kommunismus; in Pathognostik nachträglich genealogisch eingeholt in meinen „Todestrieb"-Tropologien. Träfe die Pointe deren Antidualismus von „Thanatos" und „Eros" zu, so lösten sich ebenso alle abgeleiteten Dualismen, der des „Konstanz- und des Nirwanaprinzips" etc., mit auf.

Nur Mut – lege Deine Philosophiescheu angesichts des verkannten späten Freuds ab; und konsultiere auch, arbeitsideologisch, unsere Klassiker, Schiller („Die Glocke") und Goethe („Der Sänger", „Der Schatzgräber"), bürgerfromm und -kritisch.

Zur Arbeitslosigkeit siehe: Philosophisch-psychoanalytische Bemerkungen zur Arbeitslosigkeit. In: Pathognostische Studien V. … 51–54. – Zur Verschränkung von Schuld und Sühne in Arbeit siehe: Pathognostische Interventionen V. Triebabkömmling Arbeit? … – Wie ein Eigenkompendium zum Arbeitsproblem siehe: Kainsmale. …

Brief des Hermes an Helios. (Einleitung) 2000

In: Apo-kalypse des Abbilds. II. Videnden zu Photoarrangements von H. Heinz. Essen. Die Blaue Eule. 2000. 7–13. Zweite überarbeitete Auflage: Pathognostische Repristinationen. Band III. Apo-kalypse des Abbilds. … Essen. Die Blaue Eule. 2018. Genealogica Bd. 63. Hg. R. Heinz. 7–13. Repr.: Pathognostische Studien VIII. Importune Philosophie-Regresse auf die Psychoanalyse. Essen. Die Blaue Eule. 2003. Genealogica Bd. 32. Hg. R. Heinz. 201–207.

Supplement zur Einleitung: Brief des Hermes an Helios.
In: Apo-kalypse des Abbilds. … 2000. 203–204.
Zweite überarbeitete Auflage: Pathognostische Repristinationen. … 2018. 203–204.

Hommage à Sonnemann

Abermals ein Brieffiction, und typisch Hermes, maliziös zwar, doch intellegent genug, angesichts des großen Titanen, des eschatologischen Poseidon-Besiegers, nicht aufs Eis tanzen zu gehen. Den Finger legt er auf Helios' essentielle Schwäche: die Exklusivität des in sich sodann formal beschränkten Sehens, taubstumm ist er demnach, und also der Lektüre unbedarft, so daß sich der an ihn gerichtete Brief erübrigt, abgesehen davon, daß sein Original, mißgeschicklich zu nahe an ihn geraten, verbrannte. Gewiß, dieses substantielle zuhöchst kulturgenerische Defizit erscheint kompensiert durch die Häme seiner detektivischen Inspektionsgabe, und überhaupt durch seine entpersonalisiert diffuse Voraussetzungsmächtigkeit für Sehen und speziell mit für Bildende Kunst: Licht und, eher hier marginalisiert, Wärme. Freilich, jeder, der sich irgend aufs Sehen kapriziert, gerät in die komplizierte Ambivalenz von Verehrung und Anmaßung.

Weiteres Hauptmotiv: die Graien. Wie zeitlos jenseits aller prokreativen Sexualitätsgeschäfte, gedoppelt zuzweit, schwankend zudritt – permutative Absicherung des spähenden Sehens, blindheitsprovenient prothetisiert zum einen isolierten Auge, etwa gleich einem Panorama-Fernrohr. Exponierte „Vorzeit in der Endzeit", archaistische Heliostravestie, Schattenwurf des lichten Titanen, dessen Limitation gar, kustodial vor der schwesterlichen Gorgonenhöhle, auf der Schwelle zum sonnen- und mondprivativen Reich der Finsternis. Und der eine Zahn? Wie der plotinische Hinweis auf den Antagonismus von Sehen und Essen, scheingeschlichtet mit dem MitdenAugenessen, jenes Verwahrung wider dieses, das Verschlingen, somnial das Mahlzeiten als Feind der „Rücksicht auf Darstellbarkeit".

Fortgesetzter Generalakzent: die – einen hypertrophen Bildkünstler kirremachenden – Spiegelbildschwächen: die ewige das Hinterrücks verweigernde Frontalität, das Verkehrtherum, und, vor allem, die Kospiegelung peristatisch kontingenter Gegenstände, auf die, selbstreflexiver Störenfriede, der Arme es besonders abgesehen hat. Er kam nicht auf die üblichen Abdeckungsmanipulationen, mußte das Zusammenschnüren der skandalösen Gegenstände verwerfen, und meinte, sich aus der sehr ängstigenden Verlegenheit zu helfen, indem er das gesamte ausgeräumte Atelier, die Wände, die Decke, den Fußboden, mit Spiegeln ausstattete. Nein, denn die Spiegelungsmisere vervielfältigte sich so nur. Und dieses Scheitern des in-Regienehmens mittels rasenden Schnelldurchlaufs wie im Zeitraffer? Wiederum um den Preis dieser veranstalteten Sehenseinbuße. Lassen wir ihn davor mit seinem Hörschaden sitzen?

Höhepunkt meiner szenisch besonders sorgfältigen Mythenfortschreibung: der Heliade spielerisch foppende Attacke auf den an einer Herme rastenden schläfrigen Hermes, mittels eines zum Licht und Werfer umfunktionierten Spiegelsplitters, der Heliostochter gemäß im Extrem Brandschaden und Blenden. So harmlos, darüber noch hinaus, war der schöne Schabernack nicht: quasi ontologisch höhergestuft, sah sich der unstete Gott, menschennächst, wie hinter sich selbst paranoisch her, indem er die wandernden Lichtflecken zu ertappen und zu fixieren suchte. Auch fühlte er sich, in einer momentanen Anwandlung jedenfalls, durch die besagte Umfunktionierung des Spiegelsprengstücks, fast schlemihlich, seines Spiegelbilds wie beraubt.

Was es sonst noch zu berichten gibt? Helios' Inneres ist wie ein schallschluckender Raum. Wer darin gefangen, sich durch Trommeln an die Wände befreien möchte, ließe auf des Titanen Außenoberfläche rasende Bildfolgen mit uneinsehbaren Göttergeschichten erscheinen.

Recht so – der Endtriumph der Echo über Narziß?

Zur Helios-Mythe siehe zudem: 3. Helios. In: Arbeit – Technik – Tod. Einige mythosophische Überlegungen zu

Hephaistos, Daidalos und Helios. In: Pathognostische Studien III. … 215–228.

2000 Photo-Mytho-Graphie.
In: Compact Disk. Zu: H. Heinz: „Kreuz und Quer". Portrait RH. Photoarrangement 1986.
In: Apo-kalypse des Abbilds II. … 67–68.
Zweite Überarbeitete Auflage: Pathognostische Repristinationen. Band III. Apo-kalypse des Abbilds. … 67–68.
(Referenz: Narziß und Echo)

Aquavit. Zu: H. Heinz: „Kreuz und Quer". Portrait RH. Ableger I. Photoarrangement 1986.
In: Apo-kalypse des Abbilds. … 82–84.
Zweite überarbeitete Auflage: Pathognostische Repristinationen. Band III. Apo-kalypse des Abbilds. … 82–84.
(Referenz: Narziß und Echo)

Passepartout, Zu: H. Heinz: „Echo". Photoarrangement 1985.
In: Apo-kalypse des Abbilds II. … 189–190.
Zweite überarbeitete Auflage: Pathognostische Repristinationen. Band III. Apo-kalypse des Abbilds. … 189–190.
(Referenz: Narziß und Echo)

Ein Fund: Narziß, Filmstar, engagiert Echo, Photographin und Reporterin, zu einem Phototermin. Der eitle Geck wähnt, sein geordertes Portraitphoto, sein Abbild, sei er, selbstseiend, selbst, der voll erreichte Blick des Anderen. Welchen Grundirrtum Echo, Narziß reinlegend, sich zunutze macht, schlicht durch die Zumutung von, die schöne abbildliche sehensbewährte Selbsteinheit von Sprechen/Hören irritierende, Echoäquivalenten, dem Portraitphoto irgend manipulativ hinzuzufügen. Was Narziß derart erbost, daß er sie kurzum, ihren Vertrag kündigend, rauswirft. Es wäre freilich nicht Narziß, wenn er eine Alternative zu seinem narzißtischen Rasen an den Tag legte: nämlich die passager belachte Konzession just des in seinem Konterfei unerreichbaren Blicks des Anderen, ja der Anderen ♀. Auf denn ins poseidonische cheironische insbesondere najadische Schwimmbad!

Nachtrag zum Tod des Narziß (siehe bereits oben S. 226). Narzißtische Kulmination au fond: die Usurpation der generellen Sehensvoraussetzung, des Lichts selbst dergestalt, daß darinnen der Lektürecomes, die Einheit von Sprechen/Hören, aufgehoben sei. Sanktion, die auf dem Fuße dafür folgt: sehensvernichtender Blitztod des Heliosräubers, donnerbegleitet: Echos beglaubigende Phonéaufblähung. Bevor es ihn traf, schwebte er noch, erdentbunden, über den Wassern – o Phylogenese! –, als Vogel, sich im Fisch dauntenspiegelnd.

Aus ihrer Felsenbehausung rührend verlautende Empfehlungen Echos an den toten Narziß, wie er sein Sterben hätte verhindern können. Nun aber ist dieser Sermon so sehr auf die interpretierte Faktur des thematischen Photoarrangements „Passepartout“ bezogen, daß dessen Kommentierung, ohne Kenntnis desselben, ins Leere ginge.

Gorgoneion. Zu H. Heinz: „I had a little party“. Selbstportrait. Photoarrangement 1981. 2000
In: Apo-kalypse des Abbilds II. … 115–138.
Zweite überarbeitete Auflage: Pathognostische Repristinationen. Band III. Apo-kalypse des Abbilds. … 115–138.
(Referenz: Perseus, Medusa)

Eine exzeptionelle Schrift, nicht nur ihrem Umfang nach, eingelagert in die Interpretation des einschlägigen Photoarrangements „Gorgoneion“ von HH, vor der ich zum Exegeten meiner selbst werden mußte, um sie, die mich überholende, mir beinahe abhandengekommene, wiedereinzuholen zum erneuten Kurzvollzug, der einzig philosophiegemäßen gedrängten Vergegenwärtigung ihrer originär dissidenten Gedankenfülle.

Fällig so auch würde eine entscheidende Umakzentuierung in der – wie immer kulturgenealogischen – Relevanz der durchweg weniger nur exponierten Perseus-Mythe, avancierensbedürftig in den Rang einer diesbetreffend ausnehmenden Größe in Sachen der mythologischen Antezipation vornehmlich späterer topologisch-sensueller, aufs Sehen kaprizierter, Technikartefakte sowie solche Bildender Kunst.

In der folgenden Serie der Problemtopoi, unbedacht aller ihrer tropologischen Verzweigungen, gibt die Perseus-Mythe die gesuchte Auskunft. Also: Um die Medusa, die Gorgonen, bestehen zu können, benötigt Heros Perseus eine besondere Ausstattung, dabei insbesondere der Nymphen-, demnach übergängig vorzeitlicher Gaben, nachdem er sich durch den der Graien Einaugeraub Zugang zu den zu opfernden Vorzeitwesen verschaffte.

Fürs erste die ihn mitunsichtbar machende reflektorisch blendende und sengende metallene Rüstung, das reinste dingliche Exkulpat des schützend ganzumhüllten Körpers. Ferner, Inbegriff der Invisibilität, die Hadeskappe – man wird ja, psychotisch mimetisch, sichtentzogen durch den Anblick einer Leiche oder, abgeschwächt, bereits eines schlafenden Wesens. Ferner noch die Flügelsandalen, Fluchtvehikel zuvörderst; sowie das Sichelschwert, wie wenn, armaturisch, der schwangere Mutterkörper zu umgürten wäre. An erster Stelle aber den Reflektionsschild – Athene mit im Spiel! –, mit dem Medusenabbild auf dessen Vorderseite; wie selbst, im Vorgriff schon, die Aigis, gedeckter Wechsel auf deren splendide Zukunft, als Zeusens, von Pegasos getragenem, Blitzbehälter. Perseus, in deren Besitz noch, mit einem wie zwergischen Höckerranzen auf dem Rücken – eine lebendige Waffenleiche (Selbstmordattentäter), voll der autokreativen Exhibition, selbst dann, quellend urethral ausgeglichen, phallisch versteinernd (kultiviert die Hermen auch).

Rüber nun ins Feindeslager der Gorgonen, deren prähistorische Potenz sogleich, auf deren kulturale Transfiguration hin, mit unvermeidlichen Schwächen durchsetzt erscheint. Generelle Infirmität: die eigene Subsistenzabhängigkeit von der Anderen Opferung – geschichtlich anverwandelt die Impotenz aller sanktionierenden Göttlichkeit –, konsumatorisch blockiert durch die Nötigung des Steinefressens? Ob wohl der Schmerzensausdruck auf dem Medusenantlitz das Leidensbewußtsein dieses Widerspruchs bekundet? Zuvor repräsentieren die beiden Gorgonenzwillingsschwestern in ihrem terrorisierenden „Profilschock", machtsupplementär, der Gorgonen Übermacht. Allein, deren innere Einbuße definiert sich, korporell, in Medusas menschhafter Sterblichkeit, über die ihre schreckende Profilität, nur etwas differierend, nicht hinwegzutäuschen vermag. Und die konsanguinische Mechanik in aller ihrer motilen Zuträglichkeit mag zugleich doch auch wie eine voreilig tote Lästigkeit, wie eine Fessel, anmuten?

Wiederum vorzeitgemäß, zum Zweck der Legitimation ihrer gerechten Euthanasie, muß die dagegen schöne Medusa in einem ganzen System gewalttätiger Souveränitätspseudologien verunstaltet werden. So läßt sie die Zunge heraushängen: Essens- wie Sprechenssperre (Defekt des „frenulum linguae"?). Auch daß sie schielt – prekäre Ablenkung – wohin? –, „Strabismus divergens". Und die Schlangenhaare – Vorsicht! – tödliche Bisse beim Zugriff. Fehlt noch, daß sich ihre Busen nach innen stülpen. Und weiter noch unten, am aigisreminiszenten heiligen Blitzensort? Hermes eile zum Aufschluß herbei.

Pointe dieses dubiosen Neidterrors: dessen affektive Attribuierung mit Hohn, dem weiblichen „oralen Affekt". Gut – Hohn, die Neidparade, aktive Bloßstellung unkonzidierter Bedürftigkeiten auf der Gegenseite. Ja, aber der höhnend unbedürftig Besitzende hat es offensichtlich nötig, sich in seiner possessiven Größe aufzuspielen. Nicht also äußert er sich, mitverstrickt, nimmer jenseits dieses polemischen Gebarens, schwankt vielmehr zwischen Autarkiedeklarationen und deren überkompensierten Brüchen.

Abzulesen ist diese Hohndialektik an den einzelnen medusischen Deformationen. So moniert die heraushängende Zunge – Penistravestie auch – zwar das Uneingeständnis, die Verleugnung etwa eines riesigen Hungers oder dergleichen, aber: konkretistisch die eigene konträre Sattheit derart vorzuführen, vergißt womöglich deren Endlichkeit. Ähnlich ambige gerät die Sprechensklausur: „Dein Gequatsche verhindert Deine stumme Tötung nicht. Wenn indessen die Zeit kommen wird" – so die Entgegnung –, „so Du, die Mörderin, auf differierende Sprache angewiesen sein könntest …?" (Perseus im Kommen). Und der Hohn der Schlangenhaare? Schlangen – selbstreferentielle Indifferenzwesen kat'exochen, gleichwohl – wie wahr! – nichts denn gierige Giftmäuler en masse.

Es sprengte den Rahmen meiner Kommentierungsintentionen hier, der Reichweite der Hohnaffektionen weiter nachzugehen. So anlangte man bei der beschämendsten Fundamentalverhöhnung des sterblichen Menschkörpers durch seine Überbietungsartefakte, die Dinge/Waren/Waffen, nicht die unsterblichen, bloß die aufschiebenden, bis zu ihrem Kittlerschen Finale: „Dinge sind sterblich wie Leute." Auch drängt sich in diesem Kontext die Frage ihres Geschlechts wiederum auf – Mutterleibleichen, die, an ihrem Ende todestrieblich scheiternde, Rache der technologisch assimilierten Vorzeit.

Blick nun auf die Körperimmanenz dieser affektiven Hohnmaßnahmen – die reinste vorweltlich entpathologisierte Anorexie: subsistenz- und generationssexuelle inzestuöse Retentionen in Perfektion: Amenorrhoe, Über-tragung, Obstipation, Miktionsverhaltung; garottenversetzte „durchsägte Jungfrau", zusammengefaßt: dejektive sowie natale Hergabeversperrung, Monsterngeburt an Indifferenz, der komplette Vorgeschmack des kulturalen Inbegriffs Waffen. Fehlt jetzt nur noch der kriegsfromme Heros, der sich, mit göttlich töchterlicher Hilfe, die geschlachtete Medusa unter den Nagel reißt. Voilà! Perseus ist es für die Ewigkeit.

Höhepunkt nunmehr der Fabel: der Tod der Medusa, fürs erste anscheinend eine recht unblutige Angelegenheit, unterstellt nämlich wird der letale Schock, den der medusische Anblick ihres Abbilds auf der Vorderseite des Wunderschilds bewirkt; Ausnahmereaktion freilich des Vorzeitwesens, geschichtlich dann psychotisch, frustrane Wehr der radikalen Intoleranz, den abbildgenerischen Blick des Anderen, mich enteignend, ansehen zu müssen. Verfängnis also in das den Anderen strikte ausschließende Spiegelbild, dessen verzweifelte Hypostase, wie endgültig verloren dadurch, daß ja – mit einem Zeitsprung: das Diaprinzip – das Medusenspiegelbild auf der Rückseite des vorderen Abbilds den listigen Helden schützt.

„Athene hat Perseus die Gorgonen-Abbildungen im Dikterion auf Samos nicht nur gezeigt, ihn zudem veranlaßt, das Medusenhaupt als Reproduktion auf der Vorderseite des Schildes anzubringen. Hält Perseus nun den Schild anschleichend vor sein Gesicht, so sieht er innen in der Tat das Hyperspiegelbild der Medusa als die Abdruckhohlrauminnenseite des Medusenabbilds vorne außen; es ist dies das vollendete Phantasma der sichtlichen Disposition des Anderen als des Spiegelbilds und des Abbilds desselben aus allsehender Unsichtbarkeit heraus." (Ebd. 122)

Probe aufs Exempel: sähe Medusa konfrontiert sich in ihrem Spiegelbild, so gefährdete Perseus sich, denn ihre speculäre Selbstansicht provozierte sie nur polemisch zu ihrer Selbstreklamation, jedenfalls versagte so ihr Ermordenskalkül.

Wie fixiert verharren die Gorgonen auf der Stelle, fliehen fliegend nicht davon. Paralysiert die traumatisierte Medusa, die metallenen Profilschwestern klappern bewußtlos mit. Anbahnung derart der körperlich tödlichen, kulturell dinglich konstitutiven Verdinglichung: Wegschlafen, Synkope, somniales Residuum im Ganzen, den Tiefschlaf selbst zu träumen, Ermöglichung, in den Tod aufzuwachen, Wesen der sich selbst dementierenden Reveille überhaupt; Wahrtraum = Perseus. Reifikation, wie eine rächende Selbstversteinerung, Medusa, die in ihre sich ineinsbildenden armaturischen Schwestern übergeht, später so etwas wie eine selbstvergessene Drohne. Geschichtlich offene Photoeinrichtung – Photographien fliegen ja.

Aber der Mythos legt größten Wert darauf, selbst um den Preis eines Widerspruchs, den Medusenkörper kultural vollends auszuschlachten: vor ihrer Kadaververwendung gebiert sie noch, hypertroph, sogleich zwei Poseidonsprosse, typisch die Heldengeburt für die Mutter: Gebären = Sterben; zwei sehr verschiedene Brüder, himmelwärts Pegasos und vorzeitgetreu untertags Chrysaor. Und daß es nicht mit rechten Dingen dabei zuging, sind es doch Blutsturzkinder, Menstruationswechselbälger – wieviel Blut klebt an unseren göttlichen Kulturerrungenschaften, und daß der Mythos diese ihre Opferprovenienz offenlegt, wäscht ihnen das Blut nicht ab.

Hekateia. Jüngste Hebe-Hermes-Intervalle, in: Vernunftsleckerbissen. Über Hekate, Carmilla und anderes Gelichter. In: Pathognostische Studien VI. Einige Ultima psychoanalysekritischer Philosophiekrisis. Essen. Die Blaue Eule. 2000. Genealogica Bd. 29. Hg. R. Heinz. 134–186. 2000

„Hekateia. Jüngste Hebe-Hermes-Intervalle. Hg. von Rudolf Heinz“ fungiert als ein Hauptteil von „Vernunftsleckerbissen. Über Hekate, Carmilla und anderes Gelichter“. („Carmilla“ – das ist eine Vampirerzählung von Sheridan LeFanu, ausgelegt in: Kapitalismus und Schizophrenie III, in: Pathognostische Studien VI. … 200–239; repr.: Pathognostische Repristinationen. Band I. Essen. Die Blaue Eule. 2017. Genealogica Bd. 57. Die „Einleitung“ (S. 133) annonciert eine entschiedene Eschatologie von Sprachschrift, der traditionellen Hermesdomäne.

Eine Auflistung der mythologischen Bezüge (S. 134) umfaßt 46 Namen – hinreichende Legitimität für die folgende Nutzung derselben.

Den kommunikationsmedialen Genres nach anzutreffen sind: „Hermes spricht auf Hebes Anrufbeantworter“ (viermal); „Brief Hermes’ an Hebe“ (zweimal); Briefzugaben: „Pan“ sowie „Fragment über Herakles“; „Hermes telefoniert mit Aniketos“ (einem der Söhne von Hebe und Herakles) (einmal); – „Hebe faxt an Hermes“ (zweimal); „Hebe spricht auf Hermes’ Anrufbeantworter“ (einmal); „Postkarte Hebes an Hermes“ (zweimal).

Medienapparate demnach (schon obsolet): Telefon/Anrufbeantworter, Faxgerät. Nicht apparative Kommunikationsmittel: Brief, Postkarte.

Folgend isoliere ich die Theoriegehalte der Mythenverwendung je von ihrer medialen Genreplatzierung – rein eine kommentierungsbedingt pragmatische Reduktion.

Der ausladende Hebe-Hermes-Dialog nimmt in der Sequenz unserer Mythenfortschreibung, oftmals kapriziert auf das Stiefgeschwisterpaar – das purste tropologische fiction –, Platz. Zum Ende hin ermäßigen sich die hermesischen Viechereien, und die maliziöse Witzigkeit düstert sich götterdämmerisch – „Götternot“ gleich Kulturmisere – ein. Eigenlob erlaubt für schriftstellerisch gekonnte Prosa?

„Hekateia“ – Präjudiz der Hauptreferenz auf Hekate, der von Zeus begünstigten Titanin, offensichtlich von später stark fluktuierender Identität gezeichnet, was mit ihrer besonderen Sympathie, der Dreigesichtigen, für Kreuzwege zu tun haben könnte. Ich indessen akzentuiere ihre sinistre Nachtseite, ermäßigt allerdings durch die riskanten Späße – meine Erfindungen – des hierin garnicht psychopompischen Hermes, die er mit ihr treibt; die ihre Rache provozieren, die der verwegene Gott, mit ihr entselbstet fusioniert, nur mit

Mühe aus sich wiederentfernen muß. Man lese sie nach und amüsiere sich.

Mehr aber denn eine bloße satyrische Wendung mit ungewissem Ausgang, ist die Umakzentuierung ihrer Zuneigung zu Straßenkreuzungen in ihre auserwählt letale Beteiligung an Straßenabzweigungen, Bifurkationen, angeregt durch ein konsequenzenreiches Triskelegeschenk (abgebildet S. 157) Hebes an Hermes. Und damit, mit der Bifurkation, ergibt sich die folgende szenische Bewandtnis: Wissend um die – um des Bestands der Götter willen – nicht aufgehaltene tolerierte Todesfahrt, fährt Hermes, als inkognito-Anhalter mit dem tödlich verblendeten PKW-Fahrer mit, für den es unterwegs unaushaltbar ward, in die unausweichlich strenge bifurkale Alternative hineingezwungen zu werden, und der entsprechend, paroxysmal psychotisch, geradeaus, wider die Sperrmauer am Gabelungspunkt, „Hekatesitz, Hekateloch" geheißen, raste und verstarb – waffenlogische Letalität der „inklusiven Disjunktion" (auch schwangerschaftlich?). Hebe wäre ihm freilich, wenn nicht abwesend, beim Sterben gnädig behilflich gewesen.

Mehr als pure Spielerei das Triskele, Schema des Autobahndreiecks (und vieles mehr noch), mit den ödipalen und anödipalen Kategorien des „Anti-Ödipus" zu attribuieren: Geradeaus – „und...und...und" versus „transversale Konnexion"; Rechte-Links-Alternative – „sei es ... sei es" versus „inklusive Disjunktion"; am Ziel angekommen – „das also war es/das also bin ich" versus „polyvoke Konjunktion". Siehe die komplette Zuordnung, S. 152, gemäß Pathologie, Inzestform und Schlafphase. Memo: konservatives Ganzresiduum die signifikativ notwendige Aussparung der Selbstreferenz der anödipalen Kategorien wiederum auf sich selbst.

Wie eingestreut in die Alternativemalaisen, die Meditation des Begriffs des „Erhabenen“, in ihren gezielten Andeutungen insbesondere ein Auftrag für künftige Explikationen. Generelle Prämisse: Das hypertrophiert visuelle „Erhabene“ verschuldet sich der Überführung von Phonéphänomenen in solche der Sicht, einer quasi gesamtkunstwerklichen Komplettierung, pathogen störanfällig wie musikalitätsgenealogisch in ihrer hypostatischen Klanginsistenz kriterial.

In diesen Zusammenhang gehört auch, gesamtkunstwerklich, Schrift – germanisch muß gar der höchste Gott zu ihrem Erwerb sich einem Martyrium unterziehen, kein Wunder: ihre die platonische „Herrenlosigkeit“ überbietende Solitüde für sich.

Folgen wir noch eine erholsame Weile lang unseres Hermes’ Amplifizierungsrecherchen nach Bifurkationen – resultierend der reinste „Epochenunterricht“: siehe Bäume, Wasserläufe; die Luftröhre; Siegeszeichen; Tuvoks (in „Raumschiff Enterprise“) „Leben Sie lange und in Frieden“; Kopfstand-Gehensschema. Allzeit Verfolg also von inklusiv-disjunktiv angefochtenem Alternativezwang, Dezissionszweifel. Nicht zuletzt instruktiv dafür die Trigeminusneuralgie Hebes, auf der von Widrigkeiten überschwemmten Rückreise von Ferien auf Reykjavik, Schmerzsymptom des dreigeteilten Nervs, vergleiche den Todesfahrer von eben, dolorös sanktioniert „mit dem Kopf durch die Wand“. Laienhafter Therapievorschläge kann Hermes sich nicht enthalten: Hebe möge die Neuralgie ausweinen und ausschwitzen, während er vor ihren Augen mit drei Fingern den rebellischen Nerv parodiert. Das mag wie eine Gegengabe Hebes an den Stiefbruder anmuten: sie informiert ihn über die Herkunft des Triskelematerials, eines Soldatenrosenkranzes, Erbstück des Großvaters väterlicherseits aus dem

Krieg 1870 an seinen Sohn, im Krieg 1914, dem Vater seines Sohnes, der nicht mehr militärisch dem Vaterland diente, des Enderbers, des frommen Hermesdieners Rudolf Heinz.

Triskele und kein Ende – ebendort ist es als inverser Schwellenzauber genutzt, und bekundet augenfällig den Doppelsinn von „sacer", hehr und – Pan auf den Plan rufend – verrucht. Eng wird es, diesen konträren Gegensatz in einen kontradiktorischen umzumodeln, göttergemäß endend in mutueller Selbstdestruktion, jeweils dem Ausschluß des anderen. Womit wir abermals bei der „inklusiven Disjunktion" angekommen wären, der Bombenlogik, korrespondent prokreativer Weiblichkeit, quasi außerhalb der Repräsentation als deren intimes Innen.

Die – womöglich Moiren-okkupierte – Zwangsalternativität generiert ein paranoisches Verhältnis: Opfermann, penisneidisch kastrationsbedroht, verfolgt von der ja ausgeschlossenen wie verschmähten Gegenseite. Am besten, er homosexualisierte sich dagegen, käme so, in unserem Autobahnbifurkationsbeispiel, lammfromm zwar, jedoch um welchen Preis (?), gleich ob rechts oder links, an seinem Ziel an. (Ob nicht ein so gearteter Preis immer gezollt werden muß?) Jedenfalls ist nunmehr – endlich! – Sexualität spruchreif geworden, Hermes – hermaphroditbeschämt? – läßt seine bisherige Diskretionstücke schamlos auffliegen, bedeutet mit zynisch belustigtem Blick aufs Triskele, stellvertretend für alle Bifurkationen, währenddessen Pan blasphemisch obszöne Faxen macht: „No comment" (man sieht es doch!).

Zwischendurch noch, episodisch, schickte Hermes einem ordentlichen Psychiater und noch anderen, mir inklusive, einen sogleich tunlichst vergessenen Traum, in dem dessen höchst geschätztes Neuroleptikum, Haldol, selbst psychotisch wurde.

Mit auch der Umstand, daß Hermes Herakles, aus naheliegenden Gründen, aus dem Weg geht, motivierte den fortwährend entwitzten besonnenen Gott, über das Verhältnis der Sterblichen zu den Göttern, ein Leitmotiv nahezu der längst nahenden Eschatologie, verbunden mit gebührender Expansion seiner Gedächtnisinaugurierung, die ja kein Produktionssupplement, vielmehr ein immanentes Essential aller Hervorbringungen ausmacht, „Götternot" – auf Gedeih und Verderb die Abhängigkeit der gesamten Götterzunft von Menschenopfern; und umgekehrt, nicht minder, die schwächere „Götterlust", die Dependenz der Sterblichen – Sterblichen! – von ihren oberweltlichen Schutzbefohlenen – wirklich Klienten?; Pathologie, zur Frommheit nötigend, inklusive, im Opferblut müssen sie waten, um ihrer zugleich immer abgewiesenen Apotheose – welch ein Doublebind – zu genügen. Des Gottes vorübergehende Sorge wegen der Totheit seines progredient säkularen Übergangs in das Körper-Dingverhältnis ließ sich leicht zerstreuen in dessen Wendung ins „Anundfürsich", die göttliche Restitution als Destruktionsinbegriff, Hebe, in ihrer Subsistenzsorge um die Götter, war ihm bei dieser Vergewisserung behilflich. Beide bekümmert auch um das publike Fortkommen des besagten Dieners, Hebe direkt kompassionell, Hermes eher reservierter. Nicht unerfreulich – wenngleich nicht mehr als ein Tropfen auf den heißen Stein – die von den Bauämtern am „Hekateloch" angebrachten Warnschilder – erfreulich für die Götter mitnichten. Und von Ferne mag man, wenn man es denn so möchte, das Triskele ehrend, eingedenk auch des „Glas" von Derrida, hören, wie der Psychopompos im Totengeleit die Triangel schlägt.

„Denn viele sind gerufen, aber wenige auserwählt" – Mißbrauch (auch) in Psychotherapie als Medientheologumenon. In: Sexuelle Übergriffe in Psychoanalyse und Psychotherapie. Hg. A. Karger, O. Knellessen, G. Lettau, Ch. Weismüller. Göttingen. Vandenhoeck & Ruprecht. 2001. Psychoanalytische Blätter Bd. 18. 117–135.
Repr.: Retro III. … 2006. 214–230.
(Referenz: Hermes)

2001

Wie häufig, auch diesmal, wie eine Schutzmaske, eigene mythische Fortschreibungen im Sinne einer fiktionalen Rahmenhandlung: ein „Diurnale" des Hermes, an Hebe adressiert, und mir, dem besagten Diener, zur Verbreitung unter den Sterblichen zugespielt, zum „Mißbrauch in Psychotherapie", sogleich pendantgemäß objektiv bezogen auf die aktuelle Medienkonjunktur als „Medientheologumenon", also etwas jenseits ernsthaft zu glaubender Obligationen (das wäre wohl zu arg, wenn nicht); eingeleitet von einer „Voraus-Paraphrase", Lektion der Grundzüge des Gottes mitsamt seines irdischen Famulus' häretischen Mißbrauchkonzepts; Pointe der allenthalben mißbilligten Ketzerei: siehe das Bibelzitat als Überschrift. Um es nicht ausufern zu lassen, folgende Zitate wie als Thesen:

„Der Mißbrauch der Körper kommt der vorausgehenden, moralisch abgesperrten inneren Mißbrauchhaftigkeit der Medien selbst nach, diese ist die Voraussetzung jenes, aktualisiert Tabubruch, Entsperrung, …" (Retro III. … 219)

und beinhaltet:

Es „herrscht der *Vater-Tochter-Inzest* vor, ultimativ zwischen dem Vater und seiner Säuglingstochter. Weshalb? Es ist wohl der *verrückteste* Inzest, denn: (Sohn-)Vater als sein eigener Großvater kreiert sich als Tochter die eigene (Baby-)Mutter. Abgelöst indessen fungiert diese Psychotik als Inbegriff der *dinglichen Produktion* („fille née sans mère"), *medienspezifisch* als *hardware*, zum Beispiel Fernsehapparat; mythologisch der verschobene und vermittlungsgerecht brüchige Vater-Tochter-Inzest von Zeus und der Nymphe Maia, der Eltern des *Hermes*: der *software*." (Retro III. … 218) – weiblicher Säugling = Nymphe? (Siehe dazu: Hype-Thinking. …, insbesondere 44–46).

Damit wäre wohl ein Ultimum an Medienapo-kalypse programmiert, verwunderlich fast, trotz ihres exponierten Skandalons, in den „Psychoanalytischen Blättern" ihr Unterkommen gefunden zu haben. Programm? Gewiß, der bisher liegengebliebenen Ausführung äußerst indigent, hinterlassend, in meiner Selbstwahrnehmung jedenfalls, einen Anflug von Dumpfheit, prope von konfundierender Sinnsperre, die man vor ihrer Durchbrechung eher schützen sollte.

Die nachfolgenden „Visitationen" genannten anonymen Hospitationen des Hermes in der „Tagesklinik", in der sein Gefolgsmann weiland arbeitete, in der „Medienhochschule" Köln, im „Kinderschutzbund" und bei der „DPV", scheinen fürs erste um eine narrativ prosagemäße Gedankenauflockerung bemüht zu sein, Vorsicht aber (!), spekulative Verdichtungen schleichen sich wieder ein und kongenialisieren sich so der „Vorausparaphrase".

Hier die betreffenden Hauptgedanken:

Was sonst, als allenthalben die notorische Fehlanzeige von, dem eingefleischten Moralismus geschuldete, selbst minimaler Aufklärung? Allein, in aller solchen Schelte sollte die, göttergemäß der Kultur zuträgliche, Funktion der Aufklärungswiderständigkeit Moral, unterhalb ihrer alloffiziellen verstellenden Evidenz, ihrer Selbstverständlichkeit, nicht übersehen werden, denn alle sanktionsmächtige Tabuverhängung mehr als begünstigt, selbst schon subakut objektivitätsekstatisch, freisetzend die Dilation und die Defiguration der Inzeste in ihre Dinge-Waren-Waffenberge, die Herabkunft also der Götter, deren Inzesteprivileg angesichts solcher Gunst nicht mehr bedeutete denn die Genealogiememoria alldieser buchstäblich schließenden Verhältnisse. Folgen wir eben noch dem Besuch des Hermes des Grabs seiner Nymphenmutter Maia – er versteckt sich, offenbar weil gerührt, der Gott. Immerhin.

Göttlicher – ebenso kulturell menschlicher? – Zwiespalt: verleidete Veneration durch den generativen Entropieverweis auf die Greuel des unterweltlichen Opferfundus.

Pathogene „en soi-pou soi“-Gier der „Rück-nahme der dinglichen Veräußerung“ (ebd. 227). Im vergeßlichen Schein ihrer Unschuld entfällt Pathologie, adaptiver Kulturanregungsmodus, mitnichten der „Theodizee“ (ebd. 228). „Göttertrauer“ – gibt es die, einbegriffen den verruchten Mißbrauchenden? Einziges Seinsmysterium: der „primäre Masochismus“: rettende Eroseinlagerung in beglaubigte thanatologisch todestriebliche Gewalt.

Verfängnis selbst der herkömmlichen Psychoanalyse in der epochal objektiv medialen Allimaginarisierung, deren Vernichtung? Katastrophenprovokante Imaginarität: Reveille aus ihr durch Unfälle nur noch. Ob wohl die Schuldmetonymie von der hysterischen Mißbrauchserfindung in den realen

Mißbrauch – in Anbetracht der notwendigen Suspension der Täter-Opfergrenze eh – verfängt?

2001 „Was kostet den Kopf?" Orpheus abermals (und nur ein wenig anders) (in unserer – bereits traditionsreichen – Art eines offenen Briefs).
In: Was kostet den Kopf? Ausgesetztes Denken der Aisthesis zwischen Abstraktion und Imagination. Dietmar Kamper zum 65. Geburtstag. Hg. H. Neidhöfer, B. Ternes. Marburg. Tectum. 2001. 45–53.
Repr.: Retro III. ... 2006. 254–261.

Ansage des Übergewichts der Orpheusmythe, mir naheliegend wegen der lebensgeschichtlich primären Musikdetermination. Siehe Kommentierungen oben S. 206, 209, 217 – ein deutlicher Vorlauf des einschlägigen Akzents. Nur daß die Veranlassungen dazu allzu heterogen ausfielen, um eine Sequenz, ein Gefälle meiner Orpheusbeiträge, gar mittels etwa schwindender Vorläufigkeit hierarchisiert, ausmachen zu können, so daß auch Wiederholungen, Überschneidungen, Redundanzen nicht ausbleiben. Trotzdem, am zweckmäßigsten, man sehe jede meiner Orpheusreferenzen als isolierte Angelegenheit sui generis an; ebenso die nunmehr thematischen aus dem Kontext einer Geburtstagsgabe für Dietmar Kamper in der Art eines offenen Briefes.

Selten aufgeräumt, die riskantesten Gedanken auch wie Selbstverständlichkeiten ausstreuend, was wohl mit der Kamper-Reverenz, dem latenten Bezug auf unsere milde Kontroverse um den Wertgradienten zwischen „Raum und Zeit", „Bild und Ton" zusammenhängen mag. Besonders aufdringlich der Umstand, daß wenigstens aus jedem Abschnitt meiner publiken Epistel eine Extraabhandlung, im Resultat ein ganzes Buch, gefertigt werden könnte. Deshalb doch ein Höhepunktintermezzo, so weitgehend gar, daß es später nicht mehr eingeholt, geschweige denn überboten zu werden vermöchte? So liegt es denn auch nicht unfern, die besagten Gedankenüberhänge gebündelt zusammenzustellen. Schönstes Postulat auch, dieses Niveau zu halten, und aller Verführung zu widerstehen, sich, notwendigerweise post productionem selbstzuführend, frei nach dem „Anti-Ödipus": „Das also war es/das also bin ich", auf die Schulter zu klopfen.

Traumarbeit, überhaupt alle Arbeit der Seinsassekuranz, gleich Klangtransfer in Visualität, deren Erhabenheitsgrund zwar, und die einzige Rettung vor phonetischer Sprengungsentropie, zugleich aber, „Rücksicht auf Darstellbarkeit", dieser, ihrer Provenienz nach, eo ipso wie voyeuristisch überbesetzt – abstürzende Erhabenheit.

Was verbliebe sodann als Musik, paradigmatisch an Kultur überhaupt? Der von den frommen Musen aufgelesene von den Mänaden sanktionell zerstückelte bestattete Körper des Urmusikers Orpheus, bis auf seinen Kopf, Kehlkopf, festgenagelt auf seiner Leier, dem dinglichen Transfigurat der tottoten Eurydike, wie die ebenso herkünftige Notation, die er, geständig absingtsingt, auf dem Leidensweg nach Lesbos, der verdrehten Mutterberge, auf dem Weltenmeer, der absorbierenden Todesunendlichkeit dieses „organlosen Körpers". Hat es jemals eine angemessenere metaphorische Gnostifikation von Musik gegeben? Adorno, begrifflich in deren Gefolge – ich schließe mich an: „Das Letzte, was sie (sc. Kunst/Musik) vermag, ist die Klage um das Opfer, das sie darbringt und das sie selbst in ihrer Ohnmacht ist" (ebd.

S. 258–259). (Siehe: Einige Teddyismen. Zum adornitischen Verhältnis von Agoraphobie, Musik und Geschossen. In: Pathognostische Interventionen II. Kulturpathologie „au Fond“. Zur Präzedenz der kranken Dinge. Essen. Die Blaue Eule. 2016. Genealogica Bd. 52. Hg. R. Heinz. 113–133) Versöhnte Kontamination auch der göttlichen Musikantagonisten Apollon und Dionysos. „Was kostet den Kopf“? Kopfig den Körper, immaterialisiert materiell.

Vor aller Musikhypostase – „Hören als ich selbst gesehen“, der treffliche Normalfall, sich in Schrift gesamtkunstwerklich erfüllend, der Vestibularapparat die mechanische Garantie; voraussetzend freilich die unangefochtene Einheit von „Sprechen/Hören“, Wie aber soll diese – von Derrida gestellte – Rechnung aufgehen? Daueranimosität des „Begehrens“ dagegen: dem durchaus rettenden Sehen muß auf die Sprünge geholfen werden – wie nur, wider seine Geradeaus-Stupidität, sein Panorama etappenweise verzeitlichen zu müssen? Sich allein im Phantasma eines unendlich geschwinden Geschosses, und selbst dann nur wiederum partiell, zu genügen? Ja, „der fliegende Pfeil ruht“ (er möge ruhen in Frieden), er tut es ja, befreiend technologisch transferiert, so aber unvermeidlich exklusiv waffengenerativ.

Und die Musik? „Sehschock“-Refugium immerdar; ihr Erschaudern machender Widersinn: Opazität und Porösität der Lacanschen „barre“ ineins, Differenzliquidation und -rigorismus instantan, Amnesiebedrohung anamnestisch abgefangen – transorphische Flucht in die musikalische Moderne? Nein, der alte Halt der Repräsentativität restiert im Ganzen selbst in deren eben gehaltlich repräsentierten Negation.

Das veranschlagte genealogisch primärprozessuelle Regressionsniveau, wie beliebig fortschreibbar etwa in der inzestuösen Abstammung des Orpheus, sterblicher Heros trotz seiner rein göttlichen Herkunft, wäre der reinste Killer allen Musikgenusses, wenn es zum publiken Repertoire des zivilen Musikverständnisses zählte; was ja schlechterdings nicht der Fall ist. Und so reduziert es sich zur intim eigenen Plage einer zerreißenden „mauvaise foi“ der Binnenkontroverse zwischen kunstreligiösen Andachtsbedürfnissen und deren radikalem Widerruf. Aufreibend auch der kaum zu beschwichtigende Suspekt, betreffend die gewaltobsekrative Potenz von Kunst. Oder hat sie jemals Kriege verhindert?

Hermes-Tücken. Zur Metaphorik und Mythologie des Übersetzens. In: Pathognostische Studien VII. … 83–95. 2002
Repr.: Übersetzung als Paradigma der Geistes- und Sozialwissenschaften. Hg. V. Borsò, Ch. Schwarzer. Beiträge zur Kulturwissenschaft. Bd. 6. Oberhausen. Athena. 2006, 67–80.

Ein Unikat, ob seiner gehobenen akademischen – und dann doch diese transzendierende – Machart, gar begriffsanalytisch, betreffend das *Über*setzen und das Über*setzen*. Bemerkenswert auch in seiner Kritik der prominenten initialen Deklaration der „Dialektik der Aufklärung“ – nämlich: so „Mythologie“ selbst schon „Aufklärung“ sei, semantisch zersprengt die Folgethese des Rückfalls der „Aufklärung“ in „Mythologie“ dessen, der „Mythologie“, Begriff; denn das behauptete Rezidiv ist ja kein solches, sofern es in sich selbst, „Aufklärung“ schon, zurückfiele. Und zur Bereinigung dieses Fehls „Dialektik“ zu bemühen, will nicht verfangen. (Zu rationalistisch?) Bemerkenswert ebenso der Hinweis auf die maschinelle Übersetzungsvollendung in Science Fiction, den „Universal-Translator“, Indifferenzdelir aller Bedeutungsdifferenzen, deren Verkleidung, der „Turmbau zu Babel“ endgültig passé.

Leitthese: die Metaphysikverhaftung des Übersetzens, ein einziger Kahlschlag an Alteritätsabolition, rettend verderbend mimetisch an das Wüten des Ursprungs vorgängig selbst. Metaphorik und Mythologie zumal, bezeugend die Eine Aufklärung, „Genealogie“, ausweiten die metaphysische Gewaltoption in ihre existentiale Brechung, sinnloses simile des Todesgenügens. Und Gott Hermes scheint mitten unter uns:

„Nun, Hermes, zweitjüngster Gott der zweiten Olympiergeneration, gilt als universeller Geleitschutz für die Krisis der Übergänge, als Transitbeistand. Eher nur fakultativ an der Technikproduktion beteiligt, obliegt ihm vielmehr die Gebrauchssicherung der Übergangsmittel, ebenso deren Tauschwertobligationen. Die gebührende Todeskontiguität erscheint in seiner Funktion als Psychopompos eingebracht – auf der Hadeseinbahnstraße, der des vollstreckten Kollaps der Mediation ins Jenseits ohne Rückkehr, der absoluten Grenze des Übersetzens: unaufhebbare Referenzsperre, Unübersetzbarkeit schlechthin/schiere Unerrreichbarkeit des Gegenufers. Seinen etwas windigen Charakter, den Nomadismus seines fortwährenden Unterwegs, machen die Übergangszaubereien, die Mystifikationen der Übersetzens-mechané: Kunstkniffe, Dissimulationen. Als Götterbote und -herold – seine zweite Hauptaufgabe – kehrt er dagegen den Psychopompos zum Kerygma der Transzendenz um: kein Sterblichengeleit, aber die wegbereitende Verkündigung der Götter.“ (93–94).

Düsseldorf 68. 2002

In: Revival 2. Szenen einer Nicht-Karriere in der Düsseldorfer Philosophie. Essen. Die Blaue Eule. 2002. Genealogica Bd. 30. Hg. R. Heinz. 31–32.
Repr.: Essen. Die Blaue Eule. 2015. Genealogica Bd. 49. Hg. R. Heinz. 33–34.
(Referenz: Persephone)

Nach recht betretenen Erinnerungen an verspätete mißliche Insinuationen des 68iger-Ethos in die damalige neopositivistische Düsseldorfer Philosophie – ich, zwischen den Stühlen, angefochten von ungeduldigen linken Studenten wie von den oberen Chargen des Fachs, gipfelnd im Verdikt deren Oberhaupts, ich sei ein „Fliegenfänger“ – nun der Rapport eines eigenen Traums während dieser Zeiten, zentriert um ein Stück „Granatapfeltorte“, vor dessen Verzehr ich wie tunlichst erwachte, als Schutz wohl davor, in Persephones Unterweltdomäne resorbiert zu werden – oder etwa nur im Sinne einer obsekrativen Eucharistie rettender (wie lange?) Partizipation an der Allgewalt des Hades? Vieles spricht für letzteres, wenn immer man die fürs erste widersprüchliche Doppelung des Granatapfels bedenkt, sowohl als Fruchtbarkeitsdroge, und, konträr, als Empfängnisverhütungsmittel zu fungieren; hormonal vermittelt als induzierte Schwangerschaft permanent en petit, als Dauermenstruation, der Todesgöttin gemäß. Ob vielleicht ich besser doch rechtzeitig erwachte, bei soviel überwertiger Weiblichkeitsusurpierung, unbekömmlich eh im stupiden Kontext der heimischen unheimischen Düsseldorfer Philosophie?

Siehe auch: H. Heinz: Kore Persephone. Über Agrikultur und Tochterstatus. In: Dies.: Wunsches Mädchen – Mädchens Wunsch. Insbesondere: Anmerkung 4. 173.

2002 Zu: H. Heinz: Anubis. Portrait Rudolf Heinz. Briefpapier (2000).
In: Pathognostische Studien VII. ... 41–43.
Repr.: Psychoanalyse und Philosophie. Heft 4. 4. Jg. Düsseldorf. Peras. 2005. 10–11.

Briefpapier (und viel mehr) von HH, der frommen Götterdienerin auf Erden, betitelt und bezeichnet mit „Anubis", dem ägyptischen Totengott, als „Hermanubis" dem Hermes gleich. Dem überschießenden Briefpapier beigegeben ist ein wiederum Hebe gewidmetes knappes Aufschlußschreiben des Hermes darüber, Kurztext, der die Esoterik aller schriftgenealogischen Motive transportiert. Welches da sind – der Gott hat sich fast ausnehmend zusammengenommen! – als immer auch zweifelhafte Gottesgabe an die Sterblichen (schade, daß deren verifizierende Einsicht ausfällt): die – mehrfach suspensiv diskrepant gehaltene – profilische Horizontale, antimetonymisch metaphorisch aufgehalten in der passageren Drehungsmora der frontalisierten Vertikalen. Und, nicht zuletzt, die schrift-lich vergitterte Durchsicht auf den verschlossenen Hintergrund, die Unzugänglichkeit, abaton. Schriftkryptik, offenbar gemacht. In aller Bedrängnis auch: „Das Medium ist die Botschaft" – „... recht besehen, ist dieses Briefpapier alle erdenklichen Briefe selbst schon." (Ebd. 43) Und, in Anbetracht dieser selbstreferentiellen Unmäßigkeit, wo bleibt der faktische Briefeschreiber? Namenskürzelisch hat er sich auf eine bescheidene Vertikalenspitze – erhabene Beiläufigkeit aller Subjekte –, abstürzende Akrobatik fast, für die ikonische Ewigkeit platziert. (Pardon: ich schrieb eben so, als hätten Sie die Zeichnung doch vor Augen. Pardon auch für das Fictionfiction und die gewöhnungsbedürftige Sicht auf Schrift – profilisch/horizontal/metonymisch versus frontal/vertikal/ metaphorisch, sowie für die skripturale Rückseitensperre!)

Versuch einer Entmythologisierung von Wagners „Der Ring des Nibelungen". 2003
In: Praematura. Düsseldorf. Peras. 2003. 49–58.
(Referenz: germanische Mythologie)

Der thematische Text – wahrhaft, jedoch bar der Publizität, Chereau avant la lettre – stammt, ca. 1958, praemature, aus den Anfängen meines Studiums. Das merkt man ihm gewiß auch an, beeinträchtigt keineswegs aber die Stichhaltigkeit seiner These: mythenadaptive Travestie der zeitgemäß sozialen Gesamtverfassung, die sich mittels der Entkleidung ihrer entlehnt mythischen Verkleidung bloßlegt. Freilich würde ich heute die Elemente der freigelegten gesellschaftlichen Referenzen ebenso präzisieren wie Wagners sinistre Geschichtsphilosophie, und, vor allem, seine Musik berücksichtigen.

Nietzsches vorangestellte einschlägige Einlassung sagt bereits alles.

„ –, Aber der Gehalt der Wagnerschen Texte! ihr mythischer Gehalt! ihr ewiger Gehalt! – Frage: wie prüft man diesen Gehalt, diesen ewigen Gehalt? – Der Chemiker antwortet: man übersetzt Wagner ins Reale, ins Moderne – seien wir noch grausamer! ins Bürgerliche! Was wird dabei aus Wagner – Unter uns, ich habe es versucht. Nichts unterhaltender, nichts für Spaziergänge mehr zu empfehlen, als sich Wagner in verjüngten Proportionen zu erzählen: … Ja, ins Große gerechnet, scheint Wagner sich für keine anderen Probleme interessiert zu haben, als die, welche heute die kleinen Pariser décadents interessieren. Immer fünf Schritte weit vom Hospital! Lauter ganz moderne, lauter ganz großstädtische Probleme! Zweifeln Sie nicht daran! …". (49)

Mag zwar sein, daß die spätmythologische Investitur eingegrenzt gesellschaftlicher Sachverhalte diese auf Dauer zu stellen, konkret das Bürgertum idealogisch, wie „Natur", zu verewigen trachtet. Womit aber übersehen würde, daß Wagner, sodann widersprüchlicherweise, seine verfehlt aeternisierte Großkontingenz, das Bürgertum, dem Untergang weiht? Ja, die Funktion der Mythisierung steht auf dem Spiel. Ansonsten schließe ich mich Nietzsches durchsichtiger Polemik nicht weiter an: der belustigenden Trivialisierung des doch zur massiven Bewußtmachung – oder? – anstehenden vormalig zivilen Status'. Wollte Wagner mit seinem gesamtkunstwerklichen Megaaufgebot dieses sein Totalsujet mystifizieren oder aber exzeptionell gründlich aufklären? Wirklich eine Alternative?

2004 Ikaros stürzt sich in die Schmiede des Hephaistos. Ein Korrespondenzauszug.
In: Gewalt und Globalisierung. Hg. Ch. Weismüller, A. Karger. Psychoanalyse und Philosophie. Jahrbuch 2004. Düsseldorf. Peras. 124–125.
(Weitere Referenzen: St. Michael, Luzifer)

Es handelt sich um einen vollständig wiedergegebenen Briefausschnitt aus dem Korrespondenzpart von H. Heinz (aus: H. Heinz, Ch. Weismüller: Fortgänge. Briefwechsel 2001–2004. Band 1. Düsseldorf. Peras. 2005. 78–80), einvernehmlich unter den Briefpartnern hier, seiner genealogischen Relevanz wegen, reprintet und dabei mit einem prima vista kryptischen Titel versehen, dessen wegweisende Mythenreferenz nichts zu wünschen übrig läßt. Ein Dokument auch dazu, daß HH nicht nur organisatorisch und, aufschließende Gedanken vorgebend, mitdenkend allzeit mittut, daß sie gelegentlich auch selbst sich dezidiert schriftlich äußert.

„Ikaros stürzt sich in die Schmiede des Hephaistos" – gedacht, wie es scheint, als Rettung des Ikaros von seinem letalen Höhenflug, lebendig abstürzend in den Technogott, der ihm optimierte Flüge, zu neuen Taten, anmißt. Oder, anders, fiel seine Leiche vom Himmel, nicht wie im Mythos ins Meer, sondern in Hephaistos' olympische Werkstatt, der, angesichts des ingenieurischen Opfertods des Daidalos-Sohns, umso motivierter nur den mißglückten Himmelsaufschwung technisch zu verbessern sich genötigt sah. Warnung, nicht zuletzt auch, kontextgemäß indirekt, an Ch. Weismüller, in seinen philosophischen Höhenflügen, sich selbst schützend, des Schicksals des unbekümmerten Ikaros zu gedenken.

Skelettierte These: Die „Abendländische Metaphysik" blieb bislang – und bis in alle Ewigkeit? – ohne Alternative. Denn, Basis dieses Gewaltdebakels: ohne Abstriche ist der Teufel ein Geschöpf Gottes; der kosmische – seltsamerweise christkatholisch nicht kanonisierte – Bruderzwist zwischen Sankt Michael und Luzifer, zu jenes Gunsten, eschatologisch zumal, trotz aller Dramatik, sicher vorentschieden; weiblicher Protest – „süffisantes Amüsement", oft umkippend in feministische „Wut" (ebd. 124) über das essentielle Mannsgebaren, erstletztlich zur Frau zu werden, männlich, ein „Widerspruch" immanent bloß im Selben der nämlichen „Metaphysik", und gar zu deren Fortschrittsvorteil, und eben kein „Widerspruch" extern dawider im Ganzen. Abzulesen auch alle revolutionäre Ohnmacht an Wagners Unterweltfiguren – Siegmund, Hagen – allesamt scheiternde „Sleeper" nachgerade. So auch – das damals immerhin noch ausgetragene – Fatum von HHs Briefsektion, eo ipso, apriori, in ihrer Rebellion absorbiert von Weismüllers (und nicht nur Weismüllers) abdriftigem Philosophiehabitus, der seinerseits selbst aber ebensowenig die fatale Inversion seiner Auswegsspuren in solche des konservativen Inwegs zu verhindern vermöchte.

„In der Nach-Sicht Ihres Briefes wurde mir nun klar, daß von meiner weiblichen Einlassung in Ihre Gedanken nicht mehr verbleibt als der Umstand, daß ich nicht eine Frau gewesen bin, als ich dieses Schreiben verfaßte. Ansonsten waren Sie immer schon ebenda, wo ich mich einließ. Voilà! so ist es zuvor ja, wie gehabt, in der Makrosphäre – 'soll … heißen, daß wir philosophisch nicht außerhalb dessen geraten können, was wir apo-kalyptisieren, zumal weiblicherweise nicht.'" (Ebd. 125)

2004 Folter, Krankheit, Artistik, Technik. Beitrag zur Schmerzphilosophie.
In: Pathognostische Studien IX. Differierte Suspension von Psychoanalyse und Philosophie. Essen. Die Blaue Eule. 2004. Genealogica Bd. 34. Hg. R. Heinz. 20–25.
(Referenz: Cheiron, Peirithoos)

Großer Schwerpunkt Schmerzphilosophie (siehe: „Ecce homo". Der Schmerz des Menschen aus philosophischer Sicht, in: Violentiae. Beiträge zur Pathognostik der Gewalt. Düsseldorf. Peras. 2008. 73–90; sowie: Der Strafkolonist am Reck. Über den Zusammenhang von Ding, Krankheit,

Folter und Artistik. Ein Beitrag zur Schmerzphilosophie, in: Trauma und Schmerz. Psychoanalytische, philosophische und sozialwissenschaftliche Perspektiven. Hg. A. Karger, R. Heinz. Gießen. Psychosozial-Verlag. 2005. 51–58; Repr.: Retro III. … 2006. 320–328).[+)] Der heilkundige Oberkentauer Cheiron darf dabei nicht fehlen (er fand vordem bereits Berücksichtigung in den „Kommentierungen“, siehe oben S. 258 f.), nunmehr untergekommen in einem Fortbildungsvortrag, der, neben der zentralen Schmerzontologie, ausgreift auf Modi der Schmerzumgehung, der wohlverständlichen wie dubiosen, wenn immer man die genealogische Schmerzfunktion – Krisisstatuierung, spürbares Monitum der en soi – pour soi-Prätention, der angemaßten Körper-Ding-Fusionierung – erinnert. Man stelle sich einmal vor, den Schmerz gäbe es nicht mehr … Wie weit aber dürfte das Plädoyer für – wie zu bewerkstelligen? – Schmerztolerierung, auch in Anbetracht seines naheliegend masochistischen Sühnemißbrauchs, erpressungsrepugnant, reichen?

Wofür steht das anrührende Los des Cheiron? Für das endgültige Versagen, das Scheitern des „Todestriebs“, der Todesparierung wider die Rache des (vorgestellten) Todes selbst an seiner todestrieblichen (Schein)beherrschung. Der zur Absurdität degenerierende Dauerschmerz kann nur noch durch den Tod des Schmerzensverdammten expiativ beendet werden. Der Mythos legt hier bedeutenden Wert auf den kontingenten Unfallcharakter der am besten sogleich tödlichen Verwundung des ärztlichen Kentauren, konsequent ebenso auf die Abschwächung mindest des Sühnemotivs – Sühne, wofür? Auch auf die Ausgleichswahrung, das Anderen-Zugutekommen des Unsterblichkeitsverzichts. Ein Beispiel für den Genealogiestopp umwillen der Unanfechtbarkeit der fraglichen Kulturmühen.

Die Hauptmodi der Schmerzverhinderung werden am Exempel des Sitzens auf einem Stuhl vorgestellt. „Folter“ – rein körperliches Sitzen ohne Stuhlprothetik; „Pathologie“ – Vermeidung, Beschwörung, Fetischisierung, Verfolgung, Fusionierung (inklusive deren organpathologischen Äquivalente) des drohenden Doppelkollapses des Stuhls/des Sitzens; „Artistik“ – Akrobatik, ästhetische Symbolisierung, das eigene philosophische Prozedieren; „Technik“ – der Stuhl. Nicht vergessen freilich die vorherrschende pharmakologische Schmerzbekämpfung, handfest materiell. Welche Gattungsmühsal dieser kriterialen Signalempfindung, der unermüdlichen Differenzanmahnung, um beim todsicheren Basta des Todes zu enden.

+) Der erste Teil dieses meines Beitrags wurde zwar in den Sammelband „Trauma und Schmerz“ übernommen, Herr Karger, Mitherausgeber, veränderte aber den Titel, ergänzend um „Der Strafkolonist am Reck“, und in der Folge der Schmerzinhibitionen ließ er die „Technik“-Passage aus.

2004 Der exkrementale Ödipuskomplex. Ein Programmentwurf. In: Pathognostische Studien IX. … 2004. 29–31.

Hommage à Melanie Klein: die Vorverlagerung des „Ödipuskomplexes“ im Sinne einer strukturalen Universalgröße; von mir aus dann insonderheit Station machend als „anale Phase“, das Tartaros-Ubwultimum des zivilen Selbst.

Seine adaptive Hauptleistung: das konkrete Monitum der Mutterleibleichenfaeces als exkrementale Differenzgeburt, der fürs erste notwendig rettende Nichtaufgang, die Konterkarierung des „oralen Inzests“. „Es ist ein Erdenrest, aufs Peinlichste zu tragen“ – der assekurante Differenzrückhalt kann der Ambiguität von Salutation und Repudiation, des inzestuösen Faszinosums als des bleibenden Undergrounds aller tabuisierenden Verwerfung, nicht entraten.

Nun aber ist der exkrementale Status, wie entfunktionalisiert, auf der nächsten Evolutionsstufe zugleich dem nämlichen Mandat der inzestkonzessiven Inzesttabuisierung unterworfen. Der Mutter-Sohn-Inzest nun besteht in der Kopro-, ausgeweitet Nekrophagie; die Vatertötung durch den Sohn in der, mittels der paternalen Totheit gewährleisteten, Exklusivität dieser Inzestverschränkung. Die große Vaterstunde aber präjudiziert sich darin, „was die Götter verdecken mit Nacht und Grauen“: die Epikalypse des Gewaltentleihs am vehement Tabuisierten, Genese des repressiv unüberbietbaren „Überichs“, von derselben Indifferenzierungspotenz sodann wie sein höchst inzestuöser Widerpart.

Die komplette Fatalität der Differenztilgung auf Tabuniveau demonstriert sich de facto in der Vaterassimilation durch die „anale Mutter“, ausgetragen in deren Doublebind, betreffend den kriterialen Streitfall der „analen Retention“, deren subakut abgeleitet inzestuöse Begünstigung, sogleich überichlich verkehrt ins Daraufbestehen; gewiß eher eine Vaterehrung denn -entmachtung.

Bitte einen dicken Strich durch die Harmlosigkeit dieser kinderstubentranszendent exkrementalen Ontologieangelegenheiten angesichts ihrer Objektivitätspendants, des pathognostischen Schibboleths. Nicht von ungefähr gerät man historisch in die großen Hygieneschübe, zuletzt den Holocaust, verwegen geltend gemacht als Opfersupposition seines Sublimats, der „elektronischen Revolution“. Im Hadeshörigen Wurzelwerk der schönsten medialen Blüten, zuvörderst des Geldes, hausen die Scheiße und Leichen fressenden Unsterblichkeitsschemen. Incipit pathognostica.

Siehe dazu: Geld als Exkrementalsymbol. Zur psychoanalytischen Geldtheorie. In: Pathognostische Studien VI. ... 116–122; sowie in: Psychoanalyse und Philosophie. 3. Jg. Heft 1. Düsseldorf. 2001. 7–9; Repr.: Retro III, ... 2006. 262–267.

2004 Handys Ödipuskomplex. (Lesetext).
In: Pathognostische Studien IX. ... 175–185.
Handys Ödipuskomplex. Inneres Zwiegespräch eines Handy-Phobikers. (Vortragstext).
In: Ebd. 186–190.

Bevor es losgeht mit der Ödipalisierung des Handygebrauchs und des Handys selbst, ergehen sich die Erörterungen in einigen – bisweilen auch zwischendurch eingestreuten – Rahmenproblemen; so, im Vorfeld, mit der Platzanweisung des Telefonierens in der Konsumtion, relevant für die Inzestezuordnung – das Doppelgesicht des Mutter-Sohn-Inzests, der Medialität wegen geschwisterinzestuös fundiert –, höchst phantasmatisch hypertrophiert zum selbst „produktiven Gedächtnis"; ferner mit dem prominenten Verdikt, das Medium sei die Botschaft, alle medialisierten Inhalte gleich „Autosymbolismen", Silberersche „funktionale Phänomene" der betreffenden sich selbstreferentiell übernehmenden Medien; ebenso mit der obligaten medial gipfelnden Todestriebdetermination des Telefonierens mitsamt des Telefons selbst schon.

Nun zum „Ödipuskomplex" des Handys selbst – Exempel der pathognostisch kriterialen „Psychoanalyse der Sachen". Vatermord die epoché, das Absehen vom Sehen. Auf zum Mutterinzest, der Isolierungsabdrift des Sprechens/Hörens. Bekömmlichunbekömmlich in diesem regressiven Zuge dessen totalisierende Begehrensaufladung zum „sprechenden Ohr/hörenden Mund", statuiert als Überwindung des nur-Hörens bar des Gegensprechens, der Selbstauslieferung an des Anderen Ansprache. Aus welcher Kraftquelle dies geschehen kann, bis hin zur Pseudologie der männlichen Beherrschung der Schwangerschaft, ja des Sichselbstersprechens („logophonozentristisch", nicht des Sichselbstersehens, jedoch mitgenommen). Es ist die Kulturpotenz der Resurrektion des „toten Vaters", der diese elementare Weiblichkeitsnichtung tätigt, jedoch – wer weiß? –, der große Aufstieg hinterläßt manche Bruchstellen von untransformierten Alteritäteresten, die dienstbar aber zu ihrer Beseitigung motivieren – aber sie zeigten sich passager einmal gleichwohl.

Ohne pathognostische Mithilfe scheint auf die nicht seltenen Telefonphobien dafür kein Verlaß. Oblique zwar legen sie die ganze Infamie der Produktionsgründe, hier der Medien, wie alle Pathologie, bloß, streifen so die Prärogative der Kulturpathologie vor aller subjektiven, lassen es aber bei deren ambivalenten Huldigung bewenden.

Weiterer konsequenter Schwerpunkt: die Ausgeburten an defensiver Wahrung des großen Handyversprechens, ortend und datierend – oftmals die einzige abstrakte Botschaft – die Intervalle-Essentials, die „Anschauungsformen Raum und Zeit" im Ganzen zu disponieren – aufgeplusterter Homunkulus, die universelle Gestalt des armen Kommunikationskönigs. Schuldkiller Überproduktion mitsamt inflationären Gebrauchs („Und wers nie gekonnt, der stehle weinend sich aus diesem Bund") sorgen bestens für Erhalt und, vor allem, Fortschritt der allexpansiven Hegemonie des „Heiligen Geistes". Und im Inneren dieses Seinsgekröses dominiert, penetrant sich veräußernd, der Fetischismus, scheinentsühnende Erosüberschwemmung aller Gewalt solcher intersubjektiven Verständigungsart, der Hadesseelengeschäfte, in ihrer Abgeschiedenheit, diesmal merklich von der Opferfigur Sphinx kommitiert, je den Anderen auffressend. Fetischismus, sich progressiv unkenntlich machend mittels seiner demokratisierten Epikalypse Pornographie.

Erholung von angespannter genealogischer Theorie (Vorsicht!): mehr als ein Appendix im narrativen Stil – „Dichtung und Wahrheit" – eines inneren Monologs eines Handyphobikers über seine einschlägigen Nöte, am Ende pathognostisch verheißungsvoll geöffnet. Seltenste Erwägung zwischendurch: Ob die aktuelle Medienkonjunktur nicht auch – auch, ein wenig – die publike Wahrnehmung des Imaginaritätskontrastes auf unserer Aufklärungsgegenseite begünstigen könnte??

(Siehe: Fetischismustheorie. In: Kainsmale. ... 181–187)

2004 (Zusammen mit H. Heinz)
Göttliche Gnomen über Gewalt. Eine Sürprise.
In: Gewalt und Globalisierung. Hg. Ch. Weismüller, A. Karger. Psychoanalyse und Philosophie. Jahrbuch 2004. Düsseldorf. Peras. 2004. 134–142.
Repr.: Pathognostische Studien IX. ... 2004. 69–76.
(Referenz: germanische Mythologie)

Unbeschadet der nicht gerade gängigen Gedankeninhalte, kommt das folgende Fiction recht räsonabel daher: Wotans Vermächtnis an die Welt, Eschatologie des Problemzentrums Gewalt; aufgrund der Umwandlung der Wotansraben Huginn („Gedanke") und Muninn (Gedankenverwahr „Gedächtnis") von Informanden in Botschafter, die nicht mehr nach Walhall zurückkehren, so sie auf Erden in Wappentiere verwandelt werden; gedacht auch als indirektes Warnungsnuntium an Brünnhilde, ignorant der tödlichen Intrige, die sie treffen wird. Hier nun die Hauptgesichtspunkte zum thema probandum Gewalt. Wo sie herrührt? Aus der Ungleichheit der Menschen, der ubiquitären Ungerechtigkeit. Und diese, woher? Aus dem Marxschen „Warenfetisch", der Vorgabe bedingter Kulturartefakte ideologisch als ewige Natur. Überraschend bricht damit die Begründungsfährte, in der Vorläufigkeit eher doch von Stabilisierungsgründen von Violenz, ab, verteilt sich auf genealogische Einzeleinlassungen, ohne auf den Deduktionsinbegriff „Todestrieb", rhetorisch aussetzend, wie reservativ, zu rekurrieren.

Aufgenommen nun erscheint die Begründungsspur insbesondere im Topos der „Götternot", dem Basiswiderspruch der Divinität: wenn nicht schier Mensch, also a-absolut, vom Opfer ihrer sanktionierten Kreaturen existentiell abhängig, ein pures Nichts. Kontradiktion göttlicher Heteronomie – die währende Geburtsstätte immolativer Gewalt.

Weiterer Hauptakzent zu Modi mindest der Gewaltmoderierung: Kahlschlag derselben, Gewaltflucht in toto die mediale Allimaginarisierung, eine Art von wachendem Dauerträumen, fatalerweise eingeholt von dem, was sie flieht, von der Gewaltrealie des weckenden unausbleibenden Unfalls. Pointe: der Terrorismus als Inregienahme dieser Reveille.

Dringende Erinnerung an die immanente Heilsamkeit, eingelöst in der Überflüssigkeit von Pathologie angesichts des Urtherapeutikums Krieg. Also gäbe es, daraufhin, zu wenig Kriege, und die immer noch verbleibenden Kranken, sie bildeten eine Art Reservearmee, verwahrt zum letzten Gefecht.

Am Kleinianismus führt, à propos Gewalt, kein Weg vorbei. Gewahrt die Gelegenheit, die Psychoarchäologie der Subsistenzsexualität, allerdings dann Kleinianismus-transzendent, als Frühform späterer Violentien der Gattung anzusehen, als des destruktiven Wettmachens erheblicher Säuglingskatastrophen – ist man dabei, sie zu vergessen? –, die früheste Infansnot als armaturisches Präjudiz.

Fraglich geblieben jedenfalls die Darstellung der totalisierten Inzestuösität des intrauterinen Status – Kategorialität der Innen-Außen-Indifferenz, ungerichtete in-sich-Motilität, Veräußerungsmangel? –, extrauterin repristiniert im „oralen Kannibalismus“, lizensiert partiell in der Laktation.

In einem weitherzigen Sinn verdankt sich ebenso einem erweiterten Kleinianismus das eigene Pronunziamento der entmarginalisierten urethralen Sexualität mit ihrem enuretischen Sachpendant, wenn schon, der Wolkenkratzer, den epileptoiden Nachtepisoden erbötig.

Ständiger comes der Wotanischen Sinnsprüche, wie „Letzte Worte“ – ob überraschend? Ja, ihrer Ausführlichkeit wegen –, angängig die ganze Tücke der „sadistischen/masochistischen“ Erotisierung von Gewalt, conditio sine qua non ihrer Erträglichkeit überhaupt. – Übervoll mit Desideraten die angerissenen Probleme folgenreich des „infans“, zumal des Sprechenlernens bis hin zur kapriziösen These, Sprache, körperbezogen, sei die Bewußtmachung des bewußtlosen Metabolismus. – Medien (Geld)/Dinge als Exkrementransfigurate – mit auch in ontischem Verstande alles Recycling. – Versteht sich, daß alle Körper-Ding-kurzschlüssige Heroik Gedächtnis- und damit Schrift-animos ausfallen muß. – Diesmal kommt es mir besonders triftig vor, die nicht eben raren Problemallusionen, die später nicht weiter bedachten, auf ein zukünftiges Gedankenfortsetzungsprogramm hin zu notieren.

Charakteristisch für den eher verlorenen Beitrag die Unterbrechung des offenen gnomischen Diskurses durch literarisierend parodistische Intermezzi, hauptsächlich konzentriert auf Wotans Raben. So leide Muninn, verursacht duch die vielen kriegsbedingten Explosionen auf Erden, an Tinnitus, erfolgreich therapiert durch die Walküren, mega-homöopathisch mittels eines „tosenden Wolkenritts" (ebd. 71). Und Huginn, konfus geworden an seinen Botschaftsgehalten, Wotans testamentarischer Mentalitätsabundanz, mußte beschließen, diese nicht zu verstehen, vielmehr – nach muslimischem Vorbild der Koran-Adaptation – nur noch auswendig zu lernen.

Das hat der höchste Gott sich so ausgedacht:

Der Raben Botschaftsfunktion scheint gesichert durch ihr Luftgeister-Düsenwesen, sowie in ihrer anorexieartig pneumatisch immaterialisierten Alimentation. Und ihre Göttlichkeitsteilhabe regelt sich, recht abwegig, in der breiigen Kloakenindifferenz von Groß/kompakt und Klein/liquide. Wotan schließlich entschuldigt sich noch, rechtens, für die Vernachlässigung der genealogischen Weiblichkeitspartizipation, und übt sich, alkoholisiert alkoholgerecht, Wagnermimetisch, im Stabreimen über die endzeitutopische restlose Indifferenzierung aller Differenzen, abschließend mit unterlaufender Ungläubigkeit. Wußten Sie schon, daß die Walküren – nach Lokis Empfehlung – als wunschmädliche Serviererinnen Kopftücher tragen, als Schlachtenjungfrauen dagegen kahlköpfig nicht?

2005 Verlaut(bar)ung aus Unsichtbarkeit.
In: Psychoanalyse und Philosophie. Jahrbuch 2005. Düsseldorf. Peras. 2005. 100–113.
Repr.: Retro III. … 2006. 329–342.
(Referenz: Christentum)

Kriterial mythologiebezüglich ist nunmehr zu gewärtigen die säkular blasphemische Erhellung der göttlichen Mysterien, im Ausgang vom Titelsujet der „Verlaut(bar)ung aus Unsichtbarkeit", insonderheit dem Zeugnis des AT, charakteristisch für Jahve. Auffällig erscheint die Kundgabe seiner Herrschaft über seine Untertanen als Sichtbarkeitsrenuntiation, visibel bloß im schemenhaft abgedunkelten Abgang durch eine Öffnung von hinten, und, wenn manifest, entzieht er sich gestaltkremativ (wie im „brennenden Dornbusch"). Weshalb diese privative Reservation? Mag sein, daß des Gottes Ansichtigkeit in beschämendem Widerspruch zu seinem exklusivierten Machtansinnen treten könnte, vorstellbar aber scheint dagegen auch, daß die letzte Vehemenz der göttlichen Konsekration, vernichtend in die Schwangerschaft hinein, die sanktionale Potenz des blinden Gottestumults sichert.

„Es ist, mythoszenarisch, die Höllenfahrt des Verdammten, von der göttlichen Fluchensstimme und dem Dämonengeheul und -lärmen ringsherum ereilt und zerreißend durchdrungen (Orpheus!), in eschatologischem Hörsturz und eschatologischer Blendung in die dunkle Tiefe stürzend; ontologische Tinnitulogie." (Retro III. Ebd. 331–332)

Verlassen wir die wehe Jahvesphäre in der Suche nach Alternativen, weg von diesem einzigen Setzen auf die isolierte Spruchgewalt. Häufiger und ausführlicher die Gesetzmäßigkeit nahezu, daß der Verlautungsverschluß, wie verhungerungsbedroht, moderiert nur noch zur Präparation weiterer selbstwahrender Bewährungsschritte, danach drängt, sich visuell zu öffnen und transformativ zu erfüllen. So daß, nach Maßgabe der phonetischen Elementarität, ein Erhabenes resultierte, allerdings ein grenzwertig negativiertes Erhabenes, und das wäre, im anfänglichen Endeffekt, inbegrifflich der Teufel, das höchste dienstbare Gottesgeschöpf. Die Krisen, die es zu bestehen hätte – Zuspitzung nur, so menschliche Usurpationen göttlicher Vorbehalte –, es sind keine, totalisierte Vollmachten vielmehr, und deshalb unangemessen formuliert: Exhibitionismus, sanktionell abgestürzt der Pipijunge, anal regressiv mit entzaubert urethralem Aufsatz, mehr noch: der Hungersäugling – ja, das ist der menschliche Gott. Aber wie diese Infantilisierung kompatibel zu machen mit der Göttlichkeit Übermacht? Auf deren Niveau sind diese menschhaftigen Usurpationssymptomatiken, verworfene Sanktionate, gegenteilig hegemoniale Indizien der Mutter-, der Schwangerschaftsausbeutung, paternal filiale töchterlich subsidiäre Tartarosobligationen. Und meine als ontologische „Verstörung“ signifizierte Vorgehensweise, sie vollständig präjudiziert sich in all diesen devianten genealogischen Unbewußtheiten.

Voyeurismus – ein anscheinend milderes Konkurrenzunternehmen, aus allerdings stummer Unsichtbarkeit, sich alle Alterität, zumal wiederum den Mutterleib, zu unterwerfen? Viel eher doch, phantasmatische Hypertrophie, in ihrem Ablassen von der Jagd auf Andersheiten, überkompensatorisch durch deren Er-sehen, dem Unding visueller kunsttranszendenter Realkreation, fetischistisch erotisiert überbesetzt.

Ein Splitter wenigstens noch der weiblichen Partizipation an diesen umwegsamen mannshaften Weibskörperzurichtungen: Wildes/Straussens „Salome“. Analogon der Höhen- die faszinierende Tiefenstimme, kallistische, je nach Botmäßigkeit in Deformationen umschlagende Epiphanie des tönenden Propheten. Salome versucht es – weibliche Variante – mit extremer Sexualisierung, sich der Spiritualitätsbemächtigung zu widersetzen – ein tragischer Fehlgriff, tödlich scheiternde Doppelerlösung, einen schwulen Mann als Individuationsdrittenhilfe der Entflechtung von der Mutter auszuersehen.

Der Durchlauf essentieller Phänomene der phoné-Isolierung untersteht dem Aufkommen deren faktischer Schwäche angesichts der Inflation maschinisch gesamtkunstwerklicher Artefakte, allseits mit visueller Prärogative ausgestattet – welche Megadefensive wider die Fährnisse der Verlautung! Paradigmatisch in Auswahl dafür stehen die psychoanalytische Couchsituation, mit auch für die Psychoanalyseadepten gedacht, auf daß sie lernen mögen, die Psychoanalyse nicht vor sich selbst zu schonen; alle „akustische Kunst“, neuerdings – da tut sich was an Widerstand – der „acoustic turn“; freilich das alte Radio, vor dem ich einmal saß und den Lautsprecher lange anstarrte – vergeblich, keinerlei Epiphanieterror in Sicht, zum Glück; und Musik selbst als solche – verstopft sie immer noch, Gegenkraft wider die globalen Visualitätsvorzüge, den Äther?

Ja, aber nicht als Kontrapart der universellen Movieseuche, zumal die postmoderne E-Musik zu einem Sektenphänomen degradiert. Und überhaupt scheint Musik, gleich welcher Sorte, wenn eben nur mit einem Hauch von sozialer Krisisindizierung begabt, ihrem Wesen nach subversiv zu spät zu kommen, geht doch der sie provozierende „Sehschock“ ihr, als regressive Parierung desselben, pures post festum, voraus. Eines aber noch widerlegt meine kulturgenealogisch-pathologische Exzitation mitnichten, der Umstand nämlich, daß – wiederum getreu dem Marxschen „Fetischbegriff" – wie immer kollektivierte Realideologien – folkloristisch: man versteht nur „Bahnhof" – jegliche Aufklärung ihrer selbst sperren. Soweit die Quintessenz meines sensualistischen Lehrstücks.

Hype-Thinking. Über Dingdimensionen und Inzestformen. 2007
Düsseldorf. Peras. 2007.
(Referenz: Ödipus)
Christlicher Kahlschlag.
In: Hype-Thinking. … 2007. 47–48.
(Referenz: Christentum)

Eine schlechterdings unverzichtbare verknappte Ausnahmepublikation in der schon mehr als programmatischen Ausdifferenzierung des pathognostischen Inbegriffs: der entscheidenden Korrelation von „Dingdimensionen" (Produktion, Tausch, Konsumtion) und „Inzestformen" (Vater-Tochter-, Bruder-Schwester- und Mutter-Sohn-Inzest), (siehe zusammengerafft: ebd. 44–46), deren Reproduktion den Rahmen der kommentierenden Absicht hier allzu unangemessen sprengte. Deshalb die verzichtsreiche Bescheidung auf die Einlaßstelle für Mythenreferenzen, wie immer naheliegend den „Ödipuskomplex": den Mutter-Sohn-Inzest, in seiner lokalen Alpha- und Omega-Doppelung, dies eben enggeführt auf die Problemzentrale: „Konsumtion – Ende oder Anfang".

A part. Hier bietet sich die Entstehung etlicher nachzuholender Folgeprobleme an: So die Provenienz der definiten inzestuösen Bezugsgrößen Mutter-Sohn, gleich dem funktionalisierten Vorzeiteinbruch in die beginnende Geschichtszeit. – Vorzeitverfälschung durch deren Signifikation – ist sie doch schlechterdings a-signifikativ, und, verfehlt signifiziert, kultural herausgehoben. – Überhaupt: Wo und wie enden die fortgesetzten Filiationen? – Vermeintliche Vorzeittreue, umwillen des Bemächtigungszuwachses – „Vorzeit in der Endzeit“ – postmodern in den Wirrsalen der Patchworkfamilien. – Wie steht es, diesbetreffend, um unser phylogenetisches Mindergeschwister, die Tiere und die Pflanzen? Diesbetreffend: die Inzestekstatik in die Objektivität dieser kulturierten Naturgebilde hinein.

Ontisch triviale Antwort zunächst: Konsumtion sichert die Arbeitskraft, geht allemal der Produktion voraus, Konsumtion macht demnach den Anfang – und freilich das opferprämierte solemne Ende auch. Darüberhinaus, in striktem genealogischen Verstande – in unverantwortlicher Kürze geschrieben –, ätiologisch verbindend überleitet der Eucharistiecharakter der Konsumtion, die momentane Verschmelzung von Körper und Ding, zum Produktionsgrund, dem „Anundfürsich“, dem sich abgeleitet produktiv differierenden Telos aller Kulturmache. Auch derart dimensioniert, macht, profunde anders, die Konsumtion Anfang und Ende zugleich, „Ödipuskomplex“ in alle Ewigkeit, Beginn ohne Schluß/Schluß ohne Beginn, beide zusammen. Inwieweit die geltend gemachte Unterscheidung von „funktional“ versus „phänomenologisch“ (ebd. S. 43) hinlänglich dazu beiträgt, die Reihenfolge der „Inzeste“ in ihrer differenten Zuordnung zu den „Dingdimensionen“ zu klären, bedürfte weiterer Erörterungen.

Keine Korrekturnötigung durch die folgende anscheinend karge christliche Mythologie, vielmehr eine erhebliche unifizierend inzestuöse Verschärfung, Rechtsgrund auch der Wechselfälle des – neuzeitlich allererst greifenden – „Produktivkräfte“progresses, fällig in der todernst himmlischen

Parodie des ebenso nichtssagenden wie vorbildlichen, „inklusiv disjunktiv“ wie vorzeitlichen Mutter-Tochter-Inzests, der Kopiefolie der Heiligen Dreifaltigkeit, des also ursprünglichst behaupteten Vater-Sohn-Inzests, extra resurgiert durch das Liebesband zwischen beiden, den Heiligen Geist. So das überbietend reinste paranoische Produktionsdelir der vernichtenden Mutterausbeutung, immerhin vermittelt über den weltlich degradierten Vater-Tochter-Inzest (Gottvater-Jungfraumutter Maria), Heilig Geist-geschwisterinzestuös getätigt mit immer häresieanfällig kompensierter Mundanisierung, spiritualisiert schließlich in der „leiblichen Aufnahme Mariens in den Himmel“, passend fast zeitgleich mit dem amerikanischen Atombombenabwurf auf Hiroshima und Nagasaki. So die mörderische Realtravestie der christlichen Erlösung, vollstreckt im Mutter-Sohn-Inzest (Jungfraumutter Maria – Jesus Christus) – alle Inzeste beisammen, unter dem Dach der obersten Inzucht, ganz himmlisch, zwischen Vater und Sohn.

„Christlicher Kahlschlag“, karge christliche Mythologie? Verdikt, das nur bedingt gilt für die in der Tat – kat-holon! – reduzierten kanonischen, zum Glauben verpflichtenden Mythenbestände; nähme man die Apokrypha mit hinzu, so näherte sich das christmythologische Gesamtensemble dem polyabundanten antiken an.

Nochmals: Die pathognostisch eminente Sonderrelevanz des „Hype-Thinking“ bleibt, im versuchten pars-pro-toto des mythisch ödipalen Problembezugs auf „Konsumtion – Ende oder Anfang?“, uneingebracht. Auch müßten die Mythenkorrespondenzen – die gibt es ja – mit ihren „Inzestformen“ und den Dingdimensionen „Produktion und Zirkulation“ nachgetragen werden.

PS. Hype – laut Fremdwörterbuch S. 455: „1. Welle oberflächlicher Begeisterung; Rummel. 2 a) besonders spektakuläre, mitreißende Werbung; b) zu Medienzwecken inszenierte Täuschung; Betrug".

Satyrspiel. Das karnevaleske „Dreigestirn", kaum zu glauben, Gepflogenheit des rheinischen kölschen Katholizismus: die „Jungfrau", lizensierte Heilig-Geist-Travestie, ein als Frau verkleideter Mann!

2007 III. Funktion des Eros; VII. Homogeneität der Triebtheorien.
In: Todesnäherungen. Über Todestrieb, Urverdrängung, Zahlenmagie, Spekulative Chirurgie, Frühmetaphysik. Düsseldorf. Peras. 2007. Sondernummer des Jahrbuchs „Psychoanalyse und Philosophie", dem Autor Rudolf Heinz zum 70. Geburtstag gewidmet. 37–40; 69–74.

„Funktion des Eros" – riskanter Eintritt in ein womöglich kontroverses Feld der Freudschen Spät„metapsychologie", der letzten Triebversion, nämlich ins Verhältnis von Thanatos zu Eros, das ich, unbeliebt, als „monistisch" deklariere, vereindeutigend die Freudschen Ambiguitäten dazu: Plädoyer für den „Dualismus" zwar, gelegentlich aber „monistisch" revoziert. Meine Option in Kurzfassung: „Hier auch gipfelt der ganze Trug der scheinexkulpierenden Eroseinlage in die unendlichen Kriegsgeschäfte der Gattung: als Anreiz, Beglaubigung und Prämierung von letaler Gewalt" (ebd. 39 f.), die sich in martialisch dinglicher Kulturkreation erfüllt.

Gut, jedoch bleibt diese fürs erste bereinigende Gedankenführung abgeleitet sekundär, wenn immer man dringlich in

Rechnung stellt, daß die darin interagierenden thanatologischen versus erotischen Elemente als wie absolute Fakten vom Himmel gefallen sind, daß sie dagegen ihre Entstehungsgeschichte nicht minder reklamieren. Und dieser ihrer Letztgenealogie widmet sich das thematische Kapitel III, etwas verstohlen überschießend zukunftsweisend resümiert im „Fazit“ (ebd. 40). Von da an würde eine monolithische Ausweitung des „Eros“begriffs erforderlich – fraglich aber, ob er für seine gänzlich ungewohnte Exklusivität noch taugte.

Wie nun vorgehen? Unter der Supposition des Todes (!) besteht das basale Werk des – also unmäßig amplifizierten – „Eros“ in der Provokation des „Todestriebs“, der einzigen gewaltstigmatisierten Seinsgewähr überhaupt. Diese exekutiert sich, erosgeneriert phänomenal, im „primären Masochismus“, der rettend tödlichen Drogierung des todestrieblichen Bodensatzes „Ursadismus“; so die introjektive Verfassung der Todesabwehr in aller Präsumtion. Dieser Komplex, ebenso erosmotiviert, projektiv veräußert gleich der inversen Todesdefensive: externe Gewaltausbreitung des „ursprünglichen Sadismus“ – Eros, seinswahrender „Todestrieb“protektor, „aus allen Rohren“. Fehlt noch, überaus nachtragspflichtig, der Vorausgang menschgemäßer Urveräußerung: die Dingschaffung, kulturaler Inbegriff, sich intersubjektivierend zur Ware („Produktionsverhältnisse“) und sich satisfizierend zur Waffe („Produktivkräfte“) – Gewalt, Gewalt, Gewalt.

Fazit: Selbsternötigung zum Versprechen, tunlichst bald der immer noch marktgängigen Anathematisierung des späten Freud, seiner „wissenschaftlichen Metaphysik“, philosophisch höchst willkommen, tätig publikatorisch einen Riegel vorzuschieben.

Zu Kapitel VII. – Obligat wiederum der thematische Mythenbezug, progressiv, nicht zuletzt der ständigen Wiederholungen wegen, verblassend, auf Ödipus, mittels des „Ödipuskomplexes“, eingeordnet diesmal in die homogene Triebsequenz, gefolgt von „Narzißmus“ und „Todestrieb“, inklusive der entsprechenden Leitphantasmen „Autonomie“ (ich bin meine eigenen Eltern), „Autarkie“ (ich bin Alles) und „Absolutheit“ (ich bin der Tod) – eine von mir häufig genutzte Gradation (ebd. 111–113).

Tendenziell lexikographisch siehe: Das Trauma aller Traumen. Über den Tod und die Vergeblichkeit seiner Abschaffung im Todestrieb. In: Pathognostische Studien IX. … 2004. 13–16; Repr.: Trauma und Gruppe. Psychoanalytische, philosophische und sozialwissenschaftliche Perspektiven. Hg. A. Karger, R. Heinz. Gießen. Psychosozial-Verlag. 2004. 31–37.

2008 Hybriditäten.
In: KoreFashionista. Mode – Schönheit – Körper – Opfer. Düsseldorf. Peras. 2008. 21–23.
(Referenz: Sphinx, Athene, Medusa)

Klangkörper.
In: KoreFashionista. … 2008. 24–25.
(Referenz: Sphinx)

First fashion icon.
In: KoreFashionista. … 2008. 26–27.
(Referenz: Ödipus, Sphinx)

Folgt eine unbeiläufige Auseinandersetzung mit der Warenästhetik grosso modo, prägnanter noch als sonst mit HH als Koautorin, bezogen auf das Coverfoto, hier nicht reproduzierbar, des sphingischen Antimodel-Models Vladimira

Cichova, soweit meine Exegese – Sphinx, Ödipus – tropologisch mythenverpflichtet.

Ausgang genommen wird von der vorzeitlichen, von der Tier- und Menschenkörper anständig diskriminierenden, Tailleverschnürung der Sphinx, kulturell perfektioniert sodann zur, den hybriden Dualismus indifferenzierenden, Verschnürungsfraktalität, als in sich segmentierter Zusammenhalt der Hauptbeitrag der Fetischisierung des weiblichen Körpers, seiner lustprämierten männlichen Bemächtigung, seiner vollständigen „Phallifikation“ (Baudrillard), dem Zusatzschutz vor der Kastrationsangst des eo ipso in seiner Arbeit homosexuellen Designer-Fotografen. Hintenproblem – im Zuge dieser anfänglich kulturgenerischen Zurichtung: Vertikale Verschnürung, die „nates“ zweigeteilt zweiteilend, entschwanzt entschwanzender Exkrementationssperre.

Unterwelt, Ultimum der fetischistischen Verschnürung: das Martyrium der Zerlegung (Dissektion), der „zerstückelte Körper“, Movens seiner Reparation. These dazu – Anlaß auch der Revision des Lacanschen „Spiegelstadiums“, seiner „Orthopädie“: visuelle Angewiesenheit auf phoné, den Kohärenz und Kontinuität stiftenden Helfer. Fetisch weiblicher Körper, restitutiv disponiert ein zusammengeschnürtes Paket. Und der phoné Dienstbarkeitstranszendenz? Vorsicht! – Primordialität der Verlautung, Höhenstimme. Jedenfalls nimmt Musik genealogisch integrierend Platz in den Nahtstellen des toten Eurydike-Körpers.

Porträt des halbdissidenten sphingischen Models – die widerprofilische Kopfzuwendung, die Teilfrontalität, bezeugt die Ambiguität von Fremdverscheuchung und -auslieferung, inklusive ihrer selbst sich selbst. Dezent expressive Endlichkeitstrauer, Abweisungsmelancholie im mitnichten unschönen Selbstrückzug, wie einvernehmlich anklagend menstruell und, umfassend, urethral, Hocke zwischen Stehen und Sitzen. Freilich, alles nur artifiziell simulativ. Oder? Bis auf ihre stumm rätselsingenden Augen.

Eben noch ein Blick auf das fetischistische Hauptzubehör zum weiblichen Kunstkörper – nicht zu vergessen die aktuellen Überbietungen der ästhetischen Chirurgie –: die Tasche. Man wird recht leicht zum mit Entrüstung befrachteten Spielverderber, die mythologische Taschengenealogie erinnerlich zu machen:

„Tasche – immerdar die Aigis. In der härtesten Mythenvariante tötet Athene selbst die Medusa, zieht ihr die Haut ab und bildet daraus einen Beutel, die Aigis, auf der der Kopf der Medusa abgebildet erscheint. So die grausame Urtasche, …“ (ebd. 23), humanitär freilich überholt, einzigartiger Fortschritt, von der Substitution der Menschen- durch die Tier-, und, kulminierend, die Kunsthaut. Gewiß, aber die Gewalt der Kultur, ihr menschenmörderischer Ursprung, aufrechterhält sich selbst noch in einem solchen scheinbar harmlosen Exempel, dem geopferten Mutterkörper, Uterusgemäß die körperliche Vorgabe einer TaschenTasche, wie immer kulturfloride vorgestellt gleich vor-sich-hingestellt, scheinexkulpiert dispositionsbefähigt – industriell siegreicher Vater-Tochter-Inzest, Kooperation von Zeus und Athene, über die weiblich homo-vorweltliche Feindschaft. Rührende Reminiszenz der ausgebeuteten ikonisierten Medusa – göttliche Maßnahmen! –: das notorische Chaos in weiblichen Handtaschen.

„KoreFashionista“ – „Kore“, die exzeptionelle Erfindung der griechischen Antike, entscheidender Auftrag der töchterlichen, der weiblichen Exkulpation der Violenz aller kulturellen Mannswerke. Die „Fashionista“, das Model, macht die postmoderne Variante dieser notwendigen Funktion aus: sie trägt, fetischisiert designt, die Legitimierung der totalisiert medialen „mänschlichen Arbeit“ (Irigaray) am eigenen Leib, retrospektiv auf ihren – homosexuell seine rein homosexuelle Tätigkeit sühnenden – Zurichter hin. Rationalitätsimmanent versessen echter Fortschritt also: doppelte Homo-Spitze, weiblich wie männlich, Sodom und Gomorrha, zwar ihrer Dialektik, ihrer weiblichkeitsrestituierenden Verwidersprüchlichung verfallen, operational jedoch abgelöst ehern muttermortifikant, allmediale Mutterleibleichen hinterlassend. Und die Welt ist, supermanichäistisch, wieder in Ordnung, zumal wenn das Model auch noch Kinder kriegt.

Krieg. 2008
In: Kainsmale. Animationen zu einer unzeitigen Philosophie der Arbeit. Düsseldorf. Peras. 2008. 136.
(Referenz: Ödipus, Sphinx)

Das wenige kleingedruckte Zeilen enthaltende Einsprengsel im Kontext einer ausführlichen Kriegsdeduktion hat es in sich, unerwartet die quasi andere Sphinx. Zunächst die Kriegsreporterin auf ihrem supervisionellen Stadtmauersitz, enigmatische Kriegsepen singend. Ordentlicher Auftritt? Nun ja, sie ernährt sich jedoch, ihren Besieger provozierend, kannibalistisch von thebanischen Jünglingen, und also muß aus dem ungeheuerlichen Vorzeitwesen eine manierliche Geschichtskore werden. Und das besorgt notorisch Ödipus, selbst der Mensch, des Rätsels Lösung, versus das hybride Menschtier, dieser Phylogenese-monierender Skandal. Halt! – und darauf macht mein Kurztext achten – just dieser große Mensch, auserkoren zu Vatermord und Mutterinzest, kann doch keine Endstation, kein Erfüllungsstatus sein, Antihumanismusgründung demnach darauf. Was ist die Botschaft dieser Mißwende? Alles humanistische Pathos erweist sich epikalyptisch je schon gebrochen in der intern kriegsgenealogisch ödipalen Konfiguration, der inzestuösen Drittentötung.

2010 Ödipus und kein Ende.
In: Pathognostische Studien X. Afinale pathognostische Überfälligkeiten und Altlasten. Essen. Die Blaue Eule. 2010. Genealogica Bd. 43. Hg. R. Heinz. 84–93.

Markanter Genrewechsel mit einem – Einsicht in meine klinischen Auftritte verstattenden – unredigiert belassenen Weiterbildungsvortragstext, exemplarisch didaktisch lehrbuchreif die psychoanalytischen Standards zum „Ödipuskomplex“ reproduzierend, durchmischt nicht zuletzt mit zum Teil auch eigenen Akzentuierungen und Neuerungsansätzen.

Die Programmvorschau gibt die Abfolge der einschlägigen Problemtopoi wieder:

I. Oedipus simplex et familiaris

II. Nichtuntergang des Ödipuskomplexes im Überich (Inzesttabu) sowie als Grundlage aller Psychopathologie

III. Seine Wandlungen innerhalb der psychoanalytischen Bewegung

IV. Seine Geschlechtsdifferentialität

V. Seine Reichweite innerhalb der frühen psychosexuellen Entwicklung

VI. Seine Reichweite in historischem und geographischem Betracht

VII. Sein übergeordneter Zweck sowie seine Fortschreibung in Narzißmus und Todestrieb

(VIII. Institutioneller und technologischer Makroödipus)

IX. Psychoanalytischer und Sophokleischer Ödipus

(X. Ödipuskomplex in der Postmoderne)

(Ebd. 84)

Hier nun die besagten besonderen Akzente:

- Die Betonung der extremen psychiatrischen und kriminellen Realisierung des „Ödipuskomplexes" in seiner faktischen Gewalttätigkeit versus seine bloß imaginäre Statthabe – Indizien seines Nichtuntergangs (so auch der Diskussionsschwerpunkt).

- Der „weibliche Ödipuskomplex" (Unwort!): Reklamation des Vaterdritten umwillen der töchterlichen Absetzung von der geschlechtsidentischen Mutter, Scheitern dieses rettenden Unterfangens des inzestuösen väterlichen Versagens wegen, gefolgt vom homosexuellen Rückfall an die Mutter.

- Die Kleinianische Vorverlegung des „Ödipuskomplexes" in die „orale und anale Phase"; orale Gewichtigkeit ob des laktativen Mutter-Kind-Inzests. Anale Kulturkriterialität, gipfelnd im Koprophagietabu. Mutterdoublebind. Inzestuöser Inbegriff die Exkrementenretention. Urethrale Determination der „phallisch- exhibitionistischen Phase".

- Absolutheitstelos des „Ödipuskomplexes": „Autokreation" auf generationssexuellem Niveau, vollstreckt als Eltern- und Geschwister(!)vernichtung.

- Ausweitung und Verschärfung des „Ödipuskomplexes“ in „Narzißmus“ und kulminierend in „Todestrieb“ – ich bin meine Ursprungsfamilie, ich bin Alles, ich bin der Tod.

Die die erweiterte psychoanalytische Konvention transzendierenden Eigenakzente:

- „Ödipuskomplex, Narzißmus und Todestrieb“ als kultur-, insbesondere technik(!)genealogische Instrumentarien.
- Die Sophokleische Politisierung des „Ödipuskomplexes“, Theben versus Polis Athen.
- Die postmoderne Umakzentuierung des „Ödipuskomplexes“ zum Geschwisterinzest der Körperlichkeit der Medienkonjunktur.

2010 Anhang. Zu: Ödipus und kein Ende: „Kronos frißt seine Kinder“ – Psychoanalytische Bemerkungen zum Generationenproblem.
In: Pathognostische Studien X. … 2010. 94–100.

Psychoanalyseherkünftig allzeit überfällig die Prononcierung des katastrophischen Charakters des Generationenverhältnisses für beide Parteien: die angestrengte Epikalypse des betreffenden Todesmonitums, typisches Opus des „Todestriebs“. Entsprechend die einreißende Dialektik der Prokreation: versterblichte Unsterblichkeit – meine Selbstfortsetzung in den Nachkommen, diese säkulare Immortalität, empfindlich durchkreuzt von derselben Endlichkeitseinschlag.

Was demnach liegt näher als zahllose Konterkarierungen dieser katastrophischen Peinlichkeit, allgemein Entdifferenzierungsmodi des Generationengefälles, zum Beispiel die

Mutter als beste Freundin der Tochter etc. Hauptsächlich hier die asketisch zölibatären Aufkündigungen der Generativität.

Die abermalige Auflistung der Detailprobleme des „Ödipuskomplexes", einschließlich seiner extremen Exemplifizierung, Reveille der Allimaginarität in tödliche Wirklichkeit, kann ich mir ersparen – siehe die vorausgehende Kommentierung. Unablässig hingegen pronuntiationswürdig das Absolutheitsbegehren darin, in aller mythologisch unterstellten Frühe schon am Werk: Kronos, seine Kinder fressend, fintengenötigt sie wiederherzugeben, vom eigenen Sohn entmannt. Archäologie der olympischen Götter – restitutiv wandernde Absolutheitsbrechung.

Die evozierte Kronos-Mythe mag etwas zu kurz gekommen sein, und also, komplettierbar chronosophisch mittels der einzigen a-finiten Seinsermöglichung durch Zeit („Zeit und Sein"!), das ermöglichte Sein sogleich aber gezeitigt verabträglichend – die „reißende Zeit"; die olympischen Götter, mit Zeus an der Spitze, als Chronometrie, Uhrengewähr, rettend zwar kultural, jedoch in der mechané der Zeitverfügung, bis in Musik hinein, rettungslos zeitwillfährig. Überholtheit – wodurch? – der antiken Göttergang? Exklusiv durch den chronometrischen Progreß, stabilisiert wohl durch die christliche Inkarnation.

Kritische Meditation katholischer Dogmatik im Spiegel einer Zwangserkrankung. 2010
In: Pathognostische Studien X. ... 2010. 125–132.

Zwangserkrankung, die sich – wie sagt man: ekklesiogen – in die christliche Mythologie, erlösungsbegierig, gewiß nicht zu Unrecht, verbiß, zum Unglück des Zwangserkrankten ebenhier aber fast ausschließlich nur sich selber antraf, die eigene kodifizierte Pathologie; nicht aber ungläubig genug geworden, die betreffenden christlichen Dogmensegmente als Abtritt seiner selbst, projektiv sich bereinigend, zu nutzen (gut so auch, der „projektiven Identifikation“ wegen), sich vielmehr, hochgradiger Pathologie – Pathologie? – gemäß, folgerichtig inkarnationsangetan (dem sterbenden Gottessohn), imaginär noch, zum Sühneopfer der Gottesfusionfusion primärmasochistisch zu erküren. Rien ne va plus – radikale „unio mystica“, count down zur Apokalypse, so fictionbefohlen.

Pathologisch gefesselt, werden Tiefgang und Reichtum der christlichen Mythologie spruchreif, aber davon habe der Kranke nichts, so sagt er es selbst. Er scheitert ja am todestrieblichen forcement des von ihm angemaßten Heilsgeschehens. Und selbst die psychopathologische Imaginarität wird dabei zu einem Schuldfaktor. Masochistische Notbremse, kriterial für Pathologie versus Kriminalität überhaupt, Ultimum der bodenlosen Konservativität derselben, Hauptbestandteil der Veränderungssperre, der Persistenz des kryptisch supergläubig häretischen Symptoms selbst, seiner intensivsten Aufklärung und seinen Restriktionen unterdessen zum Trotz.

Wie angedeutet, mangelt der gezielte Einsatz an oppositioneller Ungläubigkeit au fond – Vorsicht aber, als Norm dieses Verhältnisses möge das „Ungetrennt, doch Unvereint“ gewahrt sein, wider alle Verführung des – Fusion – „Ungetrennt und Vereint“, sowie des – Diskrimination – „Getrennt und Unvereint“, allzeit die Reklamation eines sichernden neutralisierenden Keils platznehmend dazwischen, und in der kontinuierenden Voraussicht der Symptomabsolvenz in Kulturation hinein. Das aber sagt sich allzu leichthin. Zunächst könnte in dieser – nicht zuletzt therapeutisch relevanten – Wendung beargwöhnt werden, daß der besagte Symptomtransfer in kulturelle Arbeit unvermeidlich Rüstungsinklusion bedeute, Kultur insgesamt schwer pathologisiere. Wo blieben dann ihre hypokritisch genutzten Segnungen? Abhilfe: projiziert würden eben nicht, martialisierend, Symptomgehalte, vielmehr deren Abwehrkontrapunkte, namentlich „Reaktionsbildungen“, die nur im Extrem unfriedlich kollabierten; womit der obligaten Sequenz von Krieg und Frieden Genüge getan scheint. Gewiß, so mag es tatsächlich sein, nur daß in diesem Ausgleich die Allmacht des „Todestriebs“ unterzugehen droht und die ganze Labilität aller Defensiven dagegen aufläuft. Es gibt keinen Grund, diese schöne Konvenienz nicht zu suspizieren – von Waffen starrt die Welt, Metapher der Waffenhaftigkeit eh aller Dinge, den Todestriebrepräsentanzen. Wenn denn Symptomheilungen gewährleistet wären, so leisteten sie einen Beitrag zur Förderung von Rüstung und Krieg. Ein Anlaß mehr, Symptome nicht zu beseitigen, sondern aufrechtzuerhalten, nicht aber ohne sie von ihrer innewohnenden Gottesfurcht – schwierig genug – zu befreien, dringendst indessen fernab auch davon, dieses zentrale Säkularisierungsgeschäft mitnichten der Wissenschaft, weil ja bloß der fraglichen Korrespondierung autonomisiertes Erbe, anheimzugeben? Der Sorgen viel zu viele. Bedenkenswert ebenso noch die de facto widrige Gewährlosigkeit von je angemessenen gesellschaftlichen Arbeitsofferten – bis hin zu Professionalitätsetablierungen –, in die hinein, sanierend, die reaktionsbildungsverkehrten Symptomkomponenten projiziert werden können; die kapitalistisch gemessene Anarchie des Arbeitsmarkts ist dafür nicht eben hilfreich. Mitanreiz der projektiven Selbstentäußerung: die obligate Verheißung der Unschuld der Kulturationsarbeit. Inwiefern? Das crimen dieser Mühsal wird ja im „Opfer der Arbeitskraft" gesühnt – on dit –, denn solche Satisfaktion versorgt die symptomatisch schuldabsorbierenden Dinge eben damit: mit Kriegsessentials. Ein arger Dämpfer – mit auch für das Therapieziel der „Schizo-Analyse" des „Anti-Ödipus" – für alle kreative Liberation der Symptomkonvertierung in ihre dinglichen Pendants. Ich mußte immer weiter von diesem trügerischen Befreiungsinbegriff abrücken. Aber wohin?

Der Titel des thematischen Textes bringt bereits ein Desiderat auf: „Kritische Meditation katholischer Dogmatik im Spiegel einer Zwangserkrankung". Die Spiegelmetaphorik – die Zwangspathologie als nicht buchstäblich gespiegeltes Reflektionsphänomen der katholischen Dogmatik – justiert zwar die Rangfolge wie zwischen Original und Abbild, verbleibt so aber im hermetischen Rahmen der Imaginarität. Nottut demnach allzeit die Dogmatik-transzendierende Objektivitätsekstatik in korrespondente technologische Dinglichkeit, mitnichten aber gedacht als Selbstabsolution, umgekehrt vielmehr im Sinne von schuldbestimmter Beteiligung an der objektiven Waffenschuld, an deren zu erlernenden Konzession, vielleicht dann auch ein Versuch der Gewaltdispension. Wie aber ist es um die also dringendst zu ergänzenden Außenentsprechungen der katholischen Dogmatik wie der Zwangspathologie bestellt?

Siehe meine eigene Einlassung dazu: „das Christentum als Mythologie des Kapitalismus" – sie gilt unter der Bedingung der sich immanent steigernden Kontinuität der „Abendländischen Metaphysik": Apokalypse-teleologisierter Inkarnationsauftrag, „sich die Erde untertan zu machen", sprich:

sie, todesgemäß, zu vernichtenvernichten. Beinahe könnte man mutmaßen, ich stelle, nichtsdestotrotz, eine Art Ausweg aus den letalen Fesseln der „condition humaine“ in Aussicht? Nein, fürs erste beabsichtige ich bloß den Eigen- und Fremdnachvollzug der Riesenenttäuschung über das christliche Kerygma, zentriert um die „Inkarnation“, die Zerreißprobe Gottmenschlichkeit, dem Gott, erlösend, brüderlich, zum Greifen nahe – keineswegs, er bleibt, einseitig um seiner Göttlichkeit willen, der Menschheitstilger, „sitzend“ – welche Komik! –, in den Himmel (!) aufgefahren, „zur Rechten des Vaters, von dannen er kommen wird zu richten (!) die Lebendigen und die Toten (!)“. Ausgebreitete Selbstwiderlegung des absoluten Gottes durch seine opferobligierende Gerichtsbarkeit. Gott, widersprüchlicher Ungott als Weltenrichter; streicht man diesen durch, so entrückt er, gnostisch, wie in ein Nichts. Selbst in der Eucharistie, dem kannibalistischen Gottessohnmenü, dieser äußerst inzestuösen Gott-Kreaturfusion, metonymische Laktationsmimesis – „O Herr, ich bin nicht würdig“, „... der ißt und trinkt sich das Gericht“ –, auflauert der göttliche Kriminalhauptkommissar, legitimiert durch die vollendete Absurdität des tödlichen Gottesopfers am Kreuz.

Die infernalisch anal-urethrale Besudelung des Altarsakraments, das abgewehrteste Zwangsperversionssymptom dagegen, wider den eucharistischen Terrorismus, bitte in allen oberweltlich grassierenden Unterweltehren (!), allein, es verharrt eo ipso – denn leider hat der Gott den Teufel ja erschaffen – im Bann der nämlichen, freilich auf Häresiekurs gebeutelten Gläubigkeit, die verhimmlischt purgiert moralistisch alles – gottmenschlich doch nobilitierte – Menschliche wegverklärt. Und so wird der einbruchsgefährdete Zwängler zum solitär armen Teufel, mit seinen sordiden menschlichen Trieben manichäistisch alleine gelassen.

Notorisch verkommen alle Auswegsprojekte zu höchst gewaltäußernden Inwegen retour. Bleibt exklusiv die entrückende Vorstellung eines sich selbst zugleich auflösenden Ganzanderen, dessen ethologische Fixation es apriori schon liquidierte. Zweifelhaft nennbar war es gleichwohl, früher einmal, „der namenlose Tod der toten Dinge“, einer Destruktionseinräumung also, die nicht mehr, wie üblich, auf die suizidale Letztsouveränität der Zerstörungsapotheose hinausliefe, vornähme vielmehr die Entgöttlichung des Gottes (atheistische Verchristlichung vielleicht gegen den Strich?), Klausur der Absolutheitsflucht vor dem Tod, befrachtet mit dem Tod dieses Todes. Der „Vorübergang des Herrn“, „in initio erat timor Domini“, in Armut umgewendet in den Todestransit des sich auflösenden Todes, des seinsbelassenen ~~Nichts~~, weilend womöglich angefüllt mit herrschaftlich von sich ablassender Wissenschaft, der „Sterbehilfe auch der Dinge“ (HH) angesichts ihrer intimen Vergängnis, obsekrative Klimax meiner nirgendwohin abdriftenden Rede – 𝄋!

Nicht von ungefähr leitet – fälschlicherweise gravierend genannte – Pathologie von vorontologischer Sinnhaftigkeit nur so strotzend, just in diese unbenamste Existentialität. Freilich ein überbietender Hermes Trismegistos-redevivus – Adieu!

2010 Neuerliche Orphizismen. Gedanken zur Genealogie von Musik.
In: Pathognostische Studien X. … 2010. 151–165.

Nahezu eine – sich progressiv komplizierende – Lektion, ein Kolleg meiner genealogischen Mythenverwendung, wie bekannt; eingedenk meiner gelegentlichen Kooperation mit Volker Kalisch (Musikwissenschaftliches Institut der Robert-Schumann-Hochschule für Musik, Düsseldorf); konventionell fast mythengerecht betreffend die Orpheus-Mythe, der Wiederaufnahme zahlreicher solcher Referenzen.

Selektiv schwerpunktmäßig zu gewärtigen ist Eurydike-bezügliche Nymphenkunde, versehen mit dem Stigma vorzeittradierender weiblicher Selbstreferenz, ausgetragen in den koinzidenten Extremen von Frigidität und Nymphomanie, mortiferenter Vamphaftigkeit und hysterischem Lesbentum; mannsrepugnant in den drei Varianten von Wassernymphe (Schlag ins Wasser), Baumnymphe (sich verletzender Griff in Dornengestrüpp) und Bergnymphe (gesperrter Aufstieg zum Gipfel).

Weibliche Selbstreferenz – nicht zuletzt fungiert sie aber auch – memo: Kulturgenealogie! – als libidinöses Seduktionsmedium jedenfalls für den besonders kastrationsgeängstigten Mann, so wie Orpheus einer ist. Beider, des Musikers Orpheus und der Nymphe Eurydike, gar eheliche Liebesübereinkunft macht die passagere Konvention von „Sodom und Gomorrha“, dieser sich ausschließend transversalisierenden homosexuellen Serien, männlich wie weiblich – so, in aller Präzision, das generische Unbewußte der Musik, erstletztlich das notorische Doppelopfer reklamierend.

Archetypisch Eurydikes Nymphenschicksal, vergleichbar dem kultursakrifizialen Los der Daphne und der Syrinx: verfolgt vom Sohn Apollons und Orpheus’ Halbbruder Aristaios, tödlich gerettet von Ge, selbst die giftmörderische Schlange. Wo aber bleibt die Ausfällung von Musik, das Telos dieser Tötungsambivalenz? Ungrund der Musik: Totenstille, Hades' absolute Herrschaft: Surdomutitas, Amaurose. Orpheus verwechselt – selbst schon anmaßende – Totenklage mit Totenerweckung, und, typisch für den Totengott, er konzediert die Resurrektion der Nymphe, um sie alsbald zu rekassieren. Im zunächst ja gewährten Aufgang wähnt Orpheus, sich verbotenerweise umwendend, visuell versierte Herkunftserinnerung mit dem schier notwendigen Vergessen derselben im Kulturprogreß kompatibel machen zu können; was selbstverständlich, Hades tötend auf den Plan rufen muß. Totenstille abermals, a fortiori; und der darüber musikverhindernd motivierende Vorausgang aller archaischen Schreie, die der Geburt, des Todes, des Schmerzes (Fehlanzeige: der Lust?), Todesvitalisierungen am Grund der Musik, sie verhallen in ihre Sublimation Kulturmusik, OrpheusEurydike tot, hinein, gewißlich ihrer obliviös todestrieblich je schon tödlich eingeholt gelingenden Todesflucht. Das mag immer auch reparativ anmuten, wie der Ausdruck der „depressiven Position" – Vorsicht aber (!), solange jegliche Entsühnung des Schattens ihrer „projektiven Identifikation" nicht enträt, macht sie, unter dem Strich, eben nichts wiedergut – Musik, die, gleichwohl, unablässig blutet. Wogegen selbst Adornos rührendste Gnomoi nicht ankommen, an erster Stelle: „Das Letzte, was sie (sc. Kunst – Musik–) vermag, ist die Klage um das Opfer, das sie darbringt, und das sie selbst in ihrer Ohnmacht ist." – deutlich auf Orpheus gemünzt, seltsam indessen am kulturrevolutionären Anspruch der musikalischen Moderne vorbei? Und überhaupt – rechtens? – der Aporetik der „Abendländischen Metaphysik" verfallen?

Antwort auf die apostrophierte Frage nach der spezifischen Kulturausfällung der Eurydike kriterialen Nymphenbeiträglichkeiten dazu: Musik insgesamt, kraft ihres expiativen Opfertods, ineins mit demselben des Orpheus. Daß sie als Baumnymphe – zu welchem Unterweltgewächs geworden? – das Holz des Resonanzbodens der Leier bereitstellt; daß zudem ihr zweiter Tod identisch ist mit der dinglichen Memorialität der Notation, der Partitur, resultiert aus memorialen Besonderheiten der komplettierenden Differenzierung der Musik überhaupt, nicht uncharakteristisch gemäß dem Weiblichkeitsopferstoff sowie dessen essentiellen Reminiszenzwesen.

Wer schon kommt sich nicht irritiert vor in Anbetracht dieser musikgenealogischen Verdikte, die aus der Grausamkeit der Musik diesbetreffend keinen Hehl machen? Wo bleibt dann der heilige Musikgenuß? Zentrale Frage auch der recht schäbigen Diskussion, fast ausschließlich darauf bedacht, die Musik von meiner angeblichen mythologischen – Mythologie derart mißbrauchenden – Vergewaltigung zu bereinigen. Nein, nein, fernab jeglicher gar pornographischer Obliteration von Mythologie wie ihres Sujets, mein verfängliches Obsekrationsbegehren einzig motiviert, schutzbedarft oftmals grenzwertig fast kunstreligiös, alle skandalösen Entblößungen; anhänglich auch, heterogen, an die artistischen Machenskünste, reservierend freilich, bei aller arbeitsreichen Sättigung, ein letztes Ungenügen, notorisch des peremptorischen Scheiterns des reüssierenden „Todestriebs“, und, bis dahin, der Gebrauch der Gnade des „primären Masochismus“.

2010 Klein (,) Melanie.
In: H. Heinz, Ch. Weismüller Hg.: Zur geschwundenen Aktualität der Frauenfrage. Psychoanalyse und Philosophie. Pathognostica. Jahrbuch 2010. Düsseldorf. Peras. Bes. 170–175.
(Referenz: Ödipus, Sphinx)

Wider allen peinlichen Sentimentalismus des Mutter-Tochterverhältnisses: die Gravidität, welche Beschwerung, buchstäblich, von Anfang an und immerdar des protektiven Dritten bedürftig, diesen permanenten Störfaktor in seiner subsistentiellen Unverzichtbarkeit. Und dann der Geburtsschmerz, imposante Fortsetzung der Ernüchterungen: sensuelle Mutualität sanktional von Indifferenz (fortgesetzte Schwangerschaft) und Differenz (Geburtsaustritt), die dolorös angemahnte Widersprüchlichkeit ineins von Fusion und Diskrimination. Progressive mütterliche Traumataexekution in der, wider den einzigen Laktationsinzest besonders gravierenden, Abstillung; sowie in der Auscheidungshygiene mit ihrem härtesten, die Mutter doublebindenden, sogleich in dinggenerische Regie genommenen Koprophagietabu. Und der (fehlbezeichnete) weibliche „Ödipuskomplex“ – was haben beide Protagonistinnen davon, daß ihre nichtssagende Inzestuösität gemäß dem Geschlecht versus der differenzüberlasteten Generation die kryptische Folie der patrifilialen Kopie derselben ausmacht; und daß, im Extrem, dieselbe wie naturwüchsige Verschränkung sich nur noch in töchterlichem Terrorismus wider die Vaterherrschaft erfüllt?

Kulmination im Schlußpassus, unabgedriftet von der Leitfrage nach dem „Frauentausch“, so kontextualisiert mittels des Mutter-Tochter-Inzests, mit einer Anspielung, namentlich, auf dieses Verhältnis – „Klein Melanie“ – in der eigenen Familie. Eine Art Kompendium der notorischen Tochterfunktionen in erweiterten Stichworten:

Produktionspendant der Vater-Tochter-Inzest – Vater, der sich darin, phantasmatisch, die eigene jungfräuliche Mutter kreiert, – Kore-„Schematismus“, Kultur im Ganzen Mutterstuprum, exkulpierend. – Bereitstellung der Mutterleibleichen-Kulturpotentialität, zusammen mit der terroristischen Vaterabolition, für die ihre Arbeitskraft opfernden Opfersöhne. – Spätestens postmoderne produktive töchterliche Kooperation konkurrent mit den Söhnen/Brüdern, in geschwisterinzestuöser Liaison objektiv der Medienkonjunktur. – Je allmächtiger alle diese weiblich filialen Funktionszusammenhänge des kontrareisierten Maternalitätstransfers in die homousische Rationalitätshegemonie, umso kollapsischer dies pralle Exklusivgebilde – die widerauferstandene Sphinx lauert auf. Keine Panik! Denn Ödipus, ebenso revenant, ist je schon gekommen, und die Töchter unbesehen jubilieren global ihr „Recht so!“.

Hinführung/Nachträge/Ruktation und Flatulenz. 2011
In: Hinführung zu einer „Psychoanalyse der Sachen“/Pathognostik. Düsseldorf. Peras. 2011. 39–63.
(Referenz: Ödipus)

Am ehesten eine Art Seminartext, zentral befaßt mit der Begründung der pathognostischen Volte anhand des Schulbeispiels Brückenphobie. Startpunkt: die gelungene Brückenbegehung als projektive Veräußerung des untergegangenen „Ödipuskomplexes“. „Projektion“ – immer „projektive Identifikation“ – im Sinne von heimischmachend externalisierter Selbstausweitung, rückgriffsbegabt bis zum

„Übergangsobjekt“, dem Archaismus mutterleibsubstitutionell disponibler Dinglichkeit, und, wie leidlich auch immer, wie, normalitätsbedingt, am Extrem der hypertroph projektiven Sterblichkeitspurgierung, dem Todesexorzismus, eingeholt von der bleibenden Identität damit, deliberiert vorbei. Entsprechend dann, ausnehmend, die phobische Entgleisung des Brückengebrauchs, immer auch pathologisch anfällig dafür, „Konsumtion“ mit „Produktion“, deren verfehlte Einholung und Neutralisierung, nothaft zu verwechseln. Psychopathologie, Phobien hier, der Widerruf des untergegangenen „Ödipuskomplexes“, therapeutisch harrend seiner Okzidenzdisziplinierung.

Gut, so das konstante Ansinnen der psychoanalytischen Orthodoxie, zuhöchst ungut aber darin – Vorbereitung meiner pathognostischen Volte – die Entwürdigung des Phobikers (und aller sogenannten Kranken), die Verfehlung der Pathologiefunktion, die a fortiori gilt, selbst wenn innerpathologisch immer auch verstellt. Wie das? Lassen wir uns von der pseudoirrationalen phobischen Angst dahin leiten – mit welcher Gewähr? –, wo das genuine Grauen dieses stolzen Gebildes Brücke in mich überschwappt und ich mich terrorisiert wahrnehme als konsumatorisch schuldig kokrimineller Mittäter am Muttermord – das überbrückte Wasser oder dergleichen – und an der hypostatischen Vaterausschließlichkeit, -absolutheit – der Schein der ewig gelingenden Brücke –; offiziell doppelfilial legitimiert durch die ArchitektInnen und IngenieurIinnen (spätestens postmodern ist ja der „Tochterschematismus“, die exkulpative Korefunktion, partiell untergegangen in die töchterliche Produktionskooperative), diese epikalyptischen Mordgeschäfte der Normalität. Übertrieben? Immer dann sicher nicht, so es gelänge, den modifizierten „Ödipuskomplex“ affektioniertest nachzuvollziehen.

„Modifizierter Ödipuskomplex“ – längst schon geschehen: der tödliche Haß auf den Vater gilt dessen Versagen, den Sohn vor dem tödlichen Mutter-Inzest zu schützen; im kasuistischen Beispiel in aller Drastik reproduziert, und nicht zuletzt auch belegt durch den Eltern-mimetischen Geschwister-Inzest. Die ödipale Misere der Tochter scheint zunächst identisch mit der, wie apostrophiert, des Sohnes, alteriert sich jedoch im Umstand der zugleich erleichternden wie strapaziösen Mutter-töchterlichen Geschlechtsidentität mit ihren indifferenzreverenten homosexualisierenden Konsequenzen – Auspizien für den Ausfall weiblicher Brückenphobik?

Pathognostisches Schibboleth des dergestalt objizierten „Ödipuskomplexes“: phobisch verjagender patrifilial orestischer Muttermord Brücke, erfüllt, homogeneisiertes Jenseitsnegat, in der suizidalen Letztsouveränität derselben, konkretistisch als faktischer Brückenkollaps. Allzeit bedroht von der auflauernden Mutterrache, womöglich liiert mit doppelfilialem Terrorismus. Nur daß sich mitreißender Vatersuizid und abstrahlend maternale Vorzeitdestruktion apokalyptisch eschatologisch vereinen – Gattungssense. Jämmerlicher Absturz der Brücke in den Fluß, unendlich die Distanz zum Jenseitsufer, Diskretionseinbruch in die versperrte Kontinuität, endlose Zielentrückung. „Abstrakte Negation“, nichts denn Motiv des Wiederaufbaus.

Selbstverständlich – die ins Wasser gefallene (!) Mutterleibleiche, die sich, brücken-, vermittlungsgerecht, zu ihrer Manifestation substitutionell einen toten Nymphenkörper verschafft; die, weit darüber hinaus, damit, dazu passend, den Simulationsabhub, mündend in Hysterie, nahelegt – man könnte von hier aus auf die verwegene Idee kommen, daß die abgewiesene Psychoanalyse selbst ein Hysterieeffekt sei, indem sie den fundamentalkriminellen Produktionsgrund der Dinge/Waren/Waffen der isolierbar symbolistischen Beliebigkeit scheinentlastend anheimgibt; Einspruch dagegen, kurzum, in aeternum Blumenberg:

„... der 'Gebrauch' ... technologischer/architektonischer ... 'Gebilde zu Metaphern' ... stellt ... 'nur die unverstandene Anamnesis ihres (sc. projektiven) Ursprungs' ... dar." (ebd. 49) –

die Nymphenkadaver-ersetzte Mutterleibleiche Brücke, der paternale Triumph schlechthin, schändlich ins Wasser gefallen (!), bedarf allerdringendst der Reparation. Und es wäre die reinste Hypokrisie, solchen Zerstörungsanblick perpetuieren zu wollen? Oder?

Schwerwiegende Frage: Man möge die subsistentielle Mächtigkeit des objiziert positivierten „Ödipuskomplexes", freilich immer generalisiert und gesteigert im „Narzißmus" und im „Todestrieb", selbst im eigenen geängstigten Inneren, nicht unterschätzen. Wenn nun notgedrungen konzediert, ja eh schon im Vorhinein gelebt, welchen Sinn macht denn dann noch unsere einschlägige pathognostische Mühe? Luxuriös intellektualistisch die exzeptionelle Erkenntnisvalenz, mit dieser Art Prämie aber regt sich deren obsekratives Wesen, aufdrängen sich quasi säkulare Gebete. Infernalische Konterkarierung solcher Andächtigkeiten, wenn schon: sich Totlachen, der gerechte Letztpreis restloser Ungläubigkeit; ermäßigt diesmal, witzig, durch ein abschließendes Satyrspiel: Brückenschenkung im Upperten-Milieu.

Eine weitere vorausgehende „Hinführung“, titels: „Abermals eine ‘Hinführung zu einer Psychoanalyse der Sachen’ (Pathognostik)“ findet sich in: Pathognostische Studien X. Afinale pathognostische Überfälligkeiten und Altlasten. Essen. Die Blaue Eule. 2010. Genealogica Bd. 43. Hg. R. Heinz. 104–124, zwar ebenso Brückenphobie-bezogen, jedoch mit narzißmustheoretischer Abführung (Dingsubstitution des organischen Körpers), und minimal passager den „Ödipuskomplex“ einbeziehend. – Zur Hysterieausweitung brückenreferenter Psychopathologie/„arc de cercle“ (!) siehe die eigenen Beiträge in: Histrionissima. Neue Studien zur Hysterie. Psychoanalyse und Philosophie. Jahrbuch 2009. Hg. R. Heinz, Ch. Weismüller. Düsseldorf. Peras. 2009. 12–63. So stemmt sich, filial ♀, der Selbstverlust sowohl wider den toten mütterlichen Identitätssog als auch wider die exklusive Vaterpotenz der Weiblichkeitsvernichtung.

Ad usum Delphini. 2011
In: Pathognostische Studien XI. Endlich genealogische „feriae messium“? Essen. Die Blaue Eule. 2011. Genealogica Bd. 44. Hg. R. Heinz. 31–33.
(Referenz: Orpheus)

Psychoanalyse der Ästhetisierung von Gewalt. Von der Grausamkeit der Musik. 2011
In: Pathognostische Studien XI. … 2011. 34–49.
(Referenz: Orpheus)

Ist Musik wirklich so grausam wie von der Orpheus-Mythe unterstellt? 2011
In: Pathognostische Studien XI. … 2011. 50–58.

2011 Ist Musik wirklich so grausam, wie von der Orpheus-Mythe unterstellt?
In: Pathognostische Studien XI. ... 2011. 190–207.

Drei öffentliche Vortragsauftritte, dokumentiert in deren Lesetexten. Und zwar in der „Deutsch-Griechischen Gesellschaft Düsseldorf e. V.“, der „Ringvorlesung über ‘Ästhetik und Gewalt’“, organisiert vom „Studium Universale“ und von der „Fachschaft Philosophie der Heinrich Heine-Universität, Düsseldorf“, sowie der Tagung über „Musik – Tod – Alltag. Musik zu Tod und Trauer als kulturelle Praxis“ der „Robert Schumann Hochschule, Düsseldorf“; ergänzt um einen Aufsatz des gleichen Titels wie der des letzten Lesetextes.

Dem zweiten Lesetext ist der philosophische Vorrang einzuräumen. Er nimmt sich aus durch seine prima vista Sperrigkeit – selbst für mich selbst –, bedingt durch die in sich hineingeschriebene primärprozessuelle Präzision; Beleg für diese Exzeption: ein angeschlossenes Glossar.

Rahmenprämisse: die – häretische – Gewalthaftigkeit von Kultur insgesamt selbst, exemplifiziert an der Kulturklimax Musik, entschieden mittels der Orpheus-Mythe.

Kriterial fürs erste die Erhebung der Gewaltelemente in Kultur, die, wider alle lebensphilosophischen Gegenführungen, alternativelosen; inbegrifflich die Gewalt gegen Natur, die Urkriminalität der „Produktion“. Auf Seiten der menschlichen Autorschaft dafür „Triebverzicht“, Lacansch: „Kastration“, das ist die möglichunmögliche epoché der den Triebbegriff ausmachenden „Autokreativität“, allzeit die Grundmaßnahme des „projektiv identifikatorischen“ Weiblichkeitsopfers am Mann selbst, allgemeine Homosexualisierung, gesteigert zur, maternal vikarisierten, Sterblichkeitsablage in den also martialisierten Dingen, entferntest einzige Seinshabe im „n-ten Futur im Irrealis“ (HH), verfehlt erfüllt nächstgerückt in Rüstung und Krieg. Was an Heterosexualität dann noch übrigbleibt? Gewaltprämierung mitsamt kontingenter Prokreation, denn ohne den Fortbestand von Kanonenfutter wäre ja alles Kulturunterfangen zwecklos.

Paranoisches Weiblichkeitsopfer am Mann, kulturgerecht, zumal musikadäquat, der Opferstoff Nymphe, Eurydike, der vermittelnden Übergängigkeit wegen, mit ihrem vorgeschichtlich unfertigen prokreationsgesperrten Regressionseinschlag – korporell konkretistisch die „weibliche Ejakulation“ –, sogleich aber, nymphentypisch, geschichtlich transferiert in funktionalisiert dissidente Figurationen, in ihren Extremen gespalten in die männermordende nymphomanische Frigidität versus die Hebammenassistenz, Sicherung des sichtlichen Hervorgange (Quelle!) aus kryptischem Inneren, in Artemis’ und auch, geburtsinvers, in Hermes Psychopompos’ Gefolge. Pardon dafür, daß ich Eurydike, nach mythischem Zeugnis Dryade, in eine Najade umwandelte. Abgesehen davon, daß im Mythos die Wasserreferenz eh vorherrscht, geriet ich in die Verlegenheit, die Baumnymphe Eurydike für die Genesis der Musikmemorialitäten – Notation, Instrumente – reservieren und so die Musik selbst außeracht lassen zu müssen. Dagegen kam mir dann der „organlose Körper“ Wasser, die Konträrfolie der Musikprovokation, zupaß, und aus Eurydike wurde primär eine Najade.

Ansonsten gilt für Eurydike das nämliche, diesmal musikangepaßte, Nymphenschicksal, wie gehabt, ihre zweifelhaft glückliche Errettung in die Totheit von Musik. Musik aber, kultureller Spitzenfall, gebietet es, auf mehrfach-Sicherungskurs zu gehen, im zweimal-Sterben der Nymphe, musikkonstitutiv allererst abgegolten in des Orpheus gewaltsamem Opfertod. Das liegt an der intrauterin profunden Musikpräparation, bis hin zur Paradoxie der Todeslebendigkeit, Eurydike in der Unterwelt, bevor sie im mißglückten Aufstieg endgültig stirbt. Voll verschwendet vergeblich ihr Doppeltod; das penetrante Phantasma der zeitdisponierten Zeitentledigung bricht, sanktioniert, sich im Absturz von Anfang und Ende im a-repräsentativen Nichts. Unvergönnt die – und sei es auch nur noch intellektuelle – Schutzsuche bei der Nymphe wider das Musikverderben, sie, ontologisch überlastet, verstummt – für immer? Jedenfalls, sehr zurecht, in der deliranten Epikalypse der Kulturgewalt, der dispositions- und exkulpationsseduktiven Medienhegemonie, des Universalismus' des allmystifizierenden Designs.

Apropos Gewalthaftigkeit der Kultur selbst als solchen – ein Seitenblick auf die faktischen Repressalien der Musikerziehung kann nicht schaden. Auch der ganze technische Aufwand der Musikreproduktion widerlegt nicht eben diese auf Musik enggeführte anstößig Kultur stigmatisierende Gewalt. Bitte fernab jeglicher Hypochondrieempfehlung – aber die Herztätigkeit, diese Kontaminierung von Mechanik und Affektion, mag als korporelles Musikpendant gelten. Was sonst noch Eurydike geschah? Wegsehen, wenn sie Ihnen als Galionsfigur in den Blick rückt.

Keine Wertdiminuation der übrigen Beiträge durch die begründete Bevorzugung des besagten zweiten! Im Gegenteil – die Variativität in der Formulierung der identischen Musikgenealogika möge ein zünftiger Leseanreiz sein.

Besonderer Akzent, gleichwohl, im ersten Lesetext: die Unterhöhlung der – eh ja haltlosen – auf Zeitdispens anzweckenden Zeitverfügung durch die unbezwingbare „reißende Zeit“. Rettende Flucht zur Architektur? Nein, deren

Stase kann – wie mir geschehen – Apnoe hervorrufen, am anderen Ende also dasselbe konträre Dilemma.

Wesensschaulich Bekanntes „en masse“ über Musik (dritter Lesetext), anhand der Exegese eines kasuistischen Beispiels der erschreckenden „Synchronie des Mythos“, in dem einer meiner Kollegen, ein klinischer Psychologe, teilmimetisch in den Bann der Orpheus-Mythe stolperte. Partiell bloß, zum Glück, als reproduktiver Pianoadept. Was war geschehen? Er unterbrach abrupt seine Gewohnheit, chromatisch, bis zum Ende der Tastatur, geradenwegs linkshändig zu improvisieren, von diesem Ende objektiv ja schon unterbrochen. Und prompt überfiel ihn lauthals eine höchst schuldbewußte hysterische Klagsamkeit, gipfelnd im telefonischen Anruf seiner Ehefrau, um ihr, in Scheidung mit ihr begriffen, schluchzend einen Abschiedsurlaub vorzuschlagen. Die Wogen glätteten sich alsbald, sie lehnte den Vorschlag ab, und beide kamen überein, ihre verschleppte Scheidung wiederaufzugreifen. Er vermied es, nach diesem peinlichen Zwischenfall, weiterhin den folgenreichen chromatischen Abstieg zu praktizieren, ertappte sich nur noch dabei, Klavierstücke, vornehmlich von Schumann und Chopin, nicht zuendezuspielen. Zur allgemeinen Beruhigung trug wohl mit dazu bei, daß er assekurant längst ein neues Liebesverhältnis mit einer bildenden Künstlerin (!) eingegangen war.

Archetypisch orpheisches Debakel, an der antiken kulturfertilen Tragödie allerdings vorbei. Der sensible Musikjünger prätendierte, ein unendliches phoné-Kontinuum, in sich chromatisch wider Diskretionen abgesichert, zu generieren; auf die Spitze getrieben, vorgestellt, in die umgekehrte Richtung rückläufig, dem totalisierten „Eingedenken“ (der

„romantischen Kunstform“) gemäß, des Anfangs und des Endes ledig. Voilà! – das Musikphantasma selbst, welche Anmaßung! Und der Abbruch mitsamt dem „casus ab alto“ läßt nicht auf sich warten – sich rächende reinste sonorale Homosexualität, de facto ja vom Gegenteil der göttlichen Indifferenz zeugend, eine chromatisch dafür unzulängliche, einrichtige, absteigende, einfach aufhörende Spielerei. Intersubjektiv kurzum sich verlängernd in den Preis der musikischen Phantasmatik: „Ach, ich habe sie verloren ...“. Aber Eurydike verstand sich, postmodern, zu retten, und Orpheus auch. Bleibt also nicht mehr als eine musikapokalyptische Anwandlung – sie verhallt, verflüchtigt sich. Ich mußte sie fixieren.

Antwort auf die Titelfrage: Ja! Denn der obsekrative Charakter der Musik zumal versagt ja angesichts der tatsächlichen Greuel der Gattungsgeschichte. – Man höre den zweiten Satz des vierten Klavierkonzertes von Beethoven, diese stringenteste Orphik, Musikmusik. – Sepulkralcharakter der Musik überhaupt, tristanisch auch? Ja, mit Adornos Opfertotale, ohne Fluchtweg? – V. Kalischs – mich gedacht falsifizierende – „Macht der Musik“, moderiert wohl unterdessen zu einem zufälligen Eroseinsprengsel in das leidlich konzedierte Gewaltstigma derselben? Die besagte Macht, für mich nichts anderes als die obsekrative Potenz der Musik, ineins mit ihrer aisthetischen Kunde unserer Existenzbelange, unserer Nöte. Aber das möge keinerlei repressive Norm ausmachen.

Die manische Kopflosigkeit der Nymphe scheint, genreförderlich, überkompensiert durch den isolierten singenden Orpheuskopf, festgenagelt auf seiner im Meer nach Lesbos schwimmenden Leier. Das Instrument wie ein schwankendes Boot auf dem unendlichen grundlosen Wasser, kopfig obenauf immaterialisiert, kopfstimmlich, regressiv weibsimitativ das – womit befaßte? – kastrativ, Counter/Altushafte Singen; ausstehend lesbisch heimkehrend, Solanas-konvenient. Hat man jemals mehr über Musik erfahren?

Aufsatzergänzung

Diesmal, paraphrasierend, es mir leicht gemacht? Als ob ich den musikgenealogischen Gesamtbestand meiner Orpheusmythenauslegung, komplett und endgültig profund hätte reproduzieren müssen. Demnach darf ich mir herausnehmen, bloß die neueren Akzente im Verlauf meiner Vertrautes auslassenden Exegese zu markieren, und zumal in der angeschlossenen „Nachlese" (ebd., 197–207) alle betreffenden Problemtopoi, wie zum ersten Mal und auf der Stelle, selbstüberbietend genealogisch in die Vollen gehend, aufzugreifen.

Sogleich zu diesen Posten, jenseits des im hiesigen Aufsatz besonders kultivierten Problemrepertoires. Die angängigen Überlegungen betreffen den – schwerlich univok zu haltenden – Begriff der Zeit in den Künstegenres, selbst in denjenigen, die keine Zeitkünste sind. – Im Kontext der musikkonstitutiv kriterialen Nymphenbeteiligung aufkommen könnte, als Konkretion der besagten unfertigen Halbgeburtlichkeit, die mütterliche Einbehaltung, die Über-tragung. Und auf der Nymphenseite versetzt die Dauermenstruation. – Über Notation und Instrumente hinaus – Ausfällungen ja des zweiten Todes Eurydikes –, verdanken sich auch die inneren Musikparameter – Tonhöhe, Tondauer, Tonstärke – dem letalfertilen spatialen Sichteinbruch in die darohne memorial haltlose allthematische Phoné. – Von weit her: Musik, Produkt des Sehschocks, Flucht vor der inzestuösen Blendung. Wohin? Musik, surtout „Todesverkündigung" – „Siegmund, schau auf mich …". – Schlußdilemma: gleich ob Tusch oder Verhauchen, die Verfehlung des schlechthin

Unendenden, A-finalen (immer noch allzu repräsentativ ausgedrückt) – für den Sterbenden selbst intim bar der Leiche und des Grabs („Ödipus auf Kolonos“) –, restiert für immer. – Kulturrevolutionärer Stellenwert und kulturrevolutionäre Reichweite (exklusiv Kultur – Kunst, Religion, Philosophie – angängig) der musikalischen Moderne, des „Wiener Kreises“? Frage an Adorno. – Ausschau halten bitte, über Rilkes „Sonette an Orpheus“ hinaus, nach künstlerischen Adaptationen der Orpheus-Mythe. – Kompatibilität der Musik Supplikation mit ihrer Grausamkeit? Man wird dafür nicht ohne, musikextrapoliert, „primären Masochismus“ auskommen. Und dann? – Schwerpunkt: meine „Musikgesten“ (vor sechzig Jahren erfunden) – „Verheißung“ (Barock), „Vergegenwärtigung“ (Klassik), „Eingedenken“ (Romantik); ihrer Histomat-Maßgabe harrend, effektiv als genreinterne Differierensmodi wider die entropischen Skelettierungen reiner Formalität. Radikalisiert, auf des Körpers Seite, entspräche dieser grundlosen Gründung in etwa Beethovens Taubheit, mitnichten kompositorischer Hinderungsfaktor, vielmehr, adlerianisch, die produktivste Überkompensation.

„So die je große List der apostrophierten ‘Musikgesten’: letale Präsenz zu unterlaufen nämlich. Spricht, entsprechend, die ‘Verheißung’: noch zwar ist die ‘Fülle der Zeiten’ nicht gekommen, doch wird sie ganz sicher eintreten – harre ihrer fromm. Und das dazu – wie spiegelbildliche – ‘Eingedenken’ – es scheint an erster Stelle ‘aus dem Schneider’ –: ‘es war einmal’, und dies, bitte, endgültig. Bete ihm aber nach: stelle den Präsensgenuß seines Präteritums auf Dauer. Und die ‘Vergegenwärtigung’? Um sich vor ihrer Selbstauflösung – stattfindende Präsenz – zu retten, muß sie mit allem erdenklichen Nachdruck (allzeit der taube Beethoven!) auf die gedoppelte Memorialitätsstruktur, die Gedächtnisduplikation, das ge-dachte Zeitlichkeitsgedenken, rekurrieren: erfüllteste Immanenz dann als heftigster Heimischkeitsausstand." (Ebd. 200–201)

Wie die musikalische Moderne (und Postmoderne?) benamsen? Mit „Erwartung", tendentiell zwar triftig, verengend reserviert aber wohl für den Schönberg-Kreis, und hier am ehesten für die „freie Atonalität". Störend auch nicht zuletzt ob des nämlichen Titels einer Komposition von Schönberg. Einschlägige Moderne – ein Trümmerfeld der „Abendländischen Metaphysik". Wirklich?

„Mit dem Pfeil, dem Bogen ...". Die Amazonen auf dem Prüfstand der Revolution des Patriarchats. 2013

In: Pathognostische Studien XIII. Erste dilatorische Konklusionen. Essen. Die Blaue Eule. 2013. Genealogica Bd. 45. Hg. R. Heinz. 106–112.

Hauptproblem der glossenaffinen folgenden Ausführungen: Die Amazonen sind schier ungeeignet, als Paradigma des „radikalen Feminismus" (SCUM) zu fungieren. Denn: „Ohne Männer geht die Chose nicht", aber im Ernst, Belege: Pfeil und Bogen sind erfunden; paradoxerweise gilt Ares, der olympische Kriegsgott (!), als versammelnder Inbegriff seiner gewaltexkulpierenden martialischen Gefolgschaft. Paranoiagemäß auch deckt er ab, ersetzt er die entrückteste Magna Mater, verblieben als alternde ihre Töchter verstümmelnde Geschlechtsgenossin; keine Schwängerung ohne Männer, umwillen der allerdings zu tötenden oder zu versklavenden Söhne.

Also die allerletzte kulturgenealogisch konkretistische Drastik des Weiblichkeitsopfers, vollst der Dialektik, die Muttervernichtung, umwillen der todestrieblichen Kriegsuniversale, als die restlos verunbewußtete rächend mörderische exklusive Mutterhegemonie zu etablieren. Vorsicht demnach (!) – hörst Du, zum Glück von Ferne, den Schlachtenlärm, so sind es, in aller Schamlosigkeit, in Dir die Amazonen. Ja?

Wechselspiel des verbliebenen einen linken Busens mit seiner Waffenprothetisierung: jener, der sich dieser angleicht, als „böse Brust" mamillengemäß, destruktive Seinserspritzung. Hier ergab sich der geeignete Ort, unsererseits Hermes, mythentranszendent, unterzubringen: Er setzt sich, mammaeparodistisch, eine Pickelhaube auf, füllt sie mit Busenleichenteilen und betätigt, psychopompisch, das Kopfgeschoß wie eine Giftspritze. Mythologisch belegt, sorgte er vorher mit für die Entstehung der „Milchstraße", indem er der schlaftrunkenen Hera den Heraklessäugling an die Brust legte, und als sie den Betrug entdeckte, wütend ihre Milch in den Äther spritzte; oder, besser noch, spie er, Herakles, sie in ihrer Überfülle ins Weltall, Bereitstellung eines mit Sternen zu besetzendes Großareal, aus.

Was solls? Einmalig vertiefte unüberbietbare Kulturgenealogie: „Also besteht aller reifikatorischer Kulturstoff in vergeudeter Muttermilch, vor ihrer Verkäsung in inbegrifflich ideale dissipierte Firne transfiguriert ..." (ebd. 108), Kultur also wie ein laktatives Menstruationsanalogon, überkompensatorisch verdorbene Muttermilch. Man predige endlich dieses genealogische Ultimum, apriori schon zur Atopie verdammt? „... patriarchale Humanität, sie läuft über die durch mütterliche Versagung ausnehmend gewaltzugerüsteten, fremd- sowie (nymphisch)maternal frustrierten illegitimen Heldensöhne." (Ebd. 110) Herosbastarde sind es, wohlgemerkt (wie sich fortsetzend?), die Kultur generieren, und keineswegs die legitimen Nachkommen. Halt, nein(!), an der martialischen Kulturspitze sind es dazu doch die rechtmäßigen Kinder, Ares und Hebe (immerhin, „Hebe" gilt ja als „Schlachtruf"). Seltsamer Vorbehalt – mütterliche Frustration als kulturgenerisch entscheidend, mütterliches „overprotecting" insonderheit gewaltverführerisch? Welch massive Desiderate, betreffend die progressiven Ausstattungen dieses kulturalen Tartaros noch unter dem Ubw-Hades. Wir haben nur eben damit angefangen, uns auf diese Höllenfahrt zu begeben.

Schlechte Karten, mythologisch (und darüber hinaus) für die Ehe. Hera obliegt es, den fertilen Nebenverhältnissen ihres Gatten den nichts denn kulturutilitären Schlußsegen zu erteilen. Und bis dahin tut sie sich des öfteren, nicht ohne Hypokrisie, recht schwer. Und eh ja gezeichnet vom ehelichen Geschwisterinzest, so als nehme sich ein kryptischer Fluchtweg, gleich zu Beginn beschlossene Sache, für die Eheparter aus der ordentlichen Ehe hinaus in sie, anders, retour, vorweg.

Non plus ultra der Heroenauskundschaften, betreffend ihre kastrativ kulturgenerische Potenz: Achilles, der sich in die Leiche der Penthesilea verliebt, des todesbotmäßigen Eros letzte wahnhafte Tücke.

Soll ich weiterhin empfehlen, das regressive Niveau der veranschlagten extremen Kulturgenealogie, dies mythologische Ingenium, zu wahren, und dabei vordringlich auf die Amazonentradierungen zu achten, so wie folgend angedeutet? „Deshalb darf ich … ein Werbeplakat vorschlagen, auf dem, auf Glanzpapier, eine bundesdeutsche Afghanistansoldatin in hochschwangerem Zustand zu sehen ist," (Ebd. 112)

2013 Orpheische Höllenfahrt der Psychoanalyse? Lacan und die Musik.
In: Pathognostische Studien XII. ... 2013. 113–131.

Sujet: die – fast unabsehbar folgenreiche – Lacansche Proportion: Analytiker : Analysand, dessen Unbewußtem = Orpheus : Eurydike, ihrem Doppeltod.

Auswächst diese kapriziöse Entsprechung zum nachdrücklichen Monitum der Katastrophik kurzum des „Unbewußten“, der Opferreminiszenz, nicht zu vergessen auch der schriftlichen Niederlegungen, über Sprache, dem psychoanalytischen Medium, vermittelt.

Der erste Tod der Nymphe – nymphisch übergängig dafür prädestiniert – generiert, sprachreferent, Musik überhaupt, nach der Maßgabe des Produktion ausmachenden Vater-Tochter-Inzests; deren zweiter Tod, geschwisterinzestuös sichteinvernehmlich schriftlich reproduktiv, alles memoriale Drumherum. Also kreiert die Psychoanalyse, in „Erinnern“ und „Durcharbeiten“, das „Bewußtmachen des Unbewußten“, die Schaffung des vitalen Totenreichs der „Signifikanten“, die mediale Todestrieblandschaft des Musikverständnisses schlechthin, mehr als ergänzt mittels allen haltenden Zubehörs, der Grabbeigaben. „Linguistic and scripturistic turn“ – ob diese trefflichen Wendungen der Eurydike und ihres Mehrfachsterbens, deren Voraussetzung doch, gedenken?

Unvermeidliche Konsequenz auch der Lacanschen Proportion: die quasi marianische Verweiblichung des Analysanden, gleichwelchen Geschlechts, nebst seiner Verdammung zu den Todesqualen der Nymphe, übertragenerweise. Ein starkes Stück! Jedenfalls zählt die Geschlechtsdifferentialität der psychoanalytischen Prozedur, männlicherseits, wie wenn, per analogiam, das „genetische Geschlecht“ sich gegen das überlagernde „hormonelle“ durchzusetzen hätte; wohingegen ja, weiblichkeitsgemäß, die Heterogeneität sich auf die Generationendifferenz reduziert, was, das Differenzdefizit, notorisch aber das Problem ist, bis hin zum Lesbianismus, der Unmöglichkeit des sohnlichen Unterkommens im rettenden Vater. „Alle Menschen werden Weiber, wenn sie Psychoanalyse machen“, Lacan, Psychoanalytiker, der Totengräber der Psychoanalyse? Hatte ich vor Zeiten nicht doch vielleicht recht, die Vergeblichkeit der Lacanschen Psychoanalyserettung zu betonen? (Siehe: Eurydike-Algorithmus. Zu Jacques Lacans vergeblicher Rettung der Psychoanalyse. In: Pathognostische Studien II. ... 1987. 191–195. (Vgl. „Paraphrasierungen“ oben S. 206 f.) Nachher dazu noch mehr.

Der Akzent fällt zunächst indessen auf die todeslebendigen Zuträglichkeiten der problematischen Nymphenwerke, den in Schriftlichkeit reichenden Signifikantenschutz. Nur daß, ob mangelnder Botmäßigkeit, die „angeli“ – „Du mein Schutzgeist, Gottes Engel ...“, sich in Dämonen verkehren. Es ist meine umwegsame Solidarität mit Eurydike, diese Konvertierung mir besonders vorzunehmen, immer eingedenk der – leicht in Selbstverständlichkeiten untergehenden – Opfer, denen vergönnt sei, ihre Profiteure auch einmal zur Kasse zu bitten, genötigt durch einschlägige Störfälle hüben – im Musikbereich – wie drüben – im psychoanalytischen Verfahren. Nur zum Beispiel, zwanghaft Counter/Altus singen oder mit einer Bratsche wie mit einer gefährlichen Keule herumfuchteln; im heimischen Gefilde der Psychoanalyse die Verwandlung der Couch in ein Prokrustesbett oder etwa den Nachhall der imperialen Höhenstimme des Psychoanalytikers als eigenes Stimmenhören befürchten zu müssen etc.

Naheliegend, solchem kulturrekreativen Kollapsweisen permanent zu wehren, Normalität – „Dingeurne“ (ebd. 128) geheißen – wie um jeden Preis durchzusetzen. Wofür der bürgerliche Arbeitsbegriff, diese exzeptionelle Universalaxiologie, im alle Produktionskriminalität sühnenden „Opfer der Arbeitskraft“, wohlbehütet Sorge trägt, zumal deren wissenschaftliche (und parawissenschaftliche) Resultatenfülle sich als Schutzwälle wider den destruktiven Andrang der ontologischen Substrate allen rationalen Gebarens ausnehmen. Notbremse allenthalben des „primären Masochismus“, unaushaltbar sonst die – den menschlichen Organismus mitumfassende – todestriebliche Gewalt – ich wiederhole mich. In der Pathologiesphäre essentiell die genealogische „epoché“ der Dingeschaffung, zu zweifelhaftesten Gunsten des – einzig pathologisch zuständigen, ja „Produktion“ fälschlicherweise subsituierenden Eros-versammelnden – „Gebrauchs“ – die psychoanalytische Hauptausblendung, Verblendung nachgerade, die Migration des „bösen Geists Legion“ aus der Bibel, nachdem er den geheilten Besessenen verließ, nicht mehr in seine dingliche Heimstatt, die Rüstung, zu verfolgen – Sanierungsprämie: Kriegsvorbereitung, therapeutisch Krieg.

Habe ich, unbilligerweise, Lacan auf meine pathognostische Seite gezogen? Kaum. Meine – von der Psychoanalyse sich absetzende – Objektivitätsekstatik entpointiert sich Lacansch angesichts (nicht nur) der thematischen Proportion, in der ja Musik selbst als solche triftig wird. Ohn Unterlaß – so jedenfalls meine insistente Wahrnehmung – zudem das Sichunterlaufen der Psychoanalyse durch sich selbst – wo und wie endend, wenn überhaupt endend? –, eine unnachlaßliche provokante Suspension, in der das ganze Ausmaß der Lacanschen Fundamentaldissidenz manifest werden könnte, certe deren – wie zu vermitteln? – Zumutlichkeit, die von allen psychotherapeutischen Gepflogenheiten weit wegführt. Wie sich ihr Status prozedural ernötigt? Immer auf Widerruf gesetzt scheint, rezessiv, auf eine rastlose Liquidität aller Bedeutungen, mit der Potenz begabt, jegliche symptomatischen Fixierungen aufzuschwemmen und explodieren zu machen, einsammeln die „membra disiecta" – zu welchem Wohl? Ignorante Frage an Lacan, so ja Pathognostik argwöhnen muß, Heilung – so es sie gäbe – sei kriegspromovierend. Also beginne allererst diese fragliche Konfrontation, gänzlich fernab – weshalb ich das immer wieder sage? – vom offiziellen Marktgeschehen.

Eher beiläufig, jedoch mit longe überschießender Mitwirkung von HH, repristinierte ich kurz noch, kontextgemäß, die alte Kontroverse um die Angemessenheit von Musikgenealogie mit P. Widmer und S. Leikert.

Siehe: Nicht weht der Nicht-Geist, wo er will. Offener Brief an Peter Widmer über seinen Aufsatz „Orpheus oder der Geist der Musik". In: Riss. Zeitschrift für Psychoanalyse. Hg. P. Widmer. 9. Jg. Nr. 26: Musik. Zürich. Riss-Verlag. 1994. 51–59. Repr. in: Metastasen. Pathognostische Projekte. Wien. Passagen. 1995. Passagen Philosophie. 227–234.

So mein – leider resonanzlos gebliebener – konsilianter „Vorschlag zur Güte": Es sei der Doublebind von Musik selbst, das Ineins ihres Hypersignifikantischen wie Signifikantenausfalls, der „barre" schlechthin als seiner Dispension, der Vereindeutigungsmaßnahmen suggeriere, die sich, gegeneinander gehalten, polemisch sinnlos totlaufen. Die

Anfangsfrage, ob Lacan unmusikalisch sei, hat sich außerdem erübrigt.

2013 (H. Heinz)
Der Göttin Hebe Tagebuch anläßlich einer KÖ-Visite zum Lobe Düsseldorfs.
In: H. Heinz, A. Schünemann, R. Heinz: Pathognostisches Dreierkomplott. Traktate – Co-Traktate – Briefe. Essen. Die Blaue Eule. 2013. Genealogica Bd. 46. Hg. R. Heinz. 7–11.

Eine Schriftpreziose von HH, in der Tradition unserer eigensinnigen Mythenfortschreibungen, diesmal die Einsichtnahme in Hebes divines Diarium, anläßlich eines schicklichen Shoppingbesuchs der Düsseldorfer „Königsallee" (KÖ), allwo sie, wie nicht zufällig, Stiefbruder Hermes – beide ja die starring-Prominenz unserer Mythensynchronisationen – trifft, begleitet von dessen (höchstwahrscheinlichem) Sohn Pan, der sogleich ins Zentrum der Aufmerksamkeit, seiner Ausfälligkeiten wegen, rückt.

Es wäre nun wohl allzu banausisch, die ausführlichen Tagebuchpassagen zu diesem folgenreichen Treffen trocken und vollständig, ihrem witzigen literarisierenden Charakter sehr zuwider, zu reproduzieren. Nein, selber bitte lesen! Auf den Olymp wieder zurückgekehrt, erinnern sie sich, zum Vergnügen auch des GöttInnenensembles, ihrer skandalösen KÖ-Visite: ihres „Tuntenlaufs in weiten Bocksprüngen", panisch clamorös begleitet, kulminierend des „Bücherfraßes", des Polizeieinsatzes wegen des Tumults darob, der Einweisung beider in die Grafenberger Psychiatrie, ihrer unaufgeklärten Wunderentrückung – dank Hebe, travestiert zur Oberärztin – in ihre erhabene Heimat.

Bislang entfiel eine städtische Reaktion auf diese aufrichtige Düsseldorf-Ehrung, wie überhaupt solche Art kunstfertiger „infera"-Einschlags wider Erwarten rezeptorisch eher abschreckt.

(H. Heinz) 2014
Vorposten – factionlike.
In: Rudolf Heinz and friends. Textpräsente für einen letzthinnigen Philosophen. Hg. H. Heinz, Ch. Weismüller. Düsseldorf. Peras. 2014. 19–38.
(Referenz: Hebe und Hermes)

Das ist eine exklusiv beispielhafte Mythentropologie, in der Art eines Briefes Hebes an Hermes, des probaten Stiefgeschwisterpaars unserer einschlägigen Fortschreibungen, recht offenherzig über den Jubilar RH, festschriftbedacht zu seinem 75. Geburtstag; angezogener „Vorposten" zu „factionlike"-Umfänglichkeiten. Zu, wie man meinen möchte, schonendem Mottoreduktiv marginalisert die initiale Göttlichkeitsexposition: „Überallnirgendwo/Immerundnie" für die folgenden zur Pathognostik einladenden grundlosen Gedankengänge.

Seht da! – welch – um die nächste Ecke herum komische – Epiphanie: wotanische Wanderertravestie, Hermesentleih, an der Grenze mit dem Gott einszuwerden, „Zu schauen kam ich, nicht zu schaffen", medial also schrift-, schriftmartyriumsversiert, konsequent, jedoch unideologisch an allem Design, sei es seiner Behausung, seines Outfits, was noch en detail folgen wird: seiner Schriftproduktion, vorbei. Passend in diesen Zusammenhang, als erste Nachlese, der Rekurs auf RHs Interpretation des Vorspiels zum dritten Akt des „Siegfried":

„... verschlungen der höchste Kriegsherr, umspielt vom 'wilden Heer', den inzestuös flintenweiberischen Walkürentöchtern, mit ihrem 'kindisch kreischendem Greisen-Kinderlied'[1)], haltend gehalten im verschwimmend weihevollen Aufstampfen des wie somnambulisch noumenalen Wiederkömmers." (Ebd. 20–21)

Ausgebreitet gefolgt von der Repristination von RHs Mitwirkung am Literaturfilm „Peter Schlemihl – Der Mann ohne Schatten. Chamissos romantische Erzählung im heutigen Berlin. Film von R. Blanck"[2)], nächtlich im Kreise ambulierend und einen selbstverfaßten psychoanalytischen Text über das Sujet rezitierend. Bedrängend die Erinnerung daran, so als werde RH, Schattenmann, selbst zum Schatten, und also der Rettung bedürftig:

„Da er aber – Du erinnerst Dich? – heiklerweise beim Peter Schlemihl angekommen ist, setze ich mich entschieden dafür ein, ihn wenigstens vor seinem schlimmsten Schicksal in 'Hoffmanns Erzählungen' zu bewahren, nämlich seiner Ermordung durch Hoffmann. Helfen wir ihm auch, davor, der er seinen eigenen Schatten verschluckte, denselben zu revomieren; und entlassen wir ihn, also geheilt, ins nächste Unglück – schade!" (Ebd. 25–26)

Hebes Hauptfavorisierung sodann, der Nachlese besonders würdig: die „Lesende Sphinx"[3)]. (Ebd. 23) Aber die Sphinx ist doch, dank des ödipalen Killerworts „Mensch", längst schon tot! Erlaubt aber müßte es dagegen sein, sich auszu-

---

1 Cosima Wagner: Die Tagebücher. Bd. I. 1869–1877. München/Zürich. Piper. 1976. 322.

2 Westdeutsches Fernsehen. 28.12.1976. Wiederholungen: 7.8.1979; 31.1.1979.

3 Siehe: Tagesreste. Philosophisches Annuarium 1997. Wien. Passagen. 1998. Passagen Philosophie. 47.

denken, wie sie vielleicht hätte überleben können. Hebes Vorschläge dazu, zusammengefaßt: Paradoxerweise mittels ihrer Vorzeitintensivierung, ihrer fortgeschrittenen Animalisation, im Schwund fundierend ihre kulturell gesättigte Lektürefähigkeit; wie überhaupt die gebührende Regressionstiefe Höhe und Weite des geistigen Abhubs davon determiniert – die Busenfülle privatissime verdeckend, mutiert sie publik zum Model, exakter zur Stewardess, durchaus auch gesichert in der Reminiszenz des Ödipus' Todes, in dem von der mächtigen Authentizität „Mensch" nichts mehr übrigbleibt? Profilsieg über die Frontalität?

Zurück nun, wie annonciert, zu RHs Ausstattungs- und Unterkommensproblemen, als die eines exquisiten Schreibers. Hebes nicht eben unweiblicher Blick fällt auf die Schreibutensilien, mitsamt den Präparationen des Textens. Dieses selbst verzehrt sich im Widerspruch der derealisierenden sichselbstschreibenden Schrift versus der ganzen subjektrestitutiven Mühe lexikographischer Recherche geeigneter Termini dafür. Da der Verdacht auf kryptische Weiblichkeit des inspirierend begnadenden Heiligen Geistes nicht ruhen will, verbleibt, in aller Emphase, das schale Gefühl des kreativen Parasitismus. Beständige Obsoleszenz des weiteren Texteschicksals: Handschrift, Typoskript, ordentliche kostspielige Texterfassung. Und der Tauschwert dann?

So Jürgen Otts – ostflüchtiger Oberarzt der hiesigen „Klinik für Psychosomatische Medizin und Psychotherapie", fachlich hochkompetent, mitsamt einem Hauch von Intellektualität – mir zugedachte blande Persiflage: „Mister Todestrieb". Nicht indessen avisierend die Historie meiner Todestriebkonzeption, vielmehr so etwas wie die einmalige „Tiefeninspektion" (ebd. 36) von RH, eine präjudizierliche, vielleicht nicht untypisch weibliche benigne Abrechnung mit seinen pathognostischen Denkgepflogenheiten.

Außer Zweifel sogleich die Seriösität der gründlichen Befassung mit beider irdischem Famulus (die der Famula ist bereits vorgeplant): sie spezialisierten sich notorisch als Sterbehelfer, EuthanasiegarantInnen, auffällig auch damit beschäftigt, das Götter-Sterblichen-Verhältnis nachdrücklich zu problematisieren, insbesondere dessen Aporetik hervorzustreichen, will sagen: daß Mensch zwar die so opferheischenden Götter fest in seiner Hand hat, daß aber aus dieser perversen Abhängigkeit mitnichten irgend Atheismus resultierte, weil der nämliche Mensch nicht ohne sein phantasmatisches Gottesprojekt zu existieren befähigt ist – die Unabweislichkeit des „Todestriebs", die Todessperre jeglicher Flucht, läßt grüßen. Und die proliferierenden Dinge aufkündigen ihre vorerst rettende waffengemäße Dienstbarkeit? Nein! Niemals.

Gleichwohl sind beide Göttlichen um diese ihre Verquerungen bekümmert, Hebe an erster Stelle, fehlt ihnen doch diejenige Absolutheit, die ihre Divinität zwar restituierte, sie jedoch zugleich aller Welt, wiederum entgöttlichend, entrückte. Götternot sondersgleichen – es ist wohl beider Hadesnähe, die sie fast verzagen macht, ungut auch für ihren mundanen Diener (und ihre Dienerin)? Imponierend ebenso die Aufklärung ihres stiefgeschwisterlich dezenten mehr als episodischen Umgangs miteinander, abstrahlend auch in seiner intellektuellen Produktivität auf ihre weltlichen Gläubigen.

Götterentlastung durch des Klienten Parade ihrer permanenten Todesverkündigung: weder resigniert noch heroisch? Ja, doch können sie ihm die sanktionale Konterkarierung seiner verschrifteten Vorwegnahme des eschaton der apo-kalyptischen Helle des Sterbensaugenblicks nicht ersparen – durch Leichengestank; und überhaupt, immer wenn er der noch so subtilen projektiven Sterblichkeitsentledigung zu huldigen ansetzt, das identifikatorische Element in der „Projektion" ihn gerechterweise einholt, ist alle spekulative Emphase dahin. Freilich, die Konzession von weiblicherseits besonders monierter hypokrisiegeneigter „Reaktionsbildungen" am Grunde seines Charakters, die „okkulte Camouflage basaler Animosität" (ebd. 34), mag immer nur halbherzig ausfallen, verbleibt aber doch verläßlich effektiv. Und damit alle affirmativen Luftsprünge ausbleiben, insistiert Hebe auf der „Konservativität" der Pathognostik, alleine schon ob ihrer Signifikationsverpflichtung, und, des Einzelnen, in Anbetracht – so mußte es vordem passager scheinen – ihrer Unfähigkeit, die Objektivitätspendants der Individualpathologien in ihrer essentiellen Martialität zu revolutionieren.

Aeroamok. 2015

In: Pathognostische Interventionen I. Dingarkanum und Psychose. Essen. Die Blaue Eule. 2015. Genealogica Bd. 50. Hg. R. Heinz. 59–66.
(Referenz: Christentum)

Erwartet werden kann zunächst ein kurzes Programm abweichender Ansicht des in den südfranzösischen Alpen (bei Le Vernet) absichtlich herbeigeführten Flugzeugabsturzes, exemplarisch im Sinne der restringierten Realobsekration, ding- versus wortvorstellig, christkatholisch zum Glauben verpflichtende dogmatisierte „Apokalypse", wie wortvorstellig schriftlich, ebenso obsekrativ, brühwarm dargeboten in der „Offenbarung des Johannes“, von der man annehmen müßte – und deshalb sei sie dem Studium besonders empfohlen –, sie werde jeglicher frommen Breitenrezeption – wie ab in den Giftschrank! – vorenthalten. Allgemein methodologisch die fundierende Dissidenz, daß die besagte christliche Dogmatik die Mythologie der „Abendländischen Metaphysik“, inklusive aktuell deren globaler Spitze „Kapitalismus“, sei. Kein Entrinnen demnach aus unserer reifizierten Christlichkeit.

Die thematische Absturzkatastrophe gilt als Exempel faktisch ritueller (versus intellektueller) Realobsekration, des Grauens realisierter genealogischer Philosophie, diese beauftragend, buchstäblich Rand zu halten: jeglichen Übergang in katastrophische Wirklichkeit – Indiz ihres, der Philosophie, prekären Charakters – zu blockieren. – Den Abgrund dieses realmagischen apokalypsezutraulichen Großgebarens macht die nothaft gewaltübertünchende Fetischisierung des Flugzeugs, generiert durch das „Opfer der Arbeitskraft“, und vollendet im massenweisen indifferenten Lebenssacrificium. Der paranoische Dingegott gebeut die Unschuld seiner Opfer, allschuldig todeswürdig gleichwohl in paranoischem Betracht. – Gut christologisch firmiert der Copilot-Vollstrecker, immer umwillen der Kodestruktion des Dings, des Flugzeugs, mitnichten Sanktion seiner technologisch erfüllten Überheblichkeit, Ausdruck dagegen ultimativer Souveränität wie mechanischer Nachstellung des Leichenverfalls und damit der Todesdisposition. – Alle reparative Pietät mißachtende Alternative post festum: die Leichenteile und die Trümmer belassend der Erde überantworten. – Aber die Produktion, der Flugzeugbau, bleibt ungeschoren, mehr noch, katastrophisch gar befördert? Freilich, die Fabrikation von Flugzeugen müßte, nach solcher Bezeugung ihrer unüberbietbaren Göttlichkeit, eingestellt werden? Ja – wie unabsehbar weit aber entfernt sich unsere obsekrative Ontologie vom szientistischen Säkularismus der Fortsetzung der „Abendländischen Metaphysik“ mitsamt des Christentums und des Kapitalismus. Es sei ja bloß die menschliche Defizienz in der dinglichen Gottesaneignung, die scheinbar den Gott selbst verletzlich mache. Nein, Mensch nur – welche Rabulistik! – überantworte sich dem Progreß dieser – eh ja limitierten? – Assimilation. Und also fortsetzt sich, ständig auf Optimierungskurs kryptisch gottesbaulich, die Flugzeugproduktion.

„Summa

Opfertotale Holocaust, pars pro toto:

inspizierbar im extremen Flugzeugfetischismus des Co-Piloten:

des gottmenschlichen unschuldigschuldigen sich vorbildlich selbstmitopfernden Opferpriesters;

opfernd die ebenso unschuldigzumalschuldige genderindifferente Opferfleischmasse;

beauftragt von der ursprünglichen Opferausfällung, dem Flugzeug-Abgott

= erhabene Mutterleibleiche – nicht vergessend – paternal spiritualisiert erfüllt zerstückelt kohäriert im letztimperialen Äther namens Kapital.“

Im Rückblick auf das eigene genealogische Prozedieren bleiben manche ausgespürten Selbstbedenken nicht aus: notorische Kommunikationsdefizite, Kollektivierungsausfälle eines „armen Denkens“. Kaum leidlich etabliert, fängt es zu vexieren an: überdeckt passager sich schillernd mit der verhöhnend normalen Trivialität tautologisierter Dinglichkeit, so als ob sie weder Ware noch Waffe wäre; und präsentiert den Copiloten, den Katastrophenvollstrecker isoliert als psychiatrischen Sonderfall, gänzlich abgekoppelt von alledem, was ich ihm ontologisch insinuierte.

Guattari: Daß der Schizophrene die ganze Last der (sc. nackten) Deterritorialisierung zu tragen habe, mache ihn verrückt – zu ergänzen aber, wider die „Schizo-Analyse", primär dem Rüstungsstrom angeschlossen, gewalttätig.

2015 Stuhlfluchten / Dingarkanum und Psychose. Elemente einer alternativen psychosentheoretischen Propädeutik.
In: Pathognostische Interventionen I. ... 2015. 107–121.
(Referenz: Christentum)

Genealogisch opake Esoterik auf ihrer Spitze, psychosenmimetisch, nach Maßgabe psychotischer Approximationen ans thema probandum „Dingarkanum" – siehe ebd. 117–120, meine „Eigenkommentare" –, rücksichtslos häretisch christologisch unterfüttert. Warenästhetisch epikalyptisch gehüllte Korporalität der Koprophagie der Mutterfaeces des subsistenzsexuell dingvirtuellen Inzestsohns, nutrimental enthüllt – Produktionstheorie: „Urverdrängung"! – herbeigeschafft:

„Ein Lob allen Heiden wider die christliche Lachensversagung – 'Ecce homo', von Kundry verhöhnt? Ja, gegen diese globalisierte Insolenz, den moralistischen Großkotzbegriff, verfängt in aller Schwäche nur noch die Provokation der korporellen Unterwelt dieser grandiosen (...) Unszene – Eternität des filial usurpierten Opfers verdammter, vernichteter Weiblichkeit: der leidensmännische Gottessohn hat sich an seiner eigenen Mutterscheiße überfressen, begeht, im Gegenzug, aber das Mirakel der Falschmünzerei seines divinen Kadavers in purestes – leider (ätsch!) verstrahlendes – Gold. 'Es darf gelacht werden', hier über den transsubstantiierenden Stuhlstuhl." (Ebd. 119)

Gemäß dem kasuistischen Beispiel „Sitzen/Stuhl“, erscheint dies Ding als die Passion des Christus, der Opfertötung aller Weiblichkeit an ihm, gewaltrestitutiv wie auferstehend in der Debilität des toxikomanischen Gebrauchs:

„Im Beispiel: der ‘psychotische Stuhl’ = der unendlich leidend sterbende Christus; Todesabbruch kurative Auferstehung gleich der rettende Vorübergang der ganzen muttermörderischen Grausamkeit der frommen Stuhlverwendung, an der Spitze dessen warenästhetische Reverenz, die kallistische Epikalypse der ‘Stühle des Vergessens’, ultimativ des ‘elektrischen Stuhls’.“ (Ebd. 119)

Der problemtopologisch verzweigte Vortragstext wäre gebündelt lesbar als dezent antipsychiatrische Ehrenrettung des psychotischen Reagierens: dessen sowohl oblique ökologischen wie ökonomischen Kritik, drastisch dargetan:

„...: hört Ihr denn nicht – spricht mutistisch der Schizophrene –, wie das Holz (oder sonst was), Kulturhyle, unter seiner transfigurierenden Malträtierung stöhnt und schreit, dies Martyrium, die – niemals, auch wenn von menschlichem Opferblut nur so triefende, arbeitsprokurierte – Kriminalität der Produktion? Weshalb verschließt Ihr denn die Augen vor seiner Durchseuchung vom globalen Unrecht der Verteilungsprivilegien? O welch amoralischer Stumpfsinn, wie sich, erosverführt, Ihre fetten Ärsche genüßlich ohn Erbarmen breitmachen! Bravo!?“ (Ebd., 114)

Sogleich aber folgen den Querschlägern, den „transversalen“, Psychose abschwächende Dämpfer, und zwar (parataktisch aufgeführt) die ernüchternden Gegenumstände, daß der Psychotiker bloß Medium, keineswegs Subjekt seiner angstbefangenen Opposition sein kann; daß er dem Widersinn des strafenden Gottes, ridikül Mensch geworden als Stuhl, willfährt; daß seine fragliche Heilung sich eo ipso zum Rüstungsbeitrag verkehrt; daß sein – eh ja ambivalentisierter – Einspruch immer zu spät kommt: die in überlasteter Verwendung nicht einholbare Produktion voraussetzt. Dabei bleibt es: bei der Entropie kontaminierter Fusion und Diskrimination, Retention und Elimination, den „corps matière“ angängig Dauerobstipation und -diarrhö.

Exkurs zur „Anti-Psychiatrie“. – Die Verwendung des Kampfterminus' „Anti-Psychiatrie“ bedarf weiterer Differentiationen. „Anti-Psychiatrie“ ist und bleibt die Beanspruchung psychotischer Gehalte als genealogischer Elemente jeglicher rationaler Realität, und das in schroffem Gegensatz zu deren Verwerfung als Pathologieinbegriffs, rein nach dem superfiziellen Maß ihrer verengten rationalen Repugnanz. In der Eruierung dieser Elemente, durchweg mittels des Beistands von Mythologie, aufgeschlossen durch eine Form sachbezogener Psychoanalyse, wage ich mich profunde vor, so daß die publike Rezeption dieses Tartarosabstiegs viel zu wünschen übrig lassen muß. Konterkariere ich doch alles autonomiebedachte Dispositionsgebaren, schlage der Allherrschaft des „Todestriebs“ ins Gesicht, schärfe, so akzeptiert, das verlustige Bewußtsein von „Fatalität“, ja von „Tragik“, umwillen der Reinerhaltung der „condition humaine“ vom eo ipso scheiternden Bemächtigungszugriff, insistiere auf selbstbewußter „Intellektualität“ als Kontrapunkt zu allem in sich irrigen „Moralismus“. Kein Pathos, dies angängig, sollte aber darüber hinwegtäuschen, daß diese Denkungsart in aller Dringlichkeit sich reservieren, sich hermetisch machen müsse wider ihre realobtestative destruktiv katastrophische Realisierung, sowie sich, intersubjektiv, ein reines höheres Ethos der „Eigentlichkeit“, gewaltsam nur existierbar, bitte versagen. Gleichwohl, eine Art ontologischen Rettungsdiensts, wider den medienepochal unermeßlichen Schwund der „Letzten Dinge", bleibe tapfer am Werk.

„Anti-psychiatrisch" abstrittig hingegen der Schizophrene selbst, dessen Verhalten ich den Freispruch von Pathologie verweigere. Was nicht primär liegt an seinem unangepaßt asozialen, insbesondere zivile Arbeit scheuenden Wesen – die schwere Hypothek dieser Abweichungsdimension übersehe ich freilich nicht –, vielmehr an der psychotisch internen Verstrickung in die fluktuierende Ambiguität von Aufbegehren und Unterwerfung, kritischem Kahlschlag aller adaptiven Gepflogenheiten, ineins mit tiefem Kniefall davor. Wenn überhaupt noch sodann von Therapie gesprochen werden könnte, so bestände sie eben darin, den – also doch – Kranken von diesem quälenden Doppelgesicht zu befreien, auch wenn solcher von allen Schuldhaftigkeiten absehender Gnadenakt ihm Anpassungspotentiale mitbereitstellte. Nicht mehr als eine gutgemeint ins Leere abführende auxiliare Option einer ganz anderen Psychiatrie (in diesem trivialen Sinne anti-psychiatrisch), die, selbig, längst ja auf die pharmakologischen Therapieeffekte, materialisiert mimetisch an die Selbst-Verlustigkeit der Psychose selbst, erfolgreich setzt. Soll ich deshalb die Akten darüber schließen? Kein „gelobtes Land", auch meinem fortgeschrittenen Alter gemäß, in Sicht.

Der Mode „letzte Dinge". Psychoanalyseherkünftiges zur permanenten Vogue (Lesetext) 2016
In: Pathognostische Interventionen II. Kulturpathologie „au fond". Zur Präzedenz der kranken Dinge. Essen. Die Blaue Eule. 2016. Genealogica Bd. 52. Hg. R. Heinz. 135–157.
(Referenz: Herakles; Christentum)

Ein Spättext, nicht eigentlich innovativ, jedoch in durchsichtiger Gedankenregie führend, und ausdrücklich auch den eigenen traumatischen Erfahrungen, Kleidung betreffend, entlang (bis hin zu sich fortwährend aktualisierenden Hüllenverlustträumen). Wenig überraschend nur, wirken meine, fast wie immer tiefgreifend genealogischen Überlegungen, nicht zugunsten mitdenkender Reaktionen, eher verstörend.

Alles Triftige verdichtet schon in der Präambel, etwas ausführlicher wiederaufgenommen im Fazit (ebd. 156–157), gesagt:

„Man muß sich, festgemacht an den Körper-Ding-, den Natur-Kultur-Widerstreitigkeiten des Bekleidungswesens, mit Entsetzen verwundern über dessen kraß manichäistische Selbstverständlichkeit, den todesepikalyptischen Endsieg des ‘Geistes’ über die – bloß pathologisch oppositionell restierende – ‘Materie’, vollendet in einschlägiger Angst und Scham, wie endgültig eskamotiert in ‘les immatériaux’ der himmlischen Modeikons, ‘Siehe, ich’ – mediale Imaginaritätsseuche – ‘mache alles neu’, angekommen in der heteron(schein)konzessiven homosexuellen Totale von ‘Sodom und Gomorrha’, des Modeschöpfers und seines Models, des postmodernen todesverkündlichen ‘basics’-Paars.“ (Ebd. 137)

Folgend breit angelegt die Explikation der in Frage kommenden Problemtopoi. An erster Stelle die Frage nach der transempirischen Genesis der Bekleidung: Leichenhemduniversale, wunderlich selbstverständlicher Manichäismus, hautnächster „Todestrieb“, in seiner Nichtsabdrift zünftig aufgehalten durch die Fetischisierung der Hülle, zugleich des desavouierten Fleisches mitrehabilitierend. Was ich sagen wollte – diese Abendlandrechnung geht freilich nicht so einfach auf: Kleidung entwertet zwar manichäistisch den schandbaren Körper, doch die Erostücke jener – die Gewalt dessen abdeckende – Fetischisierung befreit das gehüllte Fleisch in einem mit. Unbeschadet aller Einvernehmlichkeitsexperimente zwischen beiden, die eingefleischte Körperflucht der Investur, scheinbar nur abgeschafft durch den besagten Fetischisierungstrug, bleibt bestehen; und ausschließlich wenn sie, die Kleidung, als rettendes Körpertransfigurat gälte, wäre, augenblicklich, die Körperdiskriminierung, aller sarkophagische Charakter allen clothes momentan dahin. (Gänzlich kryptischer Grund des Einvernehmens?)

Auf Sehen eingeschränkt, offeriert Sartre einen einschlägigen Genealogievorschlag: Kleidung verhindere, in beschämender und beängstigender Nacktheit gesehen zu werden, und inauguriert so ein hypertrophieanfälliges Anderen-Sehen, ohne von Anderen gesehen zu werden – weg von der Selbst-"Objektheit" zum „reinen Subjekt". (Postmodern obsolet geworden?)

Unstrittig die pathogen paranoisch gefährdete Binnendynamik beider – wie gehabt ja auch miteinander verständigen – Antagonisten: Kleidung absorbiert den Körper, Körper, der sich durch die Transsubstantiation der Kleidung dafür rächt: leere Hüllen nur noch, wie Gespenster/verwesend abfallend reorganifizierter Kleiderstoff, Körperschwund/schutzlose Körpersolitüde, Anorexie/Adipositas.

Kein Rütteln an den erosübertünchten manichäistischen Eisenpforten? Entfiele jegliche Opposition wider das inflationäre Universaldesign, die Spitze der Kapitalmystifikation, so käme diese Absenz dem schleichenden Tod der Gattung gleich? Nudisten aller Welt, vereinigt Euch! Nein, nutzlos solcher Appell, und in sich mit seiner Natürlichkeitsmanie sektiererisch. Längst nämlich ist, menschheitlich, für das Wechselspiel beider Legitimität gesorgt: in der permanenten Notbremse, der kulturalen Hochleistung der Obszönität, etabliert als Partisanentum des Fleisches, je passagerer Überlistung der Konfektionsepikalypse, des vielleicht souveränen Rückzugs, um vorübergehend ihrem dinglichen Widerpart Platz einzuräumen, um die Gelegenheit dessen Schwäche – er muß ja schließlich auch einmal schlafen – zur Eigenexhibition zu nutzen; bis hin zur Utopie des Amüsements beider, des Körpers und seiner Bekleidung, aneinander, des mutuellen Versteckspiels in aisthetischer Weile.

Garnichts dagegen, man möge jedoch bei Bewußtsein halten, daß all solche serene Mora sich einem – wie immer auch vergönnten – Erosübermaß im die Obszönität mitnichten ausnehmenden – universellen Todestriebgeschäft verdankt. Und dies Monitum ist umso dringlicher, als die epochale pornographische Obszönitätsexpansion, ein unaufhaltsamer Zug der Zeit, alles obszöne Wohlgefallen au fond verdirbt. Es macht zwar keinen Sinn, sich moralistisch über diese Dekadenz herzumachen, stattdessen wäre es fällig, den Notgeburtscharakter derselben hervorzuholen, mitsamt der – alle Nöte neutralisierenden – Kapitalhörigkeit, der striktesten Tauschwertobligation der Pornokratie. Würgegriff mit seiner faktischen Transzendierungssperre – sie geht, anders auch intim existential, darüber hinaus –, der die leistbare Beschwörung des Fluchtwegs Obszönität, des kulturalen Substrats seiner Pornoverquerung, nachgerade lächerlich macht. Man hüte sich in diesen Wirren zudem davor, authentische Sexualität als Remedium dieser Sittenverderbnis anzuführen, kommt sie selbst doch, wie immer auch im breiten Vorfeld ihrer prokreativen Funktionalisierung (woraufhin?) vom Obszönitätsansinnen ihres Erfolgs, menschheitlich wohlgegründet, nicht los. Also sollte man sich vertraut machen mit der Intelligenz der Finten der Gattungssubsistenz – alles auswegslose gelingendmißlingende Versuche, letzterstlich den Skandal der Sterblichkeit zu managen, so wie eben hier, voll der Eroslist, die Fleischesrechte, fernab hypostasierender Aufständigkeit, einzuklagen; beruhend auf dem Vorausgang fetischistischer Tamponade der Gewalt kulturaler dingkreativer wie körperausbeutend auszeichnender Transfiguration.

Der Modeschöpfer und sein Model – ♀ filiale Anorexierung ineins mit ♂ fetischistischer Bemäntelungsgnade, produktive Konvenienz von „Sodom“ mit „Gomorrha“. So der Keim angelegt der Utopie einer Tochterhegemonie, in der das Model seinen Modeschöpfer gebiert, nein: nur noch seine Modeschöpferinnen: amazonisches Exempel der „Vorzeit in der Endzeit“. Die Schwängerung ist, postmodern, auf leiblich mannsprivative wissenschaftliche Reproduktionsmedizin angewiesen, die verfügende Reifikation der imaginären christmythischen Vorgaben: die – allerhand! – zeugende Kooperation von Gottvater, Heiligem Geist und Erzengel Gabriel. Wer weiß, ob nicht in solcher phänomenal verdrehter Tochterherrschaft längst schon das Souterrain der Bekleidungsindustrie west, die reinste töcherliche Vermittlungshypostase, filiale Hauptrolle ♀, quasi abgerundet im Geschwisterinzest sodann, ja dem Medienunderground. Wie steht diese meine Aufklärung dazu?

Finaler Höhepunkt der kultur-, speziell der bekleidungsgenealogischen Mythenverwendung: der horrende Tod des Herakles.

„Des Superhelden eifersüchtige Gattin Delaneira strich, unwissend, auf sein Gewand eines Nessos’ vermeintlichen

Liebeszaubers, in Wahrheit: das Gift der Hydra. ‘Sofort begann’ … es … ‘zu wirken und zerfraß seine Haut. Er riß das Gewand von seinem Körper, aber das Fleisch löste sich mit ab.’ Einziger tödlich kurativer Ausweg: Herakles orderte, einen Scheierhaufen zu errichten, um sich – Holocaust – mit Stumpf und Stiel, der Apotheose Initial, auszulöschen.“

Als Delaneira gewahrte, was sie angerichtet hatte, suizidierte sie sich. Grund ihrer folgenreichen Eifersucht: ein etwas loses junges Mädchen, namens Iole, dem Herakles nachstellte.

Ja, für ein solches Übermaß an herakleisch tätiger Kulturemphase bedarf es, nach dem Maß der eigenen kulturgenerischen Kruditát, der grausamen Sühne, die, immerhin, perfekt verfängt – Herakles, mit Hera versöhnt, Hebes Gatte, auf dem Olymp – „Tod und Verklärung“. Äquivalenz auch des violenten Höchstgrads seiner einmaligen Kulturleistungen mit seiner endlichen Sanktion, gleich einem Rachewerk der von ihm geschundenen Vorzeit; allerdings erheblich, fortschrittlich geschichtlich humanitär, abgeschwächt ob der besagten dubiosen Intrige mit ihrer Ignoranz der konträren Folgen. Welche Not auch – so das entscheidende mythologische Kerygma –, den Kulturinbegriff Kleidung in seiner körpertransfigurierten Mächtigkeit nur mittels seiner Hyperfetischisierung wahren zu können, in dieser ihrer Klimax sich aber ihrer Dialektik ausliefern zu müssen: Liebeszauber gleich tödlicher Intoxikation. Fetisch, der mit dieser seiner mörderischen Schattenseite göttlichkeitsrangig zuschlägt, indem er die Körper-Ding-Differenz – Kleider, die sich vom Körper nicht mehr loslösen lassen – kassiert, angemaßt letal sanktioniertes „en soi-pour soi“.

Nessos, der Kentaur, gehört als halbwegs-Vorzeitwesen, zu den Feinden des Kulturexponenten Herakles; insofern wohl

– nicht ohne Überraschung – mit einem Rachepari versehen, als alle residuale Vorzeitmacht hinüberspielen möge in geschichtliche Sanktionshabits wider Göttlichkeitsanmaßungen – kryptische Koinzidenz beider temporalen Kontraria? Jedenfalls maliziös gelingt es dem sterbenden Nessos noch, dank auch der Naivität der Delaneira, daß sein Mörder Herakles indirekt an seiner eigenen Waffenkomponente, den mit dem Blut der Hydra getränkten Giftpfeilen, stirbt, denn das nämliche Blut, verbunden mit seinem Samen, durchtränkt ja das tödliche Prunkgewand, das Liebeszauberpseudos (Autoimmuntod?). Nessos' Samen und Hydras Blut – in riskanter Auslegung dementiert das Thanatos-indizierende Menstruationsblut den Eros-transportierenden Samen, schwemmt ihn entmachtend weg. Endsieg des Todes? Für unsereinen ja, mythologisch nein – schön wärs?: „per aspera ad astra".

Bibliographie der Texte des „Hermes Psychopompos“ zu Zeichnungen von Heide Heinz

Exposee

Weshalb exklusiv Hermes, als den Psychopompos, zum Geleit der Zeichnungen von HH bemühen? Geleit – wessen und wohin? An erster Stelle seiner selbst, und, danach, aller potentiellen Rezipienten justament in das Wesen dieser originären Opera. Gut, aber solche ausgeführte Komitanz von Zeichnungen in ihre Gewordenheit hinein ist doch keine solche von Toten in den Hades? Gewiß nicht, aber, jenseits aller so eh ja zweifelhaften Lektionen, möge sie als, wie per analogiam, Mahnmal existentialer Ergriffenheit, des wehe-begrüßten Einbruchs ostentativ schützender Infernalia, dienen. Selbst zwar nicht ausdrücklich mythenreferent, geben die Zeichnungen, wenn man es kompetent denn so möchte, solche Unterweltheimsuchung her, sind es doch, selbstreflexiv, „Videnden“; schließen, virtuos aisthetisch, das Sehen, die Sichtung, dezent ontologisch auf.

Echo rediviva. 2004
In: H. Heinz: Who is who? Achtzehn Zeichnungen. Din A3. Kunstmappe. Essen. Die Blaue Eule. 2004. 4–5.
Zweitpubliziert in: Pathognostische Studien XIII. Der Pathophilosophie endliches Provisorium. Essen. Die Blaue Eule. 2014. Genealogica Bd. 47. Hg. R. Heinz. 205–207.

Esprit d'escalier. 2006
In: H. Heinz: Treppenwitz. Neun Zeichnungen auf Millimeterpapier. Din A4. Kunstmappe. Essen. Die Blaue Eule. 2006. 1–3.
Zweitpubliziert in: Pathognostische Studien XIII. ... 2014. 208–209.
Drittpubliziert in: H. Heinz: Treppenwitz, da capo. Lineaturen 5. Neun Zeichnungen auf Millimeterpapier. Din A3. Kunstmappe. Essen. Die Blaue Eule. 2016. 1.

Gespensterkunde. Neueres zu den „Zeichnungen auf Millimeterpapier" von HH. 2007
In: H. Heinz: Lineaturen 1. Zwanzig Zeichnungen auf Millimeterpapier. Din A3. Kunstmappe. Essen. Die Blaue Eule. 2007. 1–8.
Zweitpubliziert in: Pathognostische Studien XIII. ... 2014. 210–221.

Anamnesis, durchlöchert. 2008
In: H. Heinz: Lineaturen 2. Zwanzig Zeichnungen auf Millimeterpapier. Din A2. Kunstmappe. Essen. Die Blaue Eule. 2008. 1–3.

Zweitpublizert in: Pathognostische Studien XIII. ... 2014, 222–226.

2010 Visio transvers.
In: H. Heinz: Lineaturen 3. Acht Zeichnungen auf Millimeterpapier. Konterfeiungen RHs. Din A2. Kunstmappe. Essen. Die Blaue Eule. 2010. 1–3.
Zweitpubliziert in: Pathognostische Studien XIII. ... 2014. 227–230.

2011 Maculae accuratae.
In: H. Heinz: Lineaturen 4. Fünfzehn koloral-areale Zeichnungen auf Millimeterpapier. Din A3. Kunstmappe. Essen. Die Blaue Eule. 2011. 1–6.
Zweitpubliziert in: Pathognostische Studien XIII. ... 2014. 231–239.

2014 Videnden – Wie zu sehen sei. Zu „Lineaturen. Zeichnungen auf Millimeterpapier“ von Heide Heinz.
In: Pathognostische Studien XIII. ... 2014. 250–252.

2014 photo-elogium.
In: H. Heinz, R. Heinz: Glückliche Tage – Happy Days – Oh Les Beaux Jours. Din A4. Essen. Die Blaue Eule. 2014. 1–3.
Zweitpubliziert in: Pathognostische Studien XIII. ... 2014. 253–255.

et iurgium acer et nullum. In: H. Heinz: Lineaturen 6. Acht Zeichnungen auf Millimeterpapier. Wortwechsel. Din A3. Kunstmappe. Essen. Die Blaue Eule. 2017. 1–3. Vorpubliziert in: Pathognostische Studien XIII. … 2014. 245–249.	2017
Ordnungsruf. In: H. Heinz: Lineaturen 7. Fünfzehn Zeichnungen auf Millimeterpapier. Din A3. Kunstmappe. Essen. Die Blaue Eule. 2017. Vorpubliziert in: Pathognostische Studien XIII. 2014. 240–244.	2017
Zwang & Hysterie. Zu: Zeichnung zwei. In: H. Heinz: Lineaturen 8. Etüden. Zwölf Zeichnungen auf Millimeterpapier. Din A3. Kunstmappe. Essen. Die Blaue Eule. 2018.	2018
Perspektiven-Halbzeit. Zu: Zeichnung sechs. In: H. Heinz: Lineaturen 9. Neun Zeichnungen auf Millimeterpapier. Din A3. Kunstmappe. Essen. Die Blaue Eule. 2018.	2018

Heide Heinz

Bibliographie der Opera bildender Kunst zu mythologischen Personen und Kontexten

1984 Athena for ever. Objekt 1982.
In: Die Eule. Diskussionsforum für rationalitätsgenealogische, insbesondere feministische Theorie. Zugleich Organ der „Arbeitsgruppe für Anti-Psychoanalyse“. Hg. H. Heinz. Nr. 11. Wuppertal/Düsseldorf. Frühjahr 1984. 2.

1984 The Man Himself. Genealogie des Aigisthos. Literarische Performance 1983.
In: (Zusammen mit M. Heinz) Frauen tauschen Frauen nicht. Zugleich Katalog zur gleichnamigen Ausstellung. Hg. Frauenmuseum. Bonn 1984. o. S.

1984 Saga-Count-Down. Siegfried – Etzel – Jonaker – Ermanerisch. Literarische Performance 1983.
In: Frauen tauschen Frauen nicht. ... 1984. o. S.

1986 Narziß und Echo. Zwei Drehpunkte. Selbstverständigung mit Pathognostik II. Vierundzwanzig Zeichnungen 1983.
In: Kaum. Halbjahresschrift für Pathognostik. Hg. R. Heinz. Nr. 2. Wetzlar. Büchse der Pandora. 1986. 14–19.

1986 Pan. Zeichnung 1984.
In: Kaum. ... Nr. 3. 1986. 60.

Saga-Countdown. Text-Objekt 1984. 1986
Essen. Die Blaue Eule. 1986. Genealogica Bd. 7. Hg. R. Heinz.

Pasiphaë. Zeichnung 1986. 1990
In: R. Heinz: Pathognostische Studien III. Psychoanalyse – Krisis der Psychoanalyse – Pathognostik. Essen. Die Blaue Eule. 1990. Genealogica Bd. 20. Hg. R. Heinz. 213.

Orpheus und Eurydike. Zwei Zeichnungen 1987. 1990
In: Pathognostische Studien III. … 1990. 233, 237.

Echo. Roman. (Zusammen mit M. Heinz). Text-Objekt 1989. 1990
Hg. Fr. Kittler, R. Heinz. Wien. Passagen. 1990. Passagen Philosophie.

Orakel – Echo – Rätselgesang. Sprachtumult und Psychose. 1993
(Zusammen mit M. Heinz) Tonbild 1991.
In: Wahnwelten im Zusammenstoß. Die Psychose als Spiegel der Zeit. Hg. R. Heinz, D. Kammer, U. Sonnemann, Berlin. Akademie Verlag. acta humaniora. 1993. 129–146.
Zweitpubliziert in: R, Heinz: Pathognostische Interventionen III. Soliloquien in Sequenz. Essen. Die Blaue Eule. 2016. Genealogica Bd. 56. Hg. R. Heinz. 216–235.

Echo. (Zusammen mit M. Heinz) Tonbild 1992. 1996
In: Ich und der Andere. Aspekte menschlicher Beziehungen. Hg. R. Marx, G. Stebner. Annales Universitatis Sara-

viensis. Philosophische Fakultät. Bd. 8. St. Ingbert. Röhrig-Universitätsverlag. 1996. 333–345.
Zweitpublziert in: Pathognostische Interventionen III. ... 2016. 238–251.

1999 Herme: das verhangene Schwangerschafts-Vording mit seinen obligaten Schuldausdünstungen. Portrait R. Heinz. Zeichnung 1987.
In: Psychoanalyse und Philosophie. Hg. Verein Psychoanalyse und Philosophie e. V. Heft 1. 2. Jg. Düsseldorf. 1999. 6–7.

2002 Anubis. Briefpapier 2000.
In: R. Heinz: Pathognostische Studien VII. Texte zu einem Philosophie-Psychoanalyse-Finale. Essen. Die Blaue Eule. 2002. Genealogica Bd. 31. 41–43.
Zweitpubliziert in: Psychoanalyse und Philosophie. Heft 4. 4. Jg. Düsseldorf. Peras. 2003. 10.

Aus unserem Verlagsprogramm:

Rudolf Heinz
Pathognostische Depeschen
Hamburg 2023 / 280 Seiten / ISBN 978-3-339-13468-4

Elena Tatievskaya
Analyse und ihre Prinzipien: Einheit und Verschiedenartigkeit der Methoden der analytischen Philosophie
Hamburg 2023 / 294 Seiten / ISBN 978-3-8300-8823-3

Anton Grabner-Haider
Dynamik der jüdischen Philosophie
Von den Anfängen bis zur Gegenwart
Hamburg 2023 / 122 Seiten / ISBN 978-3-339-13572-8

Viktor Weichbold
Nominale Modallogik
Hamburg 2023 / 132 Seiten / ISBN 978-3-339-13348-9

Dagmar Berger
Beiträge zur Geschichte der Philosophie, ihren Epochen und Vertretern
Mit einem Schwerpunkt auf der modernen Anthropologie Jean-Paul Sartres und C.G. Jungs
Hamburg 2023 / 162 Seiten / ISBN 978-3-339-13312-0

Frank Bruno Wild
Eudämonische Asketik
Diskurs im Maßhalten
Hamburg 2023 / 134 Seiten / ISBN 978-3-339-13310-6

Engelbert Kronthaler
Das Lebensprinzip
Mit einem Anhang zur Universellen Ethik
Hamburg 2022 / 274 Seiten / ISBN 978-3-339-12890-4

Kazimierz Rynkiewicz
What can philosophy tell us today?
A phenomenological consideration of achievements in cognitive science
With an analysis of gender as a way of dealing with being
Hamburg 2022 / 228 Seiten / ISBN 978-3-339-12810-2

Edyta Wolska
Gegenwärtige Mythosforschung und Neurolinguistisches Programmieren
Hamburg 2021 / 348 Seiten / ISBN 978-3-339-12674-0

Dietmar Langer
Immanenz – Kontingenz – Transzendenz
Zur Rationalität des religiösen Glaubens und des Glaubens an die Vernunft
Hamburg 2021 / 204 Seiten / ISBN 978-3-339-11936-0